社会文化、组织管理
与酒店业服务创新

曹素璋 ◎ 著

中国旅游出版社

项目策划：孙妍峰
责任编辑：张芸艳
责任印制：钱　戎
封面设计：温　泉

图书在版编目（ＣＩＰ）数据

社会文化、组织管理与酒店业服务创新 / 曹素璋著.
北京 ：中国旅游出版社，2025. 5. -- ISBN 978-7-5032-
7561-6

Ⅰ. F726.92

中国国家版本馆 CIP 数据核字第 2025DC3768 号

书　　名：社会文化、组织管理与酒店业服务创新

作　　者：曹素璋
出版发行：中国旅游出版社
　　　　　（北京静安东里 6 号　邮编：100028）
　　　　　https://www.cttp.net.cn E-mail:cttp@mct.gov.cn
　　　　　营销中心电话：010-57377103，010-57377106
　　　　　读者服务部电话：010-57377107
排　　版：北京数启智云文化科技有限公司
经　　销：全国各地新华书店
印　　刷：北京明恒达印务有限公司
版　　次：2025 年 5 月第 1 版　 2025 年 5 月第 1 次印刷
开　　本：720 毫米 ×970 毫米　1/16
印　　张：23.25
字　　数：356 千
定　　价：59.80 元
ＩＳＢＮ　978-7-5032-7561-6

自改革开放以来，我国酒店业发展迅猛，为国民经济的增长、人民生活质量的提高、国家形象的提升做出了重要贡献。然而，近年来我国酒店业的发展面临内外双重挑战，如社会认同感和职业认同感不高、组织管理僵化、创新不足等。与制造业类似，创新是推动服务业发展的根本动力，唯有加强服务创新，我国酒店业才能突破困境，实现高质量发展。当前，学术界对服务业尤其是酒店业创新路径的关注仍显不足，从社会文化视角探究酒店业服务创新的研究更是凤毛麟角。

基于此，本书试图从社会文化和组织管理两个维度探讨我国酒店业服务创新之道，构建企业和社会双轮驱动模式，破解目前我国酒店企业发展遭受"内外夹击"的困局。全书共分七章，具体内容如下。

第一章，社会理论视域下的酒店业服务创新研究。本章从服务创新研究路径和服务创新研究发展阶段两个方面介绍了服务创新研究的发展脉络概况，总结了服务创新的概念和服务创新的分类，分别回顾了酒店与旅游管理文献中的服务创新研究以及服务管理文献中的服务创新研究，梳理了服务创新研究演进中的一些最新文献综述、服务创新领域的主导理论和主要研究集群，讨论了服务创新领域未来之路，着重阐述了酒店业服务创新的社会理论转向，强调了由于服务和服务创新中"人"的本质属性和中心位置，最新的酒店服务创新研究大量地采用了基于社会的理论基础，如社会认知理论、社会认同理论、社会交换理论、自我决定理论、资源保护理论、特质激活理论等，从而凸显了社会因素在酒店业服务和服务创新中的关键作用，以及从社会因素着手研究当下酒店业服务创新的重要意义。

第二章，酒店业服务创新中的文化影响。本章首先梳理了关于"文化"的经典定义，介绍了国家文化的研究框架及其对创新的影响，剖析了中国文化价值观与酒店业服务提供和服务管理的关系。其次，探讨了酒店业组织文化与酒店业服务创新的关系，着重讨论了活力型文化、群体多样性与酒店员工服务创新行为，发展型文化、团队服务创新和个体创新行为之间的关系，以及群体多样性、任务相互依赖性、创造性自我效能感、创造性角色认同、变革型领导等因素在上述关系中的中介机制和调节效应。从国家、组织、群体、个体等不同层面，进一步强调了文化对酒店业服务创新的重要影响及其作用机制。

第三章，酒店业知识管理与服务创新。本章从知识管理的角度探讨了酒店业组织管理与服务创新的关系。分析了知识的呈现形式、知识管理的含义及其发展阶段、知识管理的创新意义，探讨了利用性学习、探索性学习、转化性学习、双元性学习、互动式替代学习等不同的组织学习形式在酒店业知识管理乃至服务创新中的作用，指出了知识管理在当前酒店业应用中的意义和面临的挑战，着重探讨了知识共享行为、吸收能力、顾客知识管理等在酒店业服务创新中的意义和路径。

第四章，酒店业员工服务创新行为。本章从企业员工的角度探讨了社会文化和组织管理与酒店业服务创新的关系。首先，从个人特征、领导风格、团队特征、组织特征和工作态度等方面，分析了酒店业员工服务创新行为的影响因素，并分析了文化、年龄和性别等因素的调节作用，提供了一个更全面的酒店业员工创新行为与其前因之间关系的图景。其次，探讨了服务导向型组织公民行为、变革导向型组织公民行为与酒店业员工服务创新的关系。再次，分析了酒店业员工能量型行为和工作繁荣与酒店业员工服务创新的关系。最后，探讨了服务创新视角下的酒店业人力资源管理，再次强调了"人"的因素在酒店业服务创新中的关键作用和中心地位，以及酒店业人力资源管理必须面向服务创新目标进行管理创新，创建、培育和维持好组织的人力资本（员工的知识、技能、能力、才能、态度、行为和胜任力）这一创新实践的关键。

第五章，领导力与酒店业服务创新。本章从领导力的角度探讨酒店业组织管理与服务创新的关系。首先，回顾了酒店管理学术中的领导力研究概况。其次，着重分析了领导—成员交换、变革型领导、服务型领导、悖论型领导、真诚型领导、创业型领导六种领导力类型与酒店业服务创新的关系，探讨了各种类型领导力的测度、前因变量、结果变量、中介变量和调节变量等问题，特别分析了创造性角色认同、创造性自我效能感、发展型文化、领导者认同等因素的中介作用，以及群体多样性、群体外向性多样性、聚合创造性自我效能等因素的调节作用，并提出了相应的管理建议。

第六章，顾客在酒店业服务创新中的作用。本章从顾客的角度探讨了外部社会文化因素和内部组织管理因素在酒店业服务创新中的作用，强调了互动性这一服务创新的典型特征，以及顾客参与在酒店业服务创新中的重要意义。首先，分析了价值共同创造的研究主题、研究变量、影响因素及顾客价值创造行为等内容。其次，从知识整合能力、顾客授权行为等方面探讨了价值共同创造导向对突破性服务创新的影响。再次，从社会交换理论、顾客参与、信息共享、合作行为、人际互动等方面探讨了顾客教育对服务创新满意度的影响。最后，从企业顾客导向和顾客需求知识、员工适应性和顾客需求知识、顾客参与和顾客需求知识、服务创新和顾客需求知识等方面探讨了构建酒店业雇主、员工和顾客三位一体协同服务创新模型，并提出了相应的管理建议。

第七章，数智时代酒店业服务创新挑战与能力框架。本章从当前数智技术蓬勃发展的角度探讨了酒店业数字化转型的机遇与挑战，以期为酒店业服务创新的组织管理提供一些借鉴。首先，从酒店管理数字技术胜任力、数字化颠覆和数字化转型对酒店管理数字技术胜任力的影响等方面，探讨了酒店管理胜任力的问题。其次，从数字化转型和数字化业务能力、管理者数字化转型和数字化业务胜任力等方面，探讨了酒店业数字化转型管理胜任力框架构建的问题。最后，从创新研究中的动态能力观、人工智能驱动的服务创新和动态能力观的应用等方面，探讨了人工智能驱动的服务创新，并从人工智能市场能力、人工智能基础设施能力、人工智能管理能力三个维度分析了人工智能驱动的服务创新能力框架。

　　本书整体强调了"人"的因素，酒店业的内部组织管理要以人为本，服务管理和服务创新的出发点和着眼点都应该落在"人"身上，而外部的社会文化因素更是以"人"为载体。整个社会、全体民众服务文化的构建、服务意识的觉醒、对服务和服务提供者的尊重是一项艰巨的任务，希望有更多的研究、更多的力量，从社会文化的角度来推动我国包括酒店业在内的服务业的蓬勃发展。

　　本书借鉴了许多国内外研究者的研究成果，在此深表感谢！同时，感谢上海旅游高等专科学校／上海师范大学旅游学院对本书的支持，以及中国旅游出版社段向民、张芸艳等各位老师的辛勤付出！由于研究能力和研究条件所限，书中难免存在疏漏与不足，敬请读者批评指正！

曹素璋

2025 年 1 月

目录

第一章 社会理论视域下的酒店业服务创新研究

第二章 酒店业服务创新中的文化影响

第三章 酒店业知识管理与服务创新

第四章 酒店业员工服务创新行为

第五章 领导力与酒店业服务创新

第六章 顾客在酒店业服务创新中的作用

第七章 数智时代酒店业服务创新挑战与能力框架

第一章

社会理论视域下的酒店业服务创新研究

创新是创造和获得价值的源泉，是经济发展的基本动力，是企业获取持续竞争优势的根本途径。自约瑟夫·熊彼特（Joseph A. Schumpeter）在其经典著作《经济发展理论》[1]一书中首次提出创新（innovation）的概念以来，创新已在社会经济的各个领域、各个层面呈现出多种多样的形式，如产品创新、工艺创新、市场创新、组织创新、管理创新、制度创新、服务创新等，对这些创新的研究可以区分为技术创新学派和制度创新学派。在创新研究的学术长河中，技术创新占据了较长时期的主导地位，就产业而言，则是关注制造业的创新研究占据了较长时期的主导地位。随着第三产业在国民经济中地位的提升，服务在创造价值和促进经济发展中的重要性日益彰显，服务创新逐渐成为研究的热点。

不过，服务创新的研究一开始仍然是关注制造业的售后服务或产品向服务的延伸，将制造业的产业链条垂直延伸，继而有制造业服务化、生产性服务、知识密集型服务等概念的盛行。就服务创新而言，整体上是关注生产性服务业的创新研究更多，而关注消费性服务业的创新研究较少。本研究将主要关注消费性服务业，尤其是酒店业的服务创新。

[1] 约瑟夫·熊彼特.经济发展理论 [M].何畏，等，译.北京：商务印书馆，1990.

相对于制造业而言，服务业的创新更加强调社会文化、人力资本、组织管理等因素，而消费性服务业的创新尤其如此。在创新方面，以消费为主导的酒店业的反应向来较为迟缓。直到 20 世纪末，酒店经营一直倾向于将精力集中在质量改进上，然而，在全球化和日益激烈的竞争环境的推动下，社会经济因素、顾客消费偏好和技术进步等因素要求酒店业将服务创新推到最前沿，服务创新成为酒店业获得竞争优势的关键，对酒店业服务创新的研究也成为学界和业界共同关注的焦点。

一、服务创新研究发展脉络概况

如前所述，由于创新研究由技术创新学派向制度创新学派发展、由制造业创新研究向服务业创新研究发展，服务创新研究的历程也经历了若干阶段，研究重点、研究路径、研究方法、基本理论等方面都在不断演进中，对此，国内外学术界多位学者撰文进行了回顾和总结。

（一）服务创新研究路径

由于服务创新研究脱胎于技术创新研究，学界普遍认为，服务创新的研究路径经历过同化（assimilation）、分化（demarcation）和综合（synthesis）三种范式的演进（杨广等，2009[2]；湛军和张顺，2023[3]）。湛军和张顺（2023）指出，服务创新理论的兴起折射出人们思维模式的变革，从本质上说，是对以往创新研究范式的批判与发展。服务创新研究初期，基于同化观的研究基本沿袭了制造业的创新理论，主要采取产品主导逻辑的思维模式，大多聚焦于制造业技术创新方法在服务业中的运用。随着研究的深入，人们意识到无形的服务具有不同于有形产品的独特属性，服务业具有不同于制造业的产业特征，因此不主张将源于制造业领域的创新理论与研究方法移植到服务业中，从而有了制造业创新和服务业创新相区分的观点，基于分化观的研究极大地提升了对服务创新的洞察。与此同时，学者们并没有停止对产品与服务的关系的审视，

---

[2] 杨广，李美云，李江帆，苏春.基于不同视角的服务创新研究述评 [J].外国经济与管理，2009，31（7）：9-15.

[3] 湛军，张顺.服务创新理论 40 年：境外研究脉络与发展 [J].科研管理，2023，44（5）：9-22.

并认为将它们放在同一个框架中进行研究，可以克服行业属性羁绊，探索更具一般性的创新规律和工作机制。事实上，这三种观点或研究路径并没有哪一种完全湮灭，基于同化和分化的研究路径仍旧存在，但更多的学者认为，基于综合的服务创新理论和研究路径，优势更为明显，前景更为广阔。

1. 同化路径（assimilation approach）

又称同化视角或技术导向方法，这种观点来源于制造业的创新研究，认为服务业和服务业创新的本质与制造业和制造业创新是相同的，服务创新与技术创新有许多共同特征，因此，可以借鉴与制造业技术创新研究相似的方法来研究服务创新，服务业和服务创新可以应用或修正制造业技术创新的概念和工具来进行。持这种观点的学者主要关注技术在服务创新中扮演的角色，认为服务业的创新研究应该围绕信息技术应用这个核心问题展开。外国学者在技术导向视角下开展的服务创新调查，常被称为从属性调查（subordinate surveys）。这类调查主要沿用制造业技术创新研究中的相关定义与问卷调查法来考察服务业技术创新的调查内容，如欧盟创新调查项目。在这种视角下，比较积极的观点认为，服务创新只是"创新的推动者"或"制造业创新的模仿者"而已；而比较消极的观点则认为，服务创新处于从属、被动的地位或只是"制造业创新的消费者"而已。因此，服务部门经常被看作创新落后部门。

2. 分化路径（demarcation approach）

又称分化视角或服务导向方法，即利用不同于制造业创新的研究方法来研究服务创新。运用这种方法进行研究的学者认为，服务本身的无形性、合作生产等特性引发了很多同化方法难以发现和研究的创新形式，这些创新比由技术引发的创新出现更为频繁。分化路径并不排斥技术维度，但更加重视非技术形式的创新。该视角认为，服务创新与制造业创新有着很大的区别，服务创新有自己的动力和体系特征，应该根据服务自身的特征建立新的创新理论体系，并以服务消费理论为基础，把服务产品作为创新的研究对象，探寻服务创新与制造业创新的差异，重点研究适用于服务创新的产业政策。服务导向视角强调服务创新活动中生产者和消费者之间相互作用的重要性。这种相互作用使得区分服务的产品创新和过程创新变得困难，生产者与顾客之间的紧密关系也就成了服务创新的一个基本的重要因素。在服务导向视角下开展的服务创新调查被称为自主性调查（autonomous surveys）。这类调查的假设前提是服务创新完全不同于制造业创新，因此必须运用完全不同的方法和工具，但并不刻意要与制造业割裂开来，而是更加关注服务创新固有的特殊性。

3. 综合路径（synthesis approach）

又称综合视角或整合方法，即认为服务创新具有自己的独特性，但也具有与制造业创新相似的方面，因此，综合运用制造业的技术创新方法和服务业的非技术创新方法来研究服务创新。持这种观点的学者强调制造业与服务业所表现出来的越来越明显的趋同趋势，主张把制造业创新与服务业创新的特征结合起来，注意分析与制造业和服务业都相关的创新因素，寻求它们之间的共性与差异。随着产业融合趋势的加强，综合路径把产业演化理论与产业组织理论结合起来，试图建立一个既有别于传统制造业创新又能适用于制造业和服务业创新的理论体系。如Gallouj 和 Weinstein（1997）[4]的一般产品定义模型（把产品定义为顾客能力特征、企业技术特征、企业能力特征和结果特征的组合）、Hofman、Hertog 和 Bilderbeek（1998）[5]的服务创新四维度模型（服务概念创新、顾客接触创新、服务传递和组织创新、技术创新）。

服务创新理论的兴起，实际上是一场思维方式变革运动。在这场思维方式变革运动中，以上三种研究路径实际上是研究服务创新的三种思路，它们的侧重点不同，但并不意味着相互排斥。服务创新研究的同化观强调制造业创新与服务创新的相似性，而分化观则突出两者的差异性，认为服务创新具有特定的特征，不同于产品创新。然而，同化方法中经典的产品—流程创新框架在实证服务环境中的适用性往往受到限制，因为服务中产品和流程元素之间的界限是分散的，而不是明确的。同样，分化方法也有其局限性，因为在服务创新中，产品和流程方面的变革往往是同时发生的。一些著名学者认为同化路径和分化路径的服务创新研究，表面上看是在商品主导逻辑和服务主导逻辑的背景下提出的，但实际上导致了对服务创新的认识不足，综合方法将服务创

---

[4]　Gallouj F，Weinstein O. Innovation in services [J]. Research Policy，1997，26（5）：537-556.

[5]　Hofman Y P，Den Hertog，Rob Bilderbeek. The inter mediary role of engineering firms in innovation processes in offshore industry：A cluster study [R]. TNO-SI4S Report No·5，Apeldoorn，1998.

新和产品创新结合起来，避免在两者之间建立边界，因此很多学者倾向于采用综合方法。

（二）服务创新研究发展阶段

与前述三种研究路径相似，很多学者都将服务创新研究划分为三个阶段。例如，汪涛和蔺雷（2010）[6] 认为国外服务创新的研究始于 20 世纪 80 年代中期，而国内服务创新研究自 21 世纪初开始。他们将服务创新研究划分为三个阶段：源于技术创新范式的起步阶段、源于服务业自身特性的发展阶段和源于"产品—服务融合"背景的综合阶段。对应于服务研究的三个发展阶段，作者认为服务研究出现了三个学派，即技术主义学派、服务导向学派和整合研究学派。王朝阳（2012）[7] 则认为服务创新研究始于 20 世纪 70 年代，经历了技术与互动性、批判和改进、知识与创新系统三个研究阶段。狄蓉等（2017）[8] 也认为西方学术界对服务创新的系统研究始于 20 世纪 80 年代，大致经历了早期阶段、发展阶段和当今阶段 3 个发展阶段。王潇等人（2018）[9] 则将服务创新研究划分为形成阶段、成长阶段和发展阶段。

1. 服务创新研究的形成阶段：20 世纪 80 年代中期—20 世纪末

服务创新研究发轫于服务营销领域。20 世纪 80 年代，服务营销作为营销学的分支而迅速发展，但相关研究仍聚焦于产品而不是服务本身，重点是技术以及供应商与客户关系的互动，服务创新实质上仍然是以产品为中心的创新，它沿用的仍然是产品主导逻辑的思维模式，主要研究聚焦于技术创新以及制造业的创新理论在服务业中的运用。技术是创新的关键，服务创新研究大多以熊彼特关于制造业的技术创新理论作为出发点，通过"内向角度"来看待服务创新。这一阶段，最具标志性的研究是巴拉斯（Barras，1986）[10] 提出的"逆

[6] 汪涛，蔺雷. 服务创新研究：二十年回顾与展望 [J]. 软科学，2010，24（5）：17-20，36.

[7] 王朝阳. 服务创新的理论演进、方法及前瞻 [J]. 经济管理，2012，34（10）：184-191.

[8] 狄蓉，赵袁军，许桂苹. 服务创新研究脉络梳理与趋势展望——基于 HistCite 的知识图谱分析 [J]. 技术经济，2017，36（6）：72-79.

[9] 王潇，王楠楠，邢博. 西方服务创新理论发展 30 年：1986—2017 [J]. 商业研究，2018（8）：151-160.

[10] Barras R. Towards a theory of innovation in services [J]. Research Policy，1986（4）：161-173.

向产品周期"（RPC）模型，该文献被认为是系统的服务创新研究开始的标志（汪涛和蔺雷，2010；王朝阳，2012）。除此之外，在这一阶段还有两篇较有影响力的文献。一篇是盖洛伊和温斯坦（Gallouj 和 Weinstein, 1997）[11] 的"服务创新"，构建了服务创新的理论模型，划分了 6 种服务创新类型，包括突破式创新、渐进式创新、改进式创新、组合式创新、专门化创新和特定情境创新（根据客户特定需求定制特定创新模式），动态地揭示了服务创新变化的机制过程。这篇文献为研究服务创新过程奠定了理论基础，且不断为后来研究者所引用。另一篇是桑德博（Sundbo, 1997）[12] 的"服务创新管理"，基于丹麦服务企业分析了企业如何管理和组织服务创新活动，将服务创新划分为产品创新、过程创新、组织创新和市场创新，同时也指出了服务企业很少有研发部门。这一时期的研究仍趋向于传统制造企业的技术性创新，研究重点放在了驱动要素和过程（如生产系统）创新上，忽略了服务本身创新及其内涵机制。这一阶段的服务创新研究属于技术视角或服务创新同化视角。

2. 服务创新研究的成长阶段：20 世纪末—21 世纪初

随着研究的深入，人们逐渐发现，服务创新并不都是基于技术的。即便是基于技术的服务创新，也并不完全遵循"逆向产品周期"（RPC）所描述的路径，服务创新的过程呈现出多样性特征。德恩·赫托格（Den Hertog）以及桑德博和盖洛伊（Sundbo 和 Gallouj）等学者对名义上是服务创新而实际上却把研究焦点放在技术上的服务创新研究提出了批评。德恩·赫托格（Den Hertog）[13] 提出了著名的"服务创新四维度模型"，认为服务创新应关注生产与交付的四个不同构面：（1）服务概念，即受竞争性服务和既有服务影响的创新；（2）客户界面，即受现有和潜在客户特征影响的创新；（3）服务交付系统，即受服务工作者能力、技巧和态度影响的创新；（4）面临的技术选择。他们还提出了 5 种服务创新模式：（1）供应商主导型创新；（2）服务业内部创新；（3）客户引导型创新；（4）经由服务的创新；（5）范式创新。桑德博和盖洛伊（Sundbo

[11]　Gallouj F, Weinstein O. Innovation in services [J]. Research Policy, 1997, 26（4/5）：537–556.

[12]　Sundbo J. Management of innovation in services [J]. Service Industries Journal, 1997, 17（3）：432–455.

[13]　Den Hertog P. Knowledge-intensive business services as co-producers of innovation [J]. International Journal of Innovation Management, 2000（4）：491–528.

和 Gallouj）[14] 也提出了他们的服务创新模式：（1）经典的研发模式；（2）服务专家模式；（3）有组织的战略创新模式；（4）企业家模式；（5）工匠模式；（6）网络模式。

在这一阶段，持分化观的服务创新研究成为与同化视角（技术学派）相平行的研究领域，该阶段的研究最重要的观点是如何为服务创新提供一个独立的研究范式。研究人员开始依靠不同于传统的产品创新的理论和模型探索服务创新，形成了分化视角下的服务创新认知，为服务创新研究域的扩大和研究范式的发展奠定了基础。

3. 服务创新研究的发展阶段：21 世纪初至今

进入 21 世纪之后，综合视角下的服务创新理论开始出现，对服务创新内涵的理解开始向多维方向发展，学者开始呼吁通过多学科交叉来深入理解服务创新的内涵，认为服务创新不是简单地将制造业创新理论应用于服务业，也不是要完全割裂制造业创新和服务业创新，而是要重新审视产品与服务的关系，并创新性地将它们放在了一个研究框架之中。这一阶段的主要观点是综合性的，基于同化和分化视角的观点仍然存在，但是已经不占主导地位，如何看待服务与产品创新关系的争论已不再是焦点，用新的思维逻辑和视角重新认识服务创新的内涵、过程和模式成为研究的热点。该阶段服务创新研究内容涉及多方面多学科，呈现出多元发展的特征。

在这一阶段，服务创新研究已开始越来越关注创新网络和创新系统。"系统"的观点使人们注意到，服务在生产和交付的过程中，机构之间存在广泛的联系和信息流动。这个时期出现的一个重要理论概念就是知识密集型商务服务（KIBS）。迈尔斯等人（Miles 等，1995）第一次提到了 KIBS 的概念，并界定了 KIBS 的三个特征：（1）私人企业或组织；（2）高度依赖于专业知识，也就是关于某一个具体（技术）学科或（技术）操作领域的知识或专业经验；（3）提供的中间产品和服务都是以知识为基础。从知识加工模式的角度出发，对应于服务创新的四维度模型（Den Hertog，2000），KIBS 与客户公司之间

[14] Sundbo J, Gallouj F. Innovation as a loosely coupled system in services [C]//Metcalfe S, Miles I. Innovation System in the Service Economy, Dordrecht：Kluwer, 2000.

的知识流动有四种形式：（1）离散／有形的知识与过程导向／无形的知识；（2）嵌入人力的知识与无人力（资本、书面信息）嵌入的知识；（3）明示／编码化知识与默示／非编码化知识；（4）契约型知识与非契约型知识。

二、服务创新概念

在讨论服务创新概念之前，需要先了解什么是服务。按照著名学者格罗鲁斯（Grönroos，2011）[15]的定义，"服务是以无形的方式，在顾客与服务提供者、有形资源等产品或服务系统之间发生的，可以解决顾客问题的一种或一系列行为"。服务具有以下五个基本特点：（1）服务的无形性；（2）服务的异质性；（3）生产和消费的同步性；（4）服务的易逝性；（5）所有权的不可转让性。在确定服务概念的基础上，学者们对服务创新提出了多种概念化定义。

（一）基于过程的服务创新概念化

蒂德和赫尔（Tidd 和 Hull，2003）[16]认为服务创新是指产生新的、发生明显变化的服务观念或服务交付系统，它通过提供新的或改进的解决问题的办法，为客户提供更多的附加价值。

桑德博（Sundbo，2008）[17]提出，服务创新是指在服务过程中，服务企业应用新思想和新技术来改善和变革服务流程和服务产品，提高服务质量和服务效率，为顾客创造新的价值，最终形成服务企业竞争优势的活动。

布拉泽维奇和利文斯（Blazevic 和 Lievens，2008）[18]则认为，服务创新是企业为了提高服务质量和创造新的市场价值而发生的服务要素的变化，以及

[15]　Grönroos C A. Service perspective on business relationships：The value creation，interaction and marketing interface [J]. Industrial Marketing Management，2011（2）：240-247.

[16]　Tidd J，Hull F. Service innovation：Organizational responses to technological opportunities and market imperatives [M]. London：Imperial College Press，2003.

[17]　Sundbo J. Customer-based innovation of knowledge e-services：The importance of after-innovation [J]. International Journal of Services Technology & Management，2008，9（3）：218-233.

[18]　Blazevic V，Lievens A. Managing innovation through customer co-produced knowledge in electronic services：An exploratory study [J]. Journal of the Academy of Marketing Science，2008，36（1）：138-151.

对服务系统进行的有目的、有组织的动态变革过程，或者是把特定顾客和问题的服务解决方案运用到其他顾客和问题上的活动。

（二）基于类型的服务创新概念化

按照爱德沃森（Edvardsson，2005）的观点，"服务"一词是创造价值的一种视角。因此，服务创新的解决方案有许多方面，包括新的价值体系、新的产品/服务概念、新的交付系统、技术改进和新的收入模式等。阿和埃尔夫林（Aa和Elfring，2002）[19]认为，服务创新主要是指新的理念、新的目标和战略、新的创新实践方式和方法、新的服务创新形式和模式，以及跨部门和跨学科的创新融合。

（三）基于创新程度的服务创新概念化

伍德和贝克（Wooder和Baker，2012）认为，服务创新就是"与技术、商业模式、知识、组织和需求相关的创新组合，其目标是以增量的方式改进现有服务或以激进的方式创造新服务"。根据这一定义，服务创新存在两个关键层次：渐进式创新和激进式创新。渐进式创新包括利用现有技术或知识针对现有的市场对产品或流程进行改进。激进式创新是指通过破坏或抑制现有基础结构，在新的市场结构中体现新技术或知识的产品或流程创新。

（四）基于服务业本质特征的服务创新概念化

盖洛伊和温斯坦（Gallouj和Weinstein，1997）[20]认为，服务创新是人力资本、技术、组织和能力的集成，是针对特定的客户提供一种新的解决问题的方法。凡·阿克等人（Van Ark等，2003）[21]将服务创新定义为：一种可能单独发生在服务理念、与顾客相互交往的渠道、技术理念、服务传递等方面，也

[19]　Aa W V D, Elfring T. Realizing innovation in services [J]. Scandinavian Journal of Management，2002，18（2）：155–171.

[20]　Gallouj F，Weinstein O. Innovation in services [J]. Research Policy，1997，26（4/5）：537–556.

[21]　Van Ark B，Broersma L，Den Hertog P. Services innovation performance and policy：A review [R]. Synthesis Report in the Framework of the Project Structurele Informatie Voorziening in Diensten（Structural Information Provision on Innovation in Services），2003.

可能同时发生在它们的多个组合之中的有意义的新变化。这种变化会促使企业的技术、人力资源、组织能力、组织架构等发生结构性变化，导致企业产生一种或多种新的服务功能，进而改变企业在市场上销售的产品和服务。Kao 等人（2015）[22] 认为，服务创新是指服务人员通过提出或应用新想法来提升服务质量以满足顾客需求的一系列工作表现。

（五）基于多视角的服务创新概念化

佩顿和麦克劳克林（Paton 和 McLaughlin，2008）[23] 从经济、技术、社会、方法论角度对服务创新的内涵进行了界定。他们认为：从经济角度看，服务创新是指通过非物质制造手段所进行的、增加有形或无形产品的附加价值的经济活动；从技术角度看，服务创新是以满足人类需求为目的的对软技术的创新活动；从社会角度看，服务创新是创造和开发人类自身价值，提高和完善生存质量，改善社会生态环境的活动；从方法论角度看，服务创新是指开发一切有利于创造附加价值的新方法、新途径的活动。

三、服务创新分类

不同分类方法的应用会导致对服务创新的不同分析。服务创新研究中常用的分类方法有三种：按维度划分、按变革的程度或类型划分以及混合方法划分。

（一）按维度划分

服务创新研究中常用的按维度划分的分类方法有三种：单维度分类、矩阵维度分类和多维度分类，这三种类型的分类用来分析服务创新的维度越来越多。

[22]　Kao P J, Pai P, Lin T, et al. How transformational leadership fuels employees' service innovation behavior [J]. The Service Industries Journal, 2015, 35（7/8）：448–466.

[23]　Paton R A, McLaughlin S. The services science and innovation series [J]. European Management Journal, 2008, 26（2）：75–76.

1. 单维度分类

一些研究使用单一维度将不同的服务创新概念化。阿玛拉等人（Amara 等，2009）[24] 和萨利达克斯等人（Saridakis 等，2019）[25] 分别对知识密集型服务企业和中小型企业的各种服务创新使用单一维度度量。更多的研究喜欢使用一个特定的定义来标记服务创新类别（例如，Corrocher 和 Zirulia，2010；Dotzel 等，2013；Favre-Bonté 等，2016；Iachini 等，2019；Nodari 等，2019）。这种方法的优点在于它是清楚明确的，但是也可能导致服务创新的过度简化。

2. 矩阵维度分类

有一些研究使用若干个，通常是两个或三个维度，创建一个二维或三维矩阵或坐标系来制定服务创新框架。在这种方法中，服务创新在每一个维度上都有一个特征得分。Chan 等人（1998）[26]、贝利等人（Berry 等，2006）[27] 和 Chen 等人（2020）[28] 都是使用二维矩阵来描述服务创新的。

又如，萨伦科等人（Salunke 等，2013）[29] 把服务创新分为交互性创新和支撑性创新。具体而言，交互性创新与服务概念有关，需要解决的主要问题包括"为顾客提供何种新服务"，这些问题来自企业外部（主要指市场与顾客），因此具有外向性。支撑性创新与实施手段有关，需要解决的主要问题包括"如

[24]　Amara N，Landry R，Doloreux D. Patterns of innovation in knowledge-intensive business services [J]. Service Industries Journal，2009，29（4）：407-430.

[25]　Saridakis G，Idris B，Hansen J M，Dana L P. SMEs' internationalisation：When does innovation matter? [J]. Journal of Business Research，2019（96）：250-263.

[26]　Chan A D，Go F M，Pine R. Service innovation in Hong Kong：Attitudes and practice [J]. Service Industries Journal，1998，18（2）：112-124.

[27]　Berry L L，Shankar V，Parish J T，et al. Creating new markets through service innovation [J]. MIT Sloan Management Review，2006，47（2）：56-63.

[28]　Chen J，Walker R M，Sawhney M. Public service innovation：A typology [J]. Public Management Review，2020，22（11）：1674-1695.

[29]　Salunke S，Weerawardena J，McColl-Kennedy J R. Competing through service innovation：The role of bricolage and entrepreneurship in project-oriented firms [J]. Journal of Business Research，2013（8）：1085-1097.

何实现新服务"，这些问题来自企业内部（主要指资源与能力），因此具有内向性。把服务创新分为交互性创新和支撑性创新符合现代服务业发展方向，交互性创新能够创造可持续发展所必需的竞争力，支撑性创新虽然不产生直接效果，但是可以为提高竞争力提供保障与支撑。顾客发现并体验具有创新性的变化，能够为实现价值创造战略提供优于竞争对手的发展基础，同时为竞争者复制创新设置障碍。

帕斯万等人（Paswan 等，2009）[30] 使用一个由三个维度组成的坐标系统对服务创新进行评分。与单一维度分类类似，服务创新的矩阵维度分类使用少量的维度。矩阵维度分类与单一维度分类具有相同的优点和缺点：它们相对清楚明确，但也可能过度简化服务创新。

3. 多维度分类

在许多研究中，服务创新根据其在不同维度上的得分进行分类，通常从 3 个到 8 个维度不等，这些维度因研究而异。Hsieh 等人（2013）[31] 区分了新服务概念、流程和商业模式 3 个维度。阿弗洛尼提斯等人（Avlonitis 等，2001）[32] 使用了 4 个维度：运营 / 交付过程新颖性、服务修正、对市场的服务新颖性和对公司的服务新颖性。克莱瑞恩（Klarin，2019）[33] 强调了服务创新的 8 个不同维度，即激进、渐进、破坏性、模仿、价值、节俭、反向和机敏。这些差异表明，文献中对服务创新测量与分析维度的数量和内容尚未达成共识。尽管如此，可以认为多维度分类比单维度分类和矩阵维度分类能够更全面、更细粒度地描述和分析服务创新。然而，多维度分类使用的几个维度通常存在部分重叠。而且，通常不清楚这种重叠有多大，以及这种重叠出现在哪些方面。

[30] Paswan A，Souza D，Zolfagharian M. Toward a contextually anchored service innovation typology [J]. Decision Sciences，2009，40（3）：513–540.

[31] Hsieh J K，Chiu H C，Wei C P，et al. A practical perspective on the classification of service innovations [J]. Journal of Services Marketing，2013，27（5）：371–384.

[32] Avlonitis G J，Papastathopoulou P G，Gounaris S P. An empirically–based typology of product innovativeness for new financial services：Success and failure scenarios [J]. Journal of Product Innovation Management，2001，18（5）：324–342.

[33] Klarin A. Mapping product and service innovation：A bibliometric analysis and a typology [J]. Technological Forecasting and Social Change，2019.

然而，通过在分类中将这些维度定位为单独的维度，通常会造成它们彼此完全独立的印象。

（二）按变革的程度或类型划分

1. 按变革程度分类

变革程度流派将服务创新分为激进式—渐进式创新或其他类别，如适度创新、特别创新或重组创新。服务创新综合方法中的许多研究都属于变革程度流派。

例如，Heany（1983）[34] 按照服务创新的新颖度和服务提供内容结果，将服务创新分为重大创新、创始业务、在当前市场中引入新服务、服务产品线扩展、服务改进、风格和形式变化等。

2. 按变革类型分类

变革类型流派将服务创新分为产品创新和流程创新或其他类别，如管理创新、营销创新、制度创新和商业模式创新。这一流派主要出现在服务创新的同化方法和综合方法中。

例如，盖洛伊和温斯坦（Gallouj 和 Weinstein，1997）[35] 指出有几类体现服务业独特性质的创新类型：同时进行产品和服务提供的传递创新（delivery innovation）、将已有要素重新系统性组合或利用而产生的重组创新或结构创新（recombination innovation）、针对特定问题而在交互过程中加以解决的专门化创新（ad hoc innovation）、服务要素可视性和标准化程度变化的形式化创新（formalization innovation）。希普和格鲁普（Hipp 和 Grupp，2005）[36] 基于德国的服务创新调查数据将服务创新分为：知识密集型服务创新、以网络为基础的服务创新、规模密集型服务创新和供应商主导型服务创新。

[34] Heany D. Degrees of product innovation [J]. Journal of Business Strategy，1983：3-14.

[35] Gallouj F，Weinstein O. Innovation in services [J]. Research Policy，1997（26）：537-556.

[36] Hipp C，Grupp H. Innovation in the service sector：The demand for service-specific innovation measurement concepts and typologies [J]. Research Policy，2005（34）：517- 535.

（三）按混合方法划分

现有文献主要通过确定服务创新的变革程度或变革类型将服务创新分为不同的类别。在分类中对变革程度的关注，如激进式创新与渐进式创新，强调了特定类别服务创新的影响水平化。在分类中强调变革的类型，如产品创新与流程创新，确定了哪些变化或更新的元素或方面被视为服务创新。然而，也有学者呼吁进行更细化的分类，即同时关注服务创新的变革程度和变革类型的分类。这种分类结合了前两种方法的优势，比只强调变革程度或变革类型的分类更具分析价值。学术界呼吁对服务创新进行更细化的综合观察，将变革的程度和变革的类型结合起来。

考虑到将服务创新的变革程度和变革类型进行整合方面还存在知识差距，并考虑到上述三种分类方法的优缺点，有必要探索一种新的、分析上有效的分类方案，从而可以对服务创新的程度和类型进行全面、更细化的分析。为此，Yu Mu 等人（2022）[37] 基于创新性的四维视角，提出了一种新的分类方案，兼顾服务创新变革程度和变革类型，将服务创新分为环境主导型、技术主导型、市场主导型和组织主导型四大类。

将环境、技术、市场和组织作为创新的四个基本应用领域的四维观点已被产品创新研究广泛接受，并且也经常用于服务创新研究。这四个维度分别代表服务创新的变化，即环境变化、技术变化、市场变化和组织变化。环境创新性指的是行业规范、法规和基础设施及一般社会价值观和规范的转变。技术创新性涉及新的技术原理和组件，以及技术增强的性能。市场创新性与客户价值的增加、新市场的创造和市场运作方式的变化有关。组织创新性指的是组织结构、制度、文化和研发实践的变化。可以认为，服务创新的这四个维度在变化程度上有所不同。组织的新变化范围最小，其次是市场的新变化。新技术的变化范围更广一些，最全面的变化类型是环境的新变化。

特定服务创新的创新性通常表现为这四个维度中的一个、两个、三个或所有四个维度中若干小项变化的组合。一项服务创新可以用其最高创新性维度（作为主导维度）进行标记，该维度既涵盖了本维度上的条目，又涵盖了较低

[37] Yu Mu, Bart Bossink, Tsvi Vinig. Developing a classification scheme of service innovation synthesizing degree and type of change in service innovation [J]. Annals of Tourism Research，2022.

维度上的某些条目。因此，基于这一四维观点，Yu Mu 等人（2022）提出了一种新的多条目分类方案，以识别服务创新的变化程度和变化类型，并在以前的分类基础上进行分类。

该分类由四个维度（变化程度）组成，每个维度由三到四个条目组成，每个条目（变化类型）使用三种操作化方法进行经验识别。服务创新最高层级的创新维度分别为环境主导型、技术主导型、市场主导型和组织主导型。许多服务创新分类都以创新的变化程度或变化类型为特征，该分类方案是两种分类的综合。遵循变化程度流派，通过对维度的识别，本分类方案详细说明了这些变化的影响程度。遵循变化类型流派，通过对题项的识别及其操作化，该分类方案进一步详细说明了哪个方面造成了主要的变化。

可以认为，该分类方案比单维度和矩阵维度分类更细化。单维分类和矩阵维度分类都是用较少的维度对服务创新进行分类，从一个维度到三个维度不等。尽管这种方法相对明确，但它也可能导致对服务创新的过度简化分析。该分类方案采用了四个维度，可以归为多维度分类范畴，具有更大的分析潜力。此外，与文献中现有的多维度分类相比，这种分类的优势在于维度之间的重叠没有被忽略或否认，而是被明确地用作有助于分类方案分析潜力的一个方面，因为它定义了建立在彼此基础上的类别。

四、酒店和旅游管理文献中的服务创新研究

2013 年，徐虹和李璇（2013）[38] 专门对酒店服务创新研究进行了综述。作者通过对中国知网 2012 年 10 月 31 日前发表的酒店服务创新文献的检索，从酒店服务创新的内涵和驱动因素、酒店服务创新的分类、酒店服务创新的影响因素、酒店服务创新的模式以及酒店服务创新的评价等方面，对国内外有关酒店服务创新的研究文献进行了梳理和总结。作者发现，相对于服务创新的大量研究成果，有关酒店服务创新的研究则十分匮乏，并且大多数的文章仅仅停留在表面上，缺乏对酒店服务创新这一问题的深层次挖掘和探讨。

也就是说，大量的服务创新研究成果关注的主要是制造业的服务创新（服

[38]　徐虹，李璇.酒店服务创新研究综述 [J].天津商业大学学报，2013，33（2）：7-12.

务营销创新）或信息、金融等生产性服务业的创新，而对旅游业服务创新的研究较少，对酒店业服务创新的研究更少，对旅游酒店业服务创新高水平、深层次的研究尤其少。如今，距离徐虹和李璇（2013）的文章发表已过去十余年，国内学界对旅游酒店业（尤其是酒店业）的服务创新研究仍然成果较少、层次较低。似乎也少有学者撰写国内旅游酒店业服务创新研究的综述文章。最近，湛军和张顺（2023）[39] 回顾了服务创新 40 年的研究脉络与发展状况，但分析的乃是 1982—2021 年 40 年间 Web of Science 核心合集中的 SSCI 和 SCIE 共 834 篇服务创新英语文献，而且涉及管理（management）、商业（business）、经济（economics）等相关领域，而非专门针对旅游酒店业的服务创新研究。尽管如此，相比较而言，国外酒店和旅游管理文献中的服务创新研究成果的数量和质量都远高于国内，以下主要讨论国外的相关发表情况。

尽管酒店和旅游管理中的服务通常由难以与其产生的结果完全分离的过程组成，但对酒店和旅游管理的服务创新研究往往或关注产品创新或关注过程创新。产品创新研究强调技术体系。过程创新研究侧重于旨在提高酒店和旅游管理服务效率和生产力的管理实践（例如，物业管理、人力资源管理、收益管理等）。

酒店和旅游管理的服务创新研究显然存在多个研究主流。第一个研究主流聚焦于确定酒店和旅游管理服务创新的关键程序。第二个研究主流侧重于服务创新的类型和分类。第三个研究主流研究了可能提高酒店和旅游管理服务创新的成功因素。第四个研究主流侧重于酒店和旅游业的组织和管理创新，如人力资源实践对员工服务创新行为的影响、商业模式创新、领导力对创新的影响等。此外，大量酒店与旅游管理服务创新研究是以技术创新为基础的，技术进步在服务创新过程中起着普遍的作用。

从生命周期的角度来看，关于创新生成的研究主要集中在识别酒店和旅游管理服务创新的关键先决条件上。例如，加西亚－比利亚韦德等人（García-Villaverde 等，2017）[40] 通过研究结构社会资本、关系社会资本和认知社会资

[39]　湛军，张顺 . 服务创新理论 40 年：境外研究脉络与发展 [J]. 科研管理，2023，44（5）：9-22.

[40]　García-Villaverde P M，Elche D，et al. Determinants of radical innovation in clustered firms of the hospitality and tourism industry [J]. International Journal of Hospitality Management，2017（61）：45-58.

本对激进创新的影响，分析了酒店和旅游业服务创新的前因。洛佩兹－费尔南德斯等人（Lopez-Fernandez 等，2011）[41]发现了酒店服务创新的内部决定因素，如酒店规模、会员资格、对组织变革的开放程度和组织刚性等。此外，最近的研究扩展到外部因素，如德菲斯卡拉和阮（Divisekera 和 Nguyen，2018）[42]提出，协作、人力资本、信息通信技术（ICT）和外部资助决定了旅游业的服务创新。

认识到技术进步在服务创新过程中起着普遍的作用，最近的酒店和旅游管理领域的服务创新扩散研究主要聚焦于技术创新情境，以研究客户或组织如何采用新技术。例如，马丁（Martin，2004）[43]分析了小型酒店企业采用信息通信技术的过程。Shin 等人（2019）[44]发现，技术创新的扩散是一个全公司范围的过程，技术创新的采用影响到更广泛的管理过程，如人力资源管理。此外，一些关键的组织因素会影响创新的扩散和采用过程，如沟通、利益相关者网络和知识转移。最近，德拉雷亚等人（de Larrea 等，2021）[45]提出将创新扩散理论作为酒店和旅游业经济和市场现象创新的支持理论。

在创新评价过程方面，早期的酒店和旅游管理研究考察了可能提高服务创新成功的因素。有一个研究群体利用对创新带来的管理效应进行操作化的量化测度专门关注创新的绩效。例如，Hu 等人（2009）[46]研究了员工知识共享行为和团队文化对酒店创新绩效的积极影响。考尔蒙泽和彼得斯（Kallmuenzer

[41] Lopez-Fernandez M C, Serrano-Bedia A M, Gomez-Lopez R. Factors encouraging innovation in Spanish hospitality firms [J]. Cornell Hospitality Quarterly，2011，52（2）：144 –152.

[42] Divisekera S, Nguyen V K. Determinants of innovation in tourism evidence from Australia [J]. Tourism Management，2018（67）：157–167.

[43] Martin L M. E-innovation：Internet impacts on small UK hospitality firms [J]. International Journal of Contemporary Hospitality Management，2004，16（2）：82–90.

[44] Shin H, Perdue R R, Kang J. Front desk technology innovation in hotels：A managerial perspective [J]. Tourism Management，2019（74）：310–318.

[45] de Larrea G L, Altin M, Koseoglu M A, Okumus F. An integrative systematic review of innovation research in hospitality and tourism [J]. Tourism Management Perspective，2021.

[46] Hu M, Horng J, Sun Y. Hospitality teams：Knowledge sharing and service innovation performance [J]. Tourism Management，2009，30（1）：41–50.

和 Peters，2018）[47] 的研究表明，酒店家族企业的创新性对其财务绩效有积极影响。大多数基础性的酒店和旅游管理创新研究侧重于创新评价过程，如酒店市场价值、企业管理成果和平均入住率。卡米松和蒙福特－米尔（Camison 和 Monfort-Mir，2012）[48] 从动态能力的角度提出了成功衡量旅游业创新绩效的指导方针，将其定义为企业整合、重新配置和再创造资源以应对不断变化的环境以获得竞争优势的能力。

五、服务管理文献中的服务创新研究

从历史上看，服务管理文献对服务创新已经从多个角度进行了考察，如服务产品的改进，提高组织流程生产力和效率的新的内部服务流程，客户体验的增强，改变服务战略和解决方案的组织举措等。一个值得注意的趋势是，大量研究集中在服务创新的概念问题上，如服务创新类型和服务创新的概念化。

对服务管理领域的服务创新研究文献已经有过若干文献计量学分析。Zhu 和 Guan（2013）[49] 分析了 1992 年至 2011 年间发表的 437 篇论文，确定了主要的研究课题（如市场导向、知识管理等）。坂田等人（Sakata 等，2013）[50] 利用引文网络分析评估了服务创新研究的结构和知识的地理分布。卡尔伯格等人（Carlborg 等，2014）[51] 回顾了 1986 年至 2010 年间发表的 128 篇文章，确定了服务创新研究的三个不同阶段，包括形成阶段（1986—2000 年）、成熟阶段（2001—2005 年）和多维阶段（2006—2010 年）。此后，维特尔等人（Witell

[47]　Kallmuenzer A，Peters M. Innovativeness and control mechanisms in tourism and hospitality family firms：A comparative study [J]. International Journal of Hospitality Management，2018（70）：66–74.

[48]　Camison C，Monfort-Mir V M. Measuring innovation in tourism from the Schumpeterian and the dynamic-capabilities perspectives [J]. Tourism Management，2012，33（4）：776–789.

[49]　Zhu W，Guan J. A bibliometric study of service innovation research：Based on complex network analysis [J]. Scientometrics，2013，94（3）：1195–1216.

[50]　Sakata I，Sasaki H，Akiyama M，et al. Bibliometric analysis of service innovation research：Identifying knowledge domain and global network of knowledge [J]. Technological Forecasting & Social Change，2013，80（6）：1085–1093.

[51]　Carlborg P，Kindström D，Kowalkowski C. The evolution of service innovation research：A critical review and synthesis [J]. The Service Industries Journal，2014，34（5）：373–398.

等，2016）[52] 通过对 1979 年至 2014 年间发表的 1301 篇跨学科服务创新文章进行系统回顾，确定了服务创新定义的关键特征。这些研究大多聚焦于分析服务创新研究的概念发展和确定重点研究主题。

与酒店和旅游管理领域的服务创新研究不同，服务管理领域的服务创新研究在单一框架内考察了服务创新的前因和后果。大多数研究聚焦于组织因素在服务创新生成中的作用，如创新文化、沟通、组织设计等。与酒店和旅游管理领域的服务创新研究类似，越来越多的服务管理领域的服务创新研究关注外部利益相关者在服务创新生成中的作用，如客户和外包合作伙伴。这表明服务创新的决定因素可以是管理因素，也可以是非管理因素。

在服务管理领域的服务创新研究中，从相对优势、兼容性、复杂性、可试验性和可观察性这五个不同的创新特征角度，创新扩散理论被广泛用于解释为什么一些创新被广泛接受，而另一些创新却从未被采用。虽然创新扩散理论最初专注于个人对新想法或新产品的采用，但其应用已扩展到若干更广泛的情境，包括技术、政策和知识的采用过程。例如，服务管理研究不仅考察了技术的采用过程，还考察了组织创新的采用过程以及服务创新设计的采用过程。此外，还对促进创新扩散过程的因素进行了研究。例如，佩雷斯等人（Peres 等，2010）[53] 认为创新扩散是由社会影响驱动的，如社会信号和网络外部性。

与酒店和旅游管理领域的服务创新研究类似，服务管理领域的服务创新对企业财务绩效的影响也得到了大量研究。虽然主要的评估工具是管理绩效和服务创新的有效性，但客户也可以对服务创新进行评估。与酒店和旅游管理领域的服务创新研究不同的是，最近的服务管理领域的服务创新研究侧重于客户从服务质量、体验和价值方面对服务创新的评价。最近，有一部分研究从可持续发展的角度对服务创新的后果进行了评估。这些研究认为，服务创新需要对实现企业的可持续增长和成功做出贡献。

与酒店和旅游管理文献不同，服务管理领域的服务创新文献更侧重于服务

[52]　Witell L，Snyder H，Gustafsson A，et al. Defining service innovation：A review and synthesis [J]. Journal of Business Research，2016，69（8）：2863-2872.

[53]　Peres R，Muller E，Mahajan V. Innovation diffusion and new product growth models：A critical review and research directions [J]. International Journal of Research in Marketing，2010，27（2）：91-106.

主导逻辑（SDL）和价值共同创造方面的创新创造过程。斯奈德等人（Snyder等，2016）[54]认为，服务创新的关键焦点是新服务如何为客户和企业共同创造价值。奥德尼尼和帕拉苏拉曼（Ordanini和Parasuraman，2011）[55]为服务创新提出了价值共同创造的概念框架，并实证研究了三种价值共同创造来源对豪华酒店行业创新成果（如创新的数量和激进性）和企业绩效的影响。与酒店和旅游管理文献一样，动态能力一直是服务管理领域服务创新研究的重点。德恩·赫托格等人（Den Hertog等，2010）[56]提出了六种动态服务创新能力（概念化、协同生产和协调、规模化和延伸）的概念框架，并提出了未来服务创新研究的议程。

六、服务创新研究的演进

以前，关于服务创新发展和未来的文献将服务创新描述为一个不断演进的、碎片化的研究领域，许多学术著作试图提供服务创新领域的概述。奥斯和佩德森（Aas和Pedersen，2010）[57]识别了服务创新可能对企业层面产生影响的五种主要分类：（1）关系效应；（2）业务流程效应；（3）竞争力效应；（4）能力效应；（5）财务绩效效应。然而，他们并没有说明这些影响之间的因果关系。针对服务创新的演变过程，卡尔伯格等人（Carlborg等，2014）系统回顾了1986年至2010年间发表的128篇文章，明确了服务创新研究的三个演变阶段——形成阶段、成熟阶段和多维阶段。同时，他们也强调了进行持续研究和调适的必要性，特别是在技术和市场需求迅速发展的情况下。两年后，维特尔等人（Witell等，2016）进行了系统的文献综述，从同化、界分和综合等不同

[54]　Snyder H，Witell L，Gustafsson A，et al. Identifying categories of service innovation：A review and synthesis of the literature [J]. Journal of Business Research，2016，69（7）：2401-2408.

[55]　Ordanini A，Parasuraman A. Service innovation viewed through a service-dominant logic lens：A conceptual framework and empirical analysis [J]. Journal of Service Research，2011，14（1）：3-23.

[56]　Den Hertog P，Van der Aa W，De Jong M. Capabilities for managing service innovation：Towards a conceptual framework [J]. Journal of Service Management，2010，21（4）：490-514.

[57]　Aas T H，Pedersen P E. The firm-level effects of service innovation：A literature review [J]. International Journal of Innovation Management，2010，14（5）：759-794.

角度总结了服务创新的关键特征。卡拉布雷塞等人（Calabrese 等, 2018）[58] 从理论层面阐述了可持续发展导向的服务创新研究的三大主流：产品服务体系、服务创新和可持续发展导向的创新。另外, 随着人们对服务创新的兴趣日益浓厚, 辛格等人（Singh 等, 2020）[59] 应用 TCCM（理论、情境、特征、方法）框架来探索服务创新研究领域中尚未得到充分研究的主题。纳斯林等人（Nasrin 等, 2023）[60] 采用系统调查的方法, 对 1992 年至 2021 年两个时期发表的 255 篇文章进行了全面的绩效分析（定性和定量）, 探讨了服务创新的基础性研究领域和历史发展。结果表明, 服务创新领域有四个可区分的集群, 每个集群表现出不同的特征, 包括资源焦点、过程焦点、解决方案焦点和参与者焦点。研究结果表明, 第一期（1992—2014 年）的主要主题包括创新、客户、服务和产品, 第二期（2014—2021 年）的主要主题包括服务、客户、价值和信息。服务创新具有跨学科的理论基础, 服务创新研究的基础结构随着时间的推移发生了显著的变化。

　　服务创新研究自产生之日起, 其发展演进就受益于多种理论根源。首先, 沃纳费尔特（Wernerfelt, 1984）[61] 的资源基础观（Resource-Based View, RBV）认为, 如果一个公司要获得可持续的竞争优势, 它的基础必须是它的资源。对 RBV 的评价导致动态能力理论的出现, 旨在弥补 RBV 的不足。从其演变来看, 动态能力观是对 RBV 的扩展, 该理论认为如果企业能够对市场需求做出及时、准确和战略性的反应, 就能获得竞争优势（Helfat 和 Peteraf, 2003）[62]。因此, 吸收能力可以通过促进知识交流并将其与新参与者的资源相结合（适应能力）, 从而促进创新服务提供的产生过程（创新能力）。

[58]　Calabrese A, Castaldi C, Forte G, Levialdi N G. Sustainability-oriented service innovation: An emerging research field [J]. Journal of Cleaner Production, 2018（193）: 533-548.

[59]　Singh S, Akbani I, Dhir S. Service innovation implementation: A systematic review and research agenda [J]. The Service Industries Journal, 2020, 40（7-8）: 491-517.

[60]　Nasrin Mahavarpour, Reza Marvi, Pantea Foroudi. A Brief History of Service Innovation: The evolution of past, present, and future of service innovation [J]. Journal of Business Research, 2023.

[61]　Wernerfelt B. A resource-based view of the firm [J]. Strategic Management Journal, 1984, 5（2）: 171-180.

[62]　Helfat C E, Peteraf M A. The dynamic resource-based view: Capability lifecycles [J]. Strategic Management Journal, 2003, 24（10）: 997-1010.

服务创新受到越来越多关注的另一个触发因素是市场导向。市场导向的特征是通过提供创新的有价值的产品来适应未来客户需求。根据市场导向理论，企业需要对其产品和服务进行定位，使消费者意识到他们提供的产品和服务的价值，并相信他们需要这些产品和服务。事实上，市场导向作为一种商业概念确立了客户导向、竞争对手导向和职能间导向是其优先级。一项关于中小企业绩效的研究发现，对市场积极主动的响应对产品或服务开发能力有不同的影响，而产品或服务开发能力反过来又对企业的绩效和卓越效益的创造产生积极影响（Bodlaj 和 Cater，2022）[63]。因此，成功的服务创新是监测快速变化的环境以提高企业创新速度的结果。

此外，作为服务创新的两大主要理论，知识基础观和服务主导逻辑的主导地位也越来越受到学者们的关注。知识基础观（KBV）是资源基础观（RBV）的延伸，其中知识被认为是企业最重要的战略资源（Grant，1996）[64]。在这方面，乔普拉等人（Chopra 等，2021）[65] 将"可持续发展的知识管理理论"扩展到个人、企业和国家三个层面。个人层面是企业层面的先决条件，包括知识、信息和数据。企业层面包括企业内部团队和部门之间的知识创造、知识获取、知识应用、知识共享和知识转移等活动，这些活动导致了国家层面在不同经济、社会和环境方面产生以可持续发展为导向的产品或服务价值。此外，将知识管理与全面质量管理相结合，可以提高组织在提高产品和服务质量方面的绩效。此外，服务主导逻辑表明，服务交换是任何交易的核心原因。服务主导逻辑的一个重要方面是它提供了理解价值共同创造的综合方法，该框架强调消费者与企业之间的交换对价值主张至关重要。

鉴于对这一主题的兴趣日益浓厚，各种研究也认识到并确定了对服务创

[63] Bodlaj M，Cater B. Responsive and proactive market orientation in relation to SMEs' export venture performance: The mediating role of marketing capabilities [J]. Journal of Business Research，2022（138）：256-265.

[64] Grant R M. Toward a knowledge-based theory of the firm [J]. Strategic Management Journal，1996，17（S2）：109-122.

[65] Chopra M，Saini N，Kumar S，et al. Past，present，and future of knowledge management for business sustainability [J]. Journal of Cleaner Production，2021.

新至关重要的不同方面。在这方面,海曼(Heymann,2019)[66]证明了当代市场客户价值观发生了变化。在不断发展的服务经济中,由于社交媒体的出现,消费者正在不断重新评估他们的期望。因此,必须指出的是,近年来创新的重要作用在不同的环境中迅速增长。舒尔茨(Schultz,2019)[67]认为,对创新的有效管理会导致新产品或服务的引入。另外,职场中赋权、多样性和包容性等社会问题可能会影响到服务创新的新概念(Arora 和 Patro,2021)[68]。

随后,基于对服务创新概念及其实施的感知,研究者在服务创新领域开展了多项研究,试图从新服务开发(NSD)、服务创新实施、可持续导向服务创新、服务创新特征、社交媒体和信息技术在服务创新中的作用、数字化与服务创新等不同角度来识别服务创新的关键因素。每个模型都考虑了服务创新的某些影响因素,如表 1-1 所示。

表 1-1　服务创新的最新文献综述

作者 (出版年份)	文献名	描述	样本量与分析	研究发现	局限与研究建议
Peixoto 等 (2022)	Factors that influence service innovation: A systematic approach and a categorization proposal	加强服务创新的学术讨论	2006—2020 年 Scopus 的 99 篇相关实证论文	服务创新概念不统一,服务业和制造业实证研究中有关创新的因素没有差异	发现大量不同的概念类别来证明服务创新还远远不是概念整合,对更加统一的服务创新概念框架的需求为未来的工作创造了机会

[66]　Heymann M. The changing value equation: Keeping customers satisfied while meeting bottom-line objectives in the service industry [J]. Global Business and Organizational Excellence, 2019, 38(6): 24-30.

[67]　Schultz J R. Think tank—Breaking through to innovation [J]. Global Business and Organizational Excellence, 2019, 38(6): 6-11.

[68]　Arora S, Patro A. Inclusivity and empowerment—Grow and let grow [J]. Global Business and Organizational Excellence, 2021, 41(1): 21-30.

续表

作者 （出版年份）	文献名	描述	样本量与分析	研究发现	局限与研究建议
Shin 和 Perdue （2022）	Hospitality and tourism service innovation：A bibliometric review and future research agenda	服务创新的知识开发分析	对 WOS 的 788 篇服务管理创新论文和 175 篇酒店与旅游管理创新论文进行了共被引分析	与服务管理研究越来越关注服务主导逻辑（SDL）和动态能力相比，酒店和旅游管理领域更多地关注创新绩效及其衡量。因此，协同创新和知识共享是酒店和旅游管理的关键主题。服务管理研究强调开放式创新和价值共创	未来的研究可以将创新的创造、扩散和评估过程纳入酒店与旅游服务创新的研究中
Salam 等 （2021）	Service innovation research：A comprehensive bibliometric analysis based on the Scopus database（1970—2020）	确定"服务创新"领域研究成果的演变	从 Scopus 数据库中选择了 1970 年至 2020 年期间的 3915 篇出版物，并进行了合著和共现分析	关于服务创新的出版物，以美国和英国为主。此外，"服务""服务创新""创新""开放式创新""价值共创""服务设计""商业模式创新""新服务开发"等关键词被发现具有显著特征	本研究受限于所选期刊仅在 Scopus 数据库中检索，建议未来研究者考虑比较不同的数据库

续表

作者 （出版年份）	文献名	描述	样本量与分析	研究发现	局限与研究建议
Singh 等 （2020）	Service innovation implementation: A systematic review and research agenda	找出影响服务创新实施的主要因素	利用 TCCM 框架分析了 WOS 和 Scopus 在 39 年间（1981—2019 年）发表的 89 篇论文	服务创新的实施受到个人因素和组织因素等诸多因素的影响	研究受到文章来源和搜索字符串的限制，仅搜索标题中有"变革实施""创新实施"或"实施创新"字样的文章。未来，研究可能会扩大到跨界视角
Kitsios 和 Kamariotou （2019）	Service innovation process digitization: Areas for exploitation and exploration	考察技术在新服务开发过程中的作用	采用 Webster 和 Watson（2002）的三阶段文献回顾法对 144 篇论文进行了分析	尽管 IT 对新服务的成功至关重要，但 IT 的好处经常被管理人员所忽视	研究人员应该调查 IT 的使用如何改善知识共享和培训，以便员工能够在更灵活的环境中工作，并为新服务提供创意
Lee 等 （2019）	Integrating technology to service innovation: Key issues and future research directions in hospitality and tourism	新兴技术带来的服务创新概念	使用选定数据库（如 ABI/NFORM Complete EBSCOHost、Hospitality 和 Tourism Complete、Scopus、Web of Science 和 Google Scholar）中的关键词搜索，对选定的 31 篇论文进行了内容分析	通过使用新兴技术，强调了服务创新的多方面。此外，还解释了包括感官、情感、智力和行为体验在内的体验经济如何适用于旅游业和酒店业	仅考虑学术期刊文章是本研究的局限性。未来的研究应该检查技术在不同内容（如家庭旅行和会议、休闲旅行、商务旅行）和不同环境（如度假村、酒店和餐厅）中的相对影响。此外，未来的研究可以从顾客价值共同创造的过程和结果来分析服务创新

续表

作者 （出版年份）	文献名	描述	样本量与分析	研究发现	局限与研究建议
Klarin （2019）	Mapping product and service innovation：A bibliometric analysis and a typology	将产品和服务创新类型整合为一个总体类型	通过对来自WOS的1400篇文章的文本挖掘和共被引分析，系统地绘制了30年来产品和服务创新的地图，并通过案例研究分析展示了已识别的创新类型如何适应成本与市场新颖性矩阵	识别突出的产品/服务创新类型，包括激进创新、渐进创新、模仿创新、价值创新、反向创新和颠覆性创新。此外，发现在先前文献中有重叠或被认为是独特的创新类型，确定反向创新与低成本创新的关系值得研究	主要局限性在于未能从整体上描述工业化国家和新兴国家的创新。此外，该研究忽略了组织通过创新提供产品和服务的各种方式
Calabrese 等 （2018）	Sustainability-oriented service innovation：An emerging research field	涉及以可持续发展为导向的新兴服务创新领域	选取2004—2015年Scopus数据库中的208篇文章，采用描述性分析和主题性分析的方法进行分析	对服务创新如何有助于实现可持续发展目标的洞察已经到位。他们还确定了可持续导向服务创新的三个主要研究方向：服务创新、产品服务系统和可持续导向创新	建议未来的研究考虑开发和设计新的模式，以支持企业的可持续服务创新行动

续表

作者 （出版年份）	文献名	描述	样本量与分析	研究发现	局限与研究建议
Witell 等 （2016）	Defining service innovation：A review and synthesis	识别服务创新定义中的特征	利用文本挖掘分析 Scopus 中 1979 年至 2014 年间发表在学术期刊上的 84 篇论文	提出了 84 种服务创新的定义，包括同化、划分和综合，以及服务创新的关键特征	在数据收集阶段，本研究仅考虑主题中包含"服务创新"关键词的论文。进一步的研究可以扩展搜索范围，并考虑不同的术语，以帮助提高对服务创新的理解
Snyder 等 （2016）	Identifying categories of service innovation：A review and synthesis of the literature	研究服务创新的定义和应用	回顾了 2014 年春季之前含有"Service/es innovation""innovation in Service/es"的 255 篇来自 Scopus 的文章	在研究结果的基础上，划分了服务创新的四种类别：变化程度、变化类型、新颖性、提供方式	顾客价值和财务绩效是服务创新分类中被忽视的两件事，本研究为未来的研究提供了在服务创新背景下考虑这些因素的基础
Carlborg 等 （2014）	The evolution of service innovation research：A critical review and synthesis	服务创新研究进展分析	分析了 1986 年至 2010 年间发表的 128 篇文章	确定了创新过程的三个阶段：形成阶段、成熟阶段和多维阶段	强调了在技术和市场需求迅速变化的动态环境中持续研究和新方法的重要性

资料来源：Nasrin 等，2023.

　　纳斯林等人（Nasrin 等，2023）对共被引网络进行了研究，然后将文章按时间顺序排序，并分为三类：历史基础、形成基础和近期基础。这种分类说明了服务创新领域的演变，并提供了对服务创新趋势的更好理解。历史基础是服务创新的初始基础,形成基础解释了服务创新发展的演变及其影响因素(见表1-2),近期基础总结了服务创新研究领域的最新概念。产品概念和基于资源和能力的文章奠定了服务发展和服务创新的理论基础。

表1-2　服务创新领域的主导理论综述

发展期	理论	定义	适用范围	局限
历史基础	资源基础理论	企业从独特的、有价值的和稀缺的资源中获得竞争优势	通过整合和吸收内外部资源,促进服务创新	RBV本质上是静态的,无法解决开放式创新等动态问题
形成基础	动态能力	动态能力扩展了资源观,认为企业的创新过程和企业的日常活动证明了需要内部能力去应对企业环境的变化	重点关注公司有目的地利用其资源的能力	首先,对于可以拥有类似或相同动态能力的组织数量没有限制;其次,成功生成动态能力的基础是能力永不改变
	吸收能力	一个公司吸收新信息的能力就是认识到新信息的价值和重要性并吸收它的能力	主要关注的是企业整合、吸收和利用资源的能力	吸收能力受限于企业能够实施的技术信息和知识的比率
	知识基础观	企业最重要的资源是知识,公司有责任将知识整合、吸收和贯彻到他们的活动中	适应和学习外部环境是很重要的,企业必须不断努力从外部环境中学习	对于组织来说,生成服务创新所需要的知识是困难的,也是昂贵的
	服务主导逻辑	根据服务主导逻辑,价值是在生态系统中的多个参与者之间创造的	通过运用行为和经济框架来探讨多主体之间的价值共同创造问题	随着时间的推移,资源是不稳定的,可能会被企业的创新活动所改变

资料来源:Nasrin 等,2023.

资源基础观(Resource-Based View,RBV)主要关注企业层面的绩效决定因素,而不是行业层面的企业绩效。特别是,该理论假定资源在组织内部是异质分布的,组织可以通过拥有不可模仿的、有价值的和稀缺的资源来获得竞争

优势（Barney，1991）[69]。在这方面，居勒等人（Gueler 等，2021）将 RBV
扩展到商业生态系统，重新确定了资源或能力的价值展现。因此，当企业采用
资源基础观时，资源与企业的活动、系统和程序相辅相成，从而创造出有利于
生态系统的优质产品和服务。

而且，在接下来的一段时间内，与服务创新和服务主导逻辑相关的最具影
响力的一些研究框架都是在这些基本的研究概念的基础上发展起来的。就这
一方面而言，尽管瓦戈和勒斯克（Vargo 和 Lusch.，2004）[70] 提出的服务主导
逻辑为服务创新领域的进一步发展提供了必要的理论基础，但需要注意的是，
其他概念和理论也对服务创新的发展做出了贡献。例如，尼森等人（Nijssen 等，
2006）[71] 表明，在服务创新形成时期，服务创新和产品创新之间的重叠也是非
常重要的。肯德斯特朗等人（Kindström 等，2013）[72] 做出了进一步的贡献，
将动态能力与面向服务的创新相结合，进一步发展了该研究领域

根据费舍尔等人（Fischer 等，2010）[73] 的研究，动态能力包括使组织能
够响应并随着市场需求而发展的吸收能力、适应能力和创新能力。为了满足
这一定义，组织需要找到改进、补充或替代支撑其产品或服务基础的新方法。
吸收能力被科恩和利文索尔（Cohen 和 Levinthal，1990）[74] 描述为企业在新的
外部信息中识别机会、吸收它并将其用于商业目的的能力。此外，吸收能力是
企业整合、吸收和应用外部知识以创造动态能力的过程。从服务创新的角度
来看，动态能力是由市场动态决定的一组可识别的过程（如新服务开发过程）。

[69]　Barney J. Firm resources and sustained competitive advantage [J]. Journal of Management，1991，17（1）：
99–120.

[70]　Vargo S L，Lusch R F. Evolving to a new dominant logic for marketing [J]. Journal of Marketing，2004，
68（1）：1–17.

[71]　Nijssen E J，Hillebrand B，Vermeulen P A，Kemp R G. Exploring product and service innovation
similarities and differences [J]. International Journal of Research in Marketing，2006，23（3）：241–251.

[72]　Kindström D，Kowalkowski C，Sandberg E. Enabling service innovation：A dynamic capabilities
approach[J]. Journal of Business Research，2013，66（8）：1063–1073.

[73]　Fischer T，Gebauer H，Gregory M，et al. Exploitation or exploration in service business development?
Insights from a dynamic capabilities perspective [J]. Journal of Service Management，2010（21）：591–624.

[74]　Cohen W M，Levinthal D A. Absorptive capacity：A new perspective on learning and innovation [J].
Administrative Science Quarterly，1990，35（1）：128–152.

从动态能力的角度看，服务创新取决于其所采取的路径，并受到基于市场导向配置的学习机制的影响。组织学习是指从个人经验和观察中实施新的组织惯例的过程。动态能力可以被市场上的其他人复制，但它主要是为单个企业提供竞争优势的资源设置。

知识基础观（KBV）是 RBV 的延伸，其中知识被认为是企业最重要的战略资源（Grant，1996）。该理论认为，企业是整合和吸收知识的机构。格兰特（Grant，1996）讨论了使知识成为制造资源的关键因素。组织的管理者设计出协调经验所需的机制，同时，组织充分利用专注于有效活动的能力，这些活动有助于知识的整合，进而促进创新和生产。根据这一理论，知识可以分为三类：整合能力、专属性和知识可转移性。根据格兰特（Grant，1996）的观点，获取和储存知识的过程可以是专业化的。个人（如员工）创造、发展和存储知识，有效的知识管理依赖于参与并将知识传递给专家。

服务主导逻辑提出服务创新需要行动者（如利益相关者、员工）的动能，他们可以通过资源整合（Vargo 等，2008）[75] 在服务生态系统中交互式地共同创造价值（Brodie 等，2011）[76]。同样，德兰等人（Tran 等，2021）[77] 解释说，消费者和供应商在共同创造产品和服务体验过程中的互动是消费者价值的最终来源。这些定义与奥诺弗雷等人（Onofrei 等，2022）[78] 对价值共同创造逻辑（value co-creation logic）的描述一致，该逻辑强调客户通过在诸如产品、服务开发阶段等各个阶段的互动，积极地为价值的共同创造做出贡献。

受前期（形成期）的影响，服务业与制造业创新之间的差异以及服务主导逻辑和服务创新之间的相互关系已经成为学术界关注的话题。

[75]　Vargo S L, Lusch R F. Service-dominant logic：Continuing the evolution [J]. Journal of the Academy of Marketing Science，2008，36（1）：1–10.

[76]　Brodie R J, Hollebeek L D, et al. Customer engagement：Conceptual domain, fundamental propositions, and implications for research [J]. Journal of Service Research，2011，14（3）：252–271.

[77]　Tran T P, Mai E S, Taylor E C. Enhancing brand equity of branded mobile apps via motivations：A service-dominant logic perspective [J]. Journal of Business Research，2021（125）：239–251.

[78]　Onofrei G, Filieri R, Kennedy L. Social media interactions, purchase intention, and behavioural engagement：The mediating role of source and content factors [J]. Journal of Business Research，2022（142）：100–112.

在形成时期,最重要的话题是创新。然而,在后期,服务成为最重要的话题,尽管创新仍然是最相关的主题,也是第二重要的概念。这表明,虽然创新研究仍是第二阶段的核心,但创新研究和与服务科学视角联系得更为紧密。值得注意的是,虽然不同的概念从形成时期延续到第二个时期,但两个时期只有三个主题保持不变,即服务、客户和采用,表明服务创新研究领域主要集中在服务企业如何采用新资源来提供创新服务产品方面。

相反,每个时期之间的差异表明服务创新领域的变化是如何发生的。更详细地说,尽管结果显示服务和客户两个主题在两个时期都出现,但它们的相关性和连通性彼此不同。在第一个阶段,顾客主题是主导话题(研究得更多),而在第二个阶段,服务主题占据了中心位置。这表明从理解客户需求作为创新的来源到将客户视为创新成功的主要决定因素的转变。

在早期,主要的主题包括创新、客户、服务和产品,反映了学术界对创新来源(即知识、资源、外部)和产品(产品创新或服务创新)的关注。重要的是,在这一时期,创新和客户的概念受到的学术关注水平最高,过程和价值分别是第二重要的概念。这两个概念突出了一个事实,即早期的服务创新研究是以管理理论(如资源基础理论)为基础的。此外,在第一阶段服务和产品是有区别的。作为产品主题的一部分,这一时期包括商业、开发和制造等概念。这些概念中的大多数是基于商品主导逻辑方法来面对服务创新的。在形成期,产品的主题更倾向于创新。然而,第二阶段服务重要性的增加使得其从第三概念转变到第一概念,以及产品从主题降低到概念,表明最近的研究更符合以服务主导逻辑来面对创新研究。

在第二个时期,新的主题出现了,包括价值、信息、技术、设计、学习、员工、体验和机器人。这些新兴概念中的一部分曾经是形成期的主题,随着创新领域多年来的不断发展,它们变得越来越占据主导地位。例如,体验从形成期的概念转变为后期的主题,突出了以客户体验为导向的创新研究的作用(例如,Keiningham 等,2020)[79]。

[79] Onofrei G, Filieri R, Kennedy L. Social media interactions, purchase intention, and behavioural engagement: The mediating role of source and content factors [J]. Journal of Business Research, 2022(142): 100-112.

此外，一些概念发展成为它们自己的主题（技术、信息和设计）。这一发展，加上第二阶段"机器人"主题的出现，表明人们将注意力转向技术和信息，将其作为创新的主要驱动力。此外，价值和经验在第二阶段的出现，表明学术界对充分理解不同行为者和社会结构之间的价值（交换价值和使用价值）和创新有了更多的关注。主题的变化表明，在服务生态系统中，服务创新有了一种更加动态和系统的方法。过程和知识虽然都作为第一个主题中的概念存在于两个时期，但没有成为一个更广泛的主题出现。创新、过程和知识等概念都出现在服务这个总体主题之下，表明创新发生的过程和知识与文献中创新的来源直接相关。

总体而言，对两个不同时期的文本挖掘揭示了服务创新领域中主题和概念的主体结构的重要变化。资源和网络等概念与行动者和逻辑（如S-D逻辑）这两个新出现的概念融合在一起，形成了一个新的主题——价值。虽然这种转变发生在价值主题上，但其他主题，如品牌随着时间的推移而弱化，反而成为一个概念。有趣的是，虽然创新管理（服务、产品、管理、采用）的重要性在服务创新领域形成期的话语中至关重要，但第二阶段对创新的方法更加综合，更关注创新的驱动因素（信息、技术、学习）。此外，虽然在第一阶段描述系统动态的语言（如社会、品牌）显示了理解创新如何影响更广泛的社会结构的学术尝试，但这种重要性在最近的文章中没有反映出来。

服务创新领域的历史发展结果表明，服务创新在形成时期可以跨越四个视角。这些重要的视角包括资源焦点（资源基础理论视角）、过程焦点（吸收能力视角）、多参与者焦点（服务主导逻辑视角）和服务解决方案焦点（动态能力视角）。资源焦点需要开发服务解决方案所需的资源配置。这种对创新的观点在形成时期非常普遍，主题包括创新、服务和管理。随着话题的发展，过程焦点出现了，它更多地关注企业，并表明行动者资源是创新的主要来源。然而，多参与者焦点认为，服务创新研究的主要焦点不应是提供服务本身，它还应该是服务生态系统中的多个参与者。因此，这种关于服务创新的观点在后期以技术和信息为主题的时期占据了相对主导地位。最后，服务解决方案焦点将解决方案（输出）视为嵌入在有价值和创新的公司成就中，这些成就是客户可以通过价值交换获得的。

此外，在第一个时期的战略和管理主题中，存在服务创新的战略观，而在第二个时期，这已经局限于设计主题了。因此，迫切需要对服务创新领域和设计思维能力进行更多的战略理论构建。此外，由于服务创新的理论基础不足，对服务生态系统视角的关注不够。与服务主导逻辑视角的最新发展一致（Ng 和 Vargo，2018）[80]，第二个时期表明资源、参与者、逻辑和网络等概念是切题的。尽管如此，仍有很多空间对服务创新的社会文化内容和服务生态系统驱动的内容等新趋势进行更深层次的发展和理论建构。

　　由于研究服务创新和更好地理解这种创新的扩展影响的理论框架的多样性，确定服务创新领域是如何扩散的至关重要。通过对主样本的所有参考文献的共被引分析，结果表明，服务创新领域有四个不同的集群，每个集群表现出不同的特征。

　　集群1：聚焦于资源基础理论，同时也借鉴了开放式创新理论。该集群中关于服务创新的主流观点认为，整体大于各个部分的总和。该集群包括考虑服务创新资源的文章，这些资源要么由企业控制，要么由企业拥有。该集群中的文章，我们将其称为资源焦点集群，认为服务生态系统中任何给定参与者的资源都在服务创新中发挥着关键作用。

　　集群2：以创新过程的概念为基础，它将服务创新描述为一种活动而不是结果，我们将其称为过程焦点集群。从广泛的角度来看，本集群中的文章将服务创新视为一项创新性服务交付和成功的过程。基于过程的文章主要出现在新服务开发研究流中。这种观点强调了服务创新秩序的架构阶段，它要么是连续的，要么是线性的。

　　集群3：解决方案焦点集群，是专注于服务解决方案和服务化的学术研究分组。扎根于面向服务创新的产品开发，集群3中的文章提出，更高的服务绩效嵌入在可衡量和创新性的服务解决方案中。重要的是，该集群认为服务创新不仅限于传统服务公司，而且对于以制造业为基础的商业模式的服务化同样重要。从集群的角度来看，服务化是将资源转换为服务解决方案的方法。其产出本质上是一个数量问题，而其成功与否取决于创新性特征。

[80]　Ng I C，Vargo S L. Service-dominant（SD）logic，service ecosystems and institutions：Bridging theory and practice [J]. Journai of Service Management，2018，29（4）：518-520.

集群4：参与者焦点集群，是基于服务主导逻辑的。这个集群有瓦戈和勒斯克（Vargo 和 Lusch，2004，2008）关于服务主导逻辑的基础性文章，以及提供对服务主导逻辑的见解的文章。根据服务主导逻辑，服务创新主要是由基于价值的考虑驱动的。从这个角度来看，价值总是有益的，并通过体验来共同创造。这一观点表明，技术或创新过程仅用于提供创新服务交付，而不是共同创造价值。

七、服务创新领域未来之路

根据斯奈德等人（Snyder 等，2016）的研究，服务创新文献可以分为四类：创新水平、变化类型（产品与过程）、提供手段和新颖性。与这种分类相反，我们的目的是从理论和认识论的角度对服务创新进行分类，以提供服务创新领域的整体观点。从历史上看，服务创新是通过资源和服务解决方案两个视角形成的。资源视角强调资源对于服务创新的重要性，而服务解决方案视角则是运用资源为个体客户创造独特的、创新性的服务解决方案。使用这样的历史视角从投入和产出的角度来看待服务创新，是通过过程和多参与者的视角来看待服务创新的一个起点。最近，这两个视角由于关注服务生态系统中不同参与者的角色而受到了更多的学术关注。

资源和服务解决方案视角的焦点主要以公司为中心，而创新过程和多参与者视角更加重视客户，一般来说，是更加重视通过互动和迭代过程在创新过程中发挥核心作用的任何参与者。受服务主导逻辑的影响，这两种观点认为，周围生态系统影响创新结果，同时也受到焦点多参与者的创新结果的影响。重要的是，正如研究结果所示，在服务创新过程中还应考虑非人类参与者，这突出了创新平台作为创新参与者的作用。作为创新生态系统的一部分，这些平台为创新参与者提供整合资源所需的支持。因此，创新平台不仅是服务创新的推动者，还是连接服务生态系统中不同参与者的工具。

资源整合——学者们开始认识到知识资源对服务创新至关重要。文本挖掘结果强调，与服务相关的资源（如知识）不同于与制造相关的资源。然而，尽管研究人员强调了以制造业为基础的资源和以服务业为基础的资源之间的这种认识，但不同的业务环境如何组织和管理创新资源以提供新的服务解决方案仍未得到开发。一些创新商业模式的增长表明，关于客户公司焦点和品牌与客户关系的假设不再适用，品牌与客户关系是基于企业与客户关系的。然而，随着这种创新性商业模式的快速发展，主要通过企业对客户业务环境来看待的服务创新概念，无法充分体现另一种业务环境（如点对点平台）中服务创新的动态关系。因此，未来对新兴商业模式中的服务创新进行任何的系统概念化，都对服务创新的推进具有重要作用。这种学术研究可以采用动态能力视角，动态能力的主要目的是将资源转化为竞争优势。新的资源组合可以帮助企业寻求其主要竞争优势战略，以提供新的组织服务解决方案。因此，动态能力视角可以为其他业务背景的调查提供坚实的基础。

创新过程——由于服务生态系统是基于制度的多个相互联系的参与者的自我调节系统，许多研究将服务创新作为一个过程进行探索。因此，这种观点导致将服务创新视为服务提供的改进，从一个小的改进到一个完全创新的价值主张。通过过程视角来看待服务创新，强调了不同参与者的有益价值。因此，从这个角度来看，行动者在创新过程中的参与是必不可少的。尽管研究人员强调了创新过程中多个参与者的作用，但理解每个参与者在创新过程中的参与是复杂的，需要进一步的学术关注。重要的是，研究主要集中在服务生态系统中具有相似兴趣和信念的参与者对创新过程的参与，因此，建议学者研究相互冲突的服务生态系统，看看创新是如何在其中发生的。考虑到员工培训在服务中的重要性，研究创新性培训过程对员工和企业绩效的影响也很重要。在这方面，马哈茂德等人（Mahmood 等，2023）[81]揭示了定向培训对员工长期绩效，特别是产品或服务创新的显著影响。

服务解决方案——在服务解决方案领域，我们目睹了许多制造公司转向产品—服务的方式。在这种新兴的方法中，产品解决方案与服务解决方案（如远程维护控制）一起提供，以增强客户对产品的体验并提高产品性能。开发这样一个集成的产品服务解决方案往往比仅仅制造产品或设计服务更复杂。已有一些研究正在帮助制造商充分把握开发此类产品服务解决方案的真正需要。

[81]　Mahmood M, Ostrovskiy A, Capar N. Effect of orientation training on employee and firm performance [J]. Global Business and Organizational Excellence，2023.

例如，图利等人（Tuli 等，2007）[82] 利用定性分析来确定客户和供应商对服务解决方案的看法之间的差异。虽然企业倾向于对客户解决方案有一个产品导向的观点，但客户关注的是解决方案中的关系过程。服务主导逻辑强调，企业的活动应该通过两个视角来看待——过程和资源。

应该在接下来的未来研究路径中更深入地研究此解决方案渠道中对服务生态系统的协调活动。特别是如何在服务生态系统中将这些流程和资源结合起来，从而在服务生态系统中产生更高的感知价值，目前还没有得到充分的研究。关于这一研究主题的学术研究主要集中在服务质量上，以了解客户感知价值。然而，服务解决方案不仅仅是一个产品或服务，相反，它是产品和服务的集成，解决的是业务问题。鉴于此，未来的学者应该研究影响顾客对服务解决方案质量感知的因素，其他研究方向可以关注资源对服务解决方案质量的影响。重要的是，未来的学者可以专注于开发服务解决方案质量的可测量量表。进一步的调查可以研究企业如何利用多个参与者资源，在服务创新的各个阶段创造有竞争力的服务解决方案。

此外，在服务创新文献中，"服务生态系统"一词说明服务创新的集体、互惠和社会性质超越了任何二元互动（Brodie 等，2019）[83]，以及其网络中的多功能参与者超越了客户。不同层次的聚合之间存在相互作用，如微观层面（客户和员工）、中观层面（个人和社会社区）和宏观层面（平台、政策制定者和集体），服务创新的成功取决于不同参与者的参与。因此，不同的理论层面不再是从组织层面去关注服务创新，而是分散在一个具有更广泛的边界和壁垒的网络中。

有了这样的观点，并且仅仅局限于服务主导逻辑作为理论基础，已经不能完全解释不同参与者的创新行为。因此，我们引入社会网络理论来克服这种局限。从社会网络理论的角度来看，任何给定的社会结构都是由不同的参与者（组织或个人）、社会互动以及多参与者之间的二元联结组成的。社会网络理论研究个人、组织和不同的社会群体如何在这样一个网络中与其他人互动。

[82] Tuli K R, Kohli A K, Bharadwaj S G. Rethinking customer solutions: From product bundles to relational processes [J]. Journal of Marketing, 2007, 71（3）: 1–17.

[83] Brodie R J, Fehrer J A, Jaakkola E, Conduit J. Actor engagement in networks: Defining the conceptual domain [J]. Journal of Service Research, 2019, 22（2）: 173–188.

参与者之间的互动基于他们的社会关系，因此，服务创新是网络参与者从另一个参与者那里获得资源的结果。这种观点表明，服务创新发生在参与者将其资源整合到服务生态系统中时。

服务创新的参与者到参与者观点认为，所有参与者，不管他们的直接角色是什么，都是服务生态系统中的资源集成商。例如，当集体参与者（如政府）支持创新时，他们在某种意义上表现为宏观层面的创新参与者。这一领域的研究拓宽了服务创新的定义，近年来这一观点受到越来越多的关注。卡德瓦拉德等人（Cadwallader 等，2010）[84] 探讨了员工参与服务创新对于成功实施服务创新的作用。萨伦科等人（Salunke 等，2019）[85] 对 B2B 背景下的服务创新进行了深入的理论概念分析。最后，门迪等人（Mende 等，2019）[86] 认为，还应该考虑非人类参与者（如服务机器人），以充分理解服务生态系统中的服务创新。

服务创新发生在不同层次之间，每一个层次（微观、中观、宏观）都比前一个层次更复杂。本研究的文本挖掘分析表明，从历史上看，服务创新的研究是从微观和中观理论基础出发的。虽然微观层面可以是指与企业的服务接触，但中观层面关注的是企业层面。近年来关于服务创新的主流观点主要是在微观和中观层面对价值共同创造中的多个行为主体参与者（如员工和技术）进行考察，而忽略了服务创新在更广泛的社会技术层面即宏观层面的作用。瓦戈和勒斯克（Vargo 和 Lusch，2011）[87] 的学术工作为服务研究人员在更广泛的范围内研究服务创新提供了理论视角。此外，技术主题提出了"社会"和"公

[84] Cadwallader S，Jarvis C B，Bitner M J，et al. Frontline employee motivation to participate in service innovation implementation [J]. Journal of the Academy of Marketing Science，2010，38（2）：219–239.

[85] Salunke S，Weerawardena J，McColl-Kennedy J R. The central role of knowledge integration capability in service innovation-based competitive strategy [J]. Industrial Marketing Management，2019，7（6）：144–156.

[86] Mende M，Scott M L，van Doorn J，et al. Service robots rising：How humanoid robots influence service experiences and elicit compensatory consumer responses [J]. Journal of Marketing Research，2019，56（4）：535–556.

[87] Vargo S L，Lusch R F. It's all B2B… and beyond：Toward a systems perspective of the market [J]. Industrial Marketing Management，2011，40（2）：181–187.

共"等概念，说明了服务创新和服务生态系统的观点可以被用来从宏观角度对服务创新进行概念化。

从历史上看，服务创新主要是由能力和吸收能力的研究驱动的，因此参与者资源成为创新的首要基础。此外，最近从服务主导逻辑到服务生态系统的重点转移，说明了理解制度如何影响服务生态系统中的服务创新的重要性。在服务生态系统中，一个独立的参与者可以导致服务创新。与之前的研究者一致，未来的学者可以运用组织理论（如社会交换理论、制度理论）来进一步理解服务生态系统中服务创新中每个参与者的性质。

与服务创新的主导理论基础类似，社会交换理论强调资源对于特定目标的重要性。从社会交换理论的角度来看，连通性（connectedness）会影响一个参与者将资源整合到服务创新中的机会。社会交换理论以社会学话语为基础，声称服务生态系统的参与者既包括关系型参与者，又包括结构型参与者，可以创造或者限制个人或集体参与者的服务创新机会。服务主导逻辑考察的是参与者在资源整合中的作用，而社会资本分析分析的是参与者的结构性嵌入和关系性嵌入在服务创新中的作用。考虑到这一点，未来的研究需要了解关系性和结构性参与者嵌入如何影响服务生态系统中的服务创新及其结果的重要性。这可以为不同的情境层次（微观、中观和宏观）以及不同的服务生态系统之间提供机会。除了社会交换理论外，制度理论、利益相关者理论和动态能力理论也有助于在更广泛的服务生态系统层面上研究服务创新。制度理论可以丰富我们对服务生态系统在采用和实施创新服务产品中的作用的理解。利益相关者理论解决了服务生态系统与更广泛的社会结构之间的社会契约问题。重要的是，利益相关者理论考虑了服务生态系统中的不同参与者如何影响企业创新或被企业创新所影响。

开放式创新研究表明，与服务主导逻辑视角相比，动态能力视角与开放式创新研究的关联性更强。服务主导逻辑强调参与者资源的集成和应用，而动态能力强调实施价值驱动的策略，以提供有竞争力的服务。因此，为了提供创新性的服务，公司需要摆脱其继承的内部和外部知识边界。在这方面，我们认为开放式创新是一个值得进一步研究的富有成果的领域。开放式创新需要使用外部和内部资源进行创新，可以将服务主导逻辑与能力基础观的文章整合在一起，从而可以为服务创新领域提出战略框架，这样的研究可以更好地理解资源整合的企业条件和服务创新的战略视角。

虽然一些研究将服务创新与服务主导逻辑联系起来，但没有一个研究将开放式创新与服务主导逻辑联系起来。近年来，服务创新研究中动态能力焦点的重要性有所下降。因此，我们建议将开放式创新与服务主导的逻辑视角相结合，可以为服务创新领域提供战略视角。将开放式创新与这一过程相结合，可以帮助研究人员更深入地理解服务创新，更好地理解服务生态系统中的每个参与者如何为创新服务的创造做出贡献。

客户体验创新——研究结果发现，开放式创新的概念使得最近的服务创新研究更多地与以客户为中心的观点联系在一起。与这一新兴趋势相一致，客户体验已成为服务创新研究的主要焦点之一。从该研究的角度来看，客户体验是由服务遭遇中的客户互动形成的。在这方面，体验创新，即创新性的服务遭遇，可以对客户体验产生影响。然而，毫无疑问，客户会注意到任何给定的变化都是一种创新性的服务改变。这种影响取决于客户接受服务创新的准备程度：他们准备得越好，他们的体验就越好。因此，我们假设未来学者可以运用创新扩散理论来理解服务创新绩效的影响因素。创新扩散理论（Rogers，1962）可以应用于理解影响顾客决定采用创新服务产品的因素。

基于这些结果，最近的技术创新将会塑造未来的客户体验，比如机器人等技术的进步。为了说明这一点，杜特森等人（Dootson 等，2022）[88]调查了服务机器人与异常消费者行为之间的关系。他们证明，当服务机器人被人类代理人取代时，客户对监护能力的感知得到了增强。因此，服务环境增加了，不正常的消费者行为减少了。各种服务行业中，可以更多地考虑服务机器人等先进服务创新的创造和实现过程。在经历了全球疫情之后，这对旅游业尤为重要。

由于近年来信息技术的进步和社交媒体的高速渗透，智能机器人将很快成为人们日常生活中必不可少的元素。因此，为了在市场上吸引新客户，重点关注机器人定制和用户友好的界面设计是很重要的。在这个方向上，消费者可以出于享受、乐趣和好奇心与服务机器人互动，从而欣赏服务创新功能中的

[88]　Dootson P, Greer D A, Letheren K, Daunt K L. Reducing deviant consumer behaviour with service robot guardians [J]. Journal of Services Marketing, 2022.

新价值。

总之,处理不断变化的服务接触点需要客户资源。因此,服务创新对客户体验的影响在很大程度上主导了关于服务主导逻辑方法的文章,并促使了服务创新系统方法的出现。

通过观察客户不得不整合其资源的程度,可以预测对创新服务遭遇的评价。考虑到这一点,服务设计思维可以帮助在服务创新领域设想解决这些以人为中心的挑战。服务设计思维采用以客户为中心的方法来理解客户的角色以及他们在服务生态系统中的体验。

重要的是,专注于服务生态系统中体验设计概念的研究也可以从服务创新领域受益。研究结果表明,适用于服务创新领域的主要理论视角同样适用于相关服务的开发。未来研究服务设计的概念,可以利用动态能力和市场导向作为一个新的理论视角来拓展这一领域。此外,要有一个创新绩效的组织公司设计,就需要管理者在特定的制度设置中确定生态系统参与者最强大的服务。对服务设计、服务生态系统和服务创新进行严谨的分析,有助于未来的研究。这一卓有成效的研究方向将受益于基于动态能力的研究。

八、酒店业服务创新的社会理论转向

随着社会的发展,人们越来越认识到,酒店不仅仅是一个消费场所,它更是一个社交场所。人与人之间的交往、互动和体验是酒店服务的本质特性,也是酒店业经营成功的关键,更是酒店业服务创新的着力点,酒店业服务创新的目的是提高顾客体验满意度,创新的主体就是酒店员工,酒店业服务创新就体现在酒店员工的服务交付以及与顾客的互动行为中。正如桑德博(Soundbo,1996)[89]所认为的,服务业创新有其特定属性,它并不遵循一条技术性的轨道,而是遵循一条"服务专业发展轨道"(service-professional trajectory)。

由国家旅游局人事劳动教育司组织编写的《现代旅游饭店管理》(2002)一书中,在对饭店内涵进行界定时,就确定了饭店具有旅居活动及社交活动的双重服务供给性质。饭店实现社会交往功能具有深刻的社会原因(李娜,

---

[89] Soundbo J. Balancing empowerment [J]. Technovation, 1996, 16(8): 397-409.

2011）[90]。其一是人类社会文明的进步。社会交往的形成与发展，对于提高社会生活和个人生活的品质，培养劳动者的现代素质，完善人民生活方式，推动改革和开放，推进社会生产和进步具有重要的理论和实践意义。随着社会生产乃至社会生活服务的专业化，科学领域学科呈现的高度分化和综合的趋势，都将迫使人们通过更为广泛频繁的交流沟通，帮助个体及机构在劳动、工作、学习、生活中得以提升。其二是社会消费意识的转变。按照马斯洛的需求层次理论，人们在实现了基本生理和安全需要后，必定会向社交、受尊重及自我价值实现的发展需求递进。随着我国经济稳步快速发展，以及人们消费意识的成熟，饭店成为大众消费的商务活动及养生休闲场所。围绕着顾客价值实现，满足消费者多元社交需求，开发专业社交产品和优质社交服务，是饭店企业经营的重要方面。其三是行业社会功能的提升。国外饭店在各个历史时期一直都是社交活动商业化的产物，并成为当时社会、政治、商业活动的中心和公众集聚地。社会交往是社会中个人与个人之间、个人与群体之间、群体与群体之间相互沟通、相互作用和相互了解的过程。饭店实现社交活动的基本特征如下：（1）社交触面多元化。最容易被观察到的饭店社交活动存在于顾客与员工间的二元互动，这种平面关系在顾客价值的研究视角下，不断被立体化，从而架构出三元（顾客、员工与其他顾客）乃至多元（顾客、其他顾客、员工、其他员工、非住店顾客）人际关系，形成了饭店复杂的社交关系网。（2）社交跨度广域化。交往主体凭借一定的方式、手段或工具，与交往对象发生相互联系和作用，可实现双方在物质、能力、情感、信息上的交换与沟通，饭店为各方提供了这样舒适而优雅的环境。人们仅需一张身份证便可在饭店进行多方面内容的社交活动，群际交往、区际交往、族际交往甚至国际交往等不同领域跨度均可在此畅通实现。（3）社交类型丰富化。社会交往是人类社会的普遍现象，具有多样性和广泛性的特点。饭店以其中立服务的态度广迎各方嘉宾，并允许他们在饭店进行除违背法律和道德外的各种社交活动，其涉及政治、经济、文化、科技及日常人际交流等不同类型。（4）社交表现两极化。饭店空间的可选性，满足了安静独享和高调表现的两极化社交需求。饭店客房从二进制进而再缩减为一进制的服务思路，彰显出饭店尽可能配合客人私密个体活动的人性处

[90] 李娜.社会交往视域下的饭店服务创新研究[J].生产力研究，2011（6）：177-179.

理；而大堂营业要素的凸显，张扬着浓郁的社交氛围，却极大地满足了高调社交一族。

如前所述，相比于其他行业，酒店业的服务创新更加强调社会文化、人力资本、组织管理等因素。人是服务系统中最具创造性的因素，并且普遍存在于服务提供者与客户之间。实际上，服务本身就是服务提供者与客户之间的一种互动，因此，互动研究也是最为重要的研究内容之一。从前面的研究回顾中可以看出，服务创新研究涉及多种理论基础，如经济学理论、管理学理论、市场营销理论等，但由于酒店服务日益凸显的社会特性，酒店业服务创新研究发展至今，在原有理论指导的基础上，更多地转向了基于社会的理论。大量有关酒店服务创新的研究采用了基于社会的理论基础，为酒店业服务创新文献做出了巨大贡献。

（一）社会认知理论

社会认知理论（Social Cognitive Theory）是由班杜拉（Bandura，1986[91]）提出的，它解释了自我、情境和行为之间相互作用的认知过程。社会认知理论认为，认知是影响自我、情境和行为之间动态互动的核心因素。根据社会认知理论，个体的感知和行为在很大程度上受到情境的影响，情境影响个体的自我认知，而自我认知反过来又影响个体的行为。从社会比较的角度来看，社会认知理论认为个体的感知和行为来源于与具有相似情境的其他人的比较。

由于酒店业是一个劳动密集型行业，酒店组织的员工相互合作，为客户提供服务，酒店员工倾向于与同事密切互动。因此，员工的认知和行为主要是由酒店组织中员工之间的密切合作和互动所引导的。在酒店管理文献中，社会认知理论被广泛用于调查领导力等情境因素和创新之间的关系（例如，Kim和Lee，2013；Sigala和Chalkiti，2015；Slatten和Mehmetoglu，2015）。例如，使用社会认知理论来解释变革型领导作为一个情境因素如何促进酒店情境下的创新，以及变革型领导与创新之间联系的中介和调节机制。

在酒店业，由于组织依赖于员工协作来服务客户，酒店业的员工可能会彼

[91] Bandura A. Social foundations of thought and action: A social cognitive theory [M].New Jersey: Prentice Hall, 1986.

此密切互动。因此,在与他人合作和互动过程中,员工的感知和行为在很大程度上受到情境的影响。在酒店管理文献中,由于领导力和文化等情境因素形成了员工对创新的感知,而这种感知进一步塑造了员工的创新行为,因此最近的许多酒店研究都使用社会认知理论来解释情境因素对创新的直接影响,以及情境因素通过创造性自我效能感和创造性角色认同对创新的间接影响。以往已经有许多酒店研究运用社会认知理论揭示了情境因素对创造性自我效能感与员工创造力之间的中介作用(例如,Teng 等,2020;Wang 等,2014)。Mingjun Yang 等人(2021)进一步运用社会认知理论探讨创造性自我效能是否在酒店组织中以个人为中心的变革型领导与员工服务创新行为之间起中介作用。

(二)社会认同理论

社会认同理论(Social Identity Theory,SIT)由英国社会心理学家泰弗尔(Tajfel)于 1978 年提出。社会认同理论是阐述个体与群体间归属关系的重要理论,该理论的核心思想是个体通过对自我和已有群体成员的特性认知,会自动归属到具有相似特性的群体中,并做出类似于该群体成员的行为。社会认同理论的基本观点:个体通过社会分类,对自己的群体产生认同。出于维持积极的社会认同的需要,个体会产生内群体偏好和外群体偏见。如果个体对群体产生积极认同,为了更好地提高自尊,个体会通过进一步的行动去努力获得或维持这一关系,从而对个体行为产生积极的影响;如果个体对群体产生消极认同,个体会采取进一步的行动以离开当前群体并努力寻找其他群体从而获取积极认同(Ashforth 和 Mael,1989)[92]。

乔塞尔森(Josselson,1994)[93]认为,认同是社会心理的核心,代表着自我和他人、内部和外部、存在与行动、被支持或者反驳的自我表达,但肯定是对他人的回应,这既是为何工作又是热爱其工作的缘故。在认同理论中,角色

[92]　Ashforth B E,Mael F. Social identity theory and the organization[J]. Academy of Management Review,1989,14(1):20-39.

[93]　Josselson R. Identity and relatedness in the life cycle [M]//Bosma H A,Graafsma T L G,Grotevant H D,Levita D J. Identity and Development:An Interdisciplinary Approach. Thousand Oakes:Sage Publications,1994:81-102.

被认为是"社会的",因为孤立地思考一个角色是没有意义的,相反,在扮演角色时特定角色的意义是不断与其他人(角色伙伴)进行互动,一个人只能在与他人及角色的关系中理解特定的角色认同(Serpe 和 Stryker,2011)[94]。

组织认同和员工—顾客认同是创新行为研究中常被用到的两种社会认同形式。

组织认同是情景化的社会认同研究,强烈认同组织的个体会将组织目标内化为自身目标,并愿意将组织利益置于自身利益之上,这将强化个体工作动机,使其做出有益于组织的行为。组织认同促使个体采取有利于组织发展的行为,而这些行为有助于他们发展更积极的自我概念,实现组织目标,创新行为就属于这类行为。对组织高度认同的员工更关心组织发展,更愿意实施创新行为,因为他们倾向于将组织命运与自身命运绑定在一起。员工对组织的认同程度越高,他们为实现团队组织目标而做出的创新行为就越多(Hirst 等,2009)[95]。

员工—顾客认同(Employee-Customer Identification,ECID)最早是由阿纳扎和卢瑟福(Anaza 和 Rutherford,2012)[96] 提出的构念并进行了实证研究,该研究将员工—顾客认同定义为"员工的自我感知来自他与顾客之间相互依赖的角色关系",随后克斯春等人(Korschun 等,2014)[97] 认为员工—顾客认同是指"员工与组织的顾客具有相似或一致的感知程度"。卡达多和普拉特(Cardador 和 Pratt,2018)[98] 进一步明确员工—顾客认同区别于员工—组织和顾客—组织的认同并共同构成"服务三角形",员工—顾客认同的过程是组织在实践过程中引导员工认同顾客,使得员工在某种程度上更像顾客,而不是

[94] Serpe R T, Stryker S. The symbolic interactionist perspective and identity theory [M]. Handbook of Identity Theory and Research, New York: Springer, 2011: 225-248.

[95] Hirst G, Knippenberg D V, Zhou J. A cross-level perspective on employee creativity: Goal orientation, team learning behavior, and individual creativity [J]. Academy of Management Journal, 2009, 52 (2): 280-293.

[96] Anaza N A, Rutherford B. How organizational and employee-customer identification, and customer orientation affect job engagement [J]. Journal of Service Management, 2012, 23 (5): 616-639.

[97] Korschun D, Bhattacharya C B, Swain D. Corporate social responsibility, customer orientation, and the job performance of frontline employees [J]. Journal of Marketing, 2014, 78 (3): 20-37.

[98] Cardador M T, Pratt M G. Becoming who we serve: A model of multi-layered employee-customer identification [J]. Academy of Management Journal, 2018, 61 (6): 2053-2080.

顾客更像员工。辛本禄和王学娟（2019）[99] 对员工—顾客认同的界定是在组织研究情景中关系认同的基础上进行的：员工与组织的顾客一致的感知程度来自员工与顾客之间交互行为中的角色关系。

阿纳扎和卢瑟福（Anaza 和 Rutherford，2012）明确提出要在员工与顾客的角色关系之间进行必要的调配，同时认为员工—顾客认同对员工行为的影响具有非常重要的作用。另外，罗特（Rotter，1980）[100] 发现个体间的喜爱度会产生积极的关系，会让别人更加信任，对员工的信任也可以通过意向性过程产生，顾客将有利的动机赋予他们喜欢的人。当员工—顾客认同程度较高时，会使得顾客与员工的信任度增加，进行大量的信息交互及有效的沟通，提升员工信息综合处理能力，提升员工对工作的满意度和服务创新能力。

（三）社会交换理论

社会交换理论（Social Exchange Theory，SET）出现于 20 世纪 60 年代的美国。从社会学的角度，探讨个体之间由于社会回报的吸引而进行交往的社会过程。霍曼斯（Homans，1961）认为人类个体之间的互动可以归结为被情感、回报或资源介导的交换过程。爱默生（Emerson，1976）运用数学模型和网络分析解释了社会交换的基本动机和社会交换制度化的过程。布劳（Blau，1964）[101] 在微观层面描述的基础上指出，人类的行为是由能够带来回报的交换活动主导的，人们所进行的一切社会活动都可以归结为交换关系。社会交换的实现有两个前提条件：一是行为的最终目的必须通过与他人的互动来实现，二是行为所采取的手段必须有助于达到目的。社会交换的过程是这样的：在期望回报的基础上，社会吸引（与他人交流的倾向）就产生了。当他人做出回报性回应时，社会交换得以实现；当其他人不再做出回报性回应时，交换行为就停止了。在这个过程中，双方都得到了自己的社会回报，双方都将从这种稳定的交换关系中获益。

[99]　辛本禄，王学娟 . 员工—顾客认同、互动式替代学习与服务创新的机制研究 [J]. 技术经济，2019，38（9）：41-49.

[100]　Rotter J B. Interpersonal trust，trustworthiness，and gullibility [J]. American Psychologist，1980，35（1）：1-7.

[101]　Blau P M. Justice in social exchange [J]. Sociological Inquiry，1964（34）：193-206.

在人类行为的运行中，社会交换发生于社会中个体期望从他人那里得到回报的各种交易。社会交换理论认为，组织成员在社会情境中从事交换行为主要是因为他们希望通过这些互动获得预期的社会利益（Blau，1964）。社会交换理论解释了员工和组织之间可能存在的回报或互惠关系：两个主体承诺并投资于对方的未来成长和发展，同时基于相信对方会予以回报的信念而从事行动。根据这一理论，个人的行为是与他们工作的组织交换过程的结果：当员工意识到组织对他们很照顾时，他们会感到对组织有所亏欠，并倾向于通过采取对组织有益的积极行为或与雇主建立更强的情感纽带来回报，并感到工作更投入。

社会交换理论比较关注由预期回报驱动的个人自愿行为，它试图解释两个或更多个人或团体之间的持续互动如何影响社会行为。社会交换关系主要由三个因素构成：关系的成本和互惠、关系的期望和替代关系的评价。根据这一理论，支持和公平是社会交换过程中决定互惠行为的两个主要初始行为。在酒店管理文献中，许多现有的研究采用社会交换理论来研究领导力与创新的关系，以促进酒店组织的服务质量（例如，Jaiswal 和 Dhar，2016；Wang 等，2014）。

Hsiao 等人（2015）[102] 以酒店业为研究对象，以社会交换理论为基础，探讨了服务型领导对顾客价值共同创造的影响。从社会交换理论的角度来看，服务型领导者的主要特征是优先为他人服务，将员工的需求和利益置于自己的需求和利益之前。这些特征可以有效改善员工的自我效能感、乐观、希望和弹性四种心理状态，提高员工的积极心理资本，建立积极影响员工态度和行为的情境。为了表达对令人满意的组织氛围的支持，员工表现出服务导向的组织公民行为作为回应。根据社会交换理论，表现出高水平的积极心理资本可以有效地激发员工的利他行为，并通过社会互动在组织中形成一套服务导向的组织公民行为规范。遵循这些规范的员工热情、礼貌、认真地为客户服务，对客户满意度产生积极的影响。当顾客对与员工的服务接触感到满意时，他们会表现出对组织有利的行为（例如，增加顾客参与服务过程的意愿，与其他顾客

[102] Hsiao C, Lee Y H, Chen W J. The effect of servant leadership on customer value co-creation: A cross-level analysis of key mediating roles [J]. Tourism Management，2015（49）：45-57.

分享自己的服务经验，协助其他顾客完成服务，礼貌对待员工，分享信息，提供服务改进建议等），与服务组织保持长期关系，在相互合作的基础上实现价值共创。所以，Hsiao等人（2015）认为，组织层面的服务型领导通过增加员工个人积极心理资本的中介作用，正向影响员工个人服务导向组织公民行为；整体员工的积极心理资本通过增强刺激整体员工的服务导向组织公民行为所产生的中介效应，正向影响个体顾客的价值共同创造。

王智宁等人（2020）[103]基于社会交换理论，探讨了服务型领导—员工创新行为间的中介机制。社会交换理论认为，当员工感受到组织提供的好处时，会出于互惠原则产生对组织的回馈行为（Cropanzano和Mitchell，2005）[104]。领导在一定程度上代表组织，服务型领导有助于员工个人发展和满足员工多个层次的需求，对员工而言具有重要价值（Panaccio等，2015）[105]。为了回馈服务型领导，员工会积极主动地为创新行为的达成创造条件，如了解组织状况、获取各种支持等（黄俊等，2015）[106]，进而产生对组织有利的创新行为。社会交换理论的相关研究表明，社会交换过程可能会受到情境因素的影响（刘顿，古继宝，2018[107]；Tse等，2008[108]）。从社会交换理论角度来研究服务型领导的效应时，还需要考虑到组织情境的不同特征及其影响。基于以上考虑，王智宁等人（2020）根据社会交换理论，结合个体积极行为和团队动态情境因素，构建了以组织内自我导航为中介变量、团队反思为调节变量的跨层次

[103] 王智宁，张姝，叶新凤.服务型领导对员工创新行为的跨层影响：组织内自我导航和团队反思的作用[J].中国人力资源开发，2020，37（5）：20-32.

[104] Cropanzano R，Mitchell M S. Social exchange theory：An interdisciplinary review [J]. Journal of Management，2005，31（6）：874-900.

[105] Panaccio A，Henderson D J，Liden R C，et al. Toward an understanding of when and why servant leadership accounts for employee extra-role behaviors [J]. Journal of Business and Psychology，2015，30（4）：657-675.

[106] 黄俊，贾煜，桂梅，诸彦含，刘桃.公仆型领导对员工主动创新行为的影响——基于领导部属交换与员工工作投入的中介作用[J].科技进步与对策，2015，32（21）：145-150.

[107] 刘顿，古继宝.领导发展性反馈、员工工作卷入与建言行为：员工情绪智力调节作用[J].管理评论，2018，30（3）：128-139.

[108] Tse H，Dasborough M T，Ashkanasy N. A multi-level analysis of team climate and interpersonal exchange relationships at work [J]. The Leadership Quarterly，2008，19（2）：195-211.

研究模型,深入探讨服务型领导对员工创新行为的影响机制和边界条件,以期能够更加深刻地理解服务型领导如何促进员工创新行为的产生。研究发现,服务型领导通过组织内自我导航对员工创新行为产生影响;团队反思不仅调节服务型领导与组织内自我导航之间的关系,还调节了服务型领导通过影响组织内自我导航进而影响员工创新行为的中介作用。

Peng 和 Li(2021)[109]基于社会交换理论引入顾客参与作为中介变量,探讨了顾客教育对服务创新满意度的影响。服务和消费的不可分割性决定了顾客参与是服务生产不可或缺的,并且与企业有很多互动。从社会交换理论的角度来看,服务企业需要顾客的参与才能成功地提供服务;参与对顾客来说同样重要,因为它增加了满足其特定需求的可能性。在顾客参与的过程中,企业通过教育活动提高顾客的知识和技能,并通过沟通的方式付出一定的资源或精力,从而增强顾客对服务创新的理解和认知,以及对企业服务创新的信任和满意度。同时,客户在参与的过程中感受到企业的努力和关注,从而容易产生责任感,愿意分享和合作。因此,在教育活动中,顾客的参与本质上是一种社会交换过程。而交换的效果对顾客教育活动的有效性有着深远的影响。

唐海霞(2022)[110]基于社会交换理论,研究了酒店主客互动对员工服务创新绩效的影响。李静雅(2023)[111]以社会交换理论为基础,结合员工不同心理因素的表现,构建以员工心理弹性为中介变量的研究模型,探讨了服务型领导如何通过影响员工的心理弹性,进而影响员工的创新行为。

Wu 等人(2023)[112]在社会交换理论的基础上,考察了工作繁荣与服务创新绩效的形成的关系。基于社会交换理论,Wu 等人(2023)提出,领导—成员交换和同事支持作为工作繁荣的先决条件有两个原因。第一,领导—成员交换允许管理者与不同的下属发展各种社会交换关系——当管理者和下属建

[109] Peng Y J, Li J X. The effect of customer education on service innovation satisfaction: The mediating role of customer participation [J]. Journal of Hospitality and Tourism Management, 2021(47): 326–334.

[110] 唐海霞. 酒店主客互动对员工服务创新绩效的影响研究 [J]. 市场周刊, 2022, 35(13): 182–186.

[111] 李静雅. 服务型领导如何影响员工创新?——心理弹性的中介作用 [J]. 全国流通经济, 2023(9): 93–96.

[112] Wu C M, Chen T J, Wang Y C. Formation of hotel employees' service innovation performance: Mechanism of thriving at work and change–oriented organizational citizenship behavior [J]. Journal of Hospitality and Tourism Management, 2023(54): 178–187.

立起一种基于相互信任和承诺的高质量关系时，管理者可以鼓励下属承担更多的任务和责任，下属在完成任务的同时也可以得到管理者更多的帮助、鼓励和支持。这种高质量的关系可以进一步激发员工完成工作任务的积极性。另外，管理者与下属之间高质量的关系和信任也会促使下属参与知识探索或知识分享的学习活动。第二，当员工感觉到自己得到同事的支持时，他们的积极心理状态会得到改善，有效地减少情绪耗竭，他们会更充满活力地继续学习和追求自我成长；这种现象也可以激励员工寻求新的知识和技能，使用未经测试或新颖的方法来完成工作任务。工作繁荣会激励员工执行以变革为导向的组织公民行为，从而形成服务创新绩效。

（四）自我决定理论

自我决定理论（Self-Determination Theory，SDT）最早由 Deci 和 Ryan 提出（Deci 和 Ryan，2000[113]；Ryan 和 Deci，2000[114]），该理论以自主性、能力和相关性的需求满足为基础，解释了个体如何进化其内部资源以实现行为自我调节和个人发展的核心过程。自我决定理论在创新领域的研究结果表明，外在环境并不直接作用于创新，而是遵循"环境—认知—行为"的逻辑顺序，外在环境通过影响个体的心理状态间接影响创新行为（张惠琴等，2016）[115]。

李红玉和刘云硕（2020）[116]基于自我决定理论，从员工个体内在视角出发，以工作繁荣为中介变量，以主动型人格为调节变量，探究了服务型领导与员工创新行为之间的作用机制。自我决定理论认为满足自主、胜任、关系 3 个基本需求的情境可以增强个体的内部动机，促使个体可以保持积极的状态，进而产生积极的行为，如创新行为。自主需求是指个体希望可以自由选择自己的行动，服务型领导乐于对员工进行授权，在组织框架内给予员工更大的工作

[113]　Deci E L, Ryan R M. The "what" and "why" of goal pursuits: Human needs and the self-determination of behavior [J]. Psychological Inquiry, 2000, 11（4）: 227-268.

[114]　Ryan R M, Deci E L. Self-determination theory and the facilitation of intrinsic motivation, social development, and wel-being [J]. American Psychologist, 2000（55）: 68-78.

[115]　张惠琴，宋丽芳，吴静. 团队创新氛围对新生代知识型员工创新行为的作用机理研究 [J]. 中国人力资源开发，2016（23）: 15-22.

[116]　李红玉，刘云硕. 服务型领导对员工创新行为的影响研究——基于个体内在视角 [J]. 技术经济，2020，39（11）: 147-153.

自由度，鼓励并支持员工自主安排工作，在工作中发挥自身创造力，很大程度上满足了员工的自主需求。当员工可以自由选择自己的行动时，他们更愿意尝试新思路、新方法去处理当前工作中的问题，有利于创新行为的产生。胜任需求是指个体希望完成有挑战性的任务进而获得想要的结果，创新行为是突破当前的工作范式进而寻找新的工作方法，创新的过程充满了挑战和风险，员工的胜任需求说明他们乐于突破现状进行创新，但是如何获得想要的结果对于创新来说更为重要。服务型领导关注员工的成长和成功，愿意提供他们发展所需要的资源和支持，在此情境下员工的创新动机会进一步得到增强，与此同时，员工的创新行为因为有了服务型领导的支持更容易取得想要的结果，所以服务型领导会通过满足员工的胜任需求进而促进创新。关系需求是指个体希望与其他人建立相互尊重、信任的关系，渴望得到一种归属感，服务型领导与追随者之间是一种非功利性的、充满情感的、充满信任和尊重的关系，员工在服务型领导行为中找到了组织归属感，关系需求得到满足。在这种情况下员工更倾向于做出有利于组织发展的积极行为，产生创新行为。服务型领导的领导特质很容易满足员工这 3 个基本需求，而且为员工提供了长期满足基本需求的组织情境，持续激发员工为组织目标服务的内在动力，促使员工保持积极的心理状态，不断学习成长，产生积极的创新行为。

程春（2023）[117] 基于自我决定理论，探讨了服务型领导与员工创新行为之间的关系，以及工作嵌入在二者关系中的中介作用。根据自我决定理论，员工有三个基本的心理需求——自主需求、胜任需求和关系需求，其中自主需求是指员工相信他们可以自主选择自己行动的需求；胜任需求是指员工希望在工作中能够挑战自我，完成一些有困难的任务并获得所期望结果的需求；关系需求是指员工有与他人建立相互尊重和联系的需求。这三个需求的满足可以较好地增强员工的个人内部动机，使员工产生积极的行为。程春（2023）认为，服务型领导善于授权，在工作中善于给员工较大的自由性和灵活度，可以较好满足员工的自主需求；服务型领导在工作过程中，善于为员工设定具有挑战性的目标，鼓励员工打破传统、寻找创新性的方法去解决问题和实现目标，并在

[117]　程春 . 服务型领导对员工创新行为的影响 [J/OL]. 重庆工商大学学报（社会科学版）. 2023-03-09. https：//kns.cnki.net/kcms/detail/50.1154.c.20230307.0914.004.html.

任务完成过程中为员工提供必要的支持，从而可以较好满足员工的胜任需求；服务型领导平易近人，善于沟通和交流，在工作中与员工之间建立起尊重、信任、平等的二元关系，有利于提高员工的归属感，可以较好满足员工的关系需求。因此，服务型领导对员工创新行为有显著的正向影响。同时，根据自我决定理论，员工基本心理需求的满足有利于员工追求更高水平的绩效和幸福感。服务型领导可以较好满足员工的自主需求，胜任需求和关系需求等心理需求，让员工对组织和工作的归属感增加，员工为了追求更高程度的幸福感和组织绩效，会加强与工作的联结和匹配，减少离开工作的意愿，从而增加工作中的嵌入。基于这些积极情感，员工自觉在工作中付出更多的时间和精力，不断改进工作的方式方法，从而产生更多的创新行为。所以，工作嵌入在服务型领导与员工创新行为之间起中介作用。

（五）资源保护理论

资源保护理论（Conservation of Resources，COR）又称资源保存理论。Hobfoll（1989）[118]认为，人们通常有动机获得、保留、保护和投资有价值的资源，如就业条件、个人特征和社会支持，以缓解心理压力。拥有这些资源具有激励作用，因为这些资源可以在未来产生额外的价值。如果人们感到他们缺乏或失去了这些资源，他们将经历繁重的心理压力源，这将不可避免地导致防御性的尝试，以保存剩余的资源，并获得更多的资源，以维持心理平衡。资源收益将反过来推动人们投入更多的资源，以丰富他们的资源池。

资源保护理论（COR）是服务创新研究中运用最多的理论之一，如利用COR解释领导力、组织支持、顾客授权行为、员工情绪劳动与服务创新之间的关系。

1. 领导力与服务创新

资源保护理论认为，个人寻求获得资源（例如，支持性工作实践、支持性领导者、反馈）以防止资源损失，而资源损失主要与负面结果（例如，压力、倦怠、精神疾病）有关。在领导—成员交换文献中，人们认为领导者会形成差异化的（不同质量的）关系，因为他们没有足够的资源与所有追随者建立高质量的关

[118]　Hobfoll S E. Conservation of resources: A new attempt at conceptualizing stress [J]. American Psychologist, 1989, 44（3）: 513–524.

系。但是，服务型领导被期望与所有追随者建立高质量的关系。但是，如果这些领导者没有资源，他们如何提供维持高质量关系所需的支持？为了理解员工的工作要求（如工作过载）和工作资源（如反馈）之间的平衡，工作要求—资源（JD-R）模型经常被用在资源保护理论中。借鉴这一模型，由于服务型领导比其他领导方式更关注追随者，服务型领导的身体和情感要求很高，因为他们花时间与员工在一起，并对员工施加情感能量。因此，服务型领导行为与领导者感受到的倦怠、压力和随后的健康结果之间可能存在正相关关系。相反，服务型领导者可以从向他人提供帮助和支持中获得资源，如自我实现、自豪感和幸福感。针对服务型领导者所经历的资源获得和资源损失之间的矛盾，Xu 和 Wang（2018）在一项为期 8 个月的交叉滞后 3 期实地研究中发现，通过从事服务型领导所获得的资源缓冲了实施服务型领导所产生的资源损失的负面影响。

2. 组织支持与服务创新

作为影响一线员工服务创新的重要情境条件（Storey 等，2016）[119]，组织支持感是指员工在主观上感知到的组织（领导或同事）对自身工作以及利益的重视和关心程度，是员工对自身在工作过程中获得组织内部资源支持程度的总体感知（Eisenberger 等，1986）[120]。

根据资源保护理论，人们有努力获取、保留并维持现有有益资源的基本动机。组织支持感作为组织对员工的积极承诺，会让员工因感受到来自组织领导、同事的理解和认同而产生积极情绪，由此可以作为一个重要的有益资源来源，使其情绪资源得到有益补充。与低组织支持感的员工相比，高组织支持感的员工会感受到更强烈的来自组织的情感支持以及资源供给（Odoardi 等，2015）[121]。特别是对酒店一线服务员工而言，由于服务工作需要投入大量的

[119]　Storey C, Cankurtaran P, Papastathopoulou P, et al. Success factors for service innovation: A meta-analysis[J]. Journal of Product Innovation Management, 2016, 33（5）: 527-548.

[120]　Eisenberger R, Huntington R, Hutchison S, et al. Perceived organizational support [J]. Journal of Applied Psychology, 1986, 71（3）: 500-507.

[121]　Odoardi C, Montani F, Boudrias J S, et al. Linking managerial practices and leadership style to innovative work behavior: The role of group and psychological processes[J]. Leadership & Organization Development Journal, 2015, 36（5）: 545-569.

情绪资源，当他们具有较强的组织支持感时，他们能够在与顾客的互动过程中保持更加充分的情绪资源。因此，高组织支持感带来的内部资源充裕感知会使员工更有信心与能力将外部资源加以运用（Mokhber 等，2018）[122]，他们会更倾向把组织支持视为一种积极的工作体验和进一步获取资源的机会，更愿意以充满活力的积极工作状态投入学习和工作，由此更容易产生源源不断的新服务构想以践行服务创新（Abid 等，2015）[123]。

3. 顾客授权行为与服务创新

邓昕才等人（2022）[124] 以资源保护理论为基础，探讨了顾客授权行为对酒店一线员工服务创新的影响及其具体的作用机制。根据他们的研究，顾客授权行为对员工服务创新具有显著的正向影响，工作繁荣在顾客授权行为和员工服务创新之间发挥着部分中介作用；组织支持感不仅正向调节顾客授权行为对员工工作繁荣和服务创新的直接影响，同时还会增强顾客授权行为通过工作繁荣对员工服务创新的间接影响。

依据资源保护理论，个体具有努力保持现有资源以及充分利用现有资源存量进行投资以获取更多未来资源增量的行为倾向，资源丰盈的个体更容易表现出积极的工作态度与工作行为（Hobfoll，2011）[125]。顾客授权行为从组织外部为一线服务员工提供了信任与支持、外部异质性信息、高频高质量互动与交流等资源，这种来自组织外部的资源累积会促使员工充满活力，并呈现出不断学习的积极心理状态，这一状态即工作繁荣（thriving at

[122]　Mokhber M，Khairuzzaman W，Vakilbashi A. Leadership and innovation：The moderator role of organization support for innovative behaviors [J]. Journal of Management & Organization，2018，24（1）：108–128.

[123]　Abid G，Zahra I，Ahmed A. Mediated mechanism of thriving at work between perceived organization support，innovative work behavior and turnover intention [J]. Pakistan Journal of Commerce and Social Sciences，2015，9（3）：982–998.

[124]　邓昕才，韩月，李成雪，等. 顾客授权行为对酒店员工服务创新的影响及作用机制 [J]. 旅游学刊，2022，37（11）：116–129.

[125]　Hobfoll S E. Conservation of resource caravans and engaged settings [J]. Journal of Occupational and Organizational Psychology，2011，84（1）：116–122.

work）（Spreitzer 等，2005）[126]，而工作繁荣中所包含的积极工作状态和渴望获得进步与发展的学习认知体验，会进一步促使员工产生并应用更多的创新性想法来优化服务流程、提高服务质量，进行更多的服务创新（Carmellia 和 Spreitzer，2009）[127]。

依据资源保存理论，顾客授权行为从组织外部为员工提供充沛的心理、信息、关系等资源，增加了个体资源存量与未来资源投资信心，激发员工的积极工作状态，使其产生并维持工作繁荣，而这种兼具活力与学习的工作繁荣又会使员工积累更多的积极心理资源，产生资源增值螺旋，增强其实施服务创新的动力。

进一步地，依据资源保存理论，顾客授权行为作为一种顾客权利的让渡，在给员工带来资源获得感的同时，也可能带来潜在的资源损失感，而个体特质和外部情境因素会在一定程度上决定个体到底是倾向于产生获得感还是损失感（Hobfoll，1989）。因此，延续资源保存理论逻辑，邓昕才等人（2022）认为顾客授权行为对员工工作繁荣和服务创新的影响强度在不同水平的组织支持感下会存在差异。

对于组织支持感较高的一线服务员工而言，他们相信组织能为其及时提供或补充工作过程中所需的内部资源，以持续保持资源充裕状态。当员工感知到顾客授权行为时，其资源充裕的认知会促使员工从态度、情绪和行为上对顾客授权行为做出更加积极回应，此时他们更有信心与能力对顾客授权行为带来的心理、信息和关系等外部资源进行充分利用，从而有效降低其实施服务创新的风险感知，促使其产生更多服务创新的行为表现。而对于组织支持感较低的员工而言，即使顾客授权行为提供了大量有利于服务创新的外部资源，但由于缺乏组织对其积极心理资源与工作资源的及时供给和补充，员工会倾向将顾客授权行为提供的自主服务决策机会视为一种挑战和潜在的资源损耗，由此产生更强的风险感知，此时，他们更可能采取回避策略或者选择常规性的服务方式来完成服务传递，以尽可能保存自身的有益资源，削弱顾客授权行为

[126]　Spreitzer G, Sutcliffe K, Dutton J, et al. A socially embedded model of thriving at work[J]. Organization Science, 2005, 16（5）: 537-549.

[127]　Carmellia, Spreitzer G M. Trust, connectivity, and thriving: Implications for innovative behaviors at work [J]. The Journal of Creative Behavior, 2009, 43（3）: 169-191.

对服务创新的积极影响。因此，组织支持感正向调节了顾客授权行为与服务创新之间的关系，即当员工的组织支持感程度较高时，顾客授权行为与服务创新之间的正向影响得到加强。

在较高的组织支持感情境下，当员工感知到顾客授权行为时，来自组织的支持能够帮助员工更加有效地利用由顾客授权行为带来的外部有益资源，促使其以更加专注与开放的状态积极投入工作，形成更高水平的工作繁荣，进而激励其实施更多超出自身常规工作职责范围内的服务创新。相反，在较低的组织支持感情境下，员工容易产生现有资源无法满足额外工作要求的感知，他们会因为担心自身资源的持续损耗而在行为上变得保守。此时，即使顾客授权行为可以为其带来外部资源，员工也会产生顾虑和担忧，使其难以进入工作繁荣的积极状态，而员工为了避免进入资源损失螺旋，也不愿意投入更多资源来学习创新性的知识和技能，由此导致其服务创新的可能性下降。因此，组织支持感能够调节顾客授权行为通过工作繁荣对服务创新的间接影响，即当员工组织支持感程度较高时，顾客授权行为通过工作繁荣对服务创新的正向影响会得到加强。

4. 员工情绪劳动与服务创新

刘小禹和王晓杰（2023）[128]基于资源保存理论探索了服务员工情绪劳动对服务创新的影响机制。结果显示，员工深层扮演正向影响服务创新，情绪衰竭在表层扮演和深层扮演影响服务创新过程中均发挥了中介作用。此外，团队服务氛围增强了深层扮演与情绪衰竭的负向关系以及深层扮演通过情绪衰竭影响服务创新过程的间接关系。

根据资源保存理论，员工具有获取、保护和投资资源的动机（Hobfoll，2001）[129]。在服务过程中，员工的情绪劳动会产生资源损耗，并且服务创新也需要员工投入时间、认知和情感等资源，同时还要承担创新失败的资源损失。

[128] 刘小禹，王晓杰. 员工情绪劳动对服务创新的影响机制研究——基于服务业的证据 [J]. 经济与管理研究，2023（2）：130-144.

[129] Hobfoll S E. The influence of culture, community, and the nested-self in the stress process: advancing conservation of resources theory [J]. Applied Psychology, 2001, 50（3）: 337-421.

团队服务氛围被认为是补偿性资源来源（Lam 等，2010[130]；Jerger 和 Wirtz，2017[131]），有助于缓解资源损耗的负面作用。因此，情绪劳动可能会通过情绪衰竭影响服务创新，而团队服务氛围可能作为员工的补偿性资源影响该过程。因此，刘小禹和王晓杰（2023）基于资源保存理论，考察在员工情绪劳动影响服务创新的过程中，情绪衰竭的中介作用和团队服务氛围的调节作用。

资源保存理论认为，个体存在保护现有资源，以及获取新资源来帮助实现个人目标的倾向。该理论包含两个基本原则：其一是资源损失首要性原则，即资源损失对个体的负面影响远远超出获取新资源的收益；其二是资源投入原则，即个体会投入更多资源来防止未来可能发生的资源损失。在情绪劳动策略中，表层扮演和深层扮演对个体资源的消耗截然不同（廖化化和颜爱民，2017）[132]。采用表层扮演策略的员工往往是"强颜欢笑"，内在情绪感受和外在情绪表达之间的差异会导致员工的负面情绪体验，并且需要持续消耗大量资源来维持情绪伪装（Grandey 和 Melloy，2017）[133]。与表层扮演相比，深层扮演作为员工对内心感受的调整，虽然同样需要资源投入，但其情绪体验与组织要求表达的情绪已基本一致，因此存在情绪失调的可能性较小，员工的资源损耗也相对较少（Judge 等，2009）[134]。此外，相较于表层扮演，深层扮演有助于个体补充情感资源（Grandey 和 Melloy，2017）。一方面，表层扮演会使个体产生自我疏离感和不真实感，而深层扮演作为真实情感表达能够使个体产生成就感，并从中获得新的情感资源（Philipp 和 Schüpbach，2010）[135]；

[130] Lam C K, Huang X, Janssen O. Contextualizing emotional exhaustion and positive emotional display: The signaling effects of supervisors' emotion al exhaustion and service climate [J]. Journal of Applied Psychology, 2010, 95（2）: 368-376.

[131] Jerger C, Wirtz J. Service employee responses to angry customer complaints: The roles of customer status and service climate [J]. Journal of Service Research, 2017, 20（4）: 362-378.

[132] 廖化化，颜爱民. 权变视角下的情绪劳动：调节变量及其作用机制 [J]. 心理科学进展，2017，25（3）: 500-510.

[133] Grandey A A, Melloy R C. The state of the heart: Emotional labor as emotion regulation reviewed and revised [J]. Journal of Occupational Health Psychology, 2017, 22（3）: 407-422.

[134] Judge T A, Woolf E F, Hurst C. Is emotional labor more difficult for some than for others? A multilevel, experience-sampling study [J]. Personnel Psychology, 2009, 62（1）: 57-88.

[135] Philipp A, Schüpbach H. Longitudinal effects of emotional labour on emotional exhaustion and dedication of teachers [J]. Journal of Occupational Health Psychology, 2010, 15（4）: 494-504.

另一方面,顾客对员工的情绪劳动会做出不同反应(Yang 等,2021)[136]。深层扮演更易于得到顾客的认同或赞赏,这些积极评价也成为员工新的资源来源,有助于补充资源损耗(Hennig-Thurau 等,2006)[137]。与之相反,顾客对采用表层扮演的员工会给出负面评价(Lam 等,2018)[138],不仅使员工难以通过顾客的积极反馈获取资源补偿,而且容易导致顾客的不文明行为,从而加剧对包括情绪资源在内的员工个体资源的损耗。已有研究也证实表层扮演与情绪衰竭之间存在正向关系,深层扮演则会负向影响情绪衰竭(Grandey 和 Gabriel,2015[139];Johnson 和 Spector,2007[140])。因此,刘小禹和王晓杰(2023)认为,表层扮演对情绪衰竭具有正向影响,而深层扮演对情绪衰竭具有负向影响。

服务创新同样要求员工能够投入注意力、时间和情绪等个人资源,用于补充在发现新问题、改进服务流程和提出具有创意的服务解决方案过程中的资源损耗(Boon 和 Kalshoven,2014)[141]。然而,根据资源保存理论中的资源损失螺旋机制,情绪衰竭作为对资源损失的感知,当员工感受到个体资源发生了损失,并且没有得到资源补偿时,所产生的压力将促使其采取更进一步的行动来保护现有资源(Hobfoll 等,2018)[142]。例如,减少工作投入和退出当前造成资源损失的工作等。因此,当员工产生情绪衰竭时,资源投入的减少会

[136] Yang J, Huang Y F, Zhou S G. Emotional labor directed at leaders: The differential effects of surface and deep acting on LMX [J]. The International Journal of Human Resource Management, 2021, 32(9): 2070-2089.

[137] Hennig-Thurau T, Groth M, Paul M, et al. Are all smiles created equal? How emotional contagion and emotional labor affect service relationships [J]. Journal of Marketing, 2006, 70(3): 58-73.

[138] Lam W, Huo Y Y, Chen Z G. Who is fit to serve? Person-job/organization fit, emotional labor, and customer service performance [J]. Human Resource Management, 2018, 57(2): 483-497.

[139] Grandey A A, Gabriel A S. Emotional labor at a crossroads: Where do we go from here? [J]. Annual Review of Organizational Psychology and Organizational Behavior, 2015(2): 323-349.

[140] Johnson H A M, Spector P E. Service with a smile: Do emotional intelligence, gender, and autonomy moderate the emotional labor process? [J]. Journal of Occupational Health Psychology, 2007, 12(4): 319-333.

[141] Boon C, Kalshoven K. How high-commitment HRM relates to engagement and commitment: The moderating role of task proficiency [J]. Human Resource Management, 2014, 53(3): 403-420.

[142] Hobfoll S E, Halbesleben J, Neveu J P, et al. Conservation of resources in the organizational context: The reality of resources and their consequences [J]. Annual Review of Organizational Psychology and Organizational Behavior, 2018(5): 103-128.

阻碍员工在服务过程中发现新问题，并提出创造性的问题解决方案（Liu 等，2020）[143]。此外，因为组织改善现有服务和提供新服务的有效性取决于能否及时发现、准确理解和快速响应顾客需求（Groza 等，2016）[144]，所以服务创新尤为依赖员工在特定情境中对顾客差异化需求的识别，从而使得员工与顾客的高质量互动成为服务创新的重要影响因素（杨艳玲和田宇，2015）[145]。但根据霍布福尔等在资源保存理论中提出的绝望原则，当个体出现资源耗竭时，可能进入防御模式或攻击模式，采取非理性措施保护个人资源（Hobfoll 等，2018）。例如，王弘钰和刘丽丽的研究显示，处于情绪衰竭状态的员工极有可能表现出服务破坏行为（王弘钰和刘丽丽，2017）[146]。一些研究还发现当员工情绪耗竭时，情绪资源的匮乏会使员工在互动中仅能展现出较低水平的积极情绪（Tang 等，2016）[147]。因此，情绪衰竭可能会降低服务员工与顾客之间的互动质量，使员工难以获取有助于服务创新的顾客反馈，从而减少服务创新。因此，情绪衰竭对服务创新具有负向影响。

根据资源保存理论的资源损失螺旋机制，资源损失不仅会提高个体获取新资源的难度，而且容易导致情绪衰竭，继而促使员工采取退出等行为来保护资源和缓解压力；相反，根据资源获得螺旋机制，如果个体在初期具有充足资源，不仅能够有效应对资源损失带来的压力，而且更有能力获取新资源来应对工作要求（Lam 等，2010）。在情绪劳动影响服务创新的过程中，对于采用表层扮演策略的员工，情绪失调导致的资源损失会使员工在服务接触中进一步损失更多的资源，此时员工处于过度使用资源后的疲劳状态，即呈现出高水平的情绪衰竭。进一步地，员工为了保存现有资源和缓解情绪衰竭，会通过减

[143] Liu X Y, Liu Y M. The service smile chain: Linking leader emotions to customer outcomes [J]. The Service Industries Journal, 2020, 40（5/6）: 415-435.

[144] Groza M D, Locander D A, Howlett C H. Linking thinking styles to sales performance: The importance of creativity and subjective knowledge [J]. Journal of Business Research, 2016, 69（10）: 4185-4193.

[145] 杨艳玲，田宇. 基于互动导向的主动改善对服务创新绩效的影响研究 [J]. 管理学报，2015，12（9）: 1385-1393.

[146] 王弘钰，刘丽丽. 服务业一线员工服务破坏的形成机制分析 [J]. 吉林大学社会科学学报，2017，57（6）: 106-114，206.

[147] Tang G Y, Kwan H K, Zhang D Y, et al. Work-family effects of servant leadership: The roles of emotional exhaustion and personal learning [J]. Journal of Business Ethics, 2016, 137（2）: 285-297.

少对工作的投入以防止资源损失，因而需要消耗大量资源的服务创新会受到资源投入不足的影响（Gabriel 等，2015）[148]。情绪资源的不足会限制员工通过与顾客的有效互动获取对顾客需求的深刻理解，从而难以发现新问题和找到解决问题的创新性方案。而对于采用深层扮演策略的员工，由于内在情绪体验与需要表现出的外部情绪之间具有高度一致性，虽然在深层扮演时仍然需要消耗内在资源，但资源损耗较少，因此员工在情绪调节过程中能够保存更多的资源（廖化化和颜爱民，2017）。与表层扮演相比，员工通过深层扮演获取的顾客积极评价或赞赏也有助于提升员工的资源水平。因此，进行深层扮演的员工不仅在初期可以保存较多资源，而且后期能够获取新的社会支持性资源，从而减少情绪衰竭，将更多资源用于服务创新（Uy 等，2017）[149]。已有研究表明，是否拥有足够的资源投入关系到员工能否充分利用情绪资源进行创新（周飞等，2018）[150]。因此，表层扮演通过情绪衰竭的中介作用，对服务创新产生间接的负向影响；而深层扮演通过情绪衰竭的中介作用，对服务创新产生间接的正向影响。

根据资源保存理论，如果员工能从外部环境中获取补偿性资源，就可以有效应对资源损耗，缓解情绪劳动对员工态度、行为和绩效的负向影响（Liu 和 Liu，2020）。因此，为员工提供外部资源补偿成为解决资源损耗问题的重要途径。不同于一般服务氛围，团队服务氛围与团队为员工在服务过程中提供的支持和奖励有关，如信息技术支持和服务激励政策，对于员工不仅是物质补偿，也是心理资源补偿（Halbesleben 等，2014）[151]。作为一种情境因素，团队服务氛围成为员工补偿性资源的重要来源（Lam 等，2010），能够有效缓解情绪劳动对工作倦怠的负面影响（廖化化和颜爱民，2017）。基于此，团队服务氛围能够调节情绪劳动和情绪衰竭之间的关系。

[148]　Gabriel A S，Daniels M A，Diefendorff J M，et al. Emotional labor actors：A latent profile analysis of emotional labor strategies [J]. Journal of Applied Psychology，2015，100（3）：863-879.

[149]　Uy M A，Lin K J，Ilies R. Is it better to give or receive? The role of help in buffering the depleting effects of surface acting [J]. Academy of Management Journal，2017，60（4）：1442-1461.

[150]　周飞，陈钦兰，何美贤.包容型领导与员工创新行为的关系研究 [J].科研管理，2018，39（6）：22-29.

[151]　Halbesleben J R B，Neveu J P，Paustian-Underdahl S C，et al. Getting to the "COR"：Understanding the role of resources in conservation of resources theory [J]. Journal of Management，2014，40（5）：1334-1364.

具体而言，在表层扮演影响情绪衰竭的过程中，高水平的团队服务氛围表明团队更为重视服务质量，并且能够为员工提供人力、技术和财力等资源支持（马双等，2019）[152]，因此，虽然表层扮演造成了情绪资源的过度消耗，从而导致情绪衰竭，但高水平团队服务氛围对员工资源的补充，能够减弱表层扮演对情绪衰竭的正向影响。相反，在低水平团队服务氛围中，因为团队并没有提供相应的资源支持，所以难以缓解表层扮演导致的情绪衰竭。在深层扮演影响情绪衰竭的过程中，因为高水平团队服务氛围表明团队更为期待员工提供高质量的服务，所以采用深层扮演的员工在服务中表现出的积极情绪和行为更易于得到团队的认可与奖励（Hong等，2013）[153]，这些新资源可以进一步增强深层扮演对情绪衰竭的负向影响，即在高团队服务氛围中，采用深层扮演策略的员工更不容易出现情绪衰竭。相反，在低水平的团队服务氛围中，由于员工从团队获取的资源有限，深层扮演对情绪衰竭的负向影响较弱。因此，团队服务氛围会削弱表层扮演与情绪衰竭的关系，即团队服务氛围越高，表层扮演对情绪衰竭的正向影响就越弱。团队服务氛围会增强深层扮演与情绪衰竭的关系，即团队服务氛围越高，深层扮演对情绪衰竭的负向影响就越强。

（六）特质激活理论

特质激活理论（Trait Activation Theory）是从互动心理学的独特视角探索个体外部情境与内在特质之间的有机联系，以及这种有机联系对个体行为的预测作用（Tett 和 Burnett，2003）[154]。这一理论为理解"人"和"情境"之间的动态互动，特别是工作场所中的"人—情境"（person-situation）互动提供了一个创新性的框架。特质激活过程始于在适当的工作环境中激活个体内在的潜

[152] 马双，谷慧敏，杨志勇. 新服务开发中顾客参与价值共创带来的协调复杂性：服务氛围及顾客不公平性的调节效应 [J]. 管理评论，2019，31（9）：124-134.

[153] Hong Y，Liao H，Hu J，et al. Missing link in the service profit chain，a meta-analytic review of the antecedents，consequences，and moderators of service climate [J]. Journal of Applied Psychology，2013，98（2）：237-267.

[154] Tett R P，Burnet D D. A personality trait-based interactionist model of job performance [J]. Journal of Applied Psychology，2003，88（3）：500-517.

在人格特质。不同方面的激活导致相应的工作行为（Tett 等，2021）[155]。先前的研究表明，被激活的特质会影响个体以与被激发的特质一致的方式行事，也被称为同化效应（assimilation effect）（Kay 等，2008）[156]。此外，特质激活理论强调，社会线索的激活会影响人际感知和行为之间的关系，导致员工的行为方式与他们的特质和人际感知相一致。

Wang 等人（2024）[157] 基于特质激活理论，探究了自恋对酒店业知识共享的双重影响。首先，他们利用特质激活理论，开发了一个全面的框架来调查自恋的酒店员工是否、如何以及何时参与工作中的知识共享。其次，考察了自恋影响知识共享的潜在机制（即被嫉妒和被尊重的感觉），揭示了为什么自恋可以对知识共享产生积极和消极的影响。最后，考虑了自我动机和社会动机对工作场所行为的综合影响。自恋型员工在自我动机的基础上形成他们的人际感知和行为，而社会线索（如群体认同）的存在会影响他们在工作场所自我动机的表现。

根据特质激活理论，人格特质可以通过人际互动被激活，导致个体体验到与这些特质相一致的相应人际感知。因此，Wang 等人（2024）结合特质激活理论和自恋相关文献，提出了自恋者独特的自我动机，特别是基于竞争的动机和基于钦佩的动机，可能会影响他们的人际感知和行为。特质激活理论认为，个人特质在工作环境中表现为与特质相关的工作行为。同时，正向和负向的双向特质关联和激活会导致相应的行为。自恋的员工倾向于认为自己是被嫉妒的对象。在酒店环境中，被嫉妒的感觉会导致员工之间知识共享的减少。知识共享包括提供与任务和程序相关的信息，以加强协作和解决问题。当个人认为自己是被嫉妒的目标时，他们会在工作场所感受到敌意和激烈的竞争，这降低了他们与他人分享知识的意愿。特质激活理论假设个体通过可观察的行

[155] Tett R P, Toich M J, Ozkum S B. Trait activation theory: A review of the literature and applications to five lines of personality dynamics research [J]. Annual Review of Organizational Psychology & Organizational Behavior, 2021（8）: 199-233.

[156] Kay A C, Wheeler S C, Smeesters D. The situated person: Effects of construct accessibility on situation construals and interpersonal perception [J]. Journal of Experimental Social Psychology, 2008, 44（2）: 275-291.

[157] Wang Z C, Yang S N, Li X, et al. To share or not to share? A double-edge effect of narcissism on knowledge sharing in hospitality [J]. International Journal of Hospitality Management, 2024（117）: 1-15.

为来表达其人格特质。具体来说，与其他员工相比，自恋者相信自己比别人优越，导致有偏见的感知，使他们更容易经历被嫉妒的感觉。此外，为了保护自己的竞争优势，保持自己的优越感，他们更不愿意分享知识。然而，自恋是一种复杂的人格特质，除了会引起被嫉妒的感觉，自恋还包含了基于竞争和基于钦佩的动机，可以引发一种被他人尊重的感觉，一种个人感到被目标人群所接受、欣赏和重视的情感。特质激活理论假设，工作场所的个体通常会表现出与其人格特质相一致的行为。当个体认为自己受到尊重时，他们会形成积极的自我观。为了保持这种积极的感知并满足他人的期望，他们会以一种与被尊重的感觉一致的方式行事，这促进了知识共享行为的增加。Gupta 等人（2020）[158]证明，当个体在与同事的人际和社会互动中感知到积极信号（如尊重、关注、欣赏和信任）时，他们更倾向于分享自己隐藏的知识。Obrenovic 等人（2020）[159]发现，当员工受到与期望相关的声望和尊重的影响时，他们会在帮助他人的同时，从传播和分享自己的知识中获得满足感。因此，基于自恋特征而感到被尊重的员工会表现出与这些特征和环境因素相一致的行为，即愿意分享知识。具体来说，自恋型员工通过自我推销和操纵他人来获得一种被尊重的感觉，最终导致酒店环境中知识共享行为的提升。

特质激活理论认为，社会层面（如群体或团队）的线索激活了个体的社会动机，导致个体感知的同化，并激励他们按照这些动机行事。因此，人际交往中产生的社会动机会影响自我动机的表达。换句话说，社会动机和自我动机结合起来共同影响个人的工作场所行为。群体认同是员工对群体成员的忠诚和认同，是员工在群体或团队中的归属感，它可以激发员工优先考虑群体目标的社会动机，并与其他群体成员发展更密切的关系，是典型的社会线索之一。基于特质激活理论和现有的群体认同文献，群体认同可能会调节员工的人际感知（被嫉妒和被尊重的感觉）与知识共享之间的关系。特质激活理论认为，与他人合作时产生的社会线索（social cues）会影响人际感知与随后行为之间的关系。具体来说，群体认同感削弱了被嫉妒感与知识分享行为之间的负向关

[158] Gupta B, Wang K Y, Cai W. Interactional justice and willingness to share tacit knowledge: Perceived cost as a mediator, and respectful engagement as moderator [J]. Personnel Review, 2020, 50（2）: 478–497.

[159] Obrenovic B, Jianguo D, Tsoy D, et al. The enjoyment of knowledge sharing: Impact of altruism on tacit knowledge–sharing behavior [J]. Frontiers in Psychology, 2020（11）: 1496.

系。当群体认同程度高时，它会激励个体感知到与所有群体成员的紧密联系，并愿意为了群体利益而不是自身利益而从事合作行为。对于自恋型员工来说，即使他们感到被同事嫉妒，他们也不会以自我为中心的方式行事，因为高水平的群体认同激活了他们的社会动机，驱使他们优先考虑群体的利益。换句话说，社会动机可以减轻自我动机的影响。另外，群体认同感强化了被尊重的感觉和知识分享之间的正向关系。为了获得群体成员的积极评价，具有强烈群体认同感的酒店员工倾向于从事引起同事赞赏的行为。实证研究表明，参与知识共享是赢得团队成员赞赏和信任的关键途径。通过无私地分享与工作相关的知识和专业技能，个人在团队中被认为值得尊重和赞赏。通过这一过程，可以实现与群体认同的员工的社会动机。因此，群体认同程度高的员工在感到自己受到他人尊重的同时，更有社会动机去获得群体成员的认可，从而更愿意从事额外的知识共享行为。

余传鹏等人（2020）[160]基于特质激活理论，探讨了领导成员交换关系对吸收能力与旅游企业员工服务创新行为关系中的调节作用。根据特质激活理论，当个体处于高情境时，由于情境对于个体的期望要求明确，容易模糊个体特征方面的差异；当个体处于低情境时，宽松的氛围激活并凸显了个体的特征差异（Tett 和 Bumett，2003）[161]。因此，与低质量领导成员交换关系相比，中国企业文化下强调家族主义、权威主义、义务与伦常关系的高质量领导成员交换关系，表现为员工听从领导的指示、服从领导的安排，领导则以提供工作上的信任、支持与资源（Zhao 等，2019）[162]，并保住员工"圈内人"的位置作为回报，从而使得个体吸收能力在促进服务创新行为方面表现出更强的趋同性（Kamdar 和 Van，2007）[163]。

[160] 余传鹏，叶宝升，朱靓怡.知识交换能否提升旅游企业员工的服务创新行为？[J]. 旅游学刊，2020，35（12）：92-108.

[161] Tett R P, Bumett D D. A personality trait-based interactionist model of job performance [J]. Journal of Applied Psychology, 2003, 88（3）: 500-517.

[162] Zhao H, Liu W, Li J, et al. Leader-member exchange, organizational identification and knowledge hiding: The moderating role of relative leader-member exchange [J]. Journal of Organizational Behavior, 2019, 40（1）: 834-848.

[163] Kamdar D, Van D L. The joint effects of personality and workplace social exchange relationships in predicting task performance and citizenship performance [J]. Journal of Applied Psychology, 2007, 92（5）: 1286-1298.

第二章

酒店业服务创新中的文化影响

　　酒店业作为深深根植于社会文化环境之中的服务业，离不开"文化"这个字眼。上至酒店企业的经营哲学、经营战略，中至组织文化、人力资源实践，下至员工的服务行为；从外部讲，社会对该行业的认知、顾客的消费行为和体验感受，从内部讲，员工的工作积极性和服务质量；如此等等，无不受到文化的深刻影响。酒店业的服务创新更多的是非技术创新，它深深地内嵌于广泛的社会文化环境之中，这反过来影响酒店业服务创新的运作和绩效。通过解释特定的文化概况如何塑造酒店业的服务创新环境，从而影响其创新绩效，能够更好地理解酒店业服务创新的作用机制，为创新的实施提供更实际的指导。

一、文化和国家文化

　　文化现象难以解读，不同的学者从不同的研究背景、研究目的，基于不同的观点视角，对文化进行了多层面的定义、描述和解释。

克拉克洪（Kluckhohn，1951）[1] 的早期定义提出：文化包括主要通过符号获得和传播的思维、感觉、反应等模式化的方式，构成了人类群体的独特成就，包括它们在人工制品中的体现；文化的本质核心是由传统的（即历史衍生和选择的）思想，特别是其附带的价值观组成的。霍夫斯泰德（Hofstede，1980）[2] 的定义则更为直接，他将文化描述为：人们在一个环境中的集体心理规划。文化不是个人的特征；它包含了许多受相同教育和生活经历制约的人。

沙因（Schein，1992）[3] 提出了一个著名的模型，该模型包含了文化现象的三个层次：可见的表现形式、价值观和基本的潜在假设。沙因认为无意识的基本假设是文化的最深层次和本质，而其他研究者则认为基本价值观是文化的最深层次。

奥莱利和查特曼（Reilly 和 Chatman，1996）[4] 将文化定义为一种共同的价值观体系，以及为组织成员定义合适态度和行为的各种规范。豪斯和加维丹（House 等，2004）[5] 认为，文化是"共同的动机、价值观、信仰、身份，以及对重大事件的解释或意义，这些都是由集体成员的共同经历产生的，并代代相传"。而特里安迪斯（Triandis，2004）[6] 指出，文化"包括了在社会历史上起作用的东西——工具、概念、想法、规范、价值观、偏见、标准操作程序、未明确说明的假设、从环境中采集信息的模式——大多数社会成员教给下一代的东西"。

关于文化对特定工作结果（如创新或成员行为）影响的研究，阐明了文化

[1] Kluckhohn C. Values and value orientations in the theory of action: An exploration in definition and classification [A]// Kluckhohn C, Parsons T, Shils E. Toward A General Theory of Action, Harvard University Press, 1951: 388–433.

[2] Hofstede G. Culture Consequences: International Difference in Work-Related Values [M]. California: Sage Publications, 1980.

[3] Schein E H. Organizational Culture and Leadership[M].2nd ed. San Francisco: Jossey-Bass, 1992.

[4] Reilly, C Chatman. Culture as social control: Corporations, cults, and commitment [A]//Staw B, Cummings L. Research in Organizational Behavior, 1996: 157–200.

[5] House R J, Hanges P J, Javidan M, et al. Culture, leadership, and organizations: The GLOBE Study of 62 Societies [M]. Thousand Oakes: Sage Publications, 2004.

[6] Triandis H C. The many dimensions of culture [J]. The Academy of Management Executive, 2004, 18(1): 88–93.

因素与组织创新之间的关系。韦斯特（West, 1990）[7]提出了文化的四个主要因素与创新相关，即愿景、参与安全、任务导向和创新支持。根据韦斯特（West, 1990）提出的创新文化的定义，具有以下特征的团队成员更有可能提出和采用新的方法去满足顾客需求：（1）能够清楚地确定为工作任务寻找新的解决方案的目标；（2）感知到非胁迫的、信任的参与决策的气氛；（3）提出新的想法和解决方案，并与他人互动；（4）明确的任务导向；（5）强调个人和团队责任、工作方法、绩效评估、结果修正、反馈和合作；（6）识别和激发不同但具建设性的意见；（7）能够感知到管理者和组织对新的和改进的工作方法的实际支持。

（一）霍夫斯泰德的国家文化框架

国家文化，或称民族文化，是指一个国家 / 民族对某些价值观、信仰、规范、态度和偏好的集中倾向（Hofstede 等，2010[8]，1980）。由于这些倾向以"集体性思维程序"（the collective programming of the mind）的形式几乎不变地代代传递，它们在区分民族的同时，塑造了社会成员的认知图式。因此，国家文化形成了不成文的共同行为、习俗和风俗习惯模式，指导社会运作的各个方面。霍夫斯泰德（Hofstede, 1991）简单地将国家文化称为"心理软件"（software of the mind）。

霍夫斯泰德的国家文化框架被认为是量化相对较多国家的民族文化的有效和有用的工具。它确定了形成国家文化独特轮廓的六个（最初是四个）文化维度，即权力距离、个人主义与集体主义、男性气质与女性气质、不确定性规避，以及随后增加的两个维度——长期取向（以前称为儒家动力）和放纵与克制（Hofstede 等，1980，2010）。

霍夫斯泰德国家文化框架的第一个文化维度——权力距离（power distance），指的是社会成员对权力分配不平等的预期和接受程度。权力距离水平高被认为会支持组织不平等、等级森严、权力和控制的集中化，而权力距

[7] West M A. The social psychology of innovation groups [A]//West M A, Farr J L.Innovation and Creativity at Work: Psychological and Organizational Strategies. Chichester: Wiley, 1990: 4-36.

[8] Hofstede G, Minkov M. Long-versus short-term orientation: New perspectives [J]. Asia Pacific Business Review, 2010, 16（4）: 493-504.

离水平低被认为是提高国家创新绩效的先决条件，因为它认可对创新有更多支持的组织特征，如组织平等、组织结构扁平化和有机化、信任胜过控制、权力分散、分布式决策，以及组织层级间更多的非正式沟通。

与其他文化维度相比，第二个文化维度——个人主义与集体主义（individualism vs. collectivism）在跨文化研究中受到了最大的关注。个人主义指的是一个社会对在松散的社会框架内为了自己和直系亲属的利益而行动的认可，而集体主义作为其对立面，指的是一个社会对在紧密的社会框架内个人对更大群体的绝对忠诚的认可。通过支持个人的行动自由、自主、决策独立、个人主动性和成就，个人主义文化有望支持创造一种创新的组织气氛。因此，个人主义被视为提高国家创新绩效的先决条件，与之相对，集体主义被认为会抑制创新，因为它要求个人遵守组织规则，"在盒子里"思考并按照牢固确立的指导方针行事。

关于霍夫斯泰德国家文化框架的第三个文化维度——男性气质与女性气质（masculinity vs. femininity）的理论假设在之前的跨文化研究中一直是混杂的。男性气质价值观（例如，职业、经济回报和成功）和女性气质价值观（例如，高质量的关系、信任和支持）都被认为是提高国家创新绩效的先决条件：男性气质支持竞争和绩效导向的组织环境，而女性气质支持合作和宽容的组织环境。

第四个文化维度——不确定性规避（uncertainty avoidance）——指的是社会成员对不确定性和模糊性的厌恶程度。由于高水平的不确定性规避可能创造风险厌恶、害怕失败、不能容忍非正统想法和行为的组织环境，低水平的不确定性规避被认为是提高国家创新绩效的先决条件，因为它支持创新行为和新颖想法、对风险和变化的容忍、较弱的控制以及更为非正式的规则和结构。

此外，第五个维度——长期取向（long-term orientation）指的是一个社会对面向未来的观点、实用主义、坚持和节俭的认可，而它的对立面——短期取向（short-term orientation）指的是一个社会对过去和现在导向的价值观的认可，尊重传统和维护社会规范。虽然将结果和成功视为长期概念，但最近的研究认为，长期导向的文化是提高国家创新绩效的先决条件。

放纵与克制（indulgence vs. restraint）是框架的最后一个维度。放纵指的是一个社会对享乐、满足人类需求和享受生活的认可，而约束则是它的对立面，指的是一个社会对压抑人类需求并通过僵化的社会规范来限制人类需求的认可。这一文化维度在跨文化研究中受到的关注非常有限，缺乏关于其对国家创新绩效影响的理论。

（二）GLOBE 的国家文化研究

全球领导力和组织行为有效性研究（Global Leadership and Organizational Behavior Effectiveness，GLOBE），是全球范围内探索领导力和文化的重要的系统研究项目之一。GLOBE 项目是在扩展霍夫斯泰德（Hofstede，1980）的开创性国家文化框架以及其他先前的跨文化研究的基础上进行的。这个多阶段的项目汇集了来自 62 个社团的 170 多名学者，对社会文化与领导效能之间的关系进行了研究。从 GLOBE 的研究中，我们发现了文化的九个维度，包括：不确定性规避、未来导向、权力距离、群体内集体主义、制度集体主义、绩效导向、自信、人道导向和性别平等主义。

对文化的探索通常集中在价值观或理想上，然而，许多学者，如费拉托切夫等人（Filatotchev 等，2020）[9] 指出，如果只从价值观的角度来看，这种描述低估了文化的复杂性和丰富性。在 GLOBE 的第一阶段，研究人员发现了重要的概念上的细微差别，从而得出价值观（愿望和理想）和实践（行为表现）都属于文化维度的结论。因此，他们的研究既探讨了当前的实践，也探讨了文化中期望的价值观。弗里斯（Frese，2015）[10] 澄清了这一区别，指出"文化实践是对人们在一种文化中日常行为的共同感知（使用的类似术语是主体间感知或描述性规范)，而价值观是一种文化的共同理想（类似术语是命令性规范）"。描述性规范更多的是一种常见的行为，文化实践的概念隐含在其中。相反，"价值观与道德上的好坏有关，但因为它们是抽象的，所以它们与行为没有直接关系；相反，惯例是相对具体的"（Frese，2015）。价值观包含了大众成员的理想抱负，通过询问人们什么是可取的和重要的来予以评估。

[9] Filatotchev I，Sarala R，et al. Connecting Eastern and Western perspectives on management：Translation of practices across organizations，institution and geographies [J]. Journal of Management Studies，2020（57）：1-24.

[10] Frese M. Cultural practices，norms，and values [J]. Journal of Cross-Cultural Psychology，2015，46（10）：1327-1330.

文化实践和价值观之间的这些区别已经在研究中得到了体现。值得注意的是，在许多文化维度上，价值观和实践得分呈负相关。学者们一直在研究文化实践和价值观之间关系的复杂性，但对这一难题没有明确的解决方案。

二、国家文化对创新的影响

一般管理文献早就清楚地证实国家文化影响价值观、态度和行为，人们的创新感知受到国家文化和社会结构的强烈影响。

创新系统植根于更广泛的社会文化背景中，受到塑造其制度的主导文化价值观的影响，将规范强加于新知识创造和传播过程中的个人行为。通过这种方式，国家文化影响着创新系统内创新活动的方向和规模，从而决定了国家边界内的整体创新绩效。因此，具有相同正式制度结构的国家创新系统，但嵌入不同的文化环境，可能产生不同的创新结果。

长期以来，管理研究一直支持国家文化显著影响管理者行为的观点。同时，文化也塑造了组织和个人的创新行为和导向、创新价值观和创新能力。特姆彭纳斯和伍尔莱姆斯（Trompenaars 和 Woolliams，2003）[11] 从三个方面总结了国家文化是如何影响企业的创新能力的：（1）组织中员工之间的一般关系；（2）员工与上级或下属之间的垂直或等级关系；（3）作为一个整体的组织中的员工之间的关系，如他们对组织运作以及组织目标的看法。

如前所述，霍夫斯泰德的国家文化框架将国家文化划分为六个维度，即权力距离、个人主义与集体主义、男性气质与女性气质、不确定性规避、长期取向与短期取向以及放纵与克制。这里，我们就其中的一个维度——时间取向（长期取向与短期取向），谈谈国家文化对创新的影响。

（一）时间取向与创新感知

时间取向是区分国家文化的一个维度。时间塑造了人类的感知、价值观和行为。短期取向的文化关注的是最近和过去的时代以及快速的成就；相比

---

[11] Trompenaars F，Woolliams P. A new framework for managing change across cultures [J]. Journal of Change Management，2003，3（4）：361-375.

之下，长期取向的文化关注未来，重视长期规划。现有的管理文献经常讨论时间取向如何影响创新，往往侧重于解决关于"哪种时间取向会带来更好的创新结果"的争论。然而，到目前为止，他们将各自的短期和长期文化价值观与创新进行对比的研究结果并不一致，甚至相互矛盾。例如，一些研究表明，长期取向比短期取向带来更好的创新成果，因为长期取向具有更高水平的坚持不懈和创造力，即长期价值观培养了实现有效创新所需要的不屈不挠的精神和忍耐力，长期取向通过更高水平的创造力提高了企业的创新能力。然而，另外一些研究人员也指出，对消费趋势的快速反应和争取快速的情感满足的短期价值观取得了更好的创新成果，因为短期的成功是有价值的，任务完成迅速。

文化诱导的时间取向框架有助于解释为什么一些国家宁愿关注短期成就，而另一些国家则选择长期规划。短期取向的文化关注过去和现在，而长期取向的文化关注未来。在短期取向的文化中，主要的工作价值观是自由、权利、成就和为自己思考，个人忠诚度随业务需求而变化。以长期和短期为取向的文化似乎代表了两种不同的思维方式，可以用相反的标签来加以描述，比如"美德"与"真理"，或"综合"与"分析"。从长远来看，有效的方法比正确的方法更重要。

很明显，短期取向文化关注当下，能够快速响应消费的社会趋势，追求物质主义和社会成功，渴望快速的情感满足。就创新而言，这可能意味着企业对新的消费趋势做出迅速反应，但它们的短期成功可能会阻碍它们对创新的长期学习和准备。短期价值观的社会化包括两种可能相互矛盾的价值集：一种是尊重社会规范并被视为稳定的个体；另一种是对即时需求的满足、消费和对社会消费趋势的敏感。短期取向文化中的个人价值观包括对成就的强烈需求、为自己思考的特质和易变的商业忠诚度。传统是重要的，而当前的时间被追求快速的结果所主导，很少关注投资于未来。

相反，长期取向的文化追求长期的成功，包括尊重长期规划、为成功而努力工作和坚持不懈。此外，他们重视终身的个人网络，他们的业务是战略性的，倾向于长期的战略定位，而不是即时的结果。长期取向的文化更看重未来的回报，在以长期为取向的文化中，个人价值观包括诚实、负责、高度自律和努力工作，建立长期业务关系和做出长期承诺被认为是重要的。在创新方面，这可能表明长期战略可能妨碍对需要创新的变化的外部环境做出快速反应，然而，它可能支持对持续技能发展和普遍高学习导向的强烈赞赏的论点。这些价值观有助于学习如何更有创造性以及如何战略性地实施创新。以长期为取向的文化鼓励学习、适应和坚持不懈地取得成果。

有关文献清楚地表明，这里的关键争论围绕着对比有关创新的短期和长期的时间取向，而不是理解每个价值集如何以不同的方式塑造创新。此外，我们注意到，虽然长期取向在文献中被更频繁地讨论，并且总体上被认为对创新更有利（例如，强大的长期战略定位），但也有证据表明，在某些方面，短期价值（例如，能够快速响应并强调当下）也可能非常有效地促进创新。

我们的目标不是通过对比两个时间维度来确定哪一个会带来更好的创新成果，而是通过探索短期和长期时间取向的独特性，以及其如何影响创新来提供更深入的见解。因此，我们探讨了以下问题：在长期取向文化和短期取向文化中，对企业创新能力因素的认知有何差异？这些差异如何用文化诱导的时间取向理论来解释？因此，我们的重点是了解短期和长期取向的独特性如何影响创新认知。

创新能力包括驱动企业实施创新战略并形成关键竞争力的内部和外部因素的组合。高水平的创新能力会导致更强的组织绩效和企业寻找加强创新能力的方法。服务类组织具有过程性本质，他们的创新过程不能与组织的其他实践和惯例分开。企业的资源基础观和动态能力观认为，从本质上将能力视为动态的，企业会从中受益，因为企业需要不断调整其内部创新的流程和惯例，以保持与不断变化的外部环境（即变化的客户需求、技术、竞争对手和法规）相契合。

（二）创新能力的外部因素

现有文献认为，客户导向是服务企业创新能力的关键外部因素和驱动因素。客户导向和客户需求意识都与企业的创业导向密切相关，培养企业创新能力的行之有效的方法包括紧跟目标群体的需求，以及企业所在行业内外部关系的建立、协作和网络的创建。此外，技术是企业的关键创新因素，被认为是创新能力的基本要素。

特别是对于旅游酒店企业来说，合作对于通过知识转移确保和创造竞争优势非常重要。此外，服务创新通过企业网络或联盟网络、资产编配、知识共享能力、资源和能力，以一种协调一致的方式引入市场。与企业本行业以外的其他公司的协作和合作已被证明可以在知识转移方面创造优势，特别是在技术创新方面。

外部认可和金融刺激正向影响企业的创新能力。外部认可和获得融资对企业来说变得越来越重要，因为它们增加了现金流和流动性，使它们能够专注于提高创新能力。由于企业通常无法获得财政资源和外部货币激励，补贴和获得公共创新支持计划及奖励有助于它们抵消这些劣势，特别是获得金融刺激的有限机会可能导致财务困境并降低创新能力。

（三）创新能力的内部因素

组织内部因素对企业创新能力的影响较大。最重要的是，由于管理者在决策中的主导作用，企业对这些内部因素的影响要比对外部因素的影响大得多。因此，了解鼓励创新的内部因素是至关重要的，这样企业才能更好地驾驭和影响这些因素。文献表明，虽然外部因素对企业创新能力的重要性已被广泛讨论，但创新能力内部因素的重要性尚未得到充分讨论，组织因素对企业创新能力的重要性的更强联系仍有待建立。因此，尽管与人有关的方面对创新有重要影响，但研究也没有为企业管理者提供如何增强组织内部创新能力的实用建议。

为了解决这种缺乏理解的问题，我们综合了关于内部创新能力的文献，将这些内部因素分为四个维度：组织文化、员工相关因素、内部资源和管理者特征。建立通过共享价值观、规范和有形物品来刺激创新的组织文化对于促进创新至关重要。支持创新的文化对新想法、变化和以不同的方式做事持开放态度，并与探索性（创造性）和开发性（商业性）行为直接相关。

此外，面向明确的总体愿景和战略的战略导向包括致力于创新、学习和适应以及对新发展持开放态度。与员工相关的创新能力因素和创业行为与个性有关。它们包括员工的创业行为和人格特征，如对新体验的开放性、亲和性和责任心。研究还发现，其他内部资源，如财务资源也会阻碍企业的创新能力，因为这些资源的有效性通常归因于公司的规模，特别是企业规模、研究投资能力和获得金融资本的机会被强调为影响创新能力的因素。

最后，管理者特征可以分为与个性、个人能力和专业知识相关的因素，这些都强烈影响企业的创新能力。例如，柯顿（Kirton，1976）[12] 提出的适应—创新量表（Adaption-Innovation Inventory）发现，内部认知思维和解决问题的人格类型差异是企业整体创新能力的区分标准。研究发现，一类人的目标是把事情做得更好（"适应者"），而另一类人的目标是把事情做得不同（"创新者"）。后者被认为是内部创新因素。后来，柯顿（Kirton，2003）[13] 将领导者作为第三类"桥接者"，他们结合了前两类人的特征。哈钦森等人（Hutchinson等，2007）[14] 将适应型人格特征与创新型人格特征结合起来，认为创新的人格需要同时展现这两方面才能取得成功。为了降低个人特征和管理者缺乏知识导致企业经营失败的高风险，马斯卡特等人（Muskat 等，2019）[15] 提出，他们学习到的能力应该包括发现机会和对机会采取行动，以及管理者定期参与创新实践的意识。具有长期文化取向的管理者利用学习、规划、技能发展和战略性思考等因素来实现长期成功，而短期取向的管理者则通过对流行趋势和市场需求的反应，更专注于快速取得成果。

（四）时间取向与创新策略

马斯卡特等人（Muskat 等，2021）[16] 比较了澳大利亚和德国、奥地利和瑞士（DACH 国家集群）企业的数据，结果证实了不同文化（时间取向）对

[12]　Kirton M J. Adaptors and innovators： A description and measure [J]. Journal of Applied Psychology，1976，61（5）：622-629.

[13]　Kirton M J. Adaption and Innovation in the Context of Diversity and Change [M]. London： Routledge，2003.

[14]　Hutchinson L R，Skinner N F，Gelade G，et al. Self-awareness and cognitive style： Relationships among adaption-innovation，self-monitoring，and self-consciousness [J]. Social Behavior and Personality： International Journal，2007，35（4）：551-560.

[15]　Muskat B，Lockstone-Binney L，Ong F，Andresen M. Talent in hospitality entrepreneurship： A conceptualization and research agenda [J]. International Journal of Contemporary Hospitality Management，2019，31（10）：3899-3918.

[16]　Muskat B，Hörtnagl T，Peters M，Zehrer A. Innovation capability and culture： How time-orientation shapes owner-managers＇perceptions [J]. Journal of Hospitality and Tourism Management，2021（47）：217-227.

创新能力的看法是不同的。短期取向文化下的企业表现出更强的消费者导向，创造了潜在利润和员工激励；相比之下，长期取向文化中的企业更重视知识的可获得性、学习承诺和适应能力。

根据霍夫斯泰德和闵可夫（Hofstede 和 Minkov，2010）[17] 的研究，澳大利亚的文化价值观是强烈的短期取向，而奥地利、德国和瑞士被评为中度至高度的长期取向。研究表明，德国和瑞士甚至越来越多地朝着更高的长期方向发展，这与澳大利亚形成鲜明对比，澳大利亚一直将其文化价值观与美国的价值观保持一致，并倾向于变得更加短期导向。

他们的研究结果表明，首先，长期取向文化中的企业在创新能力方面（例如，可获得的知识、学习承诺和适应能力）更加重视"知识和学习"。在旅游业创新背景下，这一结果证实了长期取向的文化具有更强的学习导向。其次，短期取向文化中的企业比长期取向文化中的企业更重视"员工参与"。这一结果与先前的研究结果相矛盾，先前的研究结果表明，短期取向的文化通常更注重为自己考虑和变化的商业忠诚度。再次，短期取向文化下的管理者比长期取向文化下的管理者更重视预期利润和员工激励作为重要的创新能力因素。这个结果与现有的研究结果相一致，即短期文化总体上更以成就为导向（例如，未来利润和激励）。最后，短期取向文化中的管理者认为对市场变化（如市场结构和竞争力、技术进步）的反应比长期取向文化中的管理者更重要，这一发现也与之前在更广泛的管理背景下的研究结果一致。

三、中国文化价值观与酒店业服务

社会文化对服务业的经营和消费具有至关重要的影响，因此一些研究人员和从业人员呼吁非常有必要分析文化价值观对服务的影响。一方面，文化因素在影响消费者服务消费行为和评价服务的方式方面发挥着重要作用。另一方面，服务交付和服务创新的成败在很大程度上取决于对客服务员工的态度和行为，而态度和行为则受到个人文化价值体系的影响。因此，了解文化价

[17] Hofstede G，Minkov M. Long-versus short-term orientation：New perspectives [J]. Asia Pacific Business Review，2010, 16（4）：493-504.

值观的差异可以帮助我们了解服务消费者和服务提供者对服务的认知，理解对客服务的员工对服务提供的行为和态度反应。

（一）中国文化价值观的分类

文化价值观因国而异，特定的文化价值观可以导致国家发展特定的能力。文化价值观还可以塑造人们的信仰和态度，指导人们的行为。因此，近年来大量的研究集中在研究文化价值观的差异上。在文化价值分析中使用最广泛的三个模型是克卢克霍恩和斯托特柏克（Kluckhohn 和 Strodtbeck，1961）[18] 的价值取向模型（Value-Orientation Model）、霍尔（Hall，1976）[19] 的低语境和高语境文化维度模型（Low-context 和 High-context Cultural Dimensions Model）以及霍夫斯泰德（Hofstede，1980）的价值调查模型（Value Survey Model，VSM）。然而，这些模型的范围并非没有其局限性，这些模型不能作为复杂的民族文化的全面表征。大多数主要的文化取向和维度是在西方世界发展和测试的，在其他文化背景下调查这些理论和模型有效性的关注相对较少。

此外，在大多数跨文化研究中，特别是在社会心理学学科中，翻译或改编外国的测试或工具可能是最常见的做法。然而，一些研究人员指出，对测试进行改编的一个主要问题可能导致特定文化固有的重要的文化特异性（主位）构念的遗漏。因此，他们建议测试或工具的主要目的是在特定文化中提供可靠和有效的评估工具，而不是仅仅调查文化的普遍性。因此，除了具有文化可比性（客位）的领域之外，还需要有一个本地开发的清单，其中包括主要的文化特定构念领域。正如史密斯等人（Smith 等，2002）[20] 所说："大多数心理学调查关注群体中的个体变化，而西方国家盛行的个人主义价值观鼓励人们认为这是最合适的调查水平。当然，在任何国家的文化中，个人、团队和组织的行为都有许多差异。在一些民族文化中，这些差异的程度比在其他民族文化中更大。尽管如此，每个人都在一个文化环境中活动，在这个文化环境中，

[18]　Kluckhohn F R, Strodtbeck F L. Variations in Value Orientations [M]. New York：Row, Peterson and Company，1961.

[19]　Hall E. Beyond Culture [M]. New York：Anchor Press，1976.

[20]　Smith P B, Peterson M F, Schwartz, S.H. Cultural values sources of guidance, and their relevance to managerial behavior A47-nation study [J]. Journal of Cross Cultural Psychology，2002，33（2）：188-208.

某些价值观、规范、态度和实践或多或少占主导地位，并作为社会化和社会控制的共同来源。通过这种方式，对民族文化差异的描述可以为确定组织心理学家在西方背景下的发现在未来全球化世界中可能被证明有效的程度提供关键步骤。"

最早分析中国文化价值观的研究之一是由 Chinese Cultural Connection (1987)[21] 进行的。在咨询了一些中国社会科学家之后，他们被要求用中文准备一份清单，清单上至少有 10 个中国人的基本价值观，这样形成了一份包括 40 个中国关键文化价值观的清单。因子分析进一步确定了 4 个主要维度：（1）融合（宽容、与人和谐、不竞争、亲密友谊）；（2）儒家工作动力（秩序关系、羞耻感、礼尚往来、爱面子）；（3）人性善良（耐心、礼貌和正义感）；（4）道德纪律（节制、保持自己的无私和纯洁、寡欲、审慎）。在 Chinese Cultural Connection（1987）确定的最初 40 种文化价值观清单的基础上，Fan（2000）[22] 创建了一个新的清单，其中包括 71 种中国文化价值观，分为 8 类：（1）民族特征；（2）人际关系；（3）家庭（社会）取向；（4）工作态度；（5）经营理念；（6）个人特征；（7）时间取向；（8）与自然的关系。这些新的 71 项核心价值观反映了中国文化更全面、更综合的面貌。

Yau（1988）[23] 指出中国文化价值观可以作为市场细分的有效依据，并将中国文化价值观的潜在维度发展为 5 个主要取向。（1）人与自然取向：与自然、与元和谐；（2）自我导向：屈尊导向和情势导向；（3）关系取向：尊重权威、相互依赖、群体取向、荣誉取向；（4）时间取向：连续性取向和过去性取向；（5）个人活动取向：中庸、与人和谐。作者认为，这 5 个中国文化价值观可以帮助我们理解中国文化价值观与其他消费者行为决定因素之间的关系。

[21]　Chinese Cultural Connection. Chinese values and the search for culture-free dimensions of culture [J]. Journal of Cross-cultural Psychology，1987，18（2）：143-164.

[22]　Fan Y. A classification of Chinese culture [J]. Cross Cultural Management，2000，7（2）：3-10.

[23]　Yau O. Chinese cultural values：Their dimensions and marketing implications [J]. European Journal of Marketing，1988，22（5）：44-57.

（二）面客员工的态度和行为对服务提供的作用

在许多情况下，面客员工通常是服务公司客户可见的第一个也是唯一的代表。根据蔡特哈姆尔和比特纳（Zeithaml 和 Bitner，2000）[24] 的说法，面客员工被称为边界跨越者，他们提供外部客户和环境与组织内部运作之间的联系。面客员工在理解、过滤和解释来自组织及其外部支持者的信息和资源方面也起着关键作用。因此，服务企业服务交付的成败在很大程度上取决于面客员工的态度和行为。一些研究者发现，服务表现的人际因素是影响服务质量和顾客满意度的主要因素，特别是在顾客与员工之间互动程度高的服务中。顾客对服务质量的感知主要发生在与服务提供者互动的那一刻。美国连锁餐厅 Bennigan's 进行了一项调查，调查顾客不再光顾他们餐厅的原因。这项研究的结果表明，只有 15% 的顾客提到了对产品不满意，但 67% 的顾客不再回来是因为一些员工对他们表现出冷漠。与公司服务人员建立牢固的客户关系会导致客户对服务公司的真正忠诚，因为对服务人员的积极态度会直接转移给公司。科伊尔和戴尔（Coyle 和 Dale，1993）[25] 调查了一家连锁餐厅的服务质量，发现顾客在 11 个服务质量属性中把有形的排在第六位，而基于行为的属性，如响应性和可靠性，排在第一位。因此，鉴于这些发现，有必要了解客户服务员工的行为和态度对服务提供的影响，特别是客户服务员工如何对待他们的职责。

过去的研究表明，面客员工的态度和行为反应对顾客的质量感知有积极或消极的影响。角色冲突和角色模糊是对面客员工产生负面影响的两种主要的态度和行为反应。角色冲突是员工角色集合中的一个或多个角色之间的不相容，导致履行一个角色将使履行其他角色变得更加困难。事实上，当员工缺乏有效履行职责所需的信息和指导时，就会出现角色模糊。不管是角色冲突还是角色模糊都会降低员工的工作满意度。在某些情况下，面客员工会感到他们被要求做的事情与他们自己的个性、取向或价值观之间存在冲突。换句话说，有时角色要求与员工的自我形象或自尊之间存在冲突。例如，在美国，当

[24]　Zeithaml V，Bitner M J. Services Marketing：Integrating Customer-Focus Across the Firm [M]. 2nd ed. New York：McGraw-Hill，2000.

[25]　Coyle M P，Dale B G. Quality in the hospitality industry：A study [J]. International Journal of Hospitality Management，1993，12（2）：141-153.

服务工作者被要求从属（subordinate）自己的感情或信仰，特别是当他们被要求按照"顾客永远是对的，即使他是错的"座右铭提供服务时，他们可能会感到角色冲突。相应地，角色要求与员工的自我形象或自尊之间偶尔会发生冲突。在从属服务角色（subordinate service roles）中，人与角色冲突的水平与客户和面客员工之间的地位差异呈负相关，即双方地位越平等，人与角色冲突的水平越高。

在客户服务领域发表的大多数研究主要涉及客户满意度和服务质量，只有有限数量的研究专门关注员工在提供客户服务方面的责任。以前关于检验服务工作者组织行为和态度的测量工具的大多数研究，在酒店环境中都没有得到充分的研究。最近，一些研究人员已经呼吁有必要了解和分析员工在提供客户服务时的态度和行为。例如，金姆（Kim，2008）[26]研究了住宿行业情绪劳动的前因后果，发现高神经质的员工在与客人打交道时更有可能伪装自己的情绪表达（表层表演），而高外向性的员工更有可能去努力调动适当的情绪（深层表演）。

（三）文化对服务提供的重要性

在前文中，我们发现面客员工的态度和行为反应是影响服务质量和顾客满意度的主要因素。人们发现，一个人的态度和行为受到其文化价值体系的影响。因此，了解文化价值观的差异可以为理解客户服务员工在服务提供方面的行为和态度提供更多的见解。尽管有些行为是普适的，如礼貌、诚实、友好、真诚和尊重，但在社会距离、身体接触、自我表现、手势、面部表情、（身份）地位和礼貌等方面存在文化差异。

最近的研究还表明，民族文化可能对游客和管理行为产生巨大影响。Tsang 和 Ap（2007）[27]研究了亚洲和西方游客对面客员工提供的关系质量服务感知的文化差异。他们发现，人际关系的质量是决定亚洲客户对服务体验评价的关键因素，而西方客户则强调目标的完成、效率和时间的节省。匹赞姆

[26] Kim H J. Hotel service providers' emotional labor: The antecedents and effect on burnout [J]. International Journal of Hospitality Management, 2008, 27（2）: 151-161.

[27] Tsang N, Ap J. Tourists' perceptions of relational quality service attributes: A cross-cultural study [J]. Journal of Travel Research, 2007, 45（3）: 355-363.

等人（Pizam 等，1997）[28]调查了中国香港、日本和韩国的民族文化是否比酒店业文化对酒店管理者行为的影响更大。研究结果表明，中国香港、日本和韩国酒店管理者在管理实践上的差异明显大于相似之处。他们得出结论，民族文化对管理行为的影响比酒店业文化更大。海顿和贝克（Huyton 和 Baker，1991）[29]将我国香港 J. W. 万豪酒店作为案例研究，调查为什么酒店的授权计划被这么少的亚洲酒店采用。研究发现，文化障碍是亚洲酒店在启动授权项目时遇到的主要问题之一。对于许多亚洲酒店员工来说，他们害怕做出错误的决定，尤其是在同事面前丢脸，这可能会对员工选择的工作方式产生巨大影响。

员工的行为受到组织文化、企业有效满足员工需求的能力以及企业应对外部环境的方式的影响。服务体验是一种涉及人类互动和交流的社会体验。这种互动的性质或形式是由互动个体的文化决定的。文化决定了服务提供者和消费者将什么视为需求，他们将如何沟通、沟通什么，他们重视什么，以及他们将如何相互反应。服务提供者进入服务体验时，会根据自己的国家或民族文化以及他所代表的服务组织的文化，而倾向于某些行为。因此，服务体验是由服务组织文化、员工文化和客户文化驱动的"社会聚会场所"。

蔡特哈姆尔和比特纳（Zeithaml 和 Bitner，2000）也持有类似的观点，认为文化在服务提供中很重要，因为它会影响顾客评价和使用服务的方式，也会影响公司及其服务员工与顾客互动的方式。因此，服务体验绝对是一个由服务机构本身及其员工的文化所规划和指导的"社会聚会场所"。在旅游业和酒店业，文化是向顾客提供优质服务的重要组成部分。鉴于这些发现，进一步了解客户服务员工如何看待与他们的工作和职责相关的文化价值观是很重要的。

根据文献综述，面客员工的态度和行为反应是影响服务质量和顾客满意度的主要因素。服务企业服务交付的成败在很大程度上取决于面客员工的态度和行为。另外，人们的态度和行为也受到其文化价值体系的影响。因此，对文化价值观的了解将有助于理解客户服务员工对服务提供的行为和态度反应。

[28] Pizam A，Pine R，Mok C，Shin J. Nationality vs industry cultures: Which has a greater effect on managerial behavior [J]. International Journal of Hospitality Management，1997，16（2）：127-145.

[29] Huyton J，Baker S. The powerful power of empowerment and workforce morale: Productivity and decision making-Hong Kong [J]. Asian Hotelier，1991.

（四）中国文化价值观基本维度

Tsang（2011）[30] 基于因子分析的结果，将中国文化价值观概念化为影响服务员工提供服务的态度或行为的五成分构念。这五个因子包括：（1）对待工作的态度；（2）对待人的态度；（3）道德纪律；（4）地位和关系；（5）中庸。这五个因子在名称和构成上都不同于邦德等人（Bond等，1987）[31]列举的四个维度，即融合、儒家工作活力、人性善良和道德纪律。在目前的分析中，价值观陈述的重新定位是必要的，因为重点已经从衡量中国人所持有的基本和一般价值观转变为衡量中国服务人员提供服务的态度或行为，改变了价值观的定位。根据重新排列的内容，新的更明确的维度名称是合理的。

1. 对待工作的态度

第一个维度，对待工作的态度，与之相关的中国价值观题项最多，包括强调工作场所中努力工作的价值观（即毅力、耐心、敬业、勤奋和谨慎）和群体导向价值观（即团结、归属感和避免冲突）等价值观题项。香港的服务提供者对努力工作的重视可以归因于儒家思想，它鼓励人们即使遭受短期损失（节俭）也要追求长期利益（毅力）。因此，儒家思想强调勤奋和努力工作以实现长期利益目标的价值观，这可能直接指向自我提升、坚持不懈、谦虚和个人兴趣的工作价值观。

此外，这一维度的群体导向价值观可以归因于中国文化的集体主义性质。霍夫斯泰德（Hofstede，2004）[32] 将中国文化描述为高度集体主义的文化，这与儒家学说相一致。儒家学说强调血缘关系和密切的个人关系，而不是西方的个人主义文化。中国的社会互动是根据集体主义和社会有用性来考虑的，而西方社会的社会互动则是从竞争、自信和自由来理解的。中国人在社会和心理上依赖他人，表现出强烈的群体取向。因此，服务员工对与他人合作与和

[30]　Tsang N. Dimensions of Chinese culture values in relation to service provision in hospitality and tourism industry [J]. International Journal of Hospitality Management，2011（30）：670-679.

[31]　Bond M H, et al. Chinese values and the search for culture-free dimensions of culture [J]. Journal of Cross-Cultural Psychology，1987，18（2）：143-164.

[32]　Hofstede G. Cultures and Organizations：Software of the Mind[M]. 2nd ed.London：McGraw-Hill，2004.

谐工作的感觉受到高度重视，员工之间的合作而不是竞争在工作场所受到更多的强调，这也许并不奇怪。

认识和理解这一工作相关维度中的群体导向及其对旅游业服务管理和人力资源管理的影响显然是重要的。鉴于这一维度的发现，人力资源管理者可以更好地理解群体取向价值观是如何与态度相关联的。群体导向价值观在同事支持方面尤为重要。同事支持这一维度是相对的，用来评估员工在组织社会化中的态度，即员工在工作场所中如何与同事互动，并得到同事的接受和支持。鉴于中国群体导向价值观的重要性和对工作场所中人们社会需求的强调，与其他员工进行良好的社会互动、采用群体目标和意见、不争强好胜、团结他人在影响中国服务提供者在提供服务时的态度或行为方面至关重要。

2. 对待人的态度

第二个维度，对待人的态度，强调人际交往中的社会价值观，包容他人、与他人和谐相处、礼貌、谦逊、诚信和自我修养等价值观都包含在这个维度中。五个中国文化价值观维度的描述结果表明，旅游业服务提供者非常重视和谐的人际关系，这一因素获得了最高的因素平均得分评级（4.22）。这可能是由于旅游业作为一种服务行业，包含了高度的内部和外部人际互动。在内部，服务提供者非常重视"谦虚"和"值得信赖"，以帮助他们与上级（管理层）和同事（同事）保持和谐的关系和合作。对外部，服务提供者在与客人互动时可能会非常强调"礼貌"。受儒家强调和谐的影响，中国人更喜欢避免竞争行为，因为他们觉得这会产生冲突，缺乏和谐，这在社会上是不受欢迎的。因此，在工作场所保持和谐被许多中国人认为是一种美德。由于中国人非常重视和谐，对于在华人主导的社会中工作的旅游和酒店经理，特别是外籍经理来说，通过在组织中促进良好的人际关系来接受、尊重甚至拥抱这一重要维度是谨慎的。

3. 道德纪律

第三个维度，道德纪律，包含反映儒家工作伦理和标准的个人特质价值观。这个维度包括促进对社会负责的人的发展的价值观陈述，以及被认为对自我控制、强烈的自我谦逊和自律的发展很重要的价值观陈述。这些儒家价值观为有助于实现有目的、有道德的互动的人际关系行为设定了标准，因此，包括正义感/正直、道德（美德，道德标准）、务实、稳重、重义轻利、真诚等价值观。道德纪律的价值观对酒店和旅游业员工的职业道德有着深远的影响。正如 Wong（1998）[33] 所指出的，酒店员工在工作场所每天都面临着道德挑战和诱惑，如客人试图诱使员工以不道德的方式行事（例如，客人在没有事先通知的情况下要求酒店房间升级或贿赂员工忽视酒店财产被盗）。因此，酒店员工必须在没有直接监督和缺乏明确的公司行为准则的情况下立即决定该做什么。服务提供者相信这种儒家的职业道德价值观可以帮助他们在工作中表现出强烈的正直意识，在满足顾客需求时避免欺骗和不诚实的行为。

4. 地位和关系

第四个维度，地位和关系，与等级和社会关系价值观有关，这些价值观强烈尊重长者和权威。这一因子反映在社会事务中强调权力和等级的价值观，在这项研究中，服务提供者很容易接受工作场所的等级秩序。在中国和大多数亚洲社会中，儒家关于关系、保护面子和尊重传统的价值观仍然普遍存在于组织中。施瓦兹（Schwartz，1999）[34] 进行了一项文化和工作价值观的跨文化研究，发现香港、大陆和台湾的受访者非常强调社会和工作场所的"等级制度"。该研究中的服务提供者高度重视"等级"，这可以归因于霍夫斯泰德（Hofstede，1980）的权力距离文化维度，它指的是权力较小的成员接受和期望权力分配不平等的程度。香港是一个以等级和社会关系为基础的地区，其特点是尊重权威、顺从、监督、社会等级和不平等。莫克等人（Mok 等，1998）[35] 考察了在香港的中国酒店管理者的工作价值观，发现大多数中国酒店管理者更倾向于由上级做出决策，接受并期望权力分配不平等。在香港，大多数员工是按照上级的要求来他们的管理工作。他们在与上级打交道时更具合作性，更害怕与上级意见相左，专制态度被普遍接受。

[33] Wong S. Staff job-related ethics of hotel employees in Hong Kong [J]. International Journal of Contemporary Hospitality Management, 1998, 10（3）: 107–115.

[34] Schwartz S H. A theory of cultural values and some implications for work [J]. Applied Psychology: An International Review, 1999, 48（1）: 23–47.

[35] Mok C, Pine R, Pizam A. Work values of Chinese hotel managers [J]. Journal of Hospitality & Tourism Research, 1998, 21（3）: 1–16.

5. 中庸

第五个维度，中庸，与儒家的中庸学说有关，教导人们在极端之间达到平衡的核心美德。中庸学说被认为是最重要的中国文化价值观之一，根据孔子的说法，它被称为"不倾向于任何一方"。中庸价值观强调"走中庸之道"，可能影响服务提供者的工作态度和行为，特别是在决策过程中。大多数中国员工是风险厌恶者，对在社会环境中给予、获得或保护面子高度敏感，即使是普通任务也更有可能咨询上级。因此，中国员工在决策和授权方面往往缺乏主动性。正如之前在文献综述中提到的，香港酒店在开始授权计划时遇到的一个主要问题是，害怕做出错误的决定而丢脸，尤其是在同行面前丢脸。对中庸价值观的重视可以归因于霍夫斯泰德（Hofstede，1980）的不确定性回避的文化维度，它表明一种文化规定其成员在非结构化、不稳定和模棱两可的情况下感到不舒服的程度，并试图避免这些不舒服的事情。香港在1980年被纳入Hofstede的调查样本，并被归类为中等不确定性规避，这意味着香港员工更容易接受更结构化的活动，更书面化的规则，更统一和标准化，更少的个人和冒险的管理风格，并通过控制确定性获得更多的权力。

显然，地位和关系以及中庸等维度为旅游业人力资源管理提供了一些挑战和启示。这两个与"权力距离"和"风险规避"相关的中国文化价值观维度似乎对授权和团队合作造成了障碍。地位和关系维度下的传统"等级制度"，强调对权威的强烈尊重和自上而下的控制，可能会破坏积极参与的意识，阻碍完全自主和灵活的团队合作。强调"中庸之道"的中庸维度或许可以解释为什么中国员工不愿意接受授权所带来的额外责任和风险。当中国员工被告知要做一项任务时，他们想要绝对确定自己完全理解了任务的要求。这是因为在"中庸"信条下，他们认为绝对没有动机去做超出要求的事情，相反地，做错事可能会受到惩罚。

基于上述关于中国文化价值观的相关性如何影响受访者提供服务的态度或行为的讨论，本研究还确定了对服务管理和人力资源管理可能产生的一些影响。表2-1总结了五个中国文化价值观维度与服务提供之间可能存在的关联，以及它们对服务管理和人力资源管理的启示。

表 2-1　中国文化价值观五个维度与服务提供之间的可能联系以及对服务管理和人力资源
管理的影响

中国文化价值观维度	服务提供的领域和核心价值	对服务管理和人力资源管理的启示
对待工作的态度	• 工作勤奋 • 团队导向 • 集体主义文化	• 团队合作 • 同事支持
对待人的态度	• 和谐的人际关系	• 团队合作 • 同事支持
道德纪律	• 儒家的职业道德和标准 • 自我谦卑和纪律	• 同事支持 • 职业道德
地位和关系	• 等级和社会关系 • 权力距离	• 授权 • 决策过程 • 团队合作
中庸	• 中庸之道 • 不确定性规避（风险规避）	• 授权 • 决策过程 • 团队合作

资料来源：Tsang，2011.

（五）管理启示

通过关于中国文化价值观对服务提供的影响分析，可以得出对人力资源开发和服务管理实践的两个主要启示。首先，中国文化价值观在决定服务组织管理中的具体干预措施、挑战和障碍方面发挥着关键作用。例如，有人会说，中国文化的集体主义取向，强调和谐和群体取向，可能会促进对团队和团队合作的更高水平的承诺。然而，僵化的等级制度和风险规避价值观可能会破坏积极参与的意识，阻碍完全自主和灵活的团队合作。因此，在中国或类似的文化环境中运营的旅游组织，其人力资源和服务战略应该基于从这些特定的价值观、信仰、社会关系和互动中衍生出来的原则。

其次，鉴于中国文化价值观对服务提供的深刻影响，国际旅游和酒店管理者，特别是在人力资源开发方面，应该意识到确保西方管理实践在中国组织中被批判性地采用的重要性。认识到西方管理理论背后的文化假设在中国组织中可能不太合适是很重要的。例如，虽然授权对个人主义的西方公司来说是一个很好的激励因素，但集体主义的中国组织在启动授权计划时遇到了风险规避的问题。此外，国际旅游公司在将其西方管理实践移植到中国文化背景下的经营中时，过于强调科学的原理，有时忽略了"人"的因素。许多旅游和酒店组织在试图在其他国家实施各种质量管理方案时，都未能解决心理/行为方面的问题。大多数旅游和酒店组织极度关注执行的纯粹机制，而忽略了支持行为质量体系。因此，跨国公司的人力资源专业人士和管理者必须根据西方的文化假设，以及西方核心价值观与中国核心价值观的不同之处，批判性地分析西方的组织管理理念和方法。

四、酒店组织文化与服务创新

酒店业服务创新不仅受国家文化的影响，也受到酒店企业组织文化的影响。酒店产品的组成部分不仅包括实体产品，还包括服务交付、服务环境和服务产品。这个行业不同于其他行业，因为员工提供的是无形的款待产品。与大多数服务行业不同的是，酒店员工提供服务的方式，而不是服务本身，对于顾客对所购买产品的整体享受或"体验"至关重要。正如戈登（Gordon，1991）[36] 所认为的，组织文化受到公司所处行业的特征（共享的意义）的强烈影响。他认为，在行业内，某些文化特征将在组织中广泛存在，这些特征很可能与其他行业的特征截然不同。

（一）组织文化的概念

对组织文化的理解被认为是塑造员工行为的最重要的方法之一，它可以积极地促进组织的有效性。尽管在过去的 40 年里，组织文化的重要性在组织行为学领域受到了相当高的关注，但这种关注主要集中在关于其概念化和测量

[36]　Gordon G. Industry determinants of organizational culture [J]. The Academy of Management Review, 1991, 16（2）：396-415.

的各种争论上。关于组织文化的概念定义至今仍然没有明确的共识。埃德加·沙因（Edgar Schein）对组织文化概念的大量研究（1985[37]，1990[38]，1992[39]，2004[40]）可能是被引用最广泛的。埃德加·沙因（1992）将组织文化描述为"一个特定群体在学习应对外部适应和内部整合问题时发明、发现或发展的基本假设模式，这些假设已经足够起作用，因此可以被认为是有效的，因此可以作为与其他问题相关的感知、思考和感受的正确方式传授给新成员"。然而，许多研究人员的描述是基于文化本身的实际原则。这些原则的范围从基本假设到价值观和行为规范，再到形成人们核心身份的实际行为模式。理解组织的动态方法包括将文化视为人们为了生活、理解世界、产生和理解意义而参与的一系列实践。

组织文化类似于影响组织行为的社会力量，超越了正式的控制系统、程序和权威。德什潘德和韦伯斯特（Deshpande 和 Webster，1989）[41]认为，组织文化是为员工提供组织行为规范的共同价值观和信念。结合沙因（Schein，1992）的文化三层次模型以及德什潘德和韦伯斯特（Deshpande 和 Webster，1989）对文化的定义，霍姆伯格和弗莱瑟（Homburg 和 Pflesser，2000）[42]得出结论，组织文化由四个不同但相互关联的组成部分组成，分为三层：共享的基本价值观（第一层）、规范（第二层）以及人工制品和行为（第三层）。价值观是组织中的社会原则或哲学。规范是组织对员工行为的期望。组织规范来源于价值观，并在人工制品中表现出来。换句话说，价值观是规范和人工制品的基础，并决定了期望的行为模式。多层文化模型的优势在于可以更深入地理解文化的过程，解读文化现象，理解文化在组织中培养期望行为模式的路径。

[37] Schein E H. Organizational Culture and Leadership: A Dynamic View [M].San Francisco: Jossey-Bass, 1985.

[38] Schein E H. Organizational culture [J]. American Psychologist, 1990, 45（2）: 109-119.

[39] Schein E H. Organizational Culture and Leadership [M]. 2nd ed. San Francisco: Jossey-Bass, 1992.

[40] Schein E H. Organizational Culture and Leadership [M]. 3nd ed. San Francisco: Jossey-Bass, 2004.

[41] Deshpande R, Webster Jr. Organizational culture and marketing: Defining the research agenda [J]. Journal of Marketing, 1989, 53（1）: 3-15.

[42] Homburg C, Pflesser C. A multiple-layer model of market-oriented organizational culture: Measurement issues and performance outcomes [J]. Journal of Marketing Research, 2000（37）: 449-462.

姆亚飞（Muafi, 2009）[43]将组织文化定义为影响组织绩效的价值观、意识形态、哲学、信任、仪式、符号和规范。组织文化可以被认为是一个有效的系统，它可以引出期望的行为，从而带来更好的业务成果。

组织文化文献承认衡量和识别组织文化类型的困难，主要是因为共同的假设和理解存在于个人的意识层面之下。这些假设通常被成员自己视为理所当然，可以通过故事、特殊语言、规范、制度意识形态以及个人和组织行为中出现的态度来识别。一个组织的文化反映了人们头脑中普遍存在的意识形态。这种情况经常发生在他们失去敏锐意识的时候，成为无意识的假设，然后作为现实和正确看待事物的方式被教导给新成员。组织文化向员工传达了一种认同感，为如何在组织中相处提供了不成文但往往是不言而喻的指导方针。

根深蒂固的假设通常在历史上作为价值观开始，但随着时间的考验，它们逐渐被认为是理所当然的，然后呈现出假设的特征。韦纳（Weiner, 1988）[44]解释说，价值观是一种社会认知，有助于一个人适应他的环境。在组织方面，价值体系为成员的适当行为以及系统的活动和功能提供了广义的理由。共同价值观相对稳定，并与公司的人员和组织结构相互作用，产生行为模式。

当一个社会单位的成员拥有共同的价值观时，就可以说存在一种组织文化或价值体系。几乎每个组织都有一些在整个组织中共享的核心价值观。塞尔兹尼克（Selznick, 1957）[45]认为，共同的价值观对组织的生存至关重要，因为它们使组织成为一个有边界的单位，并为其提供了独特的身份。根据组织的核心价值观来描述组织的文化特征，需要确定相关价值观的范围，然后评估组织成员对这些价值观的强度和共识程度。价值观是个人和组织的基本和持久的特征。

为了理解组织文化的形式和后果，研究人员探索了有权力的组织成员的各种特征，如组织的创始人或成员群体如何影响组织价值观共识的内容和强度。创始人通常会从一个如何成功的理论开始；他们的头脑中有一个文化范式，

[43] Muafi M. The effects of alignment competitive strategy, culture and role behavior on organizational performance in service firms [J]. International Journal of Organization Innovation, 2009, 2（1）: 106–134.

[44] Wiener Y. Forms of value system: A focus on organizational effectiveness and cultural change and maintenance [J]. Academy of Management Review, 1988（13）: 534–545.

[45] Selznick P. Leadership in Administration [M]. New York: Harper & Row, 1957.

这是基于他们在自己成长的文化中的经历。在创始群体的情况下，理论和范式产生于该群体对如何看待事物的假设达成共识的方式（Schein，1983）[46]。佩蒂格鲁（Pettigrew，1979）[47] 将创始人描述为企业家，他们通过自己的语言和风格来交流文化范式。这种模式为公司的愿景定下基调，并成为整个组织的意识形态。意识形态可以赋予意义，要求参与，激励日常任务的执行。最终的组织文化总是反映了创始人最初给团队带来的假设和理论与团队随后从自身经验中学到的东西之间复杂的相互作用。

（二）组织文化的测量方法

关于组织文化的测量方法，文献中提到的主要有"类型法"和"维度法"两种基本方法。

1. 类型法

类型法（typological approach）通过根据各种特征对组织文化进行分类来考察文化。根据这种方法，每个组织都是不同文化维度的融合，通常，一种文化类型比其他文化类型明显更强大或更有影响力。例如，哈里森（Harrison，1983）[48] 将组织文化定义为与员工行为和组织变革相关的"组织意识形态"。基于这种文化概况，组织文化由四个类别组成：权力导向、任务导向、个人导向和角色导向。另外，在瓦拉赫（Wallach，1983）[49] 的类型法中，组织文化被定义为"组织员工的共同理解"。这种类型也被称为"组织文化指数"（organizational culture index），它关注价值观、信仰和道德行为，并将文化分为官僚型、创新型和支持型等形式。

尽管类型法研究有助于定义组织文化并呈现特定类型的员工行为，但一些研究认为，此类研究主要是描述性的，因此，有可能对不同类型的文化进行刻板印象、分类和判断。因此，在更多样化的行业中对模型的解释和实施是有

[46] Schein E H. The role of the founder in creating organizational culture [J]. Organizational Dynamics，1983（12）：13–28.

[47] Pettigrew A. On studying organizational cultures [J]. Administrative Science Quarterly，1979（24）：570–581.

[48] Harrison R. Human Resource Management [M]//Issues and Strategies. Wokingham：Addison–Wesley，1983.

[49] Wallach E J. Individuals and organizations：The cultural match [J]. Training Development Journal，1983.

限的或有问题的。例如，根据亨利（Henri，2006）[50]的观点，类型学研究不是理论驱动的，关注的是如何管理的信念，而不是关于如何竞争的信念。相应地，与这些观点一致的是，契尼孔（Xenikou，1996）[51]同样指出，文化要素的分类并没有提供超出组织文化描述层面的细节。潜在的问题是，组织文化可能被错误分类，或者一些必要的方面可能被忽视。原因是组织文化无处不在，因为它涵盖了群体生活的所有领域，内容类型学总是危险的，因为其中可能没有正确的变量（Schein，1988）[52]。同样，迈耶等人（Meyer 等，1993）[53]认为，"将组织分配到不同的类型往往不明确，而且它们的先验性质以及经常缺乏具体的经验参考事件和截止点，使得类型学很难在实证中使用"。因此，组织文化的类型法使研究人员在选择应该在分析中使用的类别类型时变得复杂。

2. 维度法

在这种方法中，主要的焦点是通过识别组织的文化维度来找到组织文化概况。为此，相关研究对量表的操作化主要关注量表的效度和信度。因此，这些研究倾向于使用标准化问卷来收集数据。然而，不同的研究者对于组织文化的维度构成各不相同，并在维度范围内产生变化。一些研究侧重于组织文化的一个或多个特定维度，而另一些人则提出了更全面的维度范围。例如，韦伯斯特（Webster，1993）[54]通过因子分析揭示了 6 个维度和 34 个题项，这 6 个维度分别是服务质量、人际关系、销售任务、组织、内部沟通和创新。亚历山大（Alexander，1978）[55]报告了 10 个维度和 42 个题项，涉及组织和个人的

[50]　Henri J F. Organizational culture and performance measurement systems [J]. Accounting Organizations & Society，2006（31）：77-103.

[51]　Xenikou A. A correlational and factor analytic study of four questionnaire measures of organizational culture [J]. Human Relations，1996（49）：349-371.

[52]　Schein E H. Organizational socialization and the profession of management [J]. Sloan Management Review，1988（30）：53-65.

[53]　Meyer A D，Tsui A S，Hinings C R. Configurational approaches to organizational analysis [J]. Academy of Management Journal，1993（36）：1175-1195.

[54]　Webster C. Refinement of the marketing culture scale and the relationship between marketing culture and profitability of a service firm [J] Journal of Business Research，1993（26）：111-131.

[55]　Alexander M. Organizational norms opinionnaire [M]// The 1978 Annual Handbook for Group Facilitators. La Jolla：University Associates，1978：81-88.

自豪感、卓越表现、团队合作和沟通、领导和监督、成本效益和生产力、同事关系、公民关系、创新和创造力、培训和发展、坦率和开放。

斯科特等人（Scott 等，2003）[56] 指出，组织文化维度的实证表述与组织文化模型中可能包含的维度不一致。这种不一致背后的可能原因是，有些组织文化维度是单极的，而有些是双极的。例如，有些研究将沟通维度与团队合作或开放性配对，而另外有些研究人员将沟通分为两个维度，即"沟通与开放"和"沟通与团队合作"。因此，研究探索不同层次的组织文化，会形成不同的维度。从这个意义上说，现有的量表与维度结构不一致，因此这些量表的一般化和内容效度受到质疑。

在组织文化测量的维度法中，数据收集的方法也存在差异。例如，隐喻研究（metaphoric studies）将组织文化视为具有共享认知、共享符号和意义的组织知识系统。在这些研究中，主要的文化测量方法是定性方法（特别是民族志研究），研究的目的是通过深入访谈和观察来描述和理解现象。另外，变异性研究（variability studies）将组织文化与其他变量视为线性关系。这些研究的主要假设是外部环境，如竞争、客户期望和社会期望对组织文化和组织绩效施加压力。杰利内克等人（Jelinek 等，1983）[57] 认为，过程和结果等都塑造了人类的互动，同时也是这些互动的结果。因此，变异性研究主要采用定量方法，通过收集数值数据来解释现象。虽然这两种技术在文献中都有明显的优点，但一种技术的优点被认为是另一种技术的缺点。例如，德·威特和范·穆恩（De Witte 和 van Muijen，1999）[58] 强调定性方法有能力超越组织文化的表面特征，从而提供对现象的更广泛的理解。这种方法有可能产生关于数据的更详细的信息，并提供对受访者观点的更多认识。另一方面，Lee 和 Yu（2004）[59]

[56] Scott T, Mannion R, Davies H, Marshall M.The quantitative measurement of organizational culture in health care: A review of the available instruments [J]. Health Services Research, 2003, 38（3）: 923-945.

[57] Jelinek M, Smircich L, Hirsch P. Introduction: A code of many colors [J]. Administrative Science Quarterly, 1983（28）: 331-338.

[58] De Witte K, van Muijen J. Organizational culture: Critical questions for researchers and practitioners [J]. European Journal of Work and Organizational Psychology, 1999（8）: 583-595.

[59] Lee S, Yu K. Corporate culture and organizational performance [J]. Journal of Managerial Psychology, 2004（19）: 340-359.

强调定性研究的客观性是有问题的，因为可能存在研究者或被调查者的偏差。库克和卢梭（Cooke 和 Rousseau，1988）[60]认为，定量方法提供了对想法、信念和态度的大规模测量，因为这些数据是以数字而不是图片的形式收集的。与有关数据收集的问题类似，多维度研究的目标受访者也表现出差异。相关研究使用不同的代表性人群来衡量组织文化，如一些研究仅从组织内的高管和高层管理人员收集数据。只从更高层次的职位收集数据可能会提供关于高层管理的重要见解，但这种方法显然只会导致对组织文化的部分看法。从这个意义上说，这种方法无法提供对组织文化构念的详细理解。因此，单一层级（底线员工、主管、经理）或部门（前厅、客房部、销售）的组织文化评估可能会限制结果的普遍性，也可能无法反映整个公司的文化。

考虑到这一点，许多研究要么采用类型法，要么采用维度法，但一个关键问题出现了，即为选定行业开发的量表在多大程度上可以推广到另一个行业。最初在特定行业中开发、测量和操作的组织文化量表，然后应用到其他行业环境中，在经济体系、行业特征、背景以及员工或客户关系方面可能不完全可迁移。例如，适合研究制造业的量表可能不适用于服务业或酒店业，因为它们的特点不同。由于影响员工价值观和假设的环境力量，组织文化通常基于行业以及其所在的位置。迪尔和肯尼迪（Deal 和 Kennedy，1982）[61]指出，行业特征和企业性质造就了不同的文化类型。因此，一些研究人员提出，当应用于不同的行业、企业和地点时，必须修改已开发的量表。

（三）酒店业组织文化的测量

如前所述，组织文化是管理领域的研究热点之一。但大多数组织文化研究是从一般管理的角度出发，行业作为定义组织文化的一个因素的重要性却很少受到关注。人的参与被认为是酒店业固有的和不可分割的特征，但是与其他行业相比，酒店业主人和客人之间的关系被认为更为脆弱。酒店行业的鲜明特征使组织文化应该成为该行业的重要关注点，因为组织文化影响员工

[60]　Cooke R A, Rousseau D M. Behavioral norms and expectations a quantitative approach to the assessment of organizational culture [J]. Group & Organization Management, 1988（13）: 245–273.

[61]　Deal T, Kennedy A. Corporate Cultures: The Rites and Rituals of Organizational Life [M]. MA: Addison–Wesley Reading, 1982.

的行为。

在研究行业文化和行业特征对组织的影响时，查特曼和耶恩（Chatman 和 Jehn，1994）[62] 发现，在从事相同任务、使用类似程序、经历类似成长机会的公司之间，可以得出比跨行业更普遍的结论。行业内关于组织文化价值观的变化可能很小，因为企业采用类似的标准和类似的环境约束来塑造企业战略的范围。为此，必须确定和量化构成酒店业文化及其管理者的属性。

虽然在不同的行业（如制造业、保险业、服务业、银行业和政府机构）已经开发了几种组织文化测量量表，但对酒店业的量表开发的关注要少得多。

1. OCI 量表

在考虑酒店环境下的组织文化的研究中，有两种主要的测量方法引起了研究者的注意。第一种方法是使用先前开发的组织文化量表来测试其他组织维度。例如，斯帕洛（Sparrowe，1994）[63] 通过使用库克和拉弗蒂（Cooke 和 Lafferty，1989）[64] 开发的组织文化量表（Organizational Culture Inventory，OCI），研究了 33 家酒店组织中组织文化与员工授权之间的关系。又如，艾弗森和德里（Iverson 和 Deery，1997）[65] 使用奥格霍等人（Agho 等，1993）[66] 以及普赖斯和米勒（Price 和 Mueller，1986）[67] 开发的量表探索了酒店行业中存在的离职文化，研究人员将离职变量（结构、入职前变量、环境、工会）与各种组织结果（工作满意度、员工离职意愿）结合起来。奥戛德等人（Ogaard 等，2005）采用奎因和施普赖策（Quinn 和 Spreitzer，1991）的现有工具来衡量挪威全国性快餐多单位特许经营系统的文化价值观。他们的研究发现，组

[62] Chatman J A, Jehn K A. Assessing the Relationship between industry characteristics and organizational culture: How different can you be? [J]. Academy of Management Journal, 1994（37）: 522-553.

[63] Sparrowe R T. Empowerment in the hospitality industry: An exploration of antecedents and outcomes [J]. Journal of Hospitality & Tourism Research, 1994（17）: 51-73.

[64] Cooke R A, Lafferty J C. Organisational Culture Inventory [M]. Plymouth Mass: Human Synergistic, 1989.

[65] Iverson R D, Deery M. Turnover culture in the hospitality industry [J]. Human Resource Management Journal, 1997（7）: 71-82.

[66] Agho A O, Mueller C W, Price J L. Determinants of employee job satisfaction: An empirical test of a causal model [J]. Human Relations, 1993（46）: 1007-1027.

[67] Price J L, Mueller C W. Absenteeism and turnover of hospital employees, 1986.

织文化和管理者的个人成果之间存在关系，这种关系发生在承诺和效能之间。研究还表明，文化可能对业绩有重要的间接影响。

2. HICP 量表

第二种方法是开发行业特定量表。例如，伍兹（Woods，1989）[68] 考察了五家餐饮公司的文化，并为餐饮文化的人工制品、规范、仪式、礼仪、战略信念和价值观奠定了基础。餐厅文化包括高流动率、团队合作、强调单位层面、内部晋升、重视乐趣和倦怠等特征。肯普和德怀尔（Kemp 和 Dwyer，2001）[69] 研究了组织文化是如何影响悉尼丽晶酒店内的员工行为以及如何影响组织绩效的。以约翰逊（Johnson，1992）[70] 的"文化网络"（Cultural Web）为框架，他们采用定性方法，采访了 45 名受访者，包括底线员工和管理者。该研究为悉尼丽晶酒店的组织文化提供了一个清晰的画面。丽晶酒店的文化包括善待新员工、超出客人期望、奖励创新、把客人的需求放在第一位、提供良好的服务和高品质等。此外，他们使用了多种数据来源，包括内部出版物、员工公告栏通知和广告材料的文献分析，以及观察员工与客人之间的互动。这项研究的一个缺点是不能在所选酒店的范围之外做出假设。鉴于他们的研究是组织特定的，他们的结论的普遍性受到限制。另一个例子是泰佩吉（Tepeci，2001）[71] 开发了一个专门为酒店业设计的组织文化量表。作者在奥莱利等人（O'Reilly 等，1991）[72] 的组织文化概况（Organization Culture Profile，OCP）的基础上，形成了酒店业文化概况（Hospitality Industry Culture Profile，HICP）。更具体地说，在组织文化概况（OCP）和伍兹（Woods，1989）的价

[68] Woods R H. More alike than different: The culture of the restaurant industry [J]. Cornell Hotel & Restaurant Administration Quarterly，1989（30）：82–97.

[69] Kemp S，Dwyer L. An examination of organisational culture–the regent hotel，Sydney [J]. International Journal of Hospitality Management，2001（20）：77–93.

[70] Johnson G. Managing strategic change—strategy，culture and action [J]. Long Range Planning，1992（25）：28–36.

[71] Tepeci M. The Effect of Personal Values，Organizational Culture，and Person–organization Fiton Individual Outcomes in the Restaurant Industry [D]. The Pennsylvania State University，2001.

[72] O'Reilly C，Chatman J，Caldwell D. People and organizational culture: A profile comparison approach to assessing person–organization fit [J]. Academy of Management Journal，1991：487–516.

值特征的基础上，他们增加了重视顾客、诚实和道德等维度。随后，泰佩吉和巴特莱特（Tepeci 和 Bartlett，2002）[73]、泰佩吉（Tepeci，2005）[74] 采用该量表来检验组织文化对员工工作满意度和离职意向等各种结果的影响。HICP量表通过关注个人和基于道德的特征（例如，取向、诚实）在影响组织文化方面的独特作用来提供研究视角。

3. HCS 量表

道森等人（Dawson 等，2011）[75] 还开发了一种专门的工具来测量酒店行业特有的组织文化维度，称之为酒店文化量表（Hospitality Culture Scale，HCS）。他们研究的目的是要发现酒店组织的独特属性，同时识别适合酒店业文化的人的特征和价值观。研究者从理论上界定了组织文化构念的相关领域；邀请酒店专业人士审查这些领域，然后对确定的题项进行评级和排名，以确定最终的题项池。结果，该量表包括四个组织因素——管理原则、客户关系、工作多样性和工作满意度，以及六个个人因素——原则、吉祥、领导力、敢于冒险者、准确性和镇定。构成该量表的每个因素的属性都较好地反映了酒店业的独特性。通过该量表，酒店组织确定的管理原则表明了对以员工为中心的理念的关注，而不仅仅是盈亏驱动。例如，这些原则强调"己所不欲，勿施于人"和"具有企业家精神"等价值观。也许酒店文化最显著的特征是"顾客关系"，酒店组织努力成为"家外之家""为客人创造回忆""帮助客人庆祝他们生活中的里程碑"的地方。该量表的个人属性也包括许多与众不同的酒店业特有的特质。例如，"吉祥"（propitiousness）这个因素强调，为了适应这个行业，一个人必须具备重视为他人服务的特点。一个以服务为导向的员工还必须具备领导素质才能有效，领导力属性通过"成为教练或导师""具有战略思维""扭亏为盈"等变量得到了很好的定义。

[73] Tepeci M, Bartlett A. The hospitality industry culture profile: A measure of individual values, organizational culture, and person-organization fit as predictors of job satisfaction and behavioral intentions [J]. International Journal of Hospitality Management，2002（21）：151-170.

[74] Tepeci M. The dimensions and impacts of organizational culture on employee job satisfaction and intent to remain in the hospitality and tourism industry in Turkey [J]. Journal of Travel Research，2005（5）：21-39.

[75] Dawson M, Abbott J, Shoemaker S. The hospitality culture scale: A measure organizational culture and personal attributes [J]. International Journal of Hospitality Management，2011（30）：290-300.

泰佩吉和巴特莱特（Tepeci 和 Bartlett，2002）以及道森等人（Dawson 等，2011）的这些研究，虽然在这一领域开辟了新的天地，但也突出了一些需要解决的重要方法论缺陷。首先，由于工具之间的术语差异，在它们之间划清界限并明确区分它们几乎是不可能的。也就是说，根据研究人员的观点，一个量表中包含的各种不同的分类和维度总是可能的。例如，雷诺兹（Reynolds，1986）[76] 的量表强调工作价值观和工作信念，而沙尔（Schall，1983）[77] 强调沟通。这些方法导致了研究人员根据先前研究中采用的组织文化的范围来塑造他们的分析和绘制他们的方法的问题。其次，泰佩吉和巴特莱特（Tepeci 和 Bartlett，2002）研究的所有参与者都是酒店管理专业的学生，他们平均只有 19 个月的行业工作经验。然而，使用学生作为参与者已被证明是有问题的。最重要的是，作为一个样本，学生只有非常有限的行业工作经验。在实证研究中使用学生作为对象也可能导致对一些与工作相关的变量的评估不足，如工作满意度和辞职意愿，以及具有相当的总体同质样本的问题。此前，戈登等人（Gordon 等，1986）批评过这种方法，声称使用学生作为研究对象意味着研究缺乏外部有效性，因此对其他人群、环境和变量的推广潜力受到损害。另一个与组织文化量表（OCP）相关的局限是它是在政府机构中开发和测试的。文献中有一个明确的共识，即私营部门和公共部门在员工招聘、员工激励、内在和外在奖励报酬以及管理方面存在差异。举例说明，在管理方面，私营部门的等级秩序是一个金字塔形状，结构是基于自上而下的层级结构。另外，公共部门"受制于新闻界的压力和公众的监督，它在一个金鱼缸里运作"（Murray，1975）[78]。因此，公共部门对员工有明确的规则，而私营部门有更大的灵活性，员工有权做出决定。如前所述，行业可能有不同的价值观和假设，因此，由于服务或酒店行业的不同特征，OCP 量表可能不适用于服务或酒店行业。

[76]　Reynolds P D. Organizational culture as related to industry, position and performance: A preliminary report [J]. Journal Of Management Studies, 1986（23）: 333–345.

[77]　Schall M S. A communication-rules approach to organizational culture [J]. Administrative Science Quarterly, 1983（28）: 557–581.

[78]　Murray M A. Comparing public and private management: An exploratory essay [J]. Public Management Review, 1975: 364–371.

4. HIOCS 量表

针对上述研究的缺陷，巴维克（Bavik，2016）[79] 采用多学科（人类学、社会学、心理学）、定性与定量相结合的方法，专门为酒店行业开发了一个量表，即酒店业组织文化量表（Hospitality Industry Organizational Culture Scale，HIOCS）。采用针对特定行业的方法来分析组织文化，可以更全面、真实、准确地反映行业特征和复杂性。这是因为不同的行业可以被视为独立的实体，与自己的特点、客户需求、工作节奏和员工关系相关，这意味着每个行业都应该被单独考察和研究，以产生客观的见解。因此，作者根据酒店业的特点，专门针对酒店业开发了组织文化量表，研究了更多可能影响组织文化的宏观层面和背景因素，从而揭示了酒店业组织文化的不同层面，并潜在地增强了所开发的量表的含义。

巴维克（Bavik，2016）在开发酒店业组织文化量表（HIOCS）的过程中，应用了组织文化的两个关键范式。一个是德什潘德和韦伯斯特（Deshpande 和 Webster，1989）范式，其中组织文化被分为五种方法，即权变管理、组织符号主义、比较管理、认知视角和心理动力学视角；另一个是沙因（Schein，1985）提出的三层次范式，即人工制品、价值观和假设。尽管这两种范式涵盖了不同的组织文化维度和层次，但它们之间存在某些重叠的领域。巴维克（Bavik，2016）采用来自霍夫斯泰德等人（Hofstede 等，1990）[80]、伦奇（Rentsch，1990）[81] 以及沙因（Schein，1992）等的 13 个问题来测量组织文化的第一层次（人工制品）。权变管理和组织符号主义的重点是语言、符号、标志、故事、神话和仪式。例如，访谈问题 "这里有哪些只有组织成员才能理解的特殊术语" 是用来确定语言和符号的，而访谈问题 "在这个组织中庆祝哪些事件" 是为了确定用来识别 "人工制品" 的仪式。这些问题对应于沙因

[79] Bavik A. Developing a new hospitality industry organizational culture scale [J]. International Journal of Hospitality Management，2016（58）：44–55.

[80] Hofstede G，Neuijen B，Ohayv D D，Sanders G. Measuring organizational cultures：A qualitative and quantitative study across twenty cases [J]. Administrative Science Quarterly，1990：286–316.

[81] Rentsch J R. Climate and culture：Interaction and qualitative differences in organizational meanings [J]. Journal of Applied Psychology，1990（75）：668.

（Schein，1985）组织文化的第一层次——人工制品，它是文化的可观察的组成部分。关于组织文化的第二层次（价值观），巴维克（Bavik，2016）同样采用来自前述三个研究的 10 个问题来衡量。例如，访谈问题"一个人能犯的最大错误是什么""在这里，什么行为会得到奖励"是用来确定"规范"的，"贵公司与其他公司有何不同"是用来确定"信念"和"价值观"的。这些问题对应于沙因（Schein，1985）组织文化的第二个层面——价值观，它强调不成文的规范和规则。

为了确定组织文化的第三层次，巴维克（Bavik，2016）从哈默和瓦迪（Hämmal 和 Vadi，2006）[82] 的研究中采用了两个问题。心理动力学视角的研究将文化视为隐喻，并聚焦于隐喻的意义。例如，设计访谈问题"如果你必须把你的组织比作一个动物，那么它是什么动物，为什么"旨在捕捉组织文化的潜意识（隐喻）方面。这个问题在沙因（Schein，1985）框架中被归类为组织文化的"假设"层面，因为共享基本假设和隐喻在一些研究中被阐释为组织文化的可互换概念。巴维克（Bavik，2016）从这些先前的研究中总共采用了 25 个访谈问题，这些问题关注组织文化的不同层面。

经过开放式访谈、主题分析、专家小组评审、效度和信度检验，形成了 95 个题项，并将其分为 8 个确定的维度，包括凝聚力水平、持续入职、工作规范、社会动机、客户关注、人力资源管理实践、沟通和创新。巴维克（Bavik，2016）旨在确定酒店行业的关键组织文化维度，为此，经过验证性因子分析，确定了 9 个维度，即凝聚力水平、社会动机、持续入职、人力资源管理实践、工作规范、沟通、创新、工作多样性、以客户为中心。这些维度是否为酒店业所独有呢？对相关文献的研究表明，沟通和创新在之前的研究中已经被确定为许多不同行业的两个组织文化维度。另外，道森等人（Dawson 等，2011）的研究也发现了工作多样性和以客人为中心。因此，巴维克（Bavik，2016）的研究独特地揭示了酒店行业中可区分的五个维度，即凝聚力水平、社会动机、持续入职、人力资源管理实践和工作规范。

关于凝聚力水平（level of cohesiveness）维度，相关文献一致认为，群体凝

[82] Hämmal G，Vadi M. Organizational culture through the connections between metaphors and orientations [D]. University of Tartu-Faculty of Economics and Business Administration，2006.

聚力本质上是任务和社会导向的。作为一个特殊的例子，卡伦等人（Carron 等，1998）[83] 将群体凝聚力定义为"在群体中发展的、让成员高兴的社会联系和任务统一"。酒店业的特点是劳动密集型，许多工作需要一定水平的技能和知识。因此，没有员工可以单独工作，他必须与他人一起合作有效地完成给定的任务。正如沃克和米勒（Walker 和 Miller，2009）[84] 所言，"团队的每个成员都是相互联系的，代表着这个拼图的一部分，为了将拼图组合在一起，你必须拥有凝聚力"。

对于社会动机（social motivation），泰勒（Tyler，2010）[85] 认为人类行为可以通过社会关系如平等、支持和公平来塑造。拉波夫（Labov，2010）提出，根据员工对与主管关系性质的感知，员工会以相应程度的态度和行为进行回报。沙因（Schein，2006）区分了四组关于人的本质及其与组织的联系的概念。关于社会人的概念，个人是社会有机体，因此受到他们对人际关系的需要的激励。因此，员工通常受到工作场所社会关系的激励。员工是酒店的重要资源，因为这是一个高度以人为本的行业。接待机构只能通过员工满意度来实现和保持客人满意度。与银行、保险、广告等其他行业相比，酒店业没有固定的假日，需要每周 7 天，每天 24 小时营业。因此，它增加了工作中的紧张气氛，并使主管和下属之间的个人关系在酒店业具有挑战性。

巴维克（Bavik，2016）将持续入职（onboarding）定义为组织通过某些沟通渠道实现其目标和目的的能力。根据组织社会化理论，入职是个人获得承担组织角色所必需的社会知识和技能的过程。研究者更喜欢"持续的"入职，因为这个定义不仅适用于新成员，还涵盖了作为一个整体的每个成员，它提醒成员了解自己的角色，持续地感到参与，以及他们的个人贡献如何为组织的完全成功增加价值。酒店业的员工流动率很高，这降低了生产力。此外，它花费了公司大量的时间和资源。因此，对于酒店业的管理者来说，就公司的期望、界限以及他们对新员工和现有员工的责任提供更清晰的沟通、更大的确定性

[83] Carron A，Brawley L，Widmeyer W. The measurement of cohesiveness in sport groups [J]. Canadian Journal of Sport Sciences，1998：213-226.

[84] Walker J R，Miller J E. Supervision in the Hospitality Industry[M]. Hoboken：Wiley，2009.

[85] Tyler T R. Why People Cooperate：The Role of Social Hoboken：Motivations [M]. Princeton：University Press，2010.

和更具体的指导方针是很重要的。

在过去的几十年里，关于人力资源管理实践的观点已经显著地演变为关注更广泛的各种要素。例如，国际人力资源管理（IHRM）实践是根据管理风格和商业战略来处理文化差异的。同样，人力资源管理实践与组织战略人力资源管理（SHRM）的战略目标相结合，以提高竞争绩效。酒店业本质上是以人为本的，竞争优势高度依赖于员工的知识、技能和态度，这些都是客人满意度的主要来源。因此，考虑到酒店业的关键特征，特别是酒店部门，人力资源管理实践似乎比任何其他部门更重要。鉴于过去几十年来人力资源管理实践的变化，考虑到人力资源管理实践可能逐渐与组织的文化融合，并随着时间的推移最终成为一种文化工具，这是合理的。理论和实证研究似乎也支持这一观点，特别是艾詹等人（Aycan 等，1999）[86] 提出的文化契合模型。该模型表明，管理者利用人力资源管理实践是基于他们对行业性质和员工行为的假设。它还表明，人力资源管理实践加强了存在于公司文化中的假设、价值观和行为。

关于工作规范（work norms）维度，一些研究表明，由于一个中心问题可能不像其他行业那样重要，因此行业有不同的标准和规范。研究表明，酒店业是以客人为导向，然而，它需要从道德和程序的角度去做事。考虑到客人满意度在待客过程中的重要性，从逻辑上讲，工作规范维度强调道德问题，如着装规范、组织保密、诚实、公平和开放。相关文献中有大量的研究强调了酒店业的伦理因素道德准则，包括正义（道德正确）、诚信（诚实、真诚、正直）、效用（最大数量的最大利益）、能力（自我完善）等价值观，进一步支持了巴维克的论点和发现。

总之，巴维克的 HIOCS 量表引入了凝聚力水平、持续入职、社会动机、工作规范、人力资源管理实践等新的维度，这些维度对于人们如何看待酒店业组织文化非常重要，新的维度可以让我们对这个概念有更深的理解。由于缺乏可用的行业特定量表，酒店机构一直在使用不同的测量方法来衡量其组织文化。巴维克开发的 HIOCS 量表可能会为酒店业的高管（以及其他利益相关者）提供一种方便的方法来理解和衡量酒店组织文化。HIOCS 可用作诊断工具，以查明酒店组织需要特别加强的领域。

[86] Aycan Z，Kanungo R N，Sinha J.Organizational culture and human resource management practices the model of culture fit [J]. Journal of Cross-Cultural Psychology，1999（30）：501-526.

五、活力型文化、群体多样性与酒店员工服务创新行为

服务创新行为是指员工创造、促进和实施新颖的服务理念，以改善现有服务和提供新的服务。在酒店情境中，服务创新行为有助于不断改进服务，从而提高客户满意度，并在动态的酒店市场中保持组织的竞争优势。

卡梅伦和奎因（Cameron 和 Quinn，2011）[87]基于竞争价值观框架（Competing Values Framework，CVF），用灵活性—稳定性和关注内部—关注外部两个维度构成的 4 个象限代表不同类型的组织文化，分别被命名为宗族型（clan）、层级型（hierarchy）、活力型（adhocracy）和市场型（market）。活力型文化（adhocracy culture）被视为一种强调灵活性和外部资源获取的文化（Rostain，2021）[88]。由于活力型文化注重灵活性、适应性和创新性，将其作为组织和员工发展的手段，可能会促进酒店情境中的服务创新行为。了解活力型文化和服务创新行为之间的直接关系有助于酒店从业者理解活力型文化的重要性，并利用其培养员工的服务努力，为组织服务质量和业务繁荣做出贡献。

群体多样性是指群体成员之间个体差异的程度（Kim 等，2017）[89]。由于活力型文化崇尚灵活性而非稳定性，在活力型文化下，不同的个体属性得到公平对待，个体差异的优势得到重视和培育，有助于增加群体多样性。群体多样性（如不同程度的外向性和开放性）为成员提供了互补和相互支持，以克服他们的弱点，提高他们的能力和知识，从而提高绩效和创新努力。因此，外向性和开放性群体多样性可以在活力型文化与服务创新行为之间起到中介作用。通过理解群体多样性的这种跨层次中介作用，酒店管理者可以通过增加酒店员工之间的个体差异程度，将活力型文化转化为服务创新行为。

任务相互依赖被视为员工相互作用和协作以完成团队任务的程度（Li 等，

[87] Cameron K S, Quinn R E. Diagnosing and Changing Organisational Culture：Based on the Competing Values Framework [M]. 3nd ed. Hoboken：Jossey-Bass，2011.

[88] Rostain M. The impact of organizational culture on entrepreneurial orientation：A meta-analysis [J]. Journal of Business Venturing Insights，2021（15）：1-13.

[89] Kim A, Kim Y, Han K, et al. Multilevel influences on voluntary workplace green behavior：Individual differences, leader behavior, and coworker advocacy [J]. Journal of Management，2017，43（5）：1335-1358.

2016）[90]。由于酒店业具有劳动密集型的特点，来自酒店组织的员工倾向于相互合作完成任务，任务相互依赖对酒店情境中的员工绩效起着至关重要的作用。尽管之前的一些研究已经探索了任务相互依赖的调节作用（例如，Hon和Chan，2013[91]；Le Blanc 等，2021[92]），但他们主要关注任务相互依赖对团队结果的调节作用。任务相互依赖是否对群体多样性与服务创新行为关系具有跨层次的调节作用，目前研究较少。研究任务相互依赖和群体多样性的这种互动效应，有助于酒店管理者通过设计涉及员工之间高度相互依赖、互动和协作的团队任务，加强群体多样性对服务努力的影响。

（一）创新视域下的活力型文化

在组织环境中，文化是指组织成员之间共享的价值观、信仰和规范。竞争价值观框架（CVF）通过两个标准对文化进行分类：第一，文化是灵活的还是稳定的；第二，文化是外向型的还是内向型的（Cameron 和 Quinn，2011）。根据竞争价值观框架（CVF），文化分为四种类型：（1）活力型文化（adhocracy culture）——灵活、外向；（2）市场型文化（market culture）——稳定、外向；（3）宗族型文化（clan culture）——灵活、内向；（4）层级型文化（hierarchy culture）——稳定、内向（Langer 和 LeRoux，2017）[93]。服务组织，如酒店组织，通过快速响应客户的各种服务需求，开发新的服务来提高服务质量，从而获得竞争优势。灵活性和外部支持是快速响应客户和为客户开发新的服务产品的关键。因此，活力型文化有利于酒店组织在动荡的环境中获得客户满意度和维持业务发展。

创新被视为创造、促进和实施新颖的想法，以推进现有产品或在组织环境中开发新产品。在当前快速变化的环境中，来自不同行业的组织面临着满足客

[90] Li V，Mitchell R，Boyle B. The divergent effects of transformational leadership on individual and team innovation [J]. Group & Organization Management，2016，41（1）：66-97.

[91] Hon A H，Chan W W. Team creative performance：The roles of empowering leadership，creative-related motivation，and task interdependence [J]. Cornell Hospitality Quarterly，2013，54（2）：199-210.

[92] Le Blanc，Wang H，et al. Charismatic leadership and work team innovative behavior：The role of team task interdependence and team potency [J]. Journal of Business and Psychology，2021，36（2）：333-346.

[93] Langer J，LeRoux K. Developmental culture and effectiveness in nonprofit organizations [J]. Management Revue，2017，40（3）：457-479.

户不同需求的挑战，并与其他组织竞争，以获得客户忠诚度和竞争优势，为企业的可持续性和成功做出贡献。在酒店业，组织主要依靠员工的创新努力来利用服务创新，因为员工为客户服务，了解并满足他们的服务需求。服务创新行为是指员工创造、促进和实施新颖的服务理念，以改善现有服务和提供新的服务。服务创新行为在酒店组织中扮演着重要的角色，因为它有助于服务质量、客户满意度和进一步的业务增长。

如表2-2所示，尽管最近的一些研究调查了活力型文化与创造力/创新之间的直接和间接关系（例如，Ogbeibu 等，2021[94]；Zeb 等，2021[95]），甚至之前有一些研究还关注了活力型文化与服务创新之间更具体的联系（例如，Junior 等，2021）[96]，但目前的酒店管理文献很少探讨活力型文化与服务创新行为之间的跨层面关系。因此有必要进一步调查酒店员工之间的这种关系，从而扩大酒店学科的文化与创新关系研究。

表2-2　关于活力型文化与创造力/创新之间关系的现有研究概述

研究	情境	前因	结果	中介因素	调节因素
Noone 等（2022）	美国餐饮业	活力型文化	企业绩效	渐进创新程度	企业规模
Scaliza 等（2022）	巴西多种产业	组织文化（包括活力型文化）	创新奖绩效	对内开放创新和对外开放创新	创新生态系统
Bianchi 等（2021）	巴西知识密集型商业服务业	组织文化（包括活力型文化）	个体倾向创新	主观幸福感	无

[94]　Ogbeibu S, Pereira V, Burgess J, et al.Responsible innovation in organisations-unpacking the effects of leader trustworthiness and organizational culture on employee creativity[J]. Asia Pacific Journal of Management, 2021.

[95]　Zeb A, Akbar F, Hussain K, et al.The competing value framework model of organizational culture, innovation and performance [J]. Business Process Management Journal, 2021, 27（2）：658-683.

[96]　Junior J T, Gomes G, Carmona L, Tambosi S. Organisational culture and work-life balance as facilitators of service innovation：Study in a technology knowledge-intensive business services firm [J]. International Journal of Innovation Management, 2021, 25（7）：1-23.

续表

研究	情境	前因	结果	中介因素	调节因素
Junior 等（2021）	巴西高科技产业	组织文化（包括活力型文化）	服务创新	工作生活平衡	无
Ogbeibu 等（2021）	马来西亚制造业	组织文化（包括活力型文化）	员工创造力	无	领导者可信任度
Zeb 等（2021）	巴基斯坦电力工业	组织文化（包括活力型文化）	组织绩效	创新	无
Ogbeibu 等（2018）	尼日利亚制造业	组织文化（包括活力型文化）	员工创造力	无	仁慈
del Rosario 等（2017）	墨西哥酒店业	组织文化（包括活力型文化）	生态创新	无	无
Golden 和 Shriner（2017）	多个行业的财富 500 强企业	变革型领导	员工自评的创意表现	无	活力型文化和市场文化
Naranjo-Valencia 等（2017）	西班牙制造业	组织文化（包括活力型文化）	突破性的产品创新	员工创新行为	无

资料来源：Mingjun Yang 等，2022[97].

（二）活力型文化与服务创新行为

活力型文化（adhocracy culture）通过鼓励成员灵活和适应而不是维持稳定，以及从外部寻找机会和资源，使个人成长合法化。社会认知理论认为，个体的感知和行为是由情境因素决定的，因此，在活力型文化下的员工往往会形成主动寻求机会和资源（如信息和知识）的感知，以提高自己的能力，特别是创新能力。他们也受到活力型文化的影响，敢于冒险挑战常规，并采用新的解

[97] Mingjun Yang, Tuan Trong Luu, David Qian. Can group diversity translate adhocracy culture into service innovative behavior among hospitality employees? A multilevel study [J]. International Journal of Hospitality Management，2022.

决方案来解决问题。在一个具有活力型文化的酒店团队中，员工在寻求与服务需求相关的资源和知识方面获得支持，并被鼓励利用这些资源和知识去创造、推广和实施新的服务理念，以提高服务绩效。因此，在活力型文化下的员工倾向于发展服务创新行为。奥格贝布等人（Ogbeibu 等，2021）以及埃尔昆和塔斯吉特（Ergün 和 Tasgıt，2013）[98] 提出，活力型文化可以培养员工的创造力。虽然他们的研究没有直接考察活力型文化与服务创新行为的关系，但他们的研究结果部分支持了我们上述关于活力型文化促进服务创新行为的论点。因此，活力型文化与服务创新行为正相关。

（三）群体多样性的中介作用

群体多样性是指群体成员之间个体差异的程度（Kim 等，2017）[99]。群体多样性有两种类型：表层群体多样性和深层群体多样性。表层群体多样性是指群体成员之间在可见特征（如年龄、性别和国籍）方面的差异，而深层群体多样性是指群体成员之间在无形特征（如人格特质、价值观和文化）方面的差异。虽然越来越多的研究已经意识到在组织背景下建立群体多样性对于提高组织、团队和员工绩效的重要性，但大多数研究主要集中在表层群体多样性上，而不是深层群体多样性上。

在酒店行业，员工往往从事劳动密集型工作，员工之间的互动频繁。例如，在餐馆里，厨师和服务员需要密切互动，以发现和服务顾客对食物的需求和偏好。在劳动密集型背景下，群体多样性是影响工作绩效的关键，因此了解酒店情境下群体多样性如何影响工作绩效是至关重要的。虽然以前的研究提出，表层群体多样性是影响工作绩效的关键，只有少数研究考虑了服务情境中深层群体多样性。此外，这些研究倾向于将深层群体多样性视为调节因素而非中介因素。了解酒店员工深层群体多样性的中介作用，为酒店从业者提供了通过团队内部多样性将活力型文化转化为服务创新行为的策略。

[98] Ergün E, Tasgıt Y E. Cultures of adhocracy, clan, hierarchy and market and innovation performance: A case of hotels in Turkey [J]. Journal of Travel Research, 2013, 13（1/2）: 132-142.

[99] Kim A, Kim Y, Han K, et al. Multilevel influences on voluntary workplace green behavior: Individual differences, leader behavior, and coworker advocacy [J]. Journal of Management, 2017, 43（5）: 1335-1358.

作为五大人格特征之一，外向性是指与他人互动，主动寻求冒险的个人行为倾向。群体外向性多样性是一种深层次的群体多样性，它是关于群体外向性的异质性。高度的群体外向性多样性意味着团队中既有外向者（高外向性成员）也有内向者（低外向性成员）。而低程度的群体外向性多样性反映了两种情况中的一种：大多数成员是外向的，或者大多数成员是内向的。

开放性是五大人格特征之一，是好奇、心胸开阔、有创造力和不走寻常路等个人行为倾向。群体开放性多样性是深层次的群体多样性，它是关于群体在开放性方面的异质性。高度的群体开放性多样性意味着一个团队中既有开放性高的成员，也有开放性低的成员。而低程度群体开放性多样性则反映了两种情况中的一种：大多数成员具有高开放性，或者大多数成员具有低开放性。

如表2-2所示，以往的研究在探究活力型文化与创造力/创新之间联系的中介作用时，主要关注不同产业背景下主观幸福感（Bianchi等，2021）[100]和工作与生活平衡（Junior等，2021）对这一联系的中介作用，而很少考虑群体多样性，特别是群体外向性多样性和群体开放性多样性，作为酒店组织中活力型文化与服务创新行为之间的跨层次中介。因此，本研究重点研究群体外向性多样性和群体开放性多样性在文化—创新联系中的跨层次中介作用，以推进酒店行业的多样性管理研究。

活力型文化（adhocracy culture）鼓励具有不同特征的成员加入并留在团队中，并激励他们展示自己的差异。在酒店环境中，活力型文化塑造了灵活性，并鼓励成员利用其差异的优势灵活行事。因此，根据社会认知理论，成员可能受到活力型文化的影响，重视和尊重自己和他人的人格特质多样性的优势（例如，不同程度的外向性和开放性）。此外，由于活力型文化强调通过寻求他人的支持，实现个人成长，因此活力型文化下的员工更有动力寻求支持，以进一步发展其人格特质的优势，克服自身的弱点，实现个人发展。在活力型文化下的员工可能意识到不同程度的外向性和开放性对于克服个人弱点、共同发展和提高工作绩效都很重要。因此，他们倾向于展示自己外向性和开放性程度

[100] Bianchi C E, Tontini G, Gomes G. Relationship between subjective well-being, perceived organisational culture and individual propension to innovation[J]. European Journal of Innovation Management，2021.

的优势，同时也重视他人外向性和开放性程度的优势。例如，在一个有活力型文化的工作环境中，外向的人在与同事联系、互动和合作方面表现出自己的优势，但也重视内向者的深度投入。总体而言，在外向性和开放性方面，活力型文化可以增强群体多样性。

当团队体现群体外向性多样性时，团队中既有外向者，也有内向者。外向的人可能会与同事互动，并展示他们的想法，比如与服务有关的想法。然而，虽然外向者的优势包括与他人沟通和讨论他们的新想法，但他们可能不会花费太多的精力和时间来对想法进行深入思考。团队中的内向者可以抵消外向者的这一弱点，因为内向者更注重内部发展和深度思考，而外向者可能不会关注这些。因此，内向的人可以批判性地思考外向型同事的新想法，诊断这些想法的不足之处，并与外向的同事分享他们对如何改进这些服务想法的看法，以确保这些服务想法能够成功地推广和实施。因此，群体外向性多样性可以促进服务创新行为。综上所述，群体外向性多样性在活力型文化与服务创新行为之间起中介作用。

当团队体现出群体开放性多样性时，团队中既有开放性程度高的成员，也有开放性程度低的成员。由于开放性高的成员好奇心强、心胸开阔、有创造力、不走寻常路，他们往往会积极主动地投入服务理念的创造、推广和实施，以提高服务质量。相反，由于开放性低的成员倾向于保守和传统，他们可能会对开放性高的成员的新服务理念提出相反的观点（通常是保守的观点），有助于为创新服务构建更强大的解决方案，并进一步推广和实施这些解决方案。综上所述，团队开放性多样性可以在活力型文化与服务创新行为之间起到中介作用。Xu 和 Pang（2020）[101] 报告说，经验方面的多样性是家庭社会经济地位和创造力之间的中介，部分支持我们的观点。因此，群体开放性多样性在活力型文化与服务创新行为之间起中介作用。

（四）任务相互依赖的调节作用

任务相互依赖被视为员工相互作用和协作以完成团队任务的程度（Gilson

[101]　Xu X, Pang W. Reading thousands of books and traveling thousands of miles: Diversity of life experience mediates the relationship between family SES and creativity [J]. Scandinavian Journal of Psychology, 2020, 61（2）: 177-182.

和 Shalley，2004[102]；Li 等，2016[103]）。任务相互依赖程度高的团队表明成员通过更密集的互动和协作来承担团队任务。相反，任务相互依赖程度低的团队表明成员以更独立的方式承担团队任务。由于酒店业的特点是劳动密集，来自酒店业的员工可能会通过互动和协作来完成任务。因此，对于酒店组织的管理者和团队领导者来说，了解任务相互依存如何加强情境因素（例如，活力型文化）对员工绩效和行为的影响，如服务创新行为是至关重要的。

根据表 2-2，尽管一些现有研究在活力型文化与创造力 / 创新之间的关系中添加了调节因子（例如，Ogbeibu 等，2018[104]，2021；Scaliza 等，2022[105]），但这些研究主要集中在创新生态系统（Scaliza 等，2022）、领导者可信度（Ogbeibu 等，2021）和仁慈（Ogbeibu 等，2018）等在这种关系背后的调节作用。任务相互依赖在酒店业情境中文化—创新联系背后的调节作用尚未得到全面研究。因此，考察任务相互依赖在酒店业员工服务创新行为中的调节作用，有助于推进酒店管理文献中的服务创新研究。

根据社会认知理论，社会互动和协作在很大程度上影响个人的感知和行为。在酒店环境中，在一个高度任务相互依赖的团队中，成员倾向于彼此互动和合作。在高水平的任务相互依赖中，成员通过互动和协作更强烈地感知到多样性的好处，并利用这些好处来调动和协同具有高、低外向性或高、低开放性成员的长处，以产生新的服务想法，从而增强服务创新的能力。换句话说，任务相互依赖和群体多样性（外向性和开放性）协同作用，对服务创新行为产生影响。之前的一些研究报告称，任务相互依赖增强了情境因素（如变革型领导和赋权型领导）对创造力或创新的影响，部分支持了我们上述论点。因此，我们认为，任务相互依赖调节了群体外向性多样性与服务创新行为之间的关系，任务

[102]　Gilson L L, Shalley C E. A little creativity goes a long way: An examination of teams' engagement in creative processes [J]. Journal of Management，2004，30（4）：453–470.

[103]　Li V, Mitchell R, Boyle B. The divergent effects of transformational leadership on individual and team innovation [J]. Group & Organization Management，2016，41（1）：66–97.

[104]　Ogbeibu S, Senadjki A, Gaskin J. The moderating effect of benevolence on the impact of organizational culture on employee creativity [J]. Journal of Business Research，2018（90）：334–346.

[105]　Scaliza J, Jugend D, Chiappetta Jabbour C, et al.Relationships among organizational culture，open innovation，innovative ecosystems，and performance of firms: Evidence from an emerging economy context [J]. Journal of Business Research，2022（140）：264–279.

相互依赖程度越高，服务创新行为与群体外向性多样性的关系越强。任务相互依赖调节了群体开放性多样性与服务创新行为之间的关系，任务相互依赖程度越高，二者之间的关系越强。

（五）管理启示

首先，由于活力型文化（adhocracy culture）促进了员工的创新努力，我们建议酒店组织的团队领导者应该通过培训、认可和奖励那些灵活应对客户服务需求的团队，不断向他们的团队灌输灵活和外部导向的活力型文化价值观。此外，酒店团队领导者应该通过鼓励和授权员工提出不同的想法，并进一步发展他人的想法，以此来建立活力型文化。例如，在餐厅，团队领导者可以鼓励员工就如何改善餐饮服务提出不同的想法，并鼓励他们相互帮助，进一步将这些想法发展成新的餐饮服务解决方案，如采用电子菜单和点餐作为环保的餐饮服务，而不是传统的纸质菜单，以及在用餐时间提供托儿服务，以改善客户体验。

其次，酒店从业人员应该在团队内部的外向性和开放性方面增强群体多样性，因为这种群体多样性可以促进活力型文化和服务创新行为。因此，我们建议酒店组织在团队中招募具有不同性格特征的员工，特别是在开放性和外向性方面，并公平和尊重地对待不同性格特征的员工。具体来说，酒店组织的人力资源部门可以通过入职前的筛选来测试候选人的性格特征，根据性格测试的结果招聘不同程度外向性和开放性的人，增加群体的多样性。人力资源部门还需要对现有员工进行性格测试，观察其行为，评估其性格特征的外向性和开放性，并将不同程度的外向性和开放性员工安排在一起工作，增加群体多样性，促进服务创新。此外，团队领导者应该鼓励员工展示自己性格特征中的优势，比如外向者的强互动和内向者的强认知处理。

最后，由于任务相互依赖可以与群体外向性多样性相互作用，从而促进服务创新行为，酒店业的团队领导者应该提高团队内部的任务相互依赖程度。我们建议团队领导者设计需要员工之间紧密合作的团队任务。团队领导者还可以鼓励员工相互学习、相互支持，以完成这些任务，实现个人和组织的发展。此外，为了增加团队内部的任务相互依赖，酒店组织的管理者和团队领导者应该以身作则，以集体的方式完成工作任务，并奖励和赞扬那些主动与同事合作并支持他们完成团队任务的员工。

六、以发展型文化培育酒店业服务创新

发展型文化（developmental culture）是一种以外部为中心的灵活文化（Lin和 Kunnathur，2019）[106]。这是一种以创新为导向的文化，注重不同层面上的资源获取，这表明它可以促进酒店组织的团队服务创新和服务创新行为。了解发展型文化对团队和个人层面的服务创新的积极影响，有助于酒店经理和团队领导者建立发展型文化，以激发团队和员工个人更多的服务创新努力，从而在团队和个人层面上实现卓越的服务。

（一）服务创新：个人和团队的视角

创新是指在组织环境中创造、促进和实施新颖有益的想法，以使不同层次的绩效受益，这对于组织在当代动态环境中获得竞争优势和持续增长至关重要。在酒店业，服务创新是有效满足客户独特服务需求、改善现有服务水平和实现高水平客户满意度的关键，有助于保持竞争优势和业务繁荣。

虽然服务创新被广泛认为是酒店环境中提高服务质量和客户满意度的核心因素，但研究人员对酒店管理文献中概念化服务创新的方式有不同的看法。在酒店业中将服务创新概念化的主要分歧在于，服务创新是指服务创新过程的产物，还是指服务理念的创造、推广和实施过程。由于服务创新作为一种服务理念的创造、推广和实施过程，与快速响应和满足顾客个性化服务需求的服务创新本质相关，因此在酒店管理文献中，服务创新主要指的是服务创新过程，而不是这一过程的产物。因此，可以将服务创新视为新的、有益的服务理念的创造、推广和实施，以改善现有服务的过程。例如，在餐厅中，员工在顾客用餐时提出了提供托儿服务的新想法，然后将这个想法介绍给同事和顾客，寻求他们的支持，最后餐厅开始向顾客提供这项服务，以提高顾客满意度。

在酒店业，组织越来越依赖团队和个人来提供服务。因此，在团队和个人

---

[106]　Lin C，Kunnathur A. Strategic orientations，developmental culture，and big data capability [J].Journal of Business Research，2019（105）：49-60.

两个层面探索服务创新，以优化团队和个人的服务绩效是非常重要的。然而，大多数现有的酒店研究只关注个人层面的服务创新（服务创新行为），而忽视了团队服务创新。团队是指一群彼此互动和协作的个人，他们拥有共同的价值观和目标，并相信他们属于同一个社会实体。基于维特尔等人（Witell等，2016）[107]对服务创新的定义，我们将团队服务创新定义为创造、推广和实施新的团队层面的服务理念，从而使团队服务受益。例如，在酒店中，管家团队的员工相互协作，提出了一个在线管家服务的服务理念，然后他们共同努力，在同事和客户中推广这个理念，以获得他们的支持，最后团队向客户提供在线管家服务，以提高团队的服务质量。同时探索团队服务创新和服务创新行为的前因，为酒店从业者提供了切实可行的策略，分别激励团队和员工朝着服务创新的方向努力。

（二）发展型文化、团队服务创新和个体创新行为

1.发展型文化和团队服务创新

组织文化被视为员工在组织背景下的共同价值观、规范和信仰。员工的观念和行为可能由组织文化塑造。作为组织文化的一种，发展型文化（developmental culture）是一种以创新为导向的文化，由灵活性和以外部为中心的资源获取等规范组成，它还强调了不同层面的风险承担、活力、转型和增长。探索发展型文化对酒店服务创新的直接和间接影响，有助于管理者和团队领导者建立合适的文化，最大限度地提高不同层面的服务创新努力，促进服务的进步。

在社会认知理论中，认知是塑造个体感知和行为的核心因素（Bandura，1999）[108]，个体认知可能从自我与环境的相互作用中获得。发展型文化作为一种情境因素，由为集体成长寻求外部资源和承担风险等规范构成。发展型文化鼓励团队成员寻求不同的资源，相互分享知识，以改善当前的工作状况。由

[107]　Witell L, Snyder H, Gustafsson A, et al. Defining service innovation: A review and synthesis [J]. Journal of Business Research, 2016, 69（8）: 2863-2872.

[108]　Bandura A. A sociocognitive analysis of substance abuse: An agentic perspective [J]. Psychological Science, 1999, 10（3）: 214-217.

于发展型文化强调集体成长，因此发展型文化下的团队成员也被支持相互协作以实现团队进步。根据社会认知理论，在酒店团队中，团队成员受到发展型文化背景的影响，以培养资源获取优先、知识共享优先和团队合作优先的感知。充足的服务创新资源和知识，以及注重与同事合作，有助于高水平团队服务理念的创造、推广和实施。斯托芬和勒克尔（Stoffels 和 Leker，2018）[109] 已经证明，发展型文化促进企业创新，部分支持发展型文化作为酒店环境中团队服务创新的先决条件。Mingjun Yang 等人（2022）进一步证明了发展型文化与团队服务创新正相关。

2.发展型文化和个体服务创新行为

在当代酒店环境中，组织不仅依赖团队，还依赖员工为客户服务，满足客户的不同服务要求。服务创新行为被视为创造、促进和实施新的服务理念，以改善个人层面的服务。因此，它有助于在个人层面上有效地满足客户的服务要求和提高客户满意度，并通过促进酒店组织的客户忠诚度和业务增长进一步使组织受益。

如前所述，发展型文化包括灵活性、外部资源获取和知识共享等规范，以促进团队和员工的成长。在个人层面上，发展型文化鼓励员工积极寻求外部资源来改善他们的工作状况。他们还被支持与同事分享知识，以共同提高个人能力，促进个人成长。在具有发展型文化的酒店团队中，根据社会认知理论，发展型文化作为一种情境因素，塑造了团队成员为服务创新能力发展进行知识共享并优先进行服务资源寻求的认知。由于知识共享和资源获取是成功的服务理念创造、推广和实施的基础，发展型文化可以通过其知识共享和资源获取规范来增强服务创新行为。戈组卡拉等人（Gozukara 等，2016）[110] 发现，发展型文化促进创新行为，部分支持上述论点。Mingjun Yang 等人（2022）的研究进一步验证了发展型文化与服务创新行为正相关。

[109] Stoffels M, Leker J. The impact of IT assets on innovation performance: The mediating role of developmental culture and absorptive capacity [J]. International Journal of Innovation Management, 2018, 22（8）: 1–21.

[110] Gozukara I, Yildirim O, Yildiz B. Innovative behavior: Relations with developmental culture, psychological empowerment, distributive justice and organizational learning capacity [J]. International Business Research, 2016, 9（10）: 186–200.

研究结果表明，发展型文化不仅促进了团队服务创新，还促进了个体服务创新行为。所以，发展型文化是创新的积极前因。这一重要关系背后的理论证据是发展型文化是一种以创新为导向的文化，它鼓励团队和员工以灵活的方式寻求创新资源（Langer 和 LeRoux，2017）[111]，有助于提高酒店组织团队和个人层面的服务创新。由于团队领导者是形成团队文化的关键，因此我们建议酒店经理和团队领导者允许员工灵活安排工作任务，鼓励他们主动寻求支持他们服务创新的资源，以此来建立发展型文化。

（三）发展型文化与服务创新之间联系的中介机制

一些现有的酒店研究表明，创造性自我效能感和创造性角色认同都介导了情境因素（如变革型领导）与员工创造力之间的关系，这意味着它们也可能介导酒店环境中其他创新导向的情境因素与服务创新行为之间的联系。然而，尽管之前的一些酒店研究侧重于发展型文化与服务创新之间联系的中介机制，但在当前的酒店管理文献中，创造性自我效能感和创造性角色认同很少被认为是发展型文化与服务创新行为之间的中介。研究创造性自我效能感和创造性角色认同在上述联系中的中介作用，为酒店从业人员提供了通过发展型文化有效促进员工创造性自我效能感和创造性角色认同，并进一步将其转化为员工个人层面的服务创新承诺的管理策略。

1. 创造性自我效能感的中介作用

创造性自我效能感（creative self-efficacy）被视为个人对实现创造性成果的能力的信心（Tierney 和 Farmer，2011）[112]。根据社会认知理论，它来源于外部反馈和内部学习导向，并进一步塑造个体与创造力相关的感知和行为。在酒店业，具有创造性自我效能感的员工积极主动地改善当前的服务进步和新服务开发，以实现卓越的服务，为客户满意度和组织繁荣做出贡献。

发展型文化的灵活性和外部资源获取等规范支持员工寻求不同的创造力

[111] Langer J, LeRoux K. Developmental culture and effectiveness in nonprofit organizations [J]. Public Performance and Management Review, 2017, 40（3）: 457-479.

[112] Tierney P, Farmer S M. Creative self-efficacy development and creative performance over time [J]. Journal of Applied Psychology, 2011, 96（2）: 277-293.

资源，例如，通过知识共享寻求他人完成创造性任务的经验。获得足够的创造性资源，并从他人的经验中学习成功完成创造性任务的关键点，有利于提高员工的创造性能力。由于发展型文化强调个人成长，所以当发展型文化下的员工在创造性能力方面取得进步时，其团队领导和同事倾向于在创造性能力方面向其提供个人成长的积极反馈，从外部增强了创造性自我效能感。发展型文化还注重通过知识共享向他人学习，以获得更多的创造性资源，因此由于发展型文化鼓励的内部学习导向，员工往往对自己的创造性能力更有信心。综上所述，发展型文化从外部和内部增强了创造性自我效能感。

具有创造性自我效能感的员工相信自己有足够的能力实现创造性成果，并倾向于通过不断的创造性努力来保护自己的创造性自我效能感。在酒店团队中，具有自我效能感的团队成员往往会不断地将其创造性自我效能感转化为新的服务理念的创造、推广和实施的个人行为。由于具有创造性自我效能的个体具有接受挑战和克服障碍以产生创造性成果的强烈意愿，具有创造性自我效能感的团队成员可能会通过服务创新行为创造新的服务解决方案来克服当前的服务弱点。总体而言，创造性自我效能感是发展型文化与服务创新行为之间的中介。考虑到发展型文化与服务创新行为之间的直接关系，该中介机制应该是部分中介机制。Wang 等人（2014）[113] 研究发现，创造性自我效能感在变革型领导与员工创造力之间起到部分中介作用，支持了我们提出的部分中介机制：创造性自我效能感在发展型文化与服务创新行为之间起部分中介作用。

2. 创造性角色认同的中介作用

创造性角色认同（creative role identity）被视为个人的自我观念，即他们是具有创造性的人，创造力是他们在工作场所的关键能力（Farmer 等，2003）[114]。它由外部反馈和内部自我评判形成，反过来又指导员工关于创造

[113] Wang C J, Tsai H T, Tsai M T. Linking transformational leadership and employee creativity in the hospitality industry: The influences of creative role identity, creative self-efficacy, and job complexity [J]. Tourism Management, 2014（40）: 79-89.

[114] Farmer S M, Tierney P, Kung-Mcintyre K. Employee creativity in Taiwan: An application of role identity theory [J]. Academy of Management Journal, 2003, 46（5）: 618-630.

力的态度和行为。情境因素是影响创造性角色认同形成的关键因素。了解如何通过创造性的角色认同引导情境因素，如发展型文化和服务创新行为，对于酒店从业人员最大限度地激发员工的服务热情至关重要。

发展型文化注重灵活性、外部资源获取和个人成长，促进员工主动寻求资源，鼓励员工与同事分享知识，共同实现能力增长。当发展型文化下的员工更愿意与同事寻求资源和分享有关创造力的知识以促进个人发展时，他们可能会从领导和同事那里得到表扬和奖励等积极的反馈，从而从外部培养创造性角色认同。发展型文化鼓励员工获取创造性资源和分享创造性知识，这是提升创造性能力的关键来源，因此发展型文化下的员工往往具有较高的创造性能力。高水平的创造性能力导致员工对自己的创造力有积极的自我评价，从内部增强了创造性角色认同。综上所述，发展型文化可以从外部和内部促进创造性角色认同。

在酒店团队中，具有创造性角色认同的团队成员可能会不断努力创造、促进和实施个人服务理念，目的是与他们的创造性角色认同保持一致并维持这种认同。总体而言，创造性角色认同在发展型文化和服务创新行为之间起中介作用。考虑到前文提出的发展型文化与服务创新行为之间的直接关系，该中介机制应该是部分中介机制。Song 等人（2015）[115] 发现，创造性角色认同在目标导向与员工创造力的关系中起中介作用，部分支持了我们的观点。因此，我们认为，创造性角色认同在发展型文化与服务创新行为的关系中起部分中介作用。

研究结果表明，创造性自我效能感和创造性角色认同在发展型文化与服务创新行为的关系中起到部分中介作用。该重要中介机制的理论证据是，发展型文化作为一种创新导向的文化，支持员工寻求必要的资源来提高创造能力，促进了创造性自我效能感和创造性角色认同的发展。根据社会认知理论，具有创造性自我效能感和创造性角色认同的员工倾向于做出更多的创造性努力来保持自己的身份和效能感，增强服务创新行为。因此，创造性自我效能感和创造性角色认同是发展型文化与服务创新行为之间的中介。

[115] Song W, Yu H, Zhang Y, Jiang W. Goal orientation and employee creativity: The mediating role of creative role identity [J]. Journal of Management and Organization, 2015, 21（1）: 82-97.

创造性自我效能感和创造性角色认同受到发展型文化的塑造，并进一步促进酒店团队成员的服务创新行为。因此，我们建议发展型文化背景下的酒店从业人员，通过强调发展型文化关于个人能力发展、创造性知识共享、学习他人从事创造性工作的成功经验等规范，帮助员工建立创造性自我效能感和创造性角色认同，从而在个人层面上更好地促进服务创新。

3. 创造性角色认同与创造性自我效能感

　　创造性角色认同关注的是个体的自我观念，即他们是具有创造性的人。创造性自我效能感更关注个体对自己有足够能力实现创造性成果的信心。如上所述，创造性角色认同和创造性自我效能感都是指导员工在组织环境中对创造力的态度和行为的关键。

　　根据社会认知理论，角色认同和自我效能感都涉及复杂的自我观，并涉及自我调节以维持身份和效能感（Bandura，1986）。尽管很难确定这两个构念之间的绝对因果关系，因为它们具有类似的特征，许多研究者认为，创造性角色认同预测了创造性自我效能感，而不是反向因果关系。伯克和雷泽斯（Burke和 Reitzes，1981）[116] 指出效能感来源于认同。具体来说，在组织背景下，由于具有创造性角色认同的员工认为自己是具有创造性的人，他们倾向于不断提高自己的创造能力，从事更多的创造性任务来保持这种身份，从而有助于实现创造性成果的信心的增长（创造性自我效能感）。因此，在管理领域，人们普遍认为是创造性角色认同促进了创造性自我效能感。

　　在酒店团队中，具有创造性角色认同的团队成员往往会不断承诺服务创新，以保持这种身份。因此，他们可能会有更多的个人服务创新行为。当他们提出新颖的服务意念，并成功推广和实施，以提升服务质量时，他们的团队领导和同事往往会对他们的服务创新工作给予积极的反馈；外部的积极反馈促进了创造性自我效能感。不断进行服务创新，使团队成员积累了丰富的个人服务理念的创造、推广和实施经验。从他们以往的服务创新经验中学习，有助于提升他们的创造能力，从内部提升他们的创造性自我效能感。总体而言，外部和内部的创造性角色认同促进了酒店员工的创造性自我效能感。许多先前

---

[116]　Burke P J, Reitzes D C. The link between identity and role performance [J]. Social Psychology Quarterly, 1981, 44（2）: 83-92.

的研究表明，创造性角色认同可以增强创造性自我效能感，这为我们的观点提供了经验证据，即创造性角色认同是创造性自我效能感的先决条件。因此，创造性角色认同与创造性自我效能感正相关。

研究发现，创造性角色认同促进了创造性自我效能感，这说明创造性角色认同是创造性自我效能感的前因。这种重要联系背后的理论原因是效能感是由认同塑造的。具体而言，具有创造性角色认同的员工认为自己是具有创造性的人。因此，他们可能会不断努力提高自己的创造性能力，参与更多的创造性任务，以保持这种身份认同，这有助于提高创造性自我效能感。因此，创造性角色认同促进了创造性自我效能感，而不是相反的因果关系。

（四）变革型领导的调节作用

在团队和个人层面研究变革型领导有助于管理者和团队领导者采用不同的变革型领导策略，同时促进团队和员工的绩效。先前的一些研究已经注意到考察团队和个人层面变革型领导的重要性，并将双焦点变革型领导（即以团队为中心的变革型领导和以个人为中心的变革型领导）与创新联系起来。然而，他们大多认为双焦点变革型领导是团队和个人层面创新的直接前提，现有的酒店研究很少探究双焦点变革型领导对服务创新的调节作用。以团队为中心的变革型领导和以个人为中心的变革型领导分别优先考虑团队和个人的发展，这符合优先考虑成长的发展型文化规范。因此，以团队为中心的变革型领导和以个人为中心的变革型领导可能分别协同发展型文化对团队服务创新和服务创新行为的有效性，表明存在可能的调节机制。了解双焦点变革型领导的调节作用，为酒店团队领导者提供了实用的见解，帮助他们了解如何通过采用双焦点变革型领导行为，在团队和个人层面上最大化发展型文化对服务创新的直接影响。

1. 以团队为中心的变革型领导的调节作用

变革型领导（Transformational Leadership, TFL）是指一种注重理想化影响、励志激励、智力刺激和个性关怀的领导风格（Bass, 1990）[117]。一些现有

---

[117]　Bass B M. Bass & Stogdill's Handbook of Leadership: Theory, Research & Managerial Applications [M]. New York: Free Press, 1990.

的研究已经注意到，通过区分团队和个人的关注点、策略和结果，明确团队和个人层面变革型领导的重要性，使得变革型领导相关研究成果更加严谨、准确。以团队为中心的变革型领导优先考虑团队利益，注重通过领导者的属性和行为来激励和影响团队，并增强员工对他们所属团队的集体认同。以个人为中心的变革型领导优先考虑个人利益，注重传达对个人的高期望，个人能力发展和个人认可，并促进员工的个人成长和绩效。

虽然之前的一些研究已经对双焦点变革型领导进行了调查，但大多数研究集中在其对团队和个人结果的直接影响上。双焦点变革型领导的调节作用很少在酒店环境中进行研究。了解双重关注的变革型领导对发展型文化和服务创新之间联系的调节作用，有助于酒店经理和团队领导者采取适当的领导行为，在团队和个人层面上优化发展型文化对服务创新的有效性，从而有利于团队和个人的服务进步。

由于以团队为中心的变革型领导强调团队协作，并为团队进步分享团队规范和价值观，在发展型文化的酒店团队中，在以团队为中心的变革型领导者的鼓励下，团队成员可能会彼此互动和合作，分享他们从发展型文化中感知到的规范，如外部资源寻求、灵活性和发展优先。在团队内部分享这些来自发展型文化的规范，可以使团队成员更好地感知发展型文化，并在团队服务创新中发挥更大的集体作用。此外，由于以团队为中心的变革型领导和发展型文化都注重团队协作与成长，以团队为中心的变革型领导可能协同发展型文化对团队服务创新的影响。Wang 等人（2016）[118]研究表明，变革型领导增强了认知多样性对团队内在动机的有效性，部分支持了以团队为中心的变革型领导增强了发展型文化对团队服务创新的有效性。因此，以团队为中心的变革型领导调节了发展型文化与团队服务创新之间的关系，以团队为中心的变革型领导程度越高而不是越低时，两者之间的关系越强。

2. 以个人为中心的变革型领导的调节作用

由于以个人为中心的变革型领导强调对个人的高期望、个人发展和个人认

[118] Wang X H, Kim T Y, Lee D R. Cognitive diversity and team creativity: Effects of team intrinsic motivation and transformational leadership [J]. Journal of Business Research, 2016, 69（9）: 3231-3239.

可（Wang 和 Howell，2010）[119]，在发展型文化的酒店团队中，以个人为中心的变革型领导者倾向于为团队成员提供发展经验，如寻求服务创新资源以实现个人成长的经验。当团队成员从以个人为中心的变革型领导和发展型文化中获得个人成长的支持时，他们的创造性能力得到了提高。因此，他们往往有更多的服务创新行为。此外，以个人为中心的变革型领导和发展型文化都鼓励团队成员敢于冒险开发新想法，以改善当前的工作状况。在发展型文化的酒店团队中，团队成员在以个人为中心的变革型领导者和发展型文化的支持下，勇于冒险去实施服务创新，实现卓越服务。总体而言，以个人为中心的变革型领导和发展型文化对服务创新行为产生协同效应。巴哈鲁登等人（Baharuden 等，2019）[120] 称，变革型领导强化了绩效预期对学习意愿的有效性，部分支持了以个人为中心的变革型领导强化了发展型文化对服务创新行为的有效性的论点。因此，以个人为中心的变革型领导调节了发展型文化与服务创新行为之间的关系，因此当个人为中心的变革型领导程度越高而不是越低时，这种关系越强。

研究结果表明，以团队为中心的变革型领导调节了发展型文化与团队服务创新之间的关系，在以团队为中心的变革型领导程度越高而不是越低的情况下，这种关系越强。这一重要调节机制背后的理论证据是，以团队为中心的变革型领导程度高的团队领导者使团队发展合法化，这与优先考虑集体成长的发展型文化的规范一致，有助于协同发展型文化对团队服务创新的有效性。相反，以团队为中心的变革型领导程度低的团队领导者较少关注团队发展。因此，以团队为中心的变革型领导与发展型文化对团队服务创新的协同效应不明显。

本研究的结果表明，以个人为中心的变革型领导并没有调节发展型文化与服务创新行为之间的关系。这种不显著的调节机制背后的理论原因可能是，以个人为中心的变革型领导下的团队成员更关注满足以个人为中心的变革型领导者对个人成长的高期望，但与同事的互动较少，无法共享来自发展型文化

[119]　Wang X H, Howell J M. Exploring the dual-level effects of transformational leadership on followers [J]. Journal of Applied Psychology, 2010, 95（6）: 1134-1144.

[120]　Baharuden A F, Isaac O, Ameen A. Factors influencing big data & analytics（BD&A）learning intentions with transformational leadership as moderator variable: Malaysian SME perspective [J]. International Journal of Management and Human Science, 2019, 3（1）: 10-20.

的规范。因此，以个人为中心的变革型领导不能加强发展型文化对服务创新行为的有效性。

以团队为中心的变革型领导强化了发展型文化对团队服务创新的有效性。因此，我们建议酒店组织的团队领导者采用以团队为中心的变革型领导行为，以优化发展型文化对团队服务创新的影响，从而促进高质量的团队服务和客户满意度。具体来说，建议酒店组织的团队领导者培养集体团队态度，并赞扬和奖励通过集体行动为团队服务创新做出贡献的团队成员。

第三章
酒店业知识管理与服务创新

    众所周知，创新的基础是知识，知识创造、知识转移、知识组合、知识转化等是创新的根本途径。经济合作与发展组织（OECD）曾指出，服务是基于知识的。所以，酒店业不仅是劳动密集型行业，还是知识密集型行业，而且隐性知识在其中占据更大的比例。但酒店业的服务创新较少来源于传统的研究与开发，而更多产生于对内外部知识的管理。知识和人才是实现酒店业服务创新的重要因素，知识积累和教育也是实现酒店业服务创新的两个必要条件。

    索塞尔（Thorsell，2007）[1] 曾经从知识和学习的角度对服务创新进行了很好的诠释，认为服务创新的实质是不可编码知识（隐性知识）向可编码知识（显性知识）的转化。服务创新过程，就是新知识不断"积累—学习—积累"的一种螺旋运动。

---

[1]   Thorsell J. Innovation in learning: How the Danish leadership institute developed 2200 managers from Fujitsu services from 13 different countries [J]. Management Decision，2007，45（10）：1667–1676.

一、知识的呈现形式

达文波特和克罗宁（Davenport 和 Cronin，2000）[2] 指出，知识是专家见解、背景信息、价值观和经验的积累，它们共同为组织提供了发展新的和创新的想法的平台。在组织中，知识在头脑中被激发和利用，它与文件一起嵌入组织的价值观、规范和实践中（Gupta 等，2000）[3]。知识是一个连续体，从可解释的信息（如一张简单的铅笔图）延伸到不可表征的信息（如直觉和预感）。

知识管理文献区分了几种对战略决策具有不同含义的知识形式。其中最为著名的知识区分源于波兰尼（Polanyi，1958）[4]，他将知识区分为显性知识（explicit knowledge）和隐性知识（tacit knowledge）。显性知识是以交流的形式开放的知识，被认为是严格的、结构化和客观的，可以编码在文件、书籍、数据库和报告中，可以用来生成显性知识的包括数据、企业流程、规则和程序，以及外部来源，如情报收集等；隐性知识是指个人无法充分表达、描述或编码的所有智力资本或身体能力和技能。隐性知识由见解、判断、诀窍和认知模式以及个人持有的直觉和信念组成。因此，隐性知识很难测量和表征，但被描述为个人、团体和组织绩效的关键资产。除了个体学习的实践和程序之外，人类的一些行为是无法完全解释的，这些行为的特征就是被称为知识"隐性成分"的流动性和模糊性。

隐性知识成分包括认知元素和技术元素。技术元素与特定行动的技能和所学知识有关，而认知元素则是指为个人提供理解环境能力的范式、方案和信念。瓦格纳和斯腾伯格（Wagner 和 Sternberg，1985）[5] 将隐性知识称为在我们有意识的认知之下的知识，这些知识不是直接教授的，而是作为特定领域的

[2]　Davenport E，Cronin B.Knowledge management： Semantic drift or conceptual shift? [J]. Journal of Education for Library and Information Science，2000：294-306.

[3]　Gupta A，Maranas C D，McDonald C. Mid-term supply chain planning under demand uncertainty： Customer demand satisfaction and inventory management [J]. Computers & Chemical Engineering，2000，24（12）：2613-2621.

[4]　Polanyi M. Personal Knowledge： Towards A Post-critical Philosophy [M]. London： Routledge，1958.

[5]　Wagner R，Sternberg R. Practical intelligence in real-world pursuits： The role of tacit knowledge [J]. Journal of Personality and Social Psychology，1985，49（2）：436-458.

知识通过学习获取的。例如，在酒店组织中，一线人员的大部分特定知识是通过与客人、经理、同事、供应商、竞争酒店的员工和其他外部利益集团的定期互动而发展起来的。在与这些群体的社会交往中，一线员工倾向于感知这些群体如何对待他们的工作场所的印象。因此，一线人员成为关于其他人对酒店业务状态的看法的熟练的和明智的代理人。

二、知识管理及其创新意义

（一）知识管理的含义与发展阶段

知识管理是指知识的形成、管理、组织和传播，以提高实现组织设定的目标的能力（Alavi 和 Leidner，2001）[6]。

直到 20 世纪 80 年代，知识管理才成为一个学术领域。尽管实践者和学者越来越多地认识到知识管理的潜在好处，但关于这一概念的含义仍存在争议。因此，在最广泛的背景下思考知识管理是适宜的：知识管理可以被理解为在组织内获取和发展个人和集体知识的实践，目的是利用它通过知识转移和持续学习来促进创新。此外，知识管理可以被看作发展组织效能和竞争力的一种手段，是一种识别、获取、创造和应用知识，旨在通过新的创新性知识管理战略以提高竞争力的策略。

关于知识管理文献的历史发展阶段，学者们已经做出了一些划分。根据图奥米（Tuomi，2002）[7] 的观点，知识管理最初起源于 20 世纪 60 年代至 90 年代末不同学科分别对知识管理问题的研究，1995 年左右，随着战略顾问相关理念以及会议组织者的推动而正式兴起。早期的知识管理是关于信息系统的，以信息技术为主导，重点是通过控制信息量的快速增长来提高生产率。20 世纪 90 年代中期前后，对知识管理的关注转向了组织发展、知识资本管理和能力管理。到 20 世纪 90 年代末，社会学习、组织意义建构、创新和变革管理成为知识管理中讨论较多的主题。

[6] Alavi M, Leidner D E.Knowledge management and knowledge management systems: Conceptual foundations and research issues[J]. MIS Quarterly, 2001: 107-136.

[7] Tuomi I. The future of knowledge management [J]. Lifelong Learning in Europe, 2002（2）: 69-79.

在20世纪80年代中后期，出现了从生产驱动型社会到市场驱动型社会的新转变。正是在这个阶段，客户变得越来越挑剔，并开始要求产品和服务为他们提供尽可能最好的优势，从而使他们自己的追求更成功。企业之间关于谁能提供最好的基于知识的服务和产品的竞争成为现实，数据库成为当时的主题。1989年，《斯隆管理评论》(*Sloan Management Review*)发表了它的第一篇与知识管理相关的文章。同年，几家管理咨询公司开始向客户提供如何利用知识池的服务。正是在这个阶段，知识资本的观点产生了，组织可以通过开发以前没有考虑到的知识储备来增加竞争优势。

　　知识管理文献的第三阶段开始于20世纪90年代中后期，并持续到21世纪。德鲁克(Drucker，1993)[8]在其著作《后资本主义社会》(*Post-Capitalist Society*)中声称，西方世界正在进入他所指出的知识社会，在这个社会中，基本的经济资源将是知识，而不再是资本、自然资源或劳动力。德鲁克(Drucker)强调，组织必须做好准备舍弃那些已经过时的知识，并学会通过以下方法创造新的知识：（1）持续改进每一项活动；（2）从自身成功经验中开发新的应用；（3）将持续创新作为一个有组织的过程。这一时期对旅游业和酒店业最有利。随着信息时代进入知识经济时代，以信息的生产、分配和使用为基础，知识已成为发展竞争优势的重要资源。在新千年开始前后，出现了一些关于酒店行业与知识共享相关的创新和学习曲线的实证研究。由于服务行业越来越多地使用技术，学习曲线大大缩短了。因此，为了实现可持续的竞争优势，旅游行业所有领域的创新活动已经变得普遍。

　　谢连科(Serenko，2013)[9]则认为，知识管理经历了四个不同的时期。早在20世纪90年代中期，知识管理侧重于显性知识、编码和存储。20世纪90年代中期到21世纪初的知识管理主要关注人力资源、组织学习的社会和文化要素、应用性知识以及由工人驱动的知识共享。从21世纪初到2013年左右，战略观点，协调以人为中心和技术为中心的观点，识别、发展和促进自我管理的社会网络，以及作为流动和价值创造的知识，都是知识管理的标志。从那时

[8]　Drucker P F. Post-Capitalist Society [M]. Oxford：Butterworth Heinemann，1993.

[9]　Serenko A. Meta-analysis of scientometric research of knowledge management：Discovering the identity of the discipline [J]. Journal of Knowledge Management，2013，17（5）：773-812.

起，知识管理就被知识领域的日益复杂性、知识作为一种关系、专注于价值倍增、通过质疑获得知识，以及知识经济增长不断扩大的作用等所定义。

（二）知识管理的创新意义

知识管理涉及有效识别和应用新知识的能力，以及组织可以借以获得、传播、转移和利用知识的一套组织技能、组织实践和组织模式。值得注意的是，知识管理展示的是组织如何在内部和外部利用其知识。也可以认为是，组织能够通过加强跨职能运作和核心竞争力来建立组织能力和组织学习。实际上，正确的人（如员工）在正确的时间获得正确的知识，这使得他们能够通过努力开发新方法，建立有效的伙伴关系，采用最终使企业能够满足市场需求并发展组织竞争力的见解和经验等方式，来传播和实施他们所获得的信息。企业的知识资产包括对组织绩效有积极影响的显性（被记录的）知识和隐性知识（个人专门知识）。通常，这些隐性知识通过活动模式嵌入组织中。

创新还与新的知识管理形式（例如，信息处理）有关。创造、采用和传播知识并将其投入创新过程的能力为组织创造了价值增值，并改善了组织成果，但对任何企业来说都是一个挑战。知识管理被定义为一种战略资源，它促进了创新技术的发展和持续，以及有效的合作。通过有效沟通获取和转移知识的能力是服务企业的主要竞争优势之一。可以说，企业鼓励员工从个人经历中积累隐性知识，并将其传授给企业内的其他人。这强调了企业必须支持组织学习，以促进未来可以利用的知识。因此，它有助于企业实现持续改进。在服务业中，知识的流动、采用和应用是交互式创新和支持性创新发展的关键组成部分。

知识管理从三个方面激发了组织的内部创新。首先，知识管理使组织能够通过利用集成的流程获得并维持行业竞争优势。其次，它降低了组织内部创新的复杂性，因为创新在很大程度上取决于知识准备程度，组织可以通过利用现有知识来激发内部创新。知识管理提高了组织中新安排（隐性知识和显性知识的要素）的频率，从而产生新的想法并促进创新。最后，通过整合现有的内部知识和新的外部知识来提高创新绩效，无论行业性质如何，对知识的有效识别和管理都能确保创新的实现。

三、知识管理与组织学习

自 20 世纪 90 年代以来，知识作为一种无形资源，以及知识管理本身，引起了企业管理研究者的兴趣，并导致学习型组织的出现。这些公司成功地实施和整合了知识管理和组织学习能力，以获得竞争优势和卓越绩效。

许多人认为，面对快速和意想不到的全球变化和 21 世纪的新经济结构，传统的管理理论和实践是不够的。新经济有三个明显的特征：互联性、无形性和全球化。在这种新经济中，无形资产已经成为长期成功和持续竞争优势的基石。在这里，知识被认为是一种至关重要的必要资源，公司的生存和繁荣能力在很大程度上依赖于员工积累和利用知识及技能的能力。知识被定义为各种概念，如价值充分的信息，理解、洞察和诀窍，以及从理论或经验中得出的对事件重要性的判断。

商业环境的动荡促使公司发展他们的知识管理和组织学习能力。此外，知识管理和组织学习之间的联系可以用各种不同的方式进行概念化。信息可以被存储并易于访问，因此知识存在于个人的头脑中，可以通过组织学习予以共享。组织学习关注的是过程，而知识管理关注的是对企业收集、产生、处理和最终利用的知识的管理。思考知识管理与组织学习之间联系的另一种方法是将知识管理视为组织学习的最终目标。知识管理计划通过鼓励知识的生产、传播和应用而获得回报，这有助于企业将知识整合到组织系统中，从而可以不断改进其行动和技能，并追求其目标。在这里，组织学习对于公司持续提高其知识使用能力至关重要。

（一）学习与组织学习

知识一旦通过三个基本阶段被重构，学习就会发生。在整个重构过程中，知识首先被外化，然后被客观化，最后被内化。外化（externalize）是指将自己的个人隐性知识传播给他人的行为。正是通过对知识进行客观化（objectify）的行为，知识的外化才成为可能。当个体行动者将这些信息纳入他们自己的个人信仰体系时，这些信息就被内化（internalize）了。也就是，个人的"隐性"知识转化为组织的"显性"知识。因此，公司根深蒂固的积累性理解，使其能够将自身资源用于特定用途，这种积累性理解可以被描述为"组织知识"。取得成功的公司是那些能够快速吸收新信息并有效应用的公司。

赫雷兹－戈麦斯等人（Jerez-Gomez 等，2005）将组织学习定义为"组织处理知识的能力——换句话说，就是创造、获取、转移和整合知识，并修改其行为以反映新的认知情况，以提高其绩效的能力"。1991 年，赫伯（Hurber，1991）[10] 提出了组织学习的四个基本组成部分，包括知识的获取、知识的传播、知识的解释和组织记忆。斯莱特和那佛尔（Slater 和 Narver，1995）[11] 对组织学习的定义也指出，组织学习包括信息收集、分发、协作解释和组织记忆。在这个过程中有四个子过程：知识获取使得组织可以通过其成员之间的关系和对话，产生新的信息和知识，或者在本地或者从外部。然后，新的信息和知识在整个组织中传播，从隐性知识转变为显性知识。通过正式和非正式网络、数据库或非正式接触，在个人和组织层面形成了对信息的共同解释，创造了纳入日常工作的共同知识，并通过单环或双环学习得到加强。在这里，"组织记忆"是指这样一个过程，即信息被吸收到组织的使用理论中，转化为行动，然后存储并投入声明性和程序性记忆中以备将来使用。

阿吉斯塔姆（Aggestam，2006）[12] 提出了学习型组织与知识管理的图谱。他认为，学习型组织可以被看作由知识管理子系统组成的系统，知识管理子系统随后成为学习型组织的先决条件：知识管理的转变需要组织的调整，组织也需要知识管理的调整。为了使知识型员工的价值最大化，学习型组织需要有效的知识管理工具和技术。

（二）组织学习的形式

鉴于组织学习的重要意义，学者们对组织学习进行了广泛的研究，就组织学习形式的区分而言，影响最为显著的包括利用性学习、探索性学习、转

[10]　Hurber G. Organizational learning: The contributing process and the literature [J]. Organization Science, 1991, 1（2）: 88-115.

[11]　Slater S F, Narver J. Market orientation and the learning organization [J]. Journal of Marketing, 1995, 59（3）: 63-74.

[12]　Aggestam L. Learning organization or knowledge management-which came first, the chicken or the egg [J]. Information Technology and Control, 2006, 35（3）: 295-302.

化性学习、双元性学习、互动式替代学习等。

1. 利用性学习和探索性学习

马奇（March，1991）[13]将组织学习分为利用性学习（exploitative learning）和探索性学习（exploratory learning）。根据马奇（March，1991）的说法，"利用性学习指的是细化、选择、生产效率、挑选、实施和执行"，而探索性学习是"将组织学习中的探索解释为搜索、变化、冒险、实验、游戏、灵活性、发现和创新"。

利用性学习有助于组织发展其可用的管理机制和工作行为，使组织能够获取和吸收知识以产生创新能力。此外，利用性学习结合了可用的外部知识资源以及扩大现有市场和客户提供的产品/服务的行动。这也与组织有效利用其现有资源的程度有关，这对短期的持续存在至关重要。利用性学习强调对现有知识的利用和深度开发，因此，利用性学习鼓励模仿。

探索性学习是指可以帮助企业开发全新的行动、方法或流程的行为，组织可以借此更新和利用知识来产生创新能力。探索性学习的特征，如寻找创新想法、承担风险、进行测试、研发投资和发明等，对企业创新至关重要。探索性学习包括创新能力的获取、学习、技术诀窍和知识。这些创新的选项有助于为潜在买家或新兴市场开发新产品/服务。此外，探索性学习抑制了现有的市场地位，扩大了创新的机会。跨界行动背景下的探索包括创新学习认可和组织管理，这对增加原始创新具有重要意义。探索性学习涵盖了探索、测试、发现、研发和发明等多种途径。探索性学习侧重对新知识的追求，因此，强调探索性学习的组织试图提高他们的能力，以把握有关产品开发的技术和市场相关信息的创新选择。追求探索性学习的组织利用创新的知识资源和技术，这可能有助于公司为潜在客户或未开发领域开发新产品/服务和技术。

产生知识和学习的企业活动应该是创新的。因此，探索性学习对于创新战略的制定非常重要，它可以通过识别创新知识的来源，从而促进知识的积累。通过这种方式，创新战略有助于建立与以前的创新实践和程序本质上不同的创

---

[13]　March J G. Exploration and exploitation in organizational learning [J]. Organization Science，1991，2（1）：71-87.

新实践和程序。此外，探索性学习促进了组织信息收集的创新内容，提高了获得创新的、有价值的结果与问题融合的可能性。因此，通常采用探索性学习的组织打算提供新兴的想法，这可以帮助组织产生创新的选项来解决问题。因此，探索性学习确保组织拥有创新的想法，这可能会使他们的产品/服务与竞争对手区分开来，形成对问题的创新或创新的答案。

组织学习理论被认为是发展利用性学习和探索性学习的动力。事实上，科恩和利文索尔（Cohen 和 Levinthal，1990）[14] 认为，组织逐渐更多地依赖外部学习资源，这些资源通常对鼓励创新能力很重要，因为创新主要来自借鉴，而不是创造。已有研究发现，与利用性学习和探索性学习相关的搜索范围和深度对创新产品的性能存在非线性效应。此外，一些研究也证实了利用性学习与创新之间的积极而显著的联系。因此，利用性学习和探索性学习对企业创新都很重要。

2. 转化性学习

由于对时间和动态环境的依赖，探索性学习过程虽然是必要的，但往往不足以维持企业的卓越绩效。此外，由于员工离职等问题，探索性学习中所积累的知识的整体生命周期也会缩短。研究表明，未能保持和进一步激活知识的公司也可能缺乏同化的知识。所以，现有的研究建议将探索性学习和利用性学习结合起来，以保持两者之间的适当平衡。因此，最近的研究也指出了第三种学习的重要性，即转化性学习（transformative learning），这需要更多地关注企业的吸收能力在其创新中的作用。

莱恩等人（Lane 等，2006）[15] 将转化性学习定义为吸收外部知识，它是储存知识并随着时间的推移而重新激活的关键过程。因此，转化性学习过程通过弥合探索性学习和利用性学习之间的差距来解决问题，使持续的知识维护能够保持同化知识的"活力"。个人的动机和能力与吸收知识的探索性学习同样重要，这使得转化性学习对于维持组织绩效至关重要。

[14]　Cohen W M, Levinthal D A. Absorptive capacity: A new perspective on learning and innovation [J]. Administrative Science Quarterly, 1990, 35（1）: 128–152.

[15]　Lane P J, Koka B R, Pathak S. The reification of absorptive capacity: A critical review and rejuvenation of the construct [J]. Academy of Management Review, 2006, 31（4）: 833–863.

弗拉滕等人（Flatten 等，2011）解释说，转化性学习可以维持和重新激活知识，也可以转换和组合知识。卡米松和福雷斯（Camison 和 Fores，2010）进一步解释说，在转化性学习中，知识是可以创新地增加或淘汰的，也可以以创新的方式进行解释或组合。

3. 双元性学习

组织双元性（ambidexterity）理论建议组织应该相互使用利用性学习、转化性学习和探索性学习，并在这三者之间保持适当的平衡。

March（1991）指出双元学习（ambidextrous learning）是指同时进行利用性学习与探索性学习的行为，认为学习、分析、模仿、更新和技术变革是任何提高组织绩效和增强竞争优势的主要方式，每个都涉及适应利用和探索之间的微妙平衡，这些权衡受到分配成本、利益和生态交互作用的环境影响。因此，可以将其分为利用性学习与探索性学习，并将二者的结合称为"双元学习"。利用性学习是以"提炼、筛选、生产、效率、选择、实施、执行"等为特征的学习行为，而探索性学习则指以"搜寻、变异、冒险、试验、尝试、应变、发现、创新"等为特征的学习行为。

Gibson 和 Birkinshaw（2004）[16] 提出的情境双元性理论认为双元学习之间的张力可以通过个体层面的能力来解决，组织更应该培育这种支持性的情境。也就是说，学习的平衡不是通过结构的分离而是通过个体的掌控来实现的，只要组织提供良好的支持性环境，员工在日常的工作任务中是能够整合、处理好这些具有对立性质的学习活动。并且已有研究表明个体可以在创造性、细节、质量等方面保持平衡，而且也不会影响效率（利用性活动）和创造性活动（探索性活动）（Miron-Spektor 等，2011）[17]。庄彩云和陈国宏（2017）[18] 也指

[16]　Gibson C B, Birkinshaw J. The antecedents, consequences, and mediating role of organizational ambidexterity [J]. Academy of Management Journal, 2004, 47（2）: 209-226.

[17]　Miron-Spektor E, Gino F, Argote L. Paradoxical frames and creative sparks: Enhancing individual creativity through conflict and integration [J]. Organizational Behavior & Human Decision Processes, 2011, 116（2）: 229-240.

[18]　庄彩云，陈国宏. 产业集群知识网络多维嵌入性与创新绩效研究——基于企业双元学习能力的中介作用 [J]. 华东经济管理，2017（12）: 55-61.

出双元学习能力在产业集群知识网络多维嵌入性与创新绩效的关系间具有中介作用。

4. 互动式替代学习

March（1991）认为组织学习水平的高低不仅源于个体与组织两个层面的相互影响，还取决于外部竞争（如企业间争夺客户与政府补贴）与内部竞争的程度（如管理者争夺内部资源与等级晋升），并与企业的竞争优势和创新能力有着紧密的关系。

Myers（2018）[19] 具有批判性地认为替代学习并非一个独立、单向的观察和模仿过程的观点，因此在象征互动论（symbolic interactionism）和体验学习（experiential learning）基础上提出了互动式替代学习（Coactive Vicarious Learning，CVL）模型，其实互动式替代学习模型相较于替代学习而言更加强调的是人际关系的嵌入性。对话过程是组织中个人知识创造的核心，Myers（2018）指出互动式替代学习模型的三个重要因素是经验（experience）、分析（analysis）和支持（support），并认为经验为学习提供了必要的"原材料"，分析是理解该基础的"结构"，支持则是"脚手架"，使得理解这种共同构建成为可能。

互动式替代学习强调人际互动是替代学习的关键场所，注重个体之间体验的联合、互动过程（即个体之间的互动过程），而独立的替代学习（观察）方法关注的是个体观察模型行为的机会，将观察和模仿视为个体在工作中向他人学习的关键活动，互动式替代学习过程中学习是由模型和学习者（模型是"知识的分享者"；学习者是"知识的探索者"）共同构建的。

互动式替代学习的前因有个体参与交互的关系情境（包括关系质量、情感基调、前期互动的熟知度）；嵌入在交互关系的结构情境（包括亲近、角色结构、任务结构）；交互过程中与个体特征相关的个体情景（包括学习的导向和学习动机、前期知识储备、专业知识结构）。互动式替代学习的结果有关系能力（包括共享心智模型、信任、情感承诺）；个体能力（包括交互

[19] Myers C. Coactive vicarious learning：Towards a relational theory of vicarious learning in organizations [J]. Academy of Management Review，2018，43（4）：610-634.

记忆、换位思考、自我效能）以及个体知识。

基于利用性学习、探索性学习和互动式替代学习等概念，学者们进一步探讨了利用性互动式替代学习和探索性互动式替代学习在创新中的作为。例如，辛本禄和王学娟（2019）[20]的研究证明，员工—顾客认同的程度可以通过员工的利用性互动替代学习与探索性互动替代学习对其服务创新行为产生更大的影响。他们对利用性互动替代学习的界定是：在个体离散的共同构建关系交互过程中，通过"提炼、筛选、生产、效率、选择、实施、执行"等为特征的行为不断更新、获取和运用更能够形成核心竞争能力的知识资源的过程；对探索性互动替代学习的界定是：在个体离散的共同构建关系交互过程中，通过"搜寻、变异、冒险、试验、尝试、应变、发现、创新"等为特征的行为不断更新、获取和运用更能够形成核心竞争能力的知识资源的过程。

在学习与创新的关系研究中，学者们认为学习能力是影响企业创新能力的重要影响因素，创新是现有知识和增量学习的新组合（Schumpeter，1934）[21]。从创新视角来看，企业的可持续竞争优势正是源自整合员工创新能力的过程，探索性学习有利于突破性创新但不利于渐进性创新，利用性学习则有利于渐进性创新但不利于突破性的创新（潘松挺和郑亚莉，2011）[22]。利用性学习对创新绩效有着显著的效应边际递增的正向作用，而探索性学习对创新绩效具有正向的线性影响作用，并进一步指出二者间的平衡对创新绩效具有重要调节作用（张振刚等，2016）[23]；利用性学习与产品创新存在倒 U 形关系，而探索性学习与产品创新存在线性关系（Katila 和 Ahuja，2002）[24]。

对于员工的双元互动替代学习过程而言，利用性互动替代学习的本质是

[20] 辛本禄，王学娟. 员工—顾客认同、互动式替代学习与服务创新的机制研究 [J]. 技术经济，2019，38（9）：41-49.

[21] Schumpeter J A. The Theory of Economic Development [M]. Cambridge：Harvard University Press，1934.

[22] 潘松挺，郑亚莉. 网络关系强度与企业技术创新绩效——基于探索式学习和利用式学习的实证研究 [J]. 科学学研究，2011，29（11）：1736-1743.

[23] 张振刚，李云健，余传鹏. 员工的主动性人格与创新行为关系研究 [J]. 科学学与科学技术管理，2016，28（4）：123-133.

[24] Katila R，Ahuja G. Something old，something new：A longitudinal study of search behavior and new product introduction [J]. Academy of Management Journal，2002，45（6）：1183-1194.

对现有能力、技术和范例的精细化和扩展，它的回报是正面的、近似的、可预测的。探索性互动替代学习的本质是尝试新的替代方法，它的回报是不确定的、长期的，而且通常是负面的。因此，在探索性互动替代学习的情况下，学习与实现回报轨迹之间的时间和空间的距离通常比在利用的情况下更大，不确定性也更大。探索性互动替代学习与利用性互动替代学习对企业创新很重要，但两者间存在一定的冲突，企业需要正视两种学习模式的平衡关系，但也并非此消彼长、互不相容。

四、知识管理在酒店业应用的意义和挑战

知识管理侧重于解决在日益不连续变化时期的组织适应、生存和竞争力问题，它旨在通过消除冗余流程和努力再开发已知内容来提高效率。知识管理和组织学习对酒店业的潜在好处是显而易见的，其中包括危机管理（如品牌声誉危机）、利益相关者需求的变化（如要求有更多对社会和环境负责的公司）、前沿技术（如平台商业模式）的应用，以及企业对持续竞争优势的需求。虽然知识管理和组织学习在酒店业的应用是相对较新的，但该领域的研究增长是显著的。

（一）知识管理在酒店业中的应用

通信和信息技术的进步，使得广泛使用知识转移、知识重用、知识存储和知识生产，酒店业成为重要的知识型产业。知识被认为是酒店组织最重要的资产之一，有助于建立和培育竞争优势以及国际化。然而，对于知识和知识管理的定义并没有统一的意见。因此，区分"知识"和"信息"的概念是很重要的。虽然信息与事实和数据联系在一起，但对信息的理解和解释需要知识。因此，对知识进行管理是解释信息并将其转化为知识的能力。虽然酒店组织可以使用大数据和信息技术，如区块链、物联网和云计算，但促进知识管理的能力非常重要，因为人们通过正式和非正式的互动产生知识并将其传达给他人。在之前关于旅游和酒店业知识管理的研究中，库珀（Cooper，2018）[25] 回顾了知

[25]　Cooper C. Managing tourism knowledge：A review [J]. Tourism Review，2018，73（4）：507-520.

识管理在旅游、目的地创新和竞争力中的应用，并强调了知识转移和交换作为旅游和酒店业竞争机制的必要性。在这里，只有当新的知识促使个人以不同的方式去思考一个问题或主题，如产品、服务、市场或流程的新机会时，知识才会发生转移。帕拉斯科瓦斯等人（Paraskevas 等，2013）[26] 从不同的角度，确定了四种类型的"危机导向知识"，即程序知识、行为知识、第三方知识和习得性无知，这是一种危机知识分类，它超出了旅游和酒店业普遍认可的隐性和显性知识的类型。

酒店业的特点是其服务产品的产出，主要满足住宿、食品和饮料的需求。为了实现最终的服务产品，酒店企业与各种服务行业（如会议机构、在线旅行社、旅游运营商、承运人以及娱乐、购物和当地观光机构）合作，其中一些彼此竞争，另一些则相互合作。酒店企业与这些服务提供商的一个共同特征尤其显著：由于信息和通信技术的巨大影响和使用，他们的服务流程正在变得以知识为基础或知识密集型。例如，谢尔登（Sheldon，1997）[27] 认为旅游和酒店业是信息技术（IT）的最大用户之一。此外，由于服务产品的性质，该行业是知识密集型的，其中服务交付是客户和员工之间互动的结果，并且要求员工了解客户的需求以实现客户满意。然而，在酒店业，只有少数酒店实施了知识管理系统。

所以，酒店业现有的知识管理实践比较突出的是在连锁酒店中，因为连锁酒店必须提供整体的服务质量标准。例如，布恩肯（Bouncken，2002）[28] 对雅高酒店集团（Accor Hotel Group）进行的一项轶事性案例研究显示，雅高酒店集团在全球拥有 3500 家酒店，13 万名员工，拥有 F1（Formula One）、宜必思（Ibis）、诺富特（Novotel）和索菲特（Sofitel）等品牌，该集团正在制定基于知识管理的战略，并从事知识活动。德国雅高集团（拥有 6000 名员工）实施了一个基于三个组成部分的知识管理系统：（1）基于 IT 的知识积累；（2）利用以 IT 基础的知识系统；（3）激励知识使用和创造。以互联网络为基础的内联网已得到

[26]　Paraskevas A，Altinay L，McLean J，Cooper C. Crisis knowledge in tourism：Types，flows and governance [J]. Annals of Tourism Research，2013（41）：130–152.

[27]　Sheldon P J. The Tourism Information Technology [M]. Wallingford：CAB International，1997.

[28]　Bouncken R. Knowledge management for quality improvements in hotels [J]. Journal of Quality Assurance in Hospitality & Tourism，2002，3（3/4）：25–59.

修改和改进，目的是纳入有关最佳实践、服务革新和培训可能性的数据。知识管理方法的另一个例子是希尔顿集团，该集团在 70 多个国家经营着 2700 家酒店。希尔顿大学是一所成熟的企业大学，通过鼓励和提供一致的方法，利用电子学习技术对各级团队成员进行培训，正在为希尔顿酒店发展一种学习文化。虽然希尔顿国际集团强调知识共享和在职指导，以发展其成员的能力，但他们在 2002 年引入了一种新的创新性电子学习系统，这种系统具有很高的成本效益，可以提高沟通和客户服务方面的一般技能。自希尔顿大学推出电子学习系统以来，已有 1 万多名希尔顿会员完成了 10 万个电子学习项目。

上述例子表明，行业中的一些参与者承认他们在知识密集型行业中的定位，需要不断推进学习和知识共享活动，以改善他们的业务。然而，这些只是少数例子中的一部分。

最近的一项研究表明，酒店管理认为知识管理和信息是相关的概念，但他们面临着太多不明确的知识管理战略、活动和实施技术。这一研究发现得到了 Yun（2004）[29] 证实，他认为，由于概念的复杂性，旅游和酒店业适应知识管理战略的速度很慢，这需要一定的数据挖掘技能、统计学和丰富的旅游和酒店管理知识。

恩茨和斯古瓦（Enz 和 Siguaw，2003[30]）发现，酒店公司的创新理念和最佳实践冠军都是始于个人，也终结于个人。不幸的是，当那些为实施带来创造性想法的管理人员离开他们的工作时，他们发起的许多实践的发现都被终止了。这些发现表明了酒店最佳实践的本质，其中有两个因素似乎特别降低了创新举措的持久性：首先，行业内管理人员的流动性很高；其次，通过兼并和收购进行整合的比率很高。这导致难以在组织系统中保持个人学习的利益。因此，酒店公司从知识管理系统的获益可能特别表现在最佳实践和创新理念的编纂方面。

[29]　Yun D. Knowledge management in hospitality and tourism [J]. Annals of Tourism Research，2004，31（4）：1064–1065.

[30]　Enz C A, Siguaw J A. Revisiting the best of the best：Innovations in hotel practice [J]. Cornell Hotel & Restaurant Administration Quarterly，2003，44（5/6）：115–123.

（二）酒店业知识管理的挑战

在考虑酒店组织中知识管理和发展的不同方法时，有两个维度似乎很重要：（1）知识是静态的还是动态的；（2）使知识显性化、可测量并能够对其进行控制，对管理层来说有多重要。当采用静态的知识观时，人们可以根据经验定义知识是什么或应该会导致什么。知识的动态观意味着知识是不断变化的，并且有可能开发出对公司具有商业价值的新想法。换句话说，静态观将满足操作已知例程的需要，而动态观将满足持续开发例程的需要。

另一个维度，即测量、控制和存储的程度，这是一个服务任务的完成是如何依赖于员工个人和群体知识的问题。一些酒店公司努力做到明确地描述每一个例行程序，希望酒店的经营不依赖于人的专业知识。在酒店业，这可能是应对高流动率问题的一种方法。另一种更人性化的观点是，将知识增长带来的刺激和繁荣视为一种社会黏合剂，使管理者和员工朝着共同的目标努力。

这些维度综合起来如表 3-1 所示，产生了关于知识管理和知识发展的战略方法的四个研究问题（Tuomi，2002）。

表 3-1　根据管理和知识观点提出的研究问题

管理层的目标	知识观	
	静态	动态
测量、控制和存储	（1）如何填补现有知识与所需知识之间的差距	（2）如何记忆和存储实时情境知识
促进和发展	（3）如何开发所需的而现在没有的知识	（4）如何创造持续的学习和变化

资料来源：Tuomi，2002.

问题 1：如何填补现有知识与所需知识之间的差距。管理层规划、定义和衡量需要什么样的知识，如引入收益管理系统，并采取措施实现这种能力（如为员工开设课程，聘请外部顾问，雇用具有特定能力的员工）。管理层根据先前的经验来把控为公司增加什么样的能力价值。例如，界定和填补能力差距的知识管理将受到基于资源的战略分析的驱动，因为要实现一般性竞争战略，就必须界定和填补战略上"需要的"和"现有的"组织能力之间的差距。

传统上，这种将知识视为可测量和可验证的东西的静态观点产生了衡量酒店公司知识资产存量的理论和系统。这种传统通常被称为组织智力资本的测量（Bontis，2001）[31]。斯图尔特（Stewart，1997）[32]将智力资本定义为：可以被用来创造财富的智力物质——知识、信息、知识产权和经验。换句话说，智力资本指的是这样一个假设，即可持续的竞争优势是由员工个体的技能和知识创造的，这些技能和知识有助于公司的最高绩效。

问题2：如何记忆和存储实时情境知识。计算机的发展使人工智能的梦想成为现实，从而开启了自动知识管理的时代。20世纪90年代中期，新的硬件和软件使得用前所未有的方式来存储和分析数据成为可能。"人类的专业知识可以在计算机系统中呈现，并随时随地提供，这一想法成为一个普遍的事实"（Tuomi，2002）。有了这一保证，企业的经营可以或多或少地不完全依赖于人力资本，知识被视为显性的、可控的，可以根据公司的情境需要进行组织和构建。

问题3：如何开发所需的而现在没有的知识。当被问及这个问题时，公司并不知道它需要什么样的能力，但对能力应该努力实现的目标有一个愿景（例如，在酒店管理中，通过提供"量身定制"的服务，专注于一群特殊的客人）。在这些情况下，管理层将促进面向愿景的组织学习，这在某种程度上与变革型领导理论所描述的一样。为了实现组织的目标，雇员被赋予权力，而不是对能力进行控制和显性化。但问题是如何做到这一点，以及哪些可能的障碍阻碍了这个过程。

问题4：如何创造持续的学习和变化。概述了知识管理的另一种选择，强调知识是在组织内部创造的：酒店被视为知识赋能组织，管理者和员工在其中分享信息和经验，以创造新的见解和技能（Gjelsvik，2002）[33]。根据这种观点，组织可以被看作是他们自己所感知的实体。组织知识是个性化的，这意味着知识存在于人们的头脑中，而不是在书本和计算机中。管理者促进和支持知识的发展，而不是去控制和衡量它。隐性知识的存在是一种"社会粘合剂"，

[31]　Bontis N. Assessing knowledge assets: A review of the models used to measure intellectual capital [J]. International Journal of Management Reviews，2001，3（1）：41-60.

[32]　Stewart T. Intellectual Capital [M]. London: Nicholas Brealey Publishing Limited，1997.

[33]　Gjelsvik M. Hotels as learning arenas [J]. Scandinavian Journal of Hospitality and Tourism，2002（2）：31-48.

使人们能够共同发挥作用。例如,耶尔斯维克(Gjelsvik,2002)将酒店的各个部门描述为潜在的实践微社区,而威戈(Wenger,1998)[34]则将其描述为分享他们所知道的、拥有共同目标和价值观的热情团队。

五、知识共享行为与酒店业服务创新

知识共享是指组织的员工或内外部团队在组织内部或跨组织之间,彼此通过各种渠道进行知识交换和讨论,其目的在于通过知识的交流,扩大知识的利用价值并产生知识的效应。知识共享包括提供与任务和程序相关的信息,以加强协作和解决问题。知识共享有助于员工掌握最新信息,提高技能,灵活有效地应对不确定的外部环境。换句话说,知识共享使员工能够有效地解决客户需求并提供适当的服务。

(一)知识管理与知识共享

许多研究已经认识到知识管理和知识共享在支持组织创新方面的重要性。在最近的研究中,不限于酒店业,知识管理(KM)和知识共享(KS)的重要性已经得到了牢固的确立。

知识管理本质上是一个社会过程,必须考虑到社会和文化因素。企业无论大小,只有在能够整合员工的知识、专长和技能,并在日常运营中使用最有效的管理实践的情况下,才能获得竞争优势,这需要知识的分享并将其转化为实践。根据梅森和鲍林(Mason 和 Pauleen,2003)[35]的定性研究,"共享"是实施知识管理最重要的因素。一些研究还分析了决定个人参与组织内部知识共享程度的因素,如个人的个性、意愿和组织承诺。对知识共享影响因素的研究已经确定了许多不同的变量,如技术、动机、领导和协作文化,以及组织和沟通氛围。

此外,一些知识管理和知识共享的研究表明,酒店和旅游业需要制定知识

---

[34]　Wenger E. Communities of Practice: Learning, Meaning, and Identity [M]. Cambridge: Cambridge University Press, 1998.

[35]　Mason D, Pauleen D. Perceptions of knowledge management: A qualitative analysis [J]. Journal of Knowledge Management, 2003, 7(4): 38–48.

管理的战略。例如，酒店可以通过提高员工对顾客偏好的了解，从而改善他们的服务，提高他们的服务质量。如果酒店和旅游企业清楚地了解如何最好地共享知识（以及可以共享多少知识），他们就可以通过知识共享大大提高绩效。这包括培养所有员工对公司目标的理解，包括为客人服务以及通过知识共享和知识管理不断创新。最重要的是，酒店和旅游业的员工应该意识到，他们自己的协调和联合的"创造性思维"，对于实现更高的客户满意度和更高的服务质量是至关重要的。

当然，酒店业的知识共享有特殊的问题，也有特殊的机会。因为知识就是力量，员工可能会囤积知识，例如，餐厅厨师可能面临激烈的竞争，并开始把"秘密食谱"留给自己。知识的部分转移，即员工只分享特定案例的某些方面，而不是全部，可能是一种更常见的知识囤积。因为消除知识囤积行为对任何团队或公司来说都是相当困难的，了解如何激励个人分享他们的知识变得至关重要，组织必须创造一种积极的团队文化，支持稳固的关系和积极、健康的合作。

在酒店中，通过员工与顾客和员工与员工之间的互动，有许多不同的方式可以实现知识共享，每种方式都有自己的特点。例如，员工通过电话和电子邮件与客户直接互动，将知识转移限制到明确的信息项目。当然，通过员工之间的互动而形成的知识共享也非常重要。在酒店复杂的环境中，员工之间的直接沟通有助于共同决策和可靠的知识传递。在"学徒"关系中，师傅和学员之间的直接交流是一种特殊情况，它可以让缄默和面向过程的知识实现隐性转移。

梅森和鲍林（Mason 和 Pauleen，2003）的定性研究表明，共享是知识管理实施中最重要的组成部分。卡布雷拉、科林斯和萨尔加多（Cabrera, Collins 和 Salgado，2006）[36] 的研究发现，个性、分享意愿和组织承诺是决定组织内知识共享中个人参与度的因素。此外，克拉克和罗洛（Clarke 和 Rollo，2002）[37] 指出，知识管理是一个社会过程，必须考虑社会和文化因素的影响，因为大多数公司的战略是整合员工的知识、技能和专业知识，以获得更好的竞

[36] Cabrera A，Collins W C，Salgado J F. Determinants of individual engagement in knowledge sharing [J]. The International Journal of Human Resource Management，2006，17（2）：245-264.

[37] Clarke T，Rollo C. Corporate initiatives in knowledge management [J]. Education and Training，2002，43（4/5）：206-214.

争优势，并在日常运营中进行有效的管理实践。技术、动机、领导和合作文化以及整合组织沟通等因素都会影响知识共享行为。知识共享可以以不同的方式进行，它可能是员工与客户之间的知识沟通，也可能是员工与员工之间的知识沟通。在酒店的复杂环境中，个人和组织的沟通有助于个人和组织了解彼此的行为和文化，这可以是积极的方面或消极的方面。从积极方面来看，知识共享行为有时有助于组织的决策和创新的可能性，而消极方面可以视为知识保留和员工减少对组织的承诺。"知识就是力量"，由于酒店业本身竞争激烈，酒店业的员工可能会为自己的个人发展保留知识，而他们内部的知识分享行为的意图并不经常被注意到。更为常见的是部分知识转移，作为一个组织，在消除员工的知识保留行为时面临着挑战。大多数组织试图去理解团队内部分享知识的行为，这已经被发现是理解他们内部团队文化的关键因素之一，这也迫使组织去创造一种积极的团队文化，支持团队成员之间的有利合作。此外，先前的研究表明，为了在酒店和旅游业创造新的战略和新的创新可能性，需要知识共享和知识管理。酒店可以通过了解顾客的偏好来提高员工的知识，从而提高服务质量。实证研究表明，团队内部和团队的知识和信息共享反映了一种发育良好的"团队过程"（team process）行为，并促进更好的协调和卓越的团队服务绩效。通过积极的知识共享行为，组织可以更战略性地利用其可用资源来改善员工的服务交付过程和服务创新行为。

（二）知识共享动机与酒店服务创新

研究表明，知识共享动机有 6 个方面：（1）利他主义。不求任何回报，只是由于乐于助人的本性或对知识具有相当大的热情等原因，这是导致个人知识共享行为的一项重要动机（Chennamaneni，2006[38]；Lin，2007[39]）。达文波特和普鲁萨克（Davenport 和 Prusak，1998）[40] 提出，不求任何回报，只

[38]　Chennamaneni A. Determinants of Knowledge Sharing Behaviors: Developing and Testing an Integrated Theoretical Model [D]. The University of Texas at Arlington，2006.

[39]　Lin H F. Effects of extrinsic and intrinsic motivation on employee knowledge sharing intentions [J]. Journal of Information Science，2007，3（2）：135-149.

[40]　Davenport T H，Prusak L. Working Knowledge: How Organizations Manage What They Know [M]. Boston: Harvard Business School Press，1998：124-156.

是希望自己的知识能够得到继承的利他主义动机是企业内部知识市场中知识提供者实行知识共享一大原因。（2）自我实现。具体表现集中在两个方面，第一是发挥潜力、追求成长（Scott 和 Walker，1995）[41]，第二是获得成就感、幸福感（Tampoe，1993）[42]。（3）获得声誉。具体表现在两个方面，第一是认为与人共享知识能赢得他人的赞扬和尊敬（Amabile，1993）[43]，第二是认为与人共享知识能建立自己的专家形象，获得专家权力（French 和 Raven，1959）[44]。（4）互惠互利。基斯勒和斯普劳尔（Kiesler 和 Sproull）认为个人的知识有限，共享知识有利于自身利益的最大化，知识提供者愿意花时间和精力与人共享知识，主要是期望在必要时，知识接受者能给予帮助。（5）归属感与共生。表现为两个方面，第一是由于组织的需要和获得归属感（Scott 和 Walker，1995），第二是组织公民行为，如基斯勒和斯普劳尔（Kiesler 和 Sproull）的研究结论。（6）外在报酬。巴托尔和斯里瓦斯塔瓦（Bartol 和 Srivastava，2002）[45]认为组织可能给予的金钱、职务升迁等奖励，可能正向影响个体贡献知识的程度。

许春晓和邹剑（2010）[46]以长沙市高星级酒店为例，研究知识共享对服务创新的影响，发现利他主义和利益追求动机对知识共享行为有正向影响，利他主义的影响较强，利益追求的影响较弱；知识共享行为对创新环境优化、员工创新意识、员工创新表现均有强烈正向影响，对员工创新意识的影响最强，对员工创新行为的影响次之，对创新环境优化的影响较弱。作者因此提出，高星级酒店应该强化知识共享动机管理，营造浓厚的组织知识共享氛围。第一，高

[41]　Scott K，Walker A. Teams，Teamwork and Teambuilding：The Manager's Complete Guide to Teams in Organisations [M]. New York：Prentice Hall，1995：258-345.

[42]　Tampoe M. Motivating knowledge workers：The challenge for the 1990's [J]. Long Range Planning，1993，3（26）：49-55.

[43]　Amabile T M. Motivational synery：Toward new conceptualizations of intrinsic and extrinsic motivation in the workplace [J]. Human Resource Management Review，1993（3）：185-201.

[44]　French J，Raven B H. The bases of social power [C]// Cartwright D. Studies in Social Power，1959：150-167.

[45]　Bartol K M，Srivastava A. Encouraging knowledge sharing：The role of organizational reward systems [J]. Journal of Leadership & Organizational Studies，2002，9（1）：64-76.

[46]　许春晓，邹剑. 酒店员工知识共享对服务创新的影响研究 [J]. 旅游学刊，2010，25（11）：66-72.

度关注利他主义动机的培育。培育以帮助酒店解决工作问题为乐、以交流知识为乐、以自觉帮助同事为乐的情怀。第二,合理利用利益追求动机。充分利用物质奖励、职务升迁等激励措施,刺激员工知识共享动机的形成。第三,坚持价值观引导为主、物质激励为辅原则。利他性动机最能激发知识共享的行为,激励措施也能刺激知识共享的行为。以激发员工潜在的利他主义动机为主,辅以适当的精神和物质激励措施,推动知识共享行为。

(三)团队文化、服务创新流程和知识共享行为

一个成功的酒店组织背后最重要的因素是员工的团队合作。团队文化可以被定义为团队成员制定和共享的一套凸显的、简化的规则、规范、期望和角色(Earley 和 Mosakowski,2000)[47]。这种凸显的文化本身是一种抽象的心理构念或模型,它为成员提供了一种共同的认同感,这种认同感是群体特定的。强大的团队文化可能源于团队成员重叠的、预先存在的特征,也可能源于团队成员新发展的互动模式。因此,团队文化为团队成员的自我评价提供了基础,也促进了团队的互动和绩效。穆特里等人(Moultrie 等,2007)[48]甚至强调了"在创新中加强团队合作,鼓励更好的沟通(物理的或虚拟的),鼓励正式和非正式的社会互动,激励员工"这种"战略意图"的重要性。

因此,团队文化由一套凸显的、简化的规则和行动、工作能力期望和感知组成,被特定团队中的个人共享,由他们开发,并在许多团队成员互动之后"制定"。这些规则、期望和角色在某种程度上是共享的,一个强大的团队文化就存在了。这些特征不需要在团队成员之间完全共享,就像文化价值观不需要在社会成员之间一致共享一样,但是强大的团队文化需要相当程度的"重叠"。一个创新的团队拥有强大的团队文化,因为成员的共同期望有助于个人和团队的创新表现。新服务的成功实现取决于个人或团队有一个好的主意,并将这个主意发展到超越其初始状态。

[47]　Earley P C, Mosakowski E. Creating hybrid team cultures:An empirical test of transnational team functioning [J]. Academy of Management Journal,2000,43(1):26–49.

[48]　Moultrie J, Nilsson M, Dissel M, et al. Innovation spaces:Towards a framework for understanding the role of the physical environment in innovation [J]. Creativity and Innovation Management,2007,16(1):53–65.

组织文化不同方面的关系，如组织承诺和工作满意度之间的关系，已经在关于人格和认知的个人层面分析的文献中呈现。积极的团队文化会刺激创新过程，有助于测试和在某些情况下实现想法。组织变革能力背后的主要力量是创新，创新可以被描述为一种帮助组织超越现在并专注于未来的态度。

奎因（Quinn，1992）[49] 对 84 个创新案例的研究得出了促进组织创新的 7 个重要因素，良好的团队合作是其中之一。互惠互动可以防止误解，增强团队成员关系中的共同价值观、领导力、信任和正义，从而促进知识民主化。组织学习和知识创造表明，组织中的知识共享、沟通和学习深受员工个人文化价值观的影响。团队的组织环境和文化是影响创新绩效的重要因素之一。奥腾巴切等人（Ottenbacher 等，2006）[50] 的研究指出，团队员工是酒店业新服务开发最关键的因素。德劳奇－扎哈维和苏米奇（Drach-Zahavy 和 Somech，2001）[51] 调查了团队互动过程（信息交换、学习、激励和谈判）和团队结构（功能异质性和会议频率）对创新的贡献。研究发现，团队结构、异质性和互动过程对团队创新有正向影响，团队互动过程在团队异质性和创新之间起中介作用。

要创建强大的团队文化，组织必须从推动组织成功的现有文化中派生出来，并且以相同的模式帮助新的团队成员开发新的服务以实现组织的成功。团队文化涉及成员的授权、自我评价和促进其他团队成员的绩效。团队文化在服务创新中的重要性在于，团队文化创造了团队成员的战略承诺，以正式或非正式的社会互动形式加强团队合作，并作为一个整体激励他人，从而产生更好的服务创新绩效。在酒店业，创新团队具有强大的团队文化影响力，因为来自个人和团队内部的知识共享行为很强。服务创新的成功实施取决于服务团队的绩效，而服务团队的绩效来源于个人的贡献。

这些研究结果表明，互动过程的发展是团队异质性转化为创新的关键机制。

[49]　Quinn J B. The intelligent enterprise behavior. A path model of individual innovation in the workplace [J]. Academy of Management Journal，1992，37（3）：580–607.

[50]　Ottenbacher M，Gnoth J，Jones P. Identifying determinants of success in development of new high-contact services：Insights from the hospitality industry [J]. International Journal of Service Industry Management，2006，17（4）：344–363.

[51]　Drach-Zahavy A，& Somech A. Understanding team innovation：The role of team processes and structures [J]. Group Dynamics：Theory，Research，and Practice，2001，5（2）：111–123.

吉尔森和莎莉（Gilson 和 Shalley，2004）[52] 发现，最有创造力的团队是那些意识到他们所从事的工作具有高度的任务相互依赖关系，他们的任务需要高水平的创造力的团队。此外，拥有高度共同目标的团队，重视参与解决问题的团队，以及在支持创造力的氛围中工作的团队往往更有创造力。此外，最具创造力的团队成员往往花最多的时间在一起，在工作场所内外相互交流。因此，我们认为团队支持、团队协调和团队凝聚力对团队文化至关重要。团队文化与服务创新绩效之间存在正相关关系，主要是因为支持性、协调性和凝聚力的团队文化可以促进团队服务创新绩效。

颜宁（2011）[53] 认为，知识共享和团队文化对服务创新有重要的影响，知识共享有利于服务创新行为的产生，一个积极、正面、和谐的团队文化能够营造良好的团队氛围，激发团队成员之间进行知识共享，促进团队员工进行服务创新。作者通过对福建省星级饭店 149 名员工的调查，结果显示：知识共享、团队文化和服务创新三者之间存在显著的相关性，团队文化对知识共享和服务创新的调节作用也非常显著。作者将知识共享分为"共生与声誉""利他行为"两个维度来测量，将团队文化分为"团队支持""团队协作"和"团队凝聚力"三个维度测量。结果表明，知识共享的所有方面与员工的服务创新行为都有很强的关联，而团队协作与员工服务创新行为的关联最为密切。共生与声誉、利他行为、团队支持、团队协作和团队凝聚力都可以预测员工服务创新行为。

（四）管理启示

综上所述，知识管理和知识共享在服务创新中具有十分突出的重要性。很明显，要实现高服务创新绩效，酒店组织首先需要发展和确保知识共享行为。此外，更好的团队文化也意味着服务创新绩效的增加。因为基于合作、组织支持和凝聚力的团队文化将激发组织中更多的知识共享，它也将激励和授权组织中的个人进行创新。如果管理人员更多地关注酒店组织中的单个团队成员，那么所有团队成员都将被鼓励去满足他们组织的所有服务需求。此外，重要

[52]　Gilson L L, Shalley C E. A little creativity goes a long way：An examination of teams' engagement in creative processes [J]. Journal of Management，2004，30（6）：453–470.

[53]　颜宁 . 团队文化、知识共享与服务创新间的关系研究——以福建省高星级酒店为例 [J]. 北京第二外国语学院学报，2011（3）：56–64.

的是，所有的管理行为都应该始终显示出管理层对员工和客户的关注。

管理者要充分理解知识共享、团队文化和组织氛围等软要素的重要性。然而，调节效应也意味着这三种"混合"情况只能通过深入理解不同配置的知识共享和团队文化之间的关系来实现。知识共享和团队文化的强烈影响，以及服务创新绩效影响客户满意度的事实清楚地表明，改善知识共享、团队文化和服务创新是管理上的当务之急。

管理者应该注重软要素的作用，知识共享、团队文化和组织氛围都是酒店的软要素。知识共享注重知识交流和沟通，塑造一个良好的团队文化，为员工进行服务创新营造一个良好的组织环境。传统的酒店实行金字塔式的管理模式，结构层次多，不利于沟通和信息的传达，造成信息流通不畅，阻碍了知识共享。因此，酒店管理者应该注重组织环境，实现组织结构扁平化，这有助于员工和管理人员之间的沟通和分享知识，从而充分发挥团队文化对知识共享和服务创新的调节作用。

六、吸收能力与服务创新行为

在组织加强知识管理以促进创新的过程中，吸收能力发挥着至关重要的作用。只有那些有能力将外部知识与现有流程整合的组织才能最好地利用它来实现创新，并获得竞争优势。组织增强自身能力、改善资源和有效管理外部知识的能力在很大程度上取决于组织内部的吸收能力。

科恩和利文索尔（Cohen 和 Levinthal，1990）[54] 在他们的开创性研究中，将吸收能力（absorptive capacity）这个构念定义为认识新信息的价值，吸收新信息，并进一步促进其商业应用。后来，托多若娃和杜里申（Todorova 和 Durisin，2007）[55] 进一步完善了这一构念，并增加了新的能力，如"识别新知识""获取新知识""将新知识转化为适应企业能力"。他们的研究进一步表明，

[54]　Cohen W M, Levinthal D A. Absorptive capacity: A new perspective on learning and innovation [J]. Administrative Science Quarterly, 1990, 35（1）: 128–152.

[55]　Todorova G, Durisin B. Absorptive capacity: Valuing a reconceptualization [J]. Academy of Management Review, 2007, 32（3）: 774–786.

"认识到价值"应被视为吸收能力的第一个组成部分。因此,简单来说,吸收能力可以被理解为企业的学习过程,它使企业能够模仿其他公司的运营、战略和产品。

从个体视角来看,吸收能力是指个体对于知识进行识别、消化以及利用的能力(Da 和 Davis,2011)[56],可划分为潜在吸收能力(potential absorptive capacity)与现实吸收能力(realized absorptive capacity)。潜在吸收能力包含知识的获取与消化,现实吸收能力包含知识的转化与利用。

潜在吸收能力指个体获取、消化知识的能力(Zahra 和 George,2002)[57]。吸收能力理论认为知识源的异质性以及与知识源接触的频率均能促进个体的知识获取能力,同时员工间博采众长,互相吸收他人的反馈意见能够有效促进知识消化(Schweisfurth 和 Raasch,2018)[58]。现实情境中,基于关系导向或问题导向的互惠期望(Singh 等,2019)[59],酒店业员工可能频繁进行不同知识源的接触与互动,即酒店业员工为维持与同事之间友好关系或解决实际工作问题而进行知识交换(Rafique 等,2019)[60]。因此,知识交换可通过多种途径对酒店企业员工潜在吸收能力产生积极影响:首先,酒店企业内部的不同员工代表着异质性的知识源(Lowik 等,2017)[61]。一方面,当酒店企业员工基于互惠期望而进行较强的知识交换时,提高了其相互接触知

[56] Da S N, Davis A R. Absorptive capacity at the individual level: Linking creativity to innovation in academia [J]. The Review of Higher Education, 2011, 34(3): 355–379.

[57] Zahra S A, George G. Absorptive capacity: A review, reconceptualization, and extension [J]. Academy of Management Review, 2002, 27(2): 185–203.

[58] Schweisfurth T G, Raasch C. Absorptive capacity for need knowledge: Antecedents and effects for employee innovativeness [J]. Research Policy, 2018, 47(4): 687–699.

[59] Singh S K, Mittal S, Sengupta A, et al. A dual-pathway model of knowledge exchange: Linking human and psychosocial capital with prosocial knowledge effectiveness [J]. Journal of Knowledge Management, 2019, 23(5): 889–914.

[60] Rafique M, Hameed S, Agha M H. Impact of instrumental ties, tacit knowledge sharing and affective commitment on absorptive capacity—An empirical study of pharmaceutical companies [J]. Technology Analysis Strategic Management, 2019, 31(2): 125–139.

[61] Lowik S, Kraaijenbrink J, Groen A J. Antecedents and effects of individual absorptive capacity: A micro-foundational perspective on open innovation [J]. Journal of Knowledge Management, 2017, 21(6): 1319–1341.

识源的频率，扩展了员工知识获取渠道来源（Ali 等，2018）[62]；另一方面，知识互补性能够扩大酒店企业员工知识网络，增加员工的知识储备和经验，从而提高酒店企业员工知识获取能力（Lowik 等，2017）。其次，在知识交换过程中，酒店企业知识分享者在分享自身知识的同时收获了知识接受者的反馈，二者的相互交流探讨提高了员工对于知识的消化理解能力，从而增强酒店企业员工的知识消化能力（Rafique 等，2019）。

现实吸收能力指个体转化融合新知识与原有知识，并将知识付诸实践的能力（Zahra 和 George，2002）。现实吸收能力的实现需要相应的动机激发（Lee 等，2014）[63]，掌握相应的方法论与知识应用前提以及具备相应的洞察力与反应能力。因此，基于关系导向或问题导向互惠期望的知识交换可能通过多个途径提升旅游企业员工现实吸收能力：第一，由于知识交换建立在互惠基础之上，因此酒店企业员工在知识交换过程中不能一味地依赖"拿来"主义，而是需要转化融合获取的新知识与现有知识，从而产生新的看法与见解，分享有价值的观点或经验（Serenko 和 Bontis，2016）[64]；第二，基于知识交换的互惠期望，知识交换者需要先将知识"转化"为接受者可以理解的形式，而后才能获得知识接受者的理解与反馈（Kang 和 Lee，2017）[65]，这一行为能够提高酒店企业员工知识归纳整合以及构建知识体系的能力；第三，知识交换过程往往涉及员工成功或失败的对客服务经历（Rafique 等，2019），如铂涛集团鼓励员工记录工作失误经历，并且与其他员工进行分享。这些经历在很大程度上是对知识应用的现实检验，能够加深酒店企业员工对知识应用前提条件的理解，同时在失误经历分享反馈的过程中，酒店企业员工的洞察力

[62]　Ali I, Musawir A U, Ali M. Impact of knowledge sharing and absorptive capacity on project performance: The moderating role of social processes [J]. Journal of Knowledge Management, 2018, 22（2）: 453-477.

[63]　Lee J, Lee H, Park J G. Exploring the impact of empowering leadership on knowledge sharing, absorptive capacity and team performance in IT service [J]. Information Technology People, 2014, 27（3）: 366-386.

[64]　Serenko A, Bontis N. Negotiate, reciprocate or cooperate? The impact of exchange modes on inter-employee knowledge sharing [J]. Journal of Knowledge Management, 2016, 20（4）: 687-712.

[65]　Kang M, Lee M J. Absorptive capacity, knowledge sharing and innovative behaviour of R&D employees [J]. Technology Analysis Strategic Management, 2017, 29（2）: 219-232.

与反应能力也相应得到提升。

由于潜在吸收能力更强的酒店企业员工往往也具备更广阔的知识宽度（Kang 和 Lee，2017），而较高的知识存量增强了员工的市场敏感度和服务创新意识，因此潜在吸收能力有利于提升服务创新行为（Akhavan 等，2015[66]；Huang 和 Liu，2019[67]）。具体而言：首先，较高潜在吸收能力的旅游企业员工能够及时了解市场需求变化，把握顾客服务需求趋势，在需求迅速变化的环境中具备自适应力，更有助于服务创新行为的产生（Wu 和 Chen，2015）[68]；其次，提高员工的潜在知识吸收能力，能够提高员工对于新知识的反应速度以及接受能力，改善由于路径依赖形成的思维定式，减少由于缺乏新的知识资本而陷入的能力陷阱，降低转变服务方式的转换成本，增强服务创新行为的意识和积极性（Flor 等，2018）[69]。

现实吸收能力较强的员工更擅长融合新知识与现有的知识，并将其运用到服务实践中。一方面，整合异质性知识有助于激发旅游企业员工改善当前服务行为，产生创新服务方式的想法，从而表现出服务创新行为（Kang 和 Lee，2017）。另一方面，拥有较强知识应用能力的酒店企业员工往往具备快速反应能力与洞察力，掌握知识应用的方法论及前提，能够根据场景需要匹配自身储备的知识，并根据情境需要迅速做出恰当的反应。在员工与顾客直接接触并提供服务的过程中，迅速洞察顾客的真实需求并创造性地提供相应服务是检验员工服务质量的关键（Wu 和 Chen，2015）。因此，拥有较强知识应用能力的员工更可能根据顾客需求表现出相应的服务创新行为。

[66]　Akhavan P，Hosseini S M，Abbasi M，et al. Knowledge sharing determinants，behaviors and innovative work behaviors：An integrated theoretical view and empirical examination [J]. Aslib Journal of Information Management，2015，67（5）：562-591.

[67]　Huang C E，Liu C H. Impacts of social capital and knowledge acquisition on service innovation：An integrated empirical analysis of the role of shared values [J]. Journal of Hospitality Marketing & Management，2019，28（5）：645-664.

[68]　Wu C M，Chen T J. Psychological contract fulfillment in the hotel workplace：Empowering leadership，knowledge exchange and service performance [J]. International Journal of Hospitality Management，2015（48）：27-38.

[69]　Flor M L，Cooper S Y，Oltra M J. External knowledge search，absorptive capacity and radical innovation in high technology firms [J]. European Management Journal，2018，36（2）：183-194.

基于上述研究基础，余传鹏等人（2020）[70] 提出了旅游企业员工知识交换与潜在吸收能力、现实吸收能力正相关，旅游企业员工潜在吸收能力、现实吸收能力与服务创新行为正相关等研究假设。研究结果表明，潜在吸收能力与现实吸收能力在知识交换影响旅游企业员工服务创新行为的过程中起到完全中介作用；而且通过跨群组比较分析表明，与景区和旅行社企业的员工相比，酒店员工知识交换通过吸收能力传导作用，进而提升服务创新行为的模型解释力更佳。因此，一方面，旅游企业可以通过设计相关培训，提高员工吸收、消化、转化、利用相关知识的信心与能力。同时，旅游企业应营造良好的工作氛围，增强员工心理安全感，减少员工吸收、消化、转化以及利用知识所带来的压力，从而培养、提高员工潜在和现实吸收能力。另一方面，旅游企业应该加强员工归纳新知识与原有知识共通性的能力，促进员工整合新知识与原有知识，形成一个完整的知识体系；同时，在培训员工相关理论知识时，除了要讲解理论知识的内容外，还应该传授应用理论知识的方法论以及前提条件，从而让知识交换促进服务创新行为的过程由机械式的知识接受与应用上升到能动式的知识接受与利用，即培训不仅要教授理论知识"是什么"，还应该传授知识"怎么用"。例如，旅游企业在培训服务授权以促进服务创新行为等相关内容时，除了讲授服务授权的内容要点及相关理论之外，更加重要的是应该讲解服务授权的方法论内容，包括授权对象、应用前提、使用范围等关键的知识应用内容，让员工熟知服务授权应重点面向最熟知顾客需求的旅游企业一线员工，同时赋予一线员工调动资源的权力以满足顾客需要，而不只是简单的口头授权。

七、顾客知识管理与服务创新

酒店业在加强知识管理以促进服务创新的过程中，还有一类知识和知识管理不容忽视，而且应当予以高度的重视，那就是顾客知识管理。

在企业的服务创新过程中，顾客知识是一项非常重要的资产，顾客知识在所

[70]　余传鹏，叶宝升，朱靓怡.知识交换能否提升旅游企业员工的服务创新行为？[J].旅游学刊，2020，35（12）：92-108.

有顾客价值中占据着最重要的地位（Rowley，2002）[71]。罗利（Rowley，2002）将顾客知识分为两类：（1）关于顾客的知识（knowledge about customers），包括潜在顾客和现有顾客的知识，以及顾客本身的个人信息；（2）顾客拥有的知识（knowledge possessed by customers），是指顾客所拥有的关于产品和服务的知识。

格伯特等人（Gebert 等，2003）[72]、比伦等人（Bueren 等，2004）[73] 以及萨洛曼等人（Salomann 等，2005）[74] 则认为顾客知识主要由三部分构成：（1）顾客需要的知识（knowledge for customer）：这类知识是指企业为满足顾客的知识需要而准备的知识，如企业的关于产品、市场及供应商的情况等。这些顾客知识是在服务过程中与顾客互动时顾客需要了解的知识。（2）关于顾客的知识（knowledge about customer）：这类收集到的顾客知识是为了了解顾客的消费动机等个性化的情况。包括顾客的历史购买信息、需求、期望和其他购买活动等。对这些顾客知识的了解可以更好地理解顾客的需求进而设法吸引顾客。（3）顾客拥有的知识（knowledge from customer）：指顾客拥有的关于他们所使用的产品或服务的知识、供应商以及市场的信息。这类知识非常有价值，通过与顾客互动，这种知识可以收集来用以提高企业持续发展能力，如提高服务开发或产品开发的效果等。史密斯等人（Smith 等，2005）[75] 对顾客知识的维度做了进一步分析，认为顾客知识的维度除上述三个维度外还有一个维度——与顾客共同创造的知识（knowledge co-creation with customer）。越来越多的企业意识到这类顾客知识的重要性，着手与顾客建立长期联系，并成

[71]　Rowley E J. Reflections on customer knowledge management in E-business [J]. Qualitative Market Research，2002，5（4）：268-280.

[72]　Gebert H，Geib M，Kolbe L，et al. Knowledge-enabled customer relationship management：Integrating customer relationship management and knowledge management concepts [J]. Journal of Knowledge Management，2003，7（5）：107-123.

[73]　Bueren A，Schierholz R，Kolbe L，et al. Customer knowledge management：Improving performance of customer relationship management with knowledge management [C]// Hawaii：37th IEEE Hawaii International Conference on System Sciences，2004.

[74]　Salomann H，Dous M，Walter B. Rejuvenating customer management：How to make knowledge for, from and about customers work [J]. European Management Journal，2005，23（4）：392-403.

[75]　Smith H A，James D，McKeen. Developments in Practice Xviii-customer Knowledge Management：Adding Value for Our Customers [J]. Communications of the Association for Information Systems，2005（16）：744-755.

为合作伙伴。

顾客知识管理是对顾客知识进行的各种管理活动（郭庆等，2004）[76]，顾客知识库是非常有用的工具，企业需要清楚地了解如何有效地利用顾客知识来促进服务创新的成功，进而获得企业的目标。顾客知识管理又是一个动态地获取、创造和整合以上知识的过程。卫兰德和科尔（Wayland 和 Cole，1997）[77]认为顾客知识管理就是建立一个获取顾客知识的系统，利用顾客知识管理系统和顾客信息获取技术来建立更有价值的顾客关系。王战平、柯青（2004）[78]认为客户知识管理就是有效地获取、发展与维系有利客户组合的知识与经验。萨洛曼等人（Salomann 等，2005）认为顾客知识管理就是对顾客需要的知识、顾客拥有的知识、关于顾客的知识的有效利用和管理。

史密斯等人（Smith 等，2005）在对大量企业研究的基础上提出顾客知识管理就是对顾客需要的知识、关于顾客的知识、顾客拥有的知识、与顾客共同创造的知识的管理。同时通过不同的方法对不同的组织使用顾客知识的方式进行研究，找出一些顾客知识管理的方法。顾客需要的知识的管理：（1）提供提前的利益。给知识管理人员以清晰的授权，利用他们的知识直接让顾客获益。（2）提供专门的知识。与顾客共享企业的资料，从繁杂的资料中为顾客筛选出关键的有用的信息。（3）提供综合的信息。通过连接企业内部的信息和外部的信息来帮助顾客。关于顾客的知识的管理：（1）建立顾客服务工作台。这个工作台整合了企业各业务和与顾客接触的不同系统。（2）建立顾客工作室。每个工作室包括与客户接触的所有关系内容。（3）全球性顾客的知识管理。使得顾客特殊的信息和需求更方便、更全面地被了解。顾客拥有的知识的管理：（1）拜访和会见客户。这是一个了解顾客拥有什么知识的非常有效的途径。（2）建立顾客抱怨系统。可以使企业的员工保证处理好来自顾客的投诉和抱怨，也能够找到特殊业务事项的解决方法。（3）雇用人类学家。参加和观察销售代表的谈话或者电话，然后跟踪消费者。（4）监控顾客满

[76] 郭庆，邵培基，全昌文. 客户知识管理及其实施的初步分析 [J]. 科学学与科学技术管理，2004，25（10）：52-55.

[77] Wayland R E, Cole P M. Customer Connections: New Strategies for Growth [M]. Boston: Harvard Business School Press, 1997.

[78] 王战平，柯青. 客户知识管理概念研究 [J]. 情报科学，2004，22（1）：19-21.

意度和顾客忠诚度。除了标准的问卷调查外，一些企业和顾客或者财务经理还进行了深入访谈，发现顾客满意度和顾客忠诚度要比想象中复杂。深入面谈可以帮助企业更好地细分市场，了解顾客的敏感性，顺应市场的发展规律。与顾客共同创造的知识的管理：很少有企业主动地去管理这种类型的顾客知识，但是许多企业也正在尝试顾客参与的创新，这些方法主要有：（1）利用前沿知识管理工具。开发知识管理软件工具来分析业务，企业创新团队和顾客共同努力来提高这些工具的性能并且将这些工具和顾客共享；（2）建立顾客社团。这个活动可以了解一些关于顾客对企业以及产品/服务看法的有用知识。

第四章

酒店业员工服务创新行为

　　相对于制造业创新而言，服务创新更加强调人力资本、组织等因素（Evangelista 和 Savona，1998[1]；Tether，2005[2]）。服务创新的人力资本投入多于实物资本。服务创新的特征之一就是人力资源的关键性，人力资源是服务创新的关键性竞争因素。服务创新的产生和完成是以员工为载体的，设计、精选服务产品及服务交付系统，需要员工具有创造能力。员工独立处理问题的能力决定了服务过程能否顺利进行，他们在关键时刻代表着服务组织的形象。

　　酒店业的服务创新最重要的是要激发员工的服务创新行为。员工的工作状态决定着服务的质量，员工的服务创新思维和服务创新行为决定着酒店组织的服务创新绩效。所以，从员工的层面、从员工的服务创新行为角度探究酒店业服务创新有着十分重要的意义。

[1]　Evangelista R，Savona M. Patterns of innovation in services: The results of the Italian innovation survey [R]. Paper presented at the 7th Annual RESER Conference Berlin，1998：8-10.

[2]　Tether B. Do service innovate（differently）？Insight from the European innobarometer survey [J]. Industry and Innovation，2005，12（2）：201-212.

一、酒店员工服务创新行为的影响因素

鉴于复杂和动态变化的工作环境，创新被广泛认为是组织成功和长期生存的关键因素。在酒店行业，创新通常是以服务为导向的。服务交付过程需要人的互动来提供有形和无形的服务，这与更侧重于产品制造的一般商业环境不同。此外，酒店业的经营环境有时可能是不可预测的和具有挑战性的，并且为顾客提供独特体验的公司需要创造性思维来寻找新的前景和解决方案。因此，酒店业员工服务创新行为受到了研究者和实践者的关注。

（一）员工创新行为的概念化

在创新行为领域，"创新行为"和"创造性行为"这两个术语经常互换使用，因为这两个术语之间的区别是模糊的。一般来说，"创造性行为"是一个新想法的创造，而"创新行为"不仅指一个想法的产生，还指一个新想法或概念的测试和实施，直至被广泛应用。从本质上讲，虽然创造力和创新的概念是相互关联的，并且有一些相似之处，但产生最终产出和实际收益的创新行为比单独的创造性行为的概念更广泛。

关于创新和创造力的关系，阿马比尔（Amabile，1988）[3] 在其开创性著作中提出了一个令人信服的案例来说明这种关系的本质，她认为创造力是"……一个人或一起工作的一小群人产生新颖有用的想法"，而创新被定义为"……在一个组织内成功地实施创造性的想法"。简单地说，创造力需要个人或团体构想新想法的智力能力，而创新是在实践中实施新想法的过程。

根据詹森（Janssen，2000）[4] 的观点，创新行为被视为一个多阶段的过程，涉及创意的产生、推广和应用。个人根据对问题的认识产生新颖有用的想法和解决方案，这个过程中的下一个任务是通过与团队成员、朋友或支持者进行社交活动来促进和建立对新想法的支持，这确保了这个想法对于个人和组织绩效的目的是可行的。最后一个阶段产生一个可以应用于工作角色或组织中的创新

[3]　Amabile T M. A model of creativity and innovation in organizations [M]// Staw, Cummings. Research in Organizational Behavior, Greenwich: JAI Press, 1988.

[4]　Janssen O. Job demands, perceptions of effort-reward fairness and innovative work behaviour [J]. Journal of Occupational Health Psychology, 2000, 73（3）: 287-302.

模型。具体来说，创新可以由个别工人完成和执行，也可以通过需要人际交往能力和协作的团队合作来完成。因此，该过程的每个阶段都包括不同的行为或观点，当它们放在一起时，就会产生并实现新的想法和解决方案。

在酒店业领域，创新是基于服务的，这需要与客户互动。事实上，巴维克和郭（Bavik 和 Kuo，2022）[5] 指出，员工创新行为在酒店业可以被描述为"提供独特服务的技能和人才，找到实用和社会监管的解决方案"。因此，员工在提供创造性思维、服务或产品以准确响应顾客需求和组织目标方面发挥着关键作用。因此，我们认为在酒店环境中，员工创新行为是为个人的工作角色或组织产生和实施新的想法、产品和服务。

（二）酒店员工服务创新行为的前因

为了理解员工服务创新行为，确定与员工服务创新行为相关的前因是很重要的。通过对酒店相关文献理论的梳理，发现其前因可分为以下五类：个人特征、领导风格、团队特征、组织特征和工作态度。

1. 个人特征

在酒店业，个人特征在员工服务创新行为的研究中受到了很大的关注。这一类的前因指的是不同个体的性格特征，包括人口统计学因素和人力资本因素（例如，性别、教育、职业任期和创造性自我效能感等）。特质理论表明，由于个人特质，人们的反应和行为会有所不同，具有创新人格特质的员工倾向于提出解决问题的新方法。人力资本理论认为，人的行为会因职业任期的不同而不同，因为职业任期长的人往往拥有更多的经验、技能和知识，这反过来又提高了他们在工作场所产生创新想法的生产力和能力水平。创造性自我效能感对于员工的创新行为具有强烈影响，而且在酒店业中更为明显。由于该行业高度依赖于员工与顾客之间的人际关系来创造服务差异化，因此研究结果支持人力资本理论，即拥有具有创造性自我效能感的员工可以产生竞争优势。

在过去的几十年里，研究人员试图研究人格的各个组成部分和行为的各个

[5] Bavik A，Kuo C F. A systematic review of creativity in tourism and hospitality [J]. Service Industries Journal，2022（42）：321–359.

方面之间的关系。例如,比斯瓦斯(Biswas,2010)[6]研究了人格与组织公民行为之间的关系。组织公民行为是自由裁量的,总体上促进了组织的有效运作。

主动性人格(proactive personality)是由 Bateman 和 Crant(1993)[7]首次提出的,他们认为具有主动性人格的个体倾向于采取主动行为去影响周围环境。主动性人格是一个员工的个人取向与其对环境的看法之间界面的构念。根据塞伯特等人(Seibert 等,2001)[8]的研究,积极主动的人会积极尝试改善他们当前的环境或创造新的环境;这些尝试包括挑战现状,而不是被动地适应当前的条件。塞伯特等人(Seibert 等,2001)发现了主动性人格和创新行为之间的正相关关系。

塞伯特等人(Seibert 等,2001)将主动人格定义为一种适合于在各种活动和情况下表现出个人主动性的稳定性格。主动人格的特点是主动改善他们当前的环境或创造新的环境,而不是被动地适应他们当前的环境,以及具有影响环境变化的能力。互动主义观点认为,积极主动的个体会考虑通过个体创造和改变环境的可能性;也就是说,积极主动的员工可能会在一种激励文化的背景下,做出超出正式角色期望和工作要求的工作行为,而不仅仅是接受当前的工作方法。有关产品创新的研究经常强调积极主动的个人,他们参与组织的产品改良项目并表现能量型行为(charged behavior),即被激发出新颖有用的想法和思想,从而促进优秀的创新绩效。

张紫珊等人(2021)[9]研究了酒店员工人格特质对服务创新的影响。他们以大五人格特质作为人格的结构要素,发现人格特质对酒店一线员工的服务创新具有显著影响。大五人格特质的外倾性、宜人性、尽责性、开放性以及神经质

[6] Biswas M. Personality and organization citizenship behaviour: An Indian argument an application of structural equation modeling using PLS algorithm [J]. Vilakshan,XIMB Journal of Management March,2010: 77–102.

[7] Bateman T S, Crant J M. The proactive component of organizational behavior: A measure and correlates [J]. Journal of Organizational Behavior,1993,14(2): 103–118.

[8] Seibert S E, Kraimer M L, Crant J M. What do proactive people do? A longitudinal model linking proactive personality and career success [J]. Personnel Psychology,2001,54(4): 845–874.

[9] 张紫珊,于岩平,刘钰. 酒店员工人格特质对服务创新的影响研究——代际差异的调节作用 [J]. 现代商业,2021(4): 50–54.

人格特质对服务创新均具有显著正向影响。

李红玉和刘云硕（2020）[10] 探讨了主动性人格对工作繁荣与员工创新行为关系的调节作用。员工创新行为是一种主动性行为，不同人格的员工所表现出来的创新行为会有所差别，主动性人格程度较高的员工具有较强的主动性，愿意去探索新的世界，更有机会进行创新。当员工是因为内在因素而不是外在因素产生创新行为时，创新行为才会持续出现；而主动性人格程度较低的员工更倾向于固守当前的工作，不愿寻求新的突破，进行创新的概率比较小。基于此，李红玉和刘云硕（2020）提出主动性人格在工作繁荣与员工创新行为的关系中起调节作用的假设，经过实证检验，证明主动性人格的调节效应存在，假设成立。当前主动性人格对员工创新行为的影响机制得到了其他学者的验证（张振刚等，2016[11]；逄键涛，温珂，2017[12]）。

2.领导风格

研究人员认为，员工创新行为受到领导者领导风格的影响（例如，授权型领导、道德型领导、领导—成员交换等），领导风格描述了领导者或管理者在不同情况下如何对待他人。领导者的领导风格与员工创新行为之间的关系可以用现有的理论来解释。例如，领导—成员交换理论认为，在组织中，通过社会交换与团队成员建立积极关系的管理者随后会影响员工的绩效和行为。变革型领导理论提出，充满热情的、关心人的、鼓舞人心的领导者，可以作为榜样，使他们的追随者发生积极的变化，实现更好的结果。因此，我们有理由认为，与领导者的领导风格相关的前因在促进员工创新行为中发挥了关键作用。

组织支持和领导促进创造性和创新性的想法，当个人受到鼓励去分享他们的经验、价值观，给予建设性的反馈和进行冒险行为时，创造性和创新性的想法就会被培养出来。领导力的承诺使企业能够创造一种参与式文化和积极的氛围。允许领导者采用新的实践，支持并诱发了对创造性或创新性工作方式的采用。

[10] 李红玉，刘云硕.服务型领导对员工创新行为的影响研究——基于个体内在视角 [J]. 技术经济，2020，39（11）：147-153.

[11] 张振刚，余传鹏，李云健.主动性人格、知识分享与员工创新行为关系研究 [J]. 管理评论，2016，28（4）：123-133.

[12] 逄键涛，温珂.主动性人格对员工创新行为的影响与机制 [J].科研管理，2017，38（1）：12-20.

这种领导承诺可以被视为创新管理过程中的关键非技术驱动因素，导致管理支持、组织和个人学习以及员工激励的发展。尽管成功的领导者在能力、风格、个性和兴趣方面存在显著的差异，但领导承诺被认为能够塑造组织文化，并在成功的市场驱动变革中发挥重要作用。它还在塑造员工的客户导向价值观方面起着至关重要的作用，并将组织层面的承诺转化为客户服务和员工的行动。

有效的领导建立了对机会的利用，从而创造了一种能够进行知识交换的文化，并将组织发展为学习型组织。领导与主要客户的互动可以通过为创新倡导者提供关键支持来促进新服务的提供，同时，以有意参与的管理方法和积极的态度来交流改进的想法，创新因此得以鼓励。关于领导风格与酒店业服务创新的关系，我们将在后面的章节做详细的阐述。

3. 团队特征

员工创新行为不仅受到个人动机的影响，还受到个人之间人际关系的影响。在这一类别中，与团队特征（即知识共享和团队环境）相关的前因是员工对群体中其他人的共同感受和感知。团队特征与员工创新行为之间的关系可以得到几种理论的支持。网络理论认为，机制和过程与网络结构相互作用，为个人和群体产生一定的结果。社会学习理论认为，人类的行为是由学习和观察他人决定的。因此，探索团队氛围如何影响员工创新行为是明智的。研究人员还声称，当员工被支持性的团队文化包围时，他们更有可能合作并产生创新行为，这与酒店业尤其相关。例如，Kim 和 Lee（2013）[13] 指出，酒店员工在工作场所的知识交换鼓励他们提供创新服务。

4. 组织特征

组织特征代表了员工感知到的组织氛围，合作创新的环境（即创新氛围、合作文化）可以鼓励和刺激员工培养创新行为。社会交换理论也支持组织特征与创新行为之间的关系，该理论假设个体在做出决定之前会评估潜在的利益和风险交换。基于这一理论，以往的研究已经发现，当组织创造一个具有有利条

[13]　Kim T T, Lee G. Hospitality employee knowledge-sharing behaviors in the relationship between goal orientations and service innovative behavior [J]. International Journal of Hospitality Management，2013（34）：324-337.

件的积极工作环境时，员工更有可能以创新行为来回报，帮助组织创造更多的竞争优势。调查研究发现，当创新文化成为酒店环境的基本组成部分时，员工的表现也会更具创新性。

各种研究都强调了组织文化在取得业务成功方面的作用和重要性。巴伦西亚等人（Valencia 等，2010[14]）将组织文化定义为"……组织成员共同拥有的价值观、信仰和隐藏的假设"，它明确地影响着员工的工作场所行动和行为。积极的组织创新文化会对员工的服务创新倾向和由此产生的行为产生深远的影响。

无论是个体还是群体，组织文化与员工工作场所创新行为之间的关系受到了学者们的广泛关注。马丁斯和特布兰赫（Martins 和 Terblanche，2003）[15] 在他们的研究中强调了支持性组织文化对创造力（个人或群体）和创新的理想特征。根据他们的研究，战略、结构、支持机制、行为和沟通是影响工作场所创造力和创新的主要因素。同样，麦克林（McLean，2005）[16] 认为组织、监督和鼓励团队工作、自由和资源也是这种环境的基本要素。奥伦哈默和霍尔（Auernhammer 和 Hall，2014）[17] 进一步阐明了这种关系，断言"……寻求对知识创造、创造力和创新过程产生积极影响的组织应该对变化持开放态度，鼓励和重视自由交流和新的、不寻常的想法，容忍错误，培养有内在动力的员工"。

尽管其重要性得到公认，但组织文化仍然是一个理论构念，主要基于内部和外部声明（例如，组织的战略愿景或使命），可能不一定反映实际工作场所环境。一个组织有关支持创新性和创造性工作场所的或明示或默示的声明，必须辅以由组织资源直接支持的具体行动。遗憾的是，组织的陈述和行动之间经常存在差异。为了尽量减少这种可能性，我们希望看到更多的应用于创新的具体

[14]　Valencia N，Valle R，Jimenez D. Organizational culture as determinant of product innovation [J]. European Journal of Innovation Management，2010，13（4）：466–480.

[15]　Martins E C，Terblanche F. Building organizational culture that stimulates creativity and innovation [J]. European Journal of Innovation Management，2003，6（1）：64–74.

[16]　McLean L. Organizational culture's influence on creativity and innovation：A review of the literature and implications for human resource development [J]. Advances in Developing Human Resources，2005，7（2）：226–246.

[17]　Auernhammer J，Hall H. Organisational culture in knowledge creation，creativity and innovation：Towards the Freiraum model [J]. Journal of Information Science，2014，40（2）：154–166.

组织支持行动。也就是说，只有感知到的组织创新文化和组织创新支持，才会成功地激发个人的创新行为。

研究创造力的学者认为创新行为是人和环境的函数。Choi（2004）[18]运用P-E契合理论，将P-E契合定义为创造能力和创新文化，暗示了个人因素与环境因素的一致性对创新行为有正向影响。雅思凯特和德雷斯勒（Jaskyte 和 Dressler，2005）[19]认为组织创新文化可以影响成员的创造力、行为和承诺，提高组织实现有价值的创新目标的能力，因为员工对组织目标有清晰的认识，以及他们为实现这些目标所做出的承诺。

5. 工作态度

工作态度这一类别的前因描述了员工对工作的心态如何影响员工创新行为。工作态度积极的员工更倾向于相信自己的工作是有意义的，并且更努力地去解决问题。计划行为理论（Theory of Planned Behavior，TPB）认为，个体对期望行为的评价是有利还是不利，会影响他们随后是否参与该行为的决定。这支持了与工作态度相关的前因（例如，工作投入、组织承诺和心理授权等）在产生更高水平的创新行为方面发挥重要作用的观点。例如，Gu 等人（2017）[20]声称工作动机有助于幸福感，从而导致员工创新行为。另外，研究显示，工作中的感知意义、工作投入等与员工创新行为强相关，是酒店和旅游业员工进行员工创新行为的重要前因。

过去的研究表明，员工的工作态度在提供服务、新产品和服务创新方面发挥着巨大的作用。学者们将员工视为竞争优势的主要驱动力，而不是成本，这表明合适的员工会增加任何组织成功的可能性。一支承诺型的员工队伍是与客户建立长期持久关系的先决条件。员工承诺被认为是员工个人对公司的一种心理依恋或状态，有承诺的员工相信组织的目标和价值观。承诺型员工重视有效

[18]　Choi J N. Person-environment fit and creative behavior: differential impacts of supplies-values and demands-abilities versions of fit [J]. Human Relations，2004，57（5）：531-552.

[19]　Jaskyte K，Dressler W. Organizational culture and innovation in nonprofit human service organizations [J]. Administration in Social Work，2005，29（2）：23-41.

[20]　Gu H，Duverger P，Yu L. Can innovative behavior be led by management? A study from the lodging business [J]. Tourism Management，2017（63）：144-157.

的绩效，遵守指令，代表公司全身心地向客户提供高质量的服务，并承担为客户创造卓越价值而不断贡献经验、技能和知识的责任。相反，可以认为，如果员工承诺减少，企业可能面临低质量的服务和产品、不满意的客户、更高的流动率和缺勤率。

承诺型员工队伍的重要性在于，它使组织能够感知市场的变化，评估客户的需求和愿望，并为客户提供卓越的价值。研究表明，承诺型员工在新服务开发能力的创意产生过程中做出了巨大贡献；当承诺型员工的个性与他们所从事的工作特征相匹配时，他们往往会提高新服务开发过程中的创造力。由于承诺型员工可以有效地使不同类型的创新更好地适应目标市场和公司的设计和结构，并支持成功创新的推进，我们认为员工承诺对与人相关的因素与服务创新之间的关系具有正向调节作用。即员工的承诺行为会增强创新激励因素（与人相关的因素）对交互式创新和支持性创新的支持作用。

服务部门员工承诺的重要性似乎是显而易见的，并得到了文献的有力支持；然而，只有少数研究能够实证地证实这一意义，并关注其在创新激励与服务创新之间的调节作用。

（三）酒店员工创新行为的调节因素

考虑到研究中效应大小的差异，我们考察了文化、年龄和性别的调节作用，以提供一个更全面的员工创新行为与其前因之间关系的图景。

1. 个人主义与集体主义的民族文化

文化被定义为"将一个群体或一类人与其他人或群体区分开来的思想的集体设计"（Hofstede，2001）[21]。在酒店和旅游环境中，特定驱动因素影响员工创新行为的能力可能因个人主义和集体主义的国家文化而异。研究发现，文化差异对员工的认知和行为的形成起着至关重要的作用，这是因为文化群体在判断任务和解决问题的方式上存在差异。根据霍夫斯泰德（Hofstede）的文化维度理论，个人主义和集体主义反映了在东西方文化背景下个体的信念和行为模式

---

[21]　Hofstede G. Culture's Consequences: Comparing values, Behaviors, Institutions, and Organizations Across Nations [M]. Thousand Oaks: Sage Publications, 2001.

的形成。在个人主义文化中，人们重视自己的独特性，更倾向于关注独立的自我观点，以追求个人目标和利益。另外，集体主义者倾向于社会和谐，并受到规范和对他人义务的约束，以避免问题和冲突。

此外，艾德和亚加（Eid 和 Agag，2020）[22] 表明，民族文化可以决定个人的价值观，即使他们可能有不同的个人期望和行为反应。这进一步支持了这样一种观点，即员工创新行为与其前因之间的关系可能因个人的文化背景而加强或减弱。

Zhu 等人（2023）[23] 发现，当集体主义文化中的员工具有高水平的工作动机时，他们比个人主义文化中的员工更有可能建立员工创新行为。这与之前在非酒店和旅游环境中的研究不同。例如，Liu 等人（2016）[24] 发现，在个人主义文化中，员工的工作动机与员工创新行为之间的关系更强。造成这种差异的原因可能是，在高任务相互依赖的环境中，如酒店和旅游业，那里有集体文化，工作动机在培养员工创新行为方面更为重要，员工也重视相互依赖和群体内规范。这一发现为未来的研究提供了一个提示——在解释研究结果时，民族文化和研究背景可以被视为边界条件。

2. 年龄和性别

年龄和性别可能会影响员工创新行为与其前因之间的关系，因为员工的个性和价值观因其人口统计学特征而异。根据人格—工作契合理论（personality-job fit theory），一个人的人格和价值观会影响其在组织中的适应性和工作绩效（Kristof，1996）[25]。这表明，员工的价值观与他们的需求和愿望相匹配是鼓励他们创新

[22]　Eid R，Agag G. Determinants of innovative behaviour in the hotel industry：A cross-cultural study [J]. International Journal of Hospitality Management，2020.

[23]　Zhu D，Lin M T，Thawornlamlert P K，et al. The antecedents of employees' innovative behavior in hospitality and tourism contexts：A meta-regression approach [J]. International Journal of Hospitality Management，2023.

[24]　Liu D，Jiang K，Shalley C，et al. Motivational mechanisms of employee creativity：A meta-analytic examination and theoretical extension of the creativity literature [J]. Organizational Behavior and Human Decision Processes，2016（137）：236-263.

[25]　Kristof A L. Person-organization fit：An integrative review of its conceptualizations，measurement，and implications [J]. Personnel Psychology，1996，49（1）：1-49.

的关键。

不同年龄的员工有不同的工作价值观，这可能会影响创新行为与其决定因素的关系。研究人员认为，年龄较大的员工倾向于根据他们以前的经验来工作。因此，员工年龄越大，他们就越不可能适应工作中的变化，从而使他们在工作场所采取创新行动的能力越弱。相比之下，年轻员工似乎更有动力进行创新行为，因为他们重视知识获取，愿意接受新的工作方式。然而，研究也声称，由于他们的工作投入和决策纬度，年长的员工表现出更高的创新水平。例如，恩戈和费尔德曼（Ng 和 Feldman，2013）[26]认为，与年轻员工相比，年龄较大的员工（往往处于职业生涯的中后期）对组织的熟悉程度更高。随着年龄的增长，他们更有可能拥有更多的专业知识和判断力，这使得他们能够从事创新活动，并帮助他们从各种不同的角度解决问题。因此，尽管研究表明不同观点并存，但也一致认为，员工创新行为与其前因之间的关系可能因年龄而异，因为不同的年龄对事物的评价和感知不同。

性别也可能影响员工创新行为与其前因之间的联系。由于预期的性别角色，不同性别可能表现出不同的"自我"识解，因此现有文献根据性别差异对员工创新行为及其前因进行了研究。社会角色理论认为，社会往往会有性别刻板印象，它会影响一个人的感知、判断和行为。史密斯等人（Smith 等，2013）[27]指出，性别期望不仅由主管和同事持有，还由员工自己持有，这塑造了人们在工作场所感知自己的方式和行为方式。刻板印象中的男性通常被认为是独立的、果断的、冒险的、致力于工作的，而女性则被认为是更具协作性和体贴性的。为此，无论男女，人们都可能面临不同的障碍和期望，这反映了他们的感知对员工创新行为的影响。例如，Yuan 和 Ma（2022）[28]发现了性别调节员工创新行为与组织承诺和人际信任之间关系的方式。

[26] Ng T W, Feldman D C. Age and innovation-related behavior: The joint moderating effects of supervisor undermining and proactive personality [J]. Journal of Organizational Behavior, 2013, 34（5）: 583-606.

[27] Smith A N, Watkins M B, Burke M J, et al. Gendered Influence: A gender role perspective on the use and effectiveness of influence tactics [J]. Journal of Management, 2013, 39（5）: 1156-1183.

[28] Yuan H, Ma D. Gender differences in the relationship between interpersonal trust and innovative behavior: The mediating effects of affective organizational commitment and knowledge-sharing [J]. Behavioral Science, 2022, 12（5）: 145.

Zhu 等人（2023）的研究发现，员工年龄对同伴支持与员工创新行为的关系有显著的调节作用：员工年龄越大，同伴支持在培养员工创新行为中越重要。首先，这意味着与早期职业工作者相比，年长的员工可能会遇到更多的困难来适应工作中的变化（例如，采用新技术）和建立员工创新行为，为了克服这些障碍，他们可能需要同伴的帮助。在某种程度上，这一发现也为个人—群体契合和目标设定理论（goal setting theories）提供了支持，因为当推动员工创新行为作为企业目标时，群体互动和工作关系的质量决定了群体的集体价值如何实现。

由于女性已被证明具有与男性不同的思维方式，研究结果表明，性别对创新性自我效能感、授权型领导、组织支持与员工创新行为之间的关系具有调节作用。其中，授权型领导与员工创新行为的关系在男性员工中更强，而创造性自我效能感和组织支持与员工创新行为的关系在女性员工中更强。这些发现为解释员工不同行为选择的社会角色理论提供了实证支持。例如，考虑到男性似乎更喜欢在工作中更独立，与女性相比，男性被赋予更多的自主权可能更能提高他们的员工创新行为。女性倾向于在工作场所更愿意合作，她们可能会发现，拥有组织支持比男性更能提高她们的员工创新行为（Hora 等，2021）[29]。

（四）管理启示

首先，员工的工作态度对员工创新行为的培养起着重要的作用。特别是当员工在工作中感受到有意义时，他们最有可能从事创新行为，即当员工感到他们的工作对他们有意义时，他们会尝试使用他们的创造力来为他们的工作做出贡献，反之亦然。因此，提高员工的工作意义感可以提高他们的创新行为。管理者可以通过帮助员工看到更大的图景，并向他们解释他们的工作如何与组织的整体绩效和目标相关，从而提高员工对工作意义的感知。工作投入也是员工创新行为的重要前因。之前对工作投入的元分析提供了强有力的证据，表明感知到的组织支持可以促进员工的工作投入（Kanjanakan 等，2021）[30]。为了让

[29] Hora S, Lemoine G J, Xu N, Shalley C E. Unlocking and closing the gender gap in creative performance: A multilevel model [J]. Journal of Organizational Behavior, 2021, 42（3）: 297-312.

[30] Kanjanakan P, Zhu D, Doan T, Kim P.Taking stock: A meta-analysis of work engagement in the hospitality and tourism context [J].Journal of Hospitality & Tourism Research, 2021（47）: 851-876.

员工意识到他们的工作场所支持他们，管理者需要向他们展示他们得到了认可，并为他们提供分享想法的机会。

其次，除工作态度外，员工特征和组织特征对员工创新行为的培育也起着重要作用。具体而言，具有创造性自我效能感的员工和促进创新氛围的组织倾向于表现出员工创新行为。研究结果表明，将员工创新行为作为竞争优势的组织不仅应该支持创新氛围，而且应该以招聘具有创新性自我效能感的员工为目标。这是因为当员工感到自己的工作环境鼓励创新和创造力时，具有高创造性自我效能感的员工倾向于更多地参与员工创新行为。

再次，文化背景是促进员工创新行为的关键因素。酒店和旅游业不仅竞争激烈，还是国际化运作。重要的是，该行业要能够有效地管理来自不同文化背景的员工，使他们能够成功地展现出员工创新行为。研究结果表明，在集体主义文化中，工作动机对提高员工的员工创新行为非常有效，而在个人主义文化中，员工参与是一个关键因素。管理者可以参考霍夫斯泰德（Hofstede，2001）的文化模型来确定员工的文化背景，并确定提高员工创新行为的具体策略。另外，组织需要注意年龄对员工创新行为的调节作用。本研究表明，同伴支持是老员工创新行为发展的重要因素。具体来说，年长员工的创新行为可能更高，因为他们有更多的工作经验，但他们也可能更难以坚持新想法，因为他们往往更能适应工作惯例。因此，在同伴的支持下，他们可能会更有勇气展示员工创新行为。因此，有兴趣培养员工创新行为的组织应该致力于开发一个支持性的环境，在这个环境中，同事间可以相互支持彼此的想法，尤其是年长的员工。其结果将是该组织成为一个员工准备创新和创造性地为客户服务的组织。

最后，组织应该意识到不同性别的员工对不同的员工创新行为前因的反应。在招聘员工时，如果组织希望鼓励员工创新行为，招聘人员应该从潜在员工身上寻找创造性自我效能感的特征。然而，有关的研究显示，具有创造性自我效能感的女性比具有创造性自我效能感的男性更倾向于表现出员工创新行为。为了增强员工创新行为，女性员工更倾向于对组织支持做出反应，而男性员工更倾向于对授权型领导做出反应。然而，这并不意味着组织不应该支持男性员工，或者不应该授权给女性员工，因为这两种做法对培养员工创新行为都很重要。组织不能忽视性别在员工创新行为及其前因关系中所起的关键作用。

二、酒店业员工组织公民行为与服务创新

卢桑斯等人（Luthans等，2008）[31] 提出了积极组织行为（Positive Organizational Behaviors，POBs）的概念，该概念来源于积极心理学理论。在过去的20年里，随着对积极组织行为和积极心理学的重视，员工在工作场所最常见的一个问题是他们在工作时是否感到充满活力和快乐，而不是为了工作表现而牺牲自己的心理健康。

（一）服务导向型组织公民行为

贝当古和布朗（Bettencourt和Brown，1997）[32] 将服务导向型组织公民行为（service-oriented organizational citizenship behavior）定义为员工在服务提供过程中自发地表现出满足顾客需求的角色外行为，并在前人的研究基础上提出了三个维度。（1）忠诚（loyalty）：员工向组织外的人推广组织的优势和服务，表达对组织的忠诚。（2）服务交付（service delivery）：员工表现出谨慎负责的态度和行为，有效地为客户提供服务。（3）参与性（participation）：员工根据对顾客的了解，主动提出改进组织服务的建议。以往的研究表明，组织公民行为可以分为宏观和微观两个层面。微观层面的组织公民行为侧重于通过展示员工的角色外行为来关注个人特征、感知和态度的影响。宏观层面的组织公民行为是组织规范的一部分，而不是个体组织公民行为的整体，是指同一组织中的员工通过社会互动共同发展的一套标准行为，以指导他们表现出相似的行为。以往的研究已经证明，组织中不同部门的员工表现出不同的组织公民行为，这些组织公民行为可以组合起来形成组织层面的组织公民行为。

创新被认为是服务提供商生存和绩效的关键因素。创新使公司能够生产出不同于竞争对手的产品和服务，为客户创造价值。尽管人们对服务创新的价值创造越来越感兴趣，对服务创新的定义也越来越多，但对服务创新的过程并没

---

[31]　Luthans F，Norman S M，Avolio B J，Avey J B. The mediating role of psychological capital in the supportive organizational climate：Employee performance relationship [J]. Journal of Organizational Behavior，2028，29（2）：219-238.

[32]　Bettencourt L A，Brown S W. Contact employees：Relationships among workplace fairness，job satisfaction and prosocial service behaviors [J]. Journal of Retailing，1997，73（1）：39-61.

有形成共识。造成这种模糊性的一部分原因，是由于服务供给的本质是体验，衡量有形产品创新的方法缺乏适用性，以及现有的经过测试的模型难以转移到诸如旅游服务公司这样的异质性生产部门。服务创新可以与传统的创新特征区分开来，其特征可以是引入流程创新、营销策略、通过新的或改进的服务产品为利益相关者创造价值。

酒店业的创新可以采取多种形式，包括常规的渐进式的变革，如加强供应、提供新的服务、简化流程、与众不同的合作，或者更具革命性的创新，如在餐馆引入订餐应用程序。基于这种以服务为主导的逻辑，勒斯克和南比桑（Lusch 和 Nambisan，2015）[33] 将新服务开发视为各种资源和能力的重新捆绑，以产生新颖、有价值和有益的增值，旨在取悦客户。服务创新使企业能够从提供无偏见的产品和服务转向整合产品和服务，以提供满足客户特定需求的定制解决方案。这为企业捕捉未来的市场机会创造了更有效的途径。

服务创新的发展是由于需要以服务为中心的观点来创造价值。正如奥卡斯和恩戈（O'cass 和 Ngo，2011）[34] 所讨论的那样，服务创新由两种形式组成：交互式服务创新和支持式服务创新。交互式服务创新（interactive service innovation）是指客户体验到的直接价值创造（前端），或者如萨伦科等人（Salunke 等，2019）[35] 所描述的服务消费界面（前台）。其特征是公司改变其服务提供（新颖的、改进的产品）、服务交付（新颖或优越的服务交付过程方法）以及与定制相关的更改以满足特定客户需求的程度。而支持式服务创新（supportive service innovation）的特征是组织改变其服务生产、采购和服务质量。萨伦科等人（Salunke 等，2019）认为服务供给界面（后台）通常支持前者。

换句话说，尝试和努力发生在后端，以促进和提供新的价值创造和主张。任何新的服务提供都需要坚实的后台配置和支持，以确保新服务能够为客户产

[33] Lusch R F, Nambisan S. Service Innovation: A service-dominant logic perspective [J]. MIS Quarterly, 2015, 39（1）: 155-176.

[34] O'Cass A, Ngo L V. Achieving customer satisfaction in services firms via branding capability and customer empowerment [J]. Journal of Services Marketing, 2011, 25（7）: 489-496.

[35] Salunke S, Weerawardena J, McColl-Kennedy J R. The central role of knowledge integration capability in service innovation-based competitive strategy [J]. Industrial Marketing Management, 2019, 7（6）: 144-156.

生新的价值主张，进而为组织创造价值。值得注意的是，为了确保有效和高效的服务交付对于理解服务开发和执行成功创新的过程至关重要。

与许多有形的产品创新（可能会有激进式变革）不同，服务创新似乎更多的是对现有和当前服务的渐进式改进，评估成本相对较低。由于服务提供和服务心智无形性的特殊性质，这是一个特别的过程，这使得很难做影响评估。但创新型服务组织不应忽视消费者的洞察力。例如，除了产品创新之外，星巴克还推出了现金储值卡（服务创新），这是一种可充值的预付卡，允许顾客在美国的每一家星巴克门店使用它进行交易。虽然这项新服务使客户的支付过程更容易，并提高了支付时间表，公司有各种创新类型获得在市场上的强势地位，但它失去了客户满意度这一核心。

之前的研究指出创新与绩效之间的关系不显著，但有相当数量的研究表明，更高水平的组织创新可能导致企业绩效的提高。例如，先前的研究表明，与星巴克的例子不同，服务创新增强了顾客的服务体验，增加了公司应对环境变化不确定性的能力，为客户、员工、企业主和联盟伙伴增加价值，提供了创造持续竞争优势的有效工具，并为公司的绩效创造效益。Tseng 等人（2020）[36] 发现，服务创新活动应优先于管理决策的其他活动，而 Chen 等人（2016）[37] 建议企业应专注于通过营销活动和价值增值链提供捆绑产品的服务创新，以实现可持续发展。尽管对服务创新结果有大量的关注，但 Tseng 等人（2020）指出，仍然需要做更多的工作，学者们应该关注服务创新的互动和关系方面，以及其对企业绩效的影响。很明显，服务创新与酒店绩效之间的关系在很大程度上是一个研究不足的领域，将交互式服务创新（以客户为中心）和支持式服务创新（以流程和系统为中心）与各种业务绩效指标相结合的研究很有限。

服务创新在以服务为基础的旅游酒店企业发展中发挥着重要作用，不仅因为以技术为基础的服务正在替代各种传统服务，更因为新兴的技术正在促进新服务形式的产生。因此，研究服务的价值结构是如何稳定的，以及对交互式和

[36] Tseng M L, Wu K J, Chiu A, et al. Service in novation in sustainable product service systems: Improving performance under linguistic preferences [J]. International Journal of Production Economics, 2020.

[37] Chen K H, Wang C H, Huang S Z, Shen G C. Service innovation and new product performance: The influence of market-linking capabilities and market turbulence [J]. International Journal of Production Economics, 2016（172）: 54-64.

支持式服务创新的影响，将会是有价值的。

（二）变革导向型组织公民行为

变革导向型组织公民行为涵盖了发声、创新行为、个人主动性和负责等含义（Choi，2007[38]；Seppala 等，2012[39]）。与传统的组织公民行为理论相比，变革导向型组织公民行为包括角色外行为，其特征是高度的主动性和承担风险的意愿，并导致现状的改变。变革导向型组织公民行为代表了个人积极识别和执行工作的政策、方法和过程的变化，以改善当前的工作状态和绩效的努力（Choi，2007）。范·达因等人（Van Dyne 等，1995）[40]认为，帮助和服从被定义为角色外行为，用于维持和加强现有的工作关系和任务过程，从而提高工作绩效。波萨科夫等人（Podsakoff 等，2000）[41]认为，个人主动性是一种通过创造或创新来改善任务或组织绩效的自愿行为。当环境随后变得更具竞争性和不可预测时，员工在处理与工作相关的任务时必须表现出更多的主动性、敏捷性和创新性。酒店员工的组织公民行为对酒店的组织管理至关重要。为了培养变革导向型组织公民行为，一些研究提出了一些策略，如建立强大的愿景或创新文化、促进人格特质、鼓励对变化持开放态度等。克莱恩等人（Kleine 等，2020）[42]指出，当员工意识到自己已经学习和积累了足够的工作技能和知识时，他们会自然地倾向于帮助同事。

[38]   Choi J N. Change-oriented organizational citizenship behavior: Effects of work environment characteristics and intervening psychological processes [J]. Journal of Organizational Behavior，2007（28）：467-485.

[39]   Seppala T, Lipponen J, Bardi A, et al. Change-oriented organizational citizenship behaviour: An interactive product of openness to change values, work unit identification and sense of power [J]. Journal of Occupational and Organizational Psychology，2012，85（1）：136-155.

[40]   Van Dyne L, Cummings L L, McLean Parks J. Extra-role behaviors: In pursuit of construct and definitional clarity（a bridge over muddied waters）[M]// L L Cummings，B M Staw. Research in Organizational Behavior，Greenwich：JAI Press，1995.

[41]   Podsakoff P M, MacKenzie S B, Paine J B, Bachrach D G. Organizational citizenship behaviors: A critical review of the theoretical and empirical literature and suggestions for future research [J]. Journal of Management，2000（26）：513-563.

[42]   Kleine A K, Rudolph C W, Zacher H. Thriving at work: A meta-analysis [J]. Journal of Organizational Behavior，2020（40）：973-999.

处于学习和成长的状态有助于员工发现问题，并为工作中的各种问题制定新的解决方案。阿吉里斯和舍恩（Argyris 和 Schon，1978）认为学习包括单环学习和双环学习，在此基础上，卡梅利（Carmeli，2007）认为学习行为（包括失败的学习行为）不仅包括单环学习行为（发现和纠正错误），还包括双环学习行为，即应对挑战的经验可以反过来促进现有的心智模型和规范。员工在工作任务中所表现出的活力不仅仅体现在任务绩效的提高上。卡梅利和施普赖策（Carmeli 和 Spreitzer，2009）认为，当一个人在工作中体验到一种活力感时，他们在从事创新任务时往往会感到精力充沛和受到激发。这种能量是员工在从事他们感兴趣的特定行为或任务时所体验到的一种积极情绪。这些行为或工作任务通常涉及创造性思维或个人常规和责任范围之外的行动，也就是说，它们是变革型组织公民行为的具体表现。

　　当员工在工作中感到精力充沛和充满活力时，他们更有动力完成与工作相关的目标，甚至取得比预期更好的工作绩效。随后，通过组织公民行为，他们可能会回馈他们的同事和公司。Han 和 Hwang（2021）[43]、Liu 等人（2020）[44]以及 Zhang 等人（2022）[45]也断言，工作繁荣的员工是诱发创造性行为的主要催化剂。基于自我决定理论的需求—满足逻辑、内在动机使酒店员工产生积极的情感状态和认知状态，进而使员工感到精力充沛、充满活力，并渴望通过学习活动获得知识和技能。这些积极的影响和认知驱使员工克服他们在执行工作任务时遇到的困难和问题，进而激励员工满足角色外活动的需求。因此，Wu 等人（Wu，2023）[46]提出，当员工工作热情时，他们会被激励参与变革导向型组织公民行为。

[43]　Han M C, Hwang P C. Who will survive workplace ostracism? Career calling among hotel employees [J]. Journal of Hospitality and Tourism Management，2021（49）：164–171.

[44]　Liu Y, Xu S, Zhang B. Thriving at work: How a paradox mindset influences innovative work behavior [J]. The Journal of Applied Behavioral Science，2020（56）：347–366.

[45]　Zhang R, Kang H, Jiang Z, Niu X. How does workplace ostracism hurt employee creativity? Thriving at work as a mediator and organization-based self-esteem as a moderator [J]. Applied Psychology，2022.

[46]　Wu C M, Chen T J, Wang Y C. Formation of hotel employees'service innovation performance：Mechanism of thriving at work and change-oriented organizational citizenship behavior [J]. Journal of Hospitality and Tourism Management，2023（54）：178–187.

三、酒店业员工能量型行为与服务创新

赛蒂和尼科尔森（Sethi 和 Nicholson，2001）[47] 引入了能量型行为（charged behavior）的概念，即员工受热情驱动共同开发卓越新产品，以捕捉优秀开发绩效驱动因素的程度。能量型行为是一种协作和人际导向的行为，对产品创新的成功至关重要。能量型行为是指员工被激发出新颖想法的程度，它由许多维度组成，包括乐趣、承诺、公开信息共享、挑战性想法、合作等。

赛蒂和尼科尔森（Sethi 和 Nicholson，2001）认为，有愉悦工作体验、享受他们的工作的员工更可能有新的、优秀的想法。Bai 等人（2006）[48] 证明，组织承诺（员工对组织的心理联系）和工作满意度对于酒店企业鼓励员工创新是最重要的。

莱维特（Leavitt，1996）[49] 以及莱维特和李普曼－布吕门（Leavitt 和 Lipman-Blumen，1995）[50] 研究了各种企业环境中极具动力的、表现出色的团队，发现这些团队由工作任务参与度极高的员工组成，他们坚信自己正在努力实现卓越或重要的目标，他们开诚布公地交流想法甚至展开激烈辩论，他们为此而感到巨大的快乐和兴奋。野中郁次郎和竹内（Nonaka 和 Takeuchi，1995）[51] 认为，有高度合作精神、对挑战其他员工的观点和想法充满信心的员工，更有可能会运用所需的各种知识来识别满足客户需求的卓越解决方案。此外，当员工享受工作乐趣时，对工作单位的高度投入会激励员工促进创新。赛蒂和尼科尔森（Sethi 和 Nicholson，2001）发现，能量型行为显著影响创新绩效，也就是说，有高度责任感的员工比责任感低的员工具有更高的创新能力。

[47]　Sethi R，Nicholson C Y. Structural and contextual correlates of charged behavior in product development teams [J]. The Journal of Product Innovation Management，2001（18）：154-168.

[48]　Bai B，Brewer K P，Sammons G，et al. Job satisfaction，organizational commitment，and internal service quality：A case study of Las Vegas hotel / casino industry [J]. Journal of Human Resources in Hospitality & Tourism，2006，5（2）：37-54.

[49]　Leavitt H J. The old days，hot groups，and managers' lib [J]. Administrative Science Quarterly，1996（41）：288-300.

[50]　Leavitt H J，Lipman-Blumen J. Hot groups [J]. Harvard Business Review，1995（73）：109-116.

[51]　Nonaka I，Takeuchi H. Knowledge Creating Company [M]. New York：Oxford University Press，1995.

马来维亚和瓦德瓦（Malaviya 和 Wadhwa，2005）[52] 发现员工对组织文化的感知影响创新绩效。他们提出，创新是对支持新想法的组织文化感知的结果。米隆等人（Miron 等，2004）[53] 认为创新文化和员工个性直接影响创新绩效。所以，可以假设服务创新文化和主动性人格仅通过负责行为影响创新，即负责行为部分中介了服务创新文化以及主动性人格对创新的影响。这一观点与赛蒂和尼科尔森（Sethi 和 Nicholson，2001）提出的观点一致，他们认为创新文化的特质不断激发和鼓励员工挑战彼此的观点。例如，高层管理人员的鼓励对于让员工意识到公司重视并积极寻求新想法至关重要。也有一些研究者认为，组织文化和员工人格等前因直接影响创新（例如，Malaviya 和 Wadhwa，2005；Miron 等，2004）。

四、酒店业员工的工作繁荣与服务创新

工作繁荣（thriving at work）是一个新兴的研究主题，很少有关于组织行为学的研究进行探索（Niessen 等，2012）[54]。基于自我决定理论，施普赖策等人（Spreitzer 等，2005）[55] 通过应用社会嵌入模型对工作繁荣进行了全面的探索性研究。施普赖策等人（2005）解释说，工作繁荣是一种心理状态，由活力和学习的综合感觉构成。员工的心理状态是低落还是繁荣都会影响他们的工作绩效。因此，工作繁荣的员工享受进步和动力，并倾向于进行以变革为导向的公民行为，即支持组织所需变革的员工公民行为。目前，只有少数关于酒店业的研究考察了

[52]　Malaviya P，Wadhwa S. Innovation management in organizational context: An empirical study [J]. Global Journal of Flexible Systems Management，2005，6（2）：1–14.

[53]　Miron E，Erez M，Naveh E. Do personal characteristics and cultural values that promote innovation，quality，and efficiency compete or complement each other? [J]. Journal of Organizational Behavior，2004（25）：175–199.

[54]　Niessen C，Sonnentag S，Sach F. Thriving at work—a diary study [J]. Journal of Organizational Behavior，2012，33（4）：468–487.

[55]　Spreitzer G M，Sutcliffe K，Dutton J，et al. A socially embedded model of thriving at work [J]. Organization Science，2005（16）：537–549.

工作繁荣对工作成果的影响。Wu 和 Chen（2019）[56] 使用统计验证方法验证了酒店组织中的共享领导、员工的工作繁荣和员工参与亲社会行为之间的正相关关系。Chang 和 Busser（2020）对酒店业的工作繁荣与职业保留之间的关系进行了定量研究。在管理学界，克莱恩等人（Kleine 等，2020）[57] 进行了荟萃分析和文献综述，讨论了工作繁荣的前因和后果。Wu 等人（2023）[58] 提出了工作繁荣机制和变革导向的组织公民行为是酒店员工服务创新绩效形成的主要过程，他们认为工作繁荣的员工可能有动机进行变革导向的组织公民行为，从而导致他们对服务创新绩效的奉献。显然，关于酒店业工作繁荣的实证研究仍然有限。

施普赖策等人（Spreitzer 等，2005）将工作繁荣定义为个人在工作中体验到的活力感和学习感。尼克斯等人（Nix 等，1999）[59] 指出，活力（vitality）是指拥有可用能量的感觉。尼森等人（Niessen 等，2012）认为情感活力（affective vitality）是活力（vigor）的同义词，是活泼（liveliness）和能量（energy）的主观体验。波拉斯等人（Porath 等，2012）[60] 巩固了工作繁荣的定义，推断学习和活力是个人成长心理过程中的两个构念，涵盖了情感和认知属性。如果员工承诺学习，但热情和支持有限，员工可能会觉得学习毫无意义，缺乏繁荣。施普赖策等人（Spreitzer 等，2005）解释说，繁荣是压力减轻的一种症状，可能因各种因素而有所不同，如心理状态、心智资源和工作场所的情境特征等。Wu 等人（2023）提出领导—成员交换和同事支持是提高员工工作繁荣的主要组织内因素。

[56] Wu C M, Chen T J. Inspiring prosociality in hotel workplaces: Roles of authentic leadership, collective mindfulness, and collective thriving [J]. Tourism Management Perspectives, 2019（31）: 123-135.

[57] Kleine A K, Rudolph C W, Zacher H. Thriving at work: A meta-analysis [J]. Journal of Organizational Behavior, 2020（40）: 973-999.

[58] Wu C M, Tso-Jen Chen T J, Wang Y C. Formation of hotel employees' service innovation performance: Mechanism of thriving at work and change-oriented organizational citizenship behavior [J]. Journal of Hospitality and Tourism Management, 2023（54）: 178-187.

[59] Nix G, Ryan R M, Manly J B, et al. Revitalization through self-regulation: The effects of autonomous and controlled motivation on happiness and vitality [J]. Journal of Experimental Social Psychology, 1999（25）: 266-284.

[60] Porath C L, Spreitzer G M, Gibson C, Garnett F G. Thriving at work: Toward its measurement, construct validation, and theoretical refinement [J]. Journal of Organizational Behavior, 2012（33）: 250-275.

尽管酒店文献中缺乏关于工作繁荣的研究，但少有的相关研究表明，通过授权型领导来刺激工作繁荣可以间接增加变革导向型组织公民行为。瓦卢姆巴瓦等人（Walumbwa 等，2018）[61]认为，在服务型领导的影响下，工作繁荣可以间接提高组织承诺。Han 和 Hwang（2021）[62]指出，工作繁荣在职场排斥和对客户的组织公民行为之间起着中介作用。Cheng 等人（2021）[63]也发现，家庭繁荣可以调节家庭问题与主动客户服务绩效之间的关系。

　　社会嵌入式繁荣模型的逻辑强调员工在团队和工作单位内的社会整合（Walumbwa 等，2018）。在工作场所，社会整合支持信任和尊重自主权，从而促进繁荣。从社会交换的观点来看，在社会整合过程中，各方通过衡量各种目标和行动的相对利益来维持和稳定人际关系和社会组织。圈子内成员不仅能得到上级的更多关注和支持，还能获得更多的利益和资源共享。相应地，当酒店管理者鼓励其追随者采取积极的行为时，这一现象也反映了酒店管理者与追随者之间存在着一种有利的、积极的关系。上述现象表明酒店工作场所的工作繁荣不仅通过领导—成员交换间接增加了变革导向型组织公民行为，而且通过同事支持间接增加了变革导向型组织公民行为。

　　Wu 等人（2023）的研究证实，当酒店员工的学习能力和活力得到提升，形成一种强烈的工作繁荣的心理状态时，就会促使员工更主动地从事变革导向型组织公民行为，从而提高酒店的服务创新绩效。在工作中，心理蓬勃向上的酒店员工遇到困难时，仍然愿意主动从事角色外行为（如变革导向型组织公民行为），这使得他们的服务和行为表现出高度的创新性和主动性去帮助组织克服困难。

　　Wu 等人（2023）的研究结果还表明，学习和活力两者都是工作繁荣的构成

[61]　Walumbwa F O, Muchiri M K, Misati E, et al. Inspired to perform: A multilevel investigation of antecedents and consequences of thriving at work [J]. Journal of Organizational Behavior, 2018, 39（3）: 1–13.

[62]　Han M C, Hwang P C. Who will survive workplace ostracism? Career calling among hotel employees [J]. Journal of Hospitality and Tourism Management, 2021（49）: 164–171.

[63]　Cheng B, Guo G, Dong Y, Peng Y. Examining the spillover effects of problems at home on proactive customer service performance in the hospitality industry: The overlooked side of the work-family interface [J]. Journal of Hospitality Marketing & Management, 2021, 30（3）: 354–372.

因素，在增加变革导向型组织公民行为中发挥了关键作用。因此，酒店组织应该考虑如何鼓励员工在工作中学习，推荐的方法是组织学习。再学习（deutero-learning）是基于阿吉里斯和舍恩（Argyris 和 Schon，1978）对单环学习和双环学习的研究成果，指的是深入回顾过去的学习过程和经验，从而制定新的学习策略和机制。再学习可以使组织进一步巩固已有的学习成果，有效地提高组织的学习和解决问题的能力。这种学习循环使酒店组织能够在动荡的环境中反思他们的问题并提出创新的解决方案，从而通过持续的变革来改善他们的服务绩效。一些成功的实践包括：（1）在无压力和非评判的工作环境中创造开放和公平的团队文化；（2）协助员工解决非工作问题，提高员工的幸福感，鼓励角色外公民行为；（3）鼓励管理者和同事及时关注并安抚出现负面情绪的酒店员工；（4）通过补贴培训等措施，为员工建立合适的职业发展路径，促进员工工作繁荣；（5）提供系统思维的培训课程和研讨会，完善心智模式，鼓励员工通过精神或价值转型来重新审视和重新定位自己；（6）提供专业能力以外的培训机制，如瑜伽、冥想等。斯里瓦斯塔瓦和古普塔（Srivastava 和 Gupta，2022）[64] 认为，上述实践能够帮助员工优先考虑组织的整体利益和目标，并尽可能减少以自我为中心；帮助员工在工作场所保持高度的活力和持续的学习，从而创造更高的工作繁荣。这些建议有望促进工作繁荣，并鼓励变革导向型组织公民行为，从而提高服务创新绩效。

邓昕才等人（2022）[65] 探讨了工作繁荣在顾客授权行为与服务创新之间的中介作用，发现工作繁荣在顾客授权行为与服务创新之间起部分中介作用，即顾客授权行为对员工服务创新的影响可以通过工作繁荣这一中介机制实现。顾客授权行为这种组织外部的授权通过良性人际交往激活、补充和维持了员工心理资源，有利于触发员工不断学习并充满活力的心理状态，即工作繁荣，进而促进员工服务创新。他们发现顾客授权行为能够通过工作繁荣影响员工服务创新，可能的原因在于员工服务创新的实施是消耗自身资源的挑战性行为，员工通过顾客授权行为不断地激活、补充和维持心理资源，不仅能够弥补在实施服务创

[64]　Srivastava S, Gupta P. Workplace spirituality as panacea for waning well-being during the pandemic crisis: A SDT perspective [J]. Journal of Hospitality and Tourism Management，2022（50）：375-388.

[65]　邓昕才，韩月，李成雪，等.顾客授权行为对酒店员工服务创新的影响及作用机制 [J].旅游学刊，2022，37（11）：116-129.

新时带来的心理资源损耗,表现出活力满满的工作状态,还能促使员工通过不断学习来提出并应用新的想法,以促进其服务创新。

工作繁荣是个体在工作成长中同时体验到情感活力和认知学习的一种积极心理状态(Carmelia 和 Spreitzer,2009)[66],包括活力与学习两个维度。活力代表个体精力充沛、充满能量和热情高涨的心理状态;学习代表个体获得并利用新的知识、技能从而实现自我发展的能力(Porath 等,2012)[67]。工作繁荣能激发个体成长的内在动力,并提高员工的工作投入、工作绩效和工作创造力(Kleine 等,2019)[68]。现有研究表明,工作繁荣的产生与个体资源的充盈程度密不可分(Xu 等,2019)[69],资源充盈的个体更容易表现出积极的心理状态。资源保存理论指出,工作情境中的授权、支持和认可等良性人际交往都能激活、补充和维持个体心理资源,而丰富资源的累积能够激发员工积极的心理状态。顾客授权行为从组织外部为员工提供了心理、信息以及关系等方面的资源,这些资源是激活并维持员工工作繁荣的重要基础。首先,顾客授权行为给予一线服务员工更多的自由和权限来进行服务决策,满足了员工的自主需求并提高了员工的工作自主性。这种对工作自由度的掌控不仅能够激发员工对工作的兴趣,使其积累丰富的心理资源,还能唤醒员工的活力,并激发员工内在学习动机,进而促使工作繁荣的产生。其次,在服务接触的过程中被授权的员工不但可以获得顾客提供的与服务有关的外部异质性信息,还可以获得来自顾客的认可与信任,这种来自组织外部的积极评价会促使员工产生积极情绪,并积累丰富的信息资源,进而提高员工的工作活力,并促使员工主动学习与成长。最后,顾客授权行为为员工提供了良好的人际关系互动体验,通过频繁互动可以使员工与顾客建立起相互尊重和信任的情感联系以及良好的关系纽带,这种组织外部的关

[66] Carmelia, Spreitzer G M. Trust, connectivity, and thriving: Implications for innovative behaviors at work [J]. The Journal of Creative Behavior, 2009, 43(3): 169–191.

[67] Porath C, Spreitzer G, Gibson C, et al. Thriving at work: Toward its measurement, construct validation, and theoretical refinement [J]. Journal of Organizational Behavior, 2012, 33(2): 250–275.

[68] Kleine A K, Rudolph C W, Zacher H. Thriving at work: A meta-analysis [J]. Journal of Organizational Behavior, 2019, 40(9/10): 973–999.

[69] Xu A J, Loi R, Chow C. What threatens retail employees' thriving at work under leader-member exchange? The role of store spatial crowding and team negative affective tone [J]. Human Resource Management, 2019, 58(4): 371–382.

系资源提高了员工对工作的积极感知，有益于员工工作繁荣的产生与维持。

工作繁荣又会进一步从认知（学习）和情感（活力）两个方面促进员工服务创新的产生。一方面，工作繁荣赋予员工追求进步与自我发展的学习认知状态，会促使员工学习更多有利于提高服务质量的知识、技能，这些专业知识、技能会持续性地内化为员工个人的重要工作积累和经验，而这些都有助于员工突破现有的工作范式，以开放心态对整个服务流程进行创造性思考，使其在服务过程中产生新颖想法并根据顾客需求变化及时改进现有服务模式，从而推动员工服务创新。另一方面，工作繁荣所带来的充沛的能量及积极心理资源不仅会弥补员工进行服务流程优化以及服务方式改进等创造性的过程中产生的资源损耗，还能使其获得更多的心理、信息与关系资源，从而有助于更加准确地把握客户需求，提出创新性的服务解决方案。由此可见，工作繁荣会促使员工保持活力并积极学习，从而促进服务创新。

李红玉和刘云硕（2020）[70] 探讨了工作繁荣对服务型领导与员工创新行为关系的中介作用。工作繁荣是一种能同时感受到活力和学习的心理状态（郑晓明和卢舒野，2013）[71]，包括活力（vitality）、学习（learning）两个维度，活力是指充满动力、富有工作热情的感觉，学习则是通过习得新知识、新技能进而提升个人能力和自信心的感觉（Carver，2010）[72]。工作繁荣强烈意味着对工作充满能量和热情，通过获取新的知识和技能可以显著提高自信的感受。所以，工作繁荣强烈的员工更容易突破现状进行创新行为，同时会从创新活动中获取能力和信心的提升，反过来进一步促进工作繁荣，从而形成一个良性循环，产生更多的创新行为。根据工作繁荣的社会嵌入模型，工作繁荣产生的条件包括工作情境特征和个体资源（Spreitzer 和 Porath，2012）[73]，个性特征也是一种个体资

[70]　李红玉，刘云硕. 服务型领导对员工创新行为的影响研究——基于个体内在视角 [J]. 技术经济，2020，39（11）：147-153.

[71]　郑晓明，卢舒野. 工作旺盛感：关注员工的健康与成长 [J]. 心理科学进展，2013，21（7）：1283-1293.

[72]　Carver C S. Resilience and thriving: Issues, models, and linkages [J]. Journal of Social Issues, 2010, 54（2）: 245-266.

[73]　Spreitzer G, Porath C. Creating sustainable performance [J]. Harvard Business Review, 2012, 90（1-2）: 92-99.

源（李超平，毛凯贤，2018）[74]。工作繁荣的相关研究表明，个性特征对工作繁荣有着重要的影响（Walumbwa 等，2018）[75]。而且个体的主动行为在表现上有个性倾向差异，而这种差异主要在于个体主动性人格水平的不同（Bateman 和 Crant，1993）[76]。所以，李红玉和刘云硕（2020）继续提出并验证了主动性人格对工作繁荣与员工创新行为关系的调节作用。

五、服务创新视角下的酒店业人力资源管理

新产品和服务的引进通常需要组织资源，如丰富的材料、充足的资本设备、研发支出、有效的营销活动和生产设施的适当改变。虽然各种资源（如技术、信息、金融）都很重要，但使所有其他资源发挥作用的关键是释放员工创造力（即产生新颖有用的想法）的强大的人力资源因素，这是组织创新的基础。

世界上最具创新力的公司是有效的学习系统，在那里人力资源因素得到开发，组织学会在保持今天的竞争优势的同时为未来做准备。人力资源因素被认为是企业用来派生特定行为的不可或缺的工具，可以通过影响个人主动性来促进群体创新。这些被认为是适合服务导向组织的竞争收益的支柱。关于创新的研究强调人力资源因素的重要性，其基本原理是，有效的人力资源管理系统通常会影响员工的人力资本（即技能和能力）和动机，从而加速企业创新。

在服务创新过程中，与人相关的因素已被证明是不可或缺的要素。投资于公司的人力发展因素（如主管和员工的培训教育水平、创造力、风险规避）对服务行业的创新有显著影响。创新往往起源于个人层面，但是需要社会刺激，必须得到整个组织的理解、开发和实施。

[74] 李超平，毛凯贤. 服务型领导影响工作繁荣的动态双向机制 [J]. 心理科学进展，2018，26（10）：28-42.

[75] Walumbwa F O, Muchiri M K, Misati E, et al. Inspired to perform: A multilevel investigation of antecedents and consequences of thriving at work [J]. Journal of Organizational Behavior, 2018, 39（3）: 249-261.

[76] Bateman T S, Crant J M. The proactive component of organizational behavior: A measure and correlates [J]. Journal of Organizational Behavior, 1993, 14（2）: 103-118.

Prajogo 和 Ahmed（2006）[77] 将授权和卷入视为组织内建立创新行为的两个关键实践。服务创新的授权维度可以被概念化为赋予员工权力和自主权，让他们在解决面客问题时按照他们自己的想法来行使自由裁量权。这也使他们能够控制与工作相关的情况和决策，从而可能有助于改善员工和客户的关系（Ottenbacher 和 Harrington，2010）[78]。例如，在酒店管理方面，丽思卡尔顿酒店的一条原则是"每个员工都被授权"。这意味着当一个员工遇到一个有特殊要求的客户时，该员工可以打破其常规职责和义务来解决该问题。实际上，这个维度需要改变高层管理人员的思维方式，从更传统的自上而下、控制导向的管理风格转变为灵活、分权化的管理风格。通过这种做法，服务企业可以通过向员工转移更多的责任并赋予他们可用的资源来建立与员工的信任。然后，员工可以探索新的想法、创造性的方法和实践，并有机会去实现他们的个人首创性。

人力资源管理实践作为组织层面的重要因素，能够有效影响员工的态度和创新行为（Shin 等，2018）[79]。杰克逊和舒勒（Jackson 和 Schuler，1995）[80] 认为，在情景中理解人力资源管理实践是十分必要的。奥腾巴切和格诺特（Ottenbacher 和 Gnoth，2005）[81] 试图从人力资源管理视角探讨对服务创新的影响。

20 多年前提出的理论强调了人力资源管理实践、创新和组织变革之间的重要关系（Francis，2002），而相关活动已成为一个研究主题。尽管它很受欢迎，但许多学者认为，创新与人力资源管理实践之间的有意义的整合仍然构成重大挑战。

员工的知识、技能、能力、才能、态度、行为和胜任力，组织的人力资本，

[77]　Prajogo D，Ahmed P. Relationships between innovation stimulus，and innovation performance [J]. R&D Management，2006，36（5）：499–515.

[78]　Ottenbacher M，Harrington R. Strategies for achieving success for innovative versus incremental new services [J]. Journal of Service Marketing，2010，24（1）：3–15.

[79]　Shin S J，Jeong I，Bae J. Do high-involvement HRM practices matter for worker creativity? A cross-level approach [J]. The International Journal of Human Resource Management，2018，29（2）：260–285.

[80]　Jackson S E，Schuler R S. Understanding human re source management in the context of organizations and their environments [J]. Annual Review of Psychology，1995，46（1）：237–264.

[81]　Ottenbacher M，Gnoth J. How to develop successful hospitality innovation [J]. Cornell Hotel and Restaurant Administration Quarterly，2005，46（2）：205–222.

是创新实践的关键。因此,人力资源管理在发展支持性环境和培养相关行为方面的作用和重要性,对于运营和战略意义都是至关重要的。应该通过为员工提供舒适区和创造性自由来激励他们进行创新,以反映、识别需要或改进的领域。毕竟,重新定义了许多全球性组织(如苹果公司)的最具创新性和最成功的商业理念,都来自内部。正如 Benson(1977)所建议的那样,第一步无疑是通过鼓励员工成为"反思型实践者"来提高员工的反思品质,而不是将他们降级为"另一双手"。

人力资源管理必须提升创新能力,以及相关的工作场所行为,作为核心组织价值,并找到有效的方式与员工沟通,并在员工中培养创新能力。在创造和革新的自由和风险与维持现状的现有经营规范之间取得平衡可能是一项具有挑战性的任务,然而,刺激这种做法的潜在好处超过任何可能的成本。基于现有理论模型、框架和最佳实践的正式创造力和创新培训(Birdi,2016;Ottenbacher,2007),应该作为当代工作场所学习的一个组成部分。

Kusluvan 等人(2010)的研究曾得出结论,认为酒店业的人力资源实践比其他行业更不专业,这样的人力资源实践阻碍了员工的承诺、满意度和积极性。此外,人事管理直接影响不同的员工、客户和组织结果,如离职率、组织承诺、工作满意度、服务创新、服务质量、客户满意度、组织绩效等。

Solnet、Nickson、Robinson、Kralj 和 Baum(2014)也认为,几十年前的"失败解决方案"严重削弱了行业在管理员工方面的反思能力。行业必须努力吸引和留住有创造力的冒险者,他们愿意并能够挑战过去 50 年来指导行业运作的长期根深蒂固的范式、心态和规范。行业传统的运营模式提倡一种僵化的经营方式,这种模式是在一个以一致性(而非创造力和创新)为准则的时代提出的,因此,从定义上讲,它是工作场所创新实践的障碍。也许是时候(或者甚至可能是迟来的)进行范式转变了,在这种转变中,人力资源管理将其重点转移到认识某人为组织带来的个性,而不是他们对既定规范的遵从(Zopiatis 等,2012)。这种变化可能会通过"……开辟可选择的话语,以支持学习和批判性反思实践"来增强组织的创新能力(Corley 和 Eades,2006)。

人力资源因素被认为是企业用来派生特定行为的不可或缺的工具,可以通过影响个人主动性来促进群体创新。关于创新的研究强调人力资源因素的重要性，可能是因为其他竞争优势来源更容易获得，因此更容易复制。其基本原理是，有效的人力资源管理系统通常会影响员工的人力资本（即技能和能力）和动机，从而加速企业创新。先前的研究已有呼吁，建议通过探索服务创新的驱动因素来开发更全面的模型。Lee 等人（2019）[82] 的一项研究强调了人力资源系统在激励主动行为以增强企业创新方面的重要性，确定人力资源因素之间的关系水平作为服务创新的先决条件是很重要的。正如 Lee 等人（2019）所指出的那样，在未来的研究中，必须更加认真地对待人力资源系统，之前的研究孤立地强调了人力资源的不同领域，如培训或招聘，而人力资源系统考虑的范围更为广泛。

服务的特点（如无形性、异质性、可变性、不可分割性、易逝性和交互性）使得知识产权的法律保护和服务创新的衡量变得复杂和困难。有一些管理实践通过加强员工的技能和行为或企业的能力来激励资源和能力的发展，从而直接影响服务创新，但是人力资源实践与服务创新绩效之间的联系尚未完全确定。

我们需要注意的是，旅游酒店业以高劳动力流动率和低工资而闻名。但是，无论是在数量上还是在激进程度上，面客员工（一线员工）都是服务创新的最强大驱动力，因此需要更广泛地看待与人的因素相关的工作实践。

旅游酒店业的服务创新是一个复杂而多层面的现象，其中客户与员工的关系起着关键作用。先前的研究表明，这一过程涉及许多非研发活动，如管理层对变革的态度、学习导向和客户导向，以及人员培训、新颖的、有形的生产或无形的服务能力投资选择、市场研究、服务人力资本设计和人力资源管理。

在服务创新过程中，与人相关的因素已被证明是不可或缺的要素。然而，令人惊讶的是，与人相关的因素（即有效的领导、管理实践、信息处理、释放人们的想象力）与服务创新之间的关系受到的关注远远不够。值得注意的是，这种关系是至关重要的，因为技能的多样性增强了员工的可塑性，使他们能够提高创造力，以开发新的想法。因此，组织能够比竞争对手更早地向市场推出创新服务。学者们认为，"制胜"战略强调投资以发展服务和创新的文化，一些顶级公司证明了这一点。例如，联合航空公司通过导师计划产生了创新，进而创

[82]　Lee H W, Pak J, Kim S, Li L Z. Effects of human resource management systems on employee proactivity and group innovation [J]. Journal of Management, 2019, 45（2）: 819–846.

造了更多的就业机会。先前的研究也表明,投资于公司的人力发展因素(如主管和员工的培训教育水平、创造力、风险规避)对服务行业的创新有显著影响。主要前提是,个人的努力和社会实践是构建并维持支持新服务发展的环境的主要基础和关键要素。

创新往往起源于个人层面,但是需要社会刺激,必须得到整个组织的理解、开发和实施。先前的研究表明,员工参与有助于市场导向、溢出效应、客户导向行为、客户满意度和保留率、买卖双方关系中的客户亲密度和创新。

成功的创新从来不是一次性事件,而是长期投资的结果,其中存在与人有关的因素(如领导力、人员管理、知识管理和创造力管理)。研究结果证实,更广泛的人力因素对服务行业创新活动的成功至关重要。企业应注重职业培训、内在动机、学习投资和创造力的重要性,研究结果表明,尽管创新战略推动了技术的发展,但旅游企业不应忽视人才。授权和支持性人力资源作为真正的增长来源是服务创新模式的关键,而招聘具有正确态度的合适人员也很重要,培训和发展员工会取得成果。可以说,服务创新需要与领导力、人员管理、创造力管理和知识管理更好地协同。

如果服务创新对旅游酒店企业的绩效很重要,那么管理层的任务就是制定一个体现人员管理(对员工的持续支持和指导)、创造力管理(超越传统观念,采用有意义和有用的新方法的能力)、知识管理(组织知识资产的获取、利用和传播)和领导力(影响和激励员工完成他们的任务)的战略。与承诺型员工建立更牢固的关系对服务创新和业务绩效有真正的影响。因此,管理者不仅需要为组织招募承诺型员工,还应该为现有员工提供在组织中成长的机会。

第五章

领导力与酒店业服务创新

在酒店业，领导力在塑造不同层次的服务创新方面发挥着重要作用（Arici
等，2021）[1]。传统上，酒店业的特点是等级分明，决策权集中在管理者手中。
在世界范围内，酒店行业的很大一部分是由传统的领导风格管理的，管理者更
倾向于使用专断的领导风格。随着社会、经济、技术的发展，在面对新一代员
工和新一代的消费者时，酒店业需要更好的领导力，才能更有效地激发员工的
积极性和创造力，更好地实施服务创新，更好地满足消费者的需求，赢得可持
续的竞争优势。

一、酒店学术中的领导力研究

（一）领导力研究概述

领导力理论和研究的历史跨越了一个多世纪。在过去的几十年里，不同

[1]　Arici H E，Arici N C，Köseoglu M A，King B. Leadership research in the root of hospitality
scholarship：1960—2020 [J]. International Journal of Hospitality Management，2021（99）：1-21.

的研究中心开始认真地对领导力进行系统的考察，包括 20 世纪 30 年代在艾奥瓦州，以及 40—50 年代在密歇根州和俄亥俄州的研究。早期的研究主要聚焦于与有效性测量有关的领导者属性，后来的研究更多地关注个人特征和相关技能。李克特（Likert，1961）[2] 比较了以工作为中心和以员工为中心的管理，而穆顿和布莱克（Mouton 和 Blake，1964）[3] 区分了对生产的关心和对人的关心。20 世纪 60 年代初，随着菲德勒（Fiedler，1967）[4] 的权变领导理论（contingency leadership theory）的提出，领导风格受到条件变量的影响。这一理论断言，领导风格是依情况而定的。内贝尔和斯特恩斯（Nebel 和 Stearns，1977）[5] 运用权变理论考虑了任务结构、职位、团队氛围和员工独立性需求等变量。他们推断，领导效率取决于环境和组织风格。赫西和布兰查德（Hersey 和 Blanchard，1972）[6] 提出了情景领导理论（situational leadership theory）。根据追随者的成熟度（即能力、经验和完成工作的意愿），将他们分为四类。当一个领导者根据下属的成熟度和积极性水平调整自己的风格时，他就会变得更有效率。

在接下来的 30 年里，领导力研究更多地集中在领导—追随者关系的性质、领导和下属理解的组成部分、调节领导影响的感觉和归因程序、领导风格、任务和目标导向、团队和共享领导以及变革型/交易型领导（transformational/transactional leadership）。巴斯和艾佛利奥（Bass 和 Avolio，1990）[7] 建议重点发展变革型领导者，他们积极应对变革，并在组织内产生变革的动力。作者还指出，交易型领导者并不专注于发展，而是专注于满足自己与员工之间交易的需求。

在 20 世纪后期，人们将不同的方法与所谓的"全方位领导力理论"（full-

[2] Likert R.New Patterns Management[M]. London：McGraw-Hill，1961.

[3] Mouton J S，Blake R R. The Managerial Grid [M]. Houston：Gulf Publishing，1964.

[4] Fiedler F E.A Theory of Leadership Effectiveness [M]. New York：McGraw-Hill，1967.

[5] Nebel E Ç，Stearns G K. Leadership in the hospitality industry [J]. Cornell Hotel& Restaurant Administration Quarterly，1977，18（3）：69-76.

[6] Hersey P，Blanchard K. Management of Organizational Behavior [M]. Englewood Cliffs：Prentice Hall，1972.

[7] Bass B M，Avolio B J. Developing transformational leadership：1992 and beyond [J]. European Journal of Industrial Engineering，1990，14（5）：21-27.

range theory of leadership）相结合。"后变革时期"流行的领导理论包括真诚型领导、服务型领导、精神型领导和悖论型领导等。艾佛利奥和加德纳（Avolio 和 Gardner，2005）[8] 认为，真诚型领导（authentic leadership）源于植根于希腊哲学的真实性（authenticity）概念——"做真实的自己"。卢桑斯和艾佛利奥（Luthans 和 Avolio，2003）[9] 将真诚型领导定义为"从积极的心理能力和高度发展的组织环境中获得的一个过程，它导致领导者和员工双方更强的自我意识和更多的自我调节的积极行为，促进积极的自我发展"。

另一种流行的理论——格林利夫（Greenleaf，1977）[10] 提出的服务型领导（servant leadership），随着范·蒂伦顿克（van Dierendonck，2011）[11] 的研究而复苏。与其他专注于企业福祉的领导方法相比，服务型领导倡导为追随者服务。服务型领导者更加关注他们的员工，通过创造环境来增加员工的幸福感。弗赖伊（Fry，2003）[12] 提出的精神型领导（spiritual leadership）理论可以被认为是工作场所精神境界背景下的一个子领域。弗赖伊（Fry，2003）将精神型领导定义为"包括价值观、态度和行为，这些价值观、态度和行为是内在地激励自己和他人的必要条件，这样他们就能通过召唤和成员身份获得精神上的生存感"。最近，Zhang 等人（2015）[13] 发展了悖论型领导理论（paradoxical leadership）。作者认为，这同时并动态地符合随着时间的推移对人员进行管理的结构性和追随者的需求，而矛盾导向的领导者可以在复杂的工作环境中更有效地定位自己。

――――――――――――

[8]　Avolio B J, Gardner W L. Authentic leadership development: Getting to the root of positive forms of leadership [J]. Leadership Quarterly, 2005, 16（3）: 315-338.

[9]　Luthans F, Avolio B J. Authentic Leadership: A Positive Developmental Approach [M]// Cameron K S, Dutton J E, Quinn R E. Positive Organizational Scholarship. San Francisco: Barrett-Koehler, 2003: 241-261.

[10]　Greenleaf R K. Servant Leadership: A Journey into the Nature of Legitimate Power and Greatness [M]. Mahwah: Paulist Press, 1977.

[11]　van Dierendonck D. Servant leadership: A review and synthesis [J]. Journal of Management, 2011, 37（4）: 1228-1261.

[12]　Fry L W. Toward a theory of spiritual leadership [J]. Leadership Quarterly, 2003, 14（6）: 693-727.

[13]　Zhang Y, Waldman D A, Han Y L, Li X B. Paradoxical leader behaviors in people management: Antecedents and consequences [J]. Academy of Management Journal, 2015, 58（2）: 538-566.

（二）酒店学者对领导力的研究

在酒店和旅游文献中，也有大量关于领导力模型的研究，侧重点是文化效应、领导对知识共享的影响，以及帮助学者开发领导力模型的方法和范式等。一些研究也考察了酒店和旅游背景下的领导风格，包括变革型领导、服务型领导、真诚型领导、魅力型领导、道德型领导和先验型领导等。若干学者还指出了在当今不断变化的酒店商业环境中，因为其季节性，动态和波动的环境以及高流动率，领导力是确保公司竞争力和成功的基础。此外，过去几十年的领导力理论揭示了需要考虑不断变化的情况，如临时决定因素，这些决定因素随着时间的推移对团队和组织的影响，以及酒店业的特点。

皮特威等人（Pittaway 等，1998）[14] 的文献综述认为，大多数酒店研究局限于确定领导力的重要性，对更好地理解这一概念贡献甚微。他们建议使用四种研究范式来开发酒店业的领导力模型：存在主义领导范式（existential leadership paradigm）、影响力领导范式（influential leadership paradigm）、战略领导范式（strategic headship paradigm）和情境领导范式（situational leadership paradigm）。情境领导范式是现有研究中最引人注目的，这种范式认为，领导者受到他所处的外部和内部环境的约束，并且可以根据不同的情况调整他的领导风格。

巴维克（Bavik，2020）[15] 回顾了 1970 年至 2018 年在酒店和更广泛的管理文献中发表的 106 篇文章。他发现酒店业和服务型领导是相互包含的，两者都包括信任、正直、诚实、关怀、服务行为、倾听和社区焦点等品质。同样，Gui 等人（2020）[16] 的元分析研究了酒店文献中的服务型领导。他们综合了以往的调查，分析了服务型领导与员工绩效之间的不同调节因素。研究发现，服务型领导对员工满意度、组织承诺、服务质量、工作投入、服务氛围、创造力

[14]　Pittaway L, Carmouche R, Chell E. The way forward: Leadership research in the hospitality industry [J]. International Journal of Hospitality Management，1998，17（4）：407-426.

[15]　Bavik A. A systematic review of the servant leadership literature in management and hospitality [J]. International Journal of Contemporary Hospitality Management，2020，32（1）：347-382.

[16]　Gui C, Luo A, Zhang P, Deng A. A meta-analysis of transformational leadership in hospitality research [J]. International Journal of Contemporary Hospitality Management，2020，32（6）：2137-2154.

和心理资本分别有显著影响。另外，Gui 等人（2020）[17] 基于 62 项主要研究，对酒店文献中的变革型领导进行了元分析，发现变革型领导对关系型感知、员工态度结果和行为结果有显著影响。此外，Yu 等人（2020a[18]，2020b[19]）在对酒店业和旅游业滥用监管（abusive supervision）研究的系统综述中，回顾了 36 篇关于酒店业滥用监管的文章，并为未来调查酒店业滥用监管提供了建议。

阿利西等人（Arici 等，2021）[20] 对 1960—2020 年间酒店业领导力研究的知识结构和进展进行了综述，揭示了五个不同的研究集群。他们发现，领导—成员交换是酒店业领导力研究的主要主题，同时人们越来越关注领导力的阴暗面，尤其是滥用监管。

1. 领导风格和员工结果

领导风格（如变革型领导）和员工结果（如承诺）是研究得最多的研究领域，最大的集群集中在领导风格和方法上，该集群中的文章主要关注变革型领导。关于酒店业领导能力模型开发的文章和关注道德型领导对酒店中层管理人员影响的文章居于知识图谱的中心。在领导力研究中最具影响力的 10 篇文章中，权重最高的研究集中在理论发展研究方面。例如，Chung-Herrera 等人（2003）[21] 提出了酒店领导胜任力模型，包括自我管理、战略定位、实施、批判性思维和人际沟通。这些结果证实了，酒店业领导力研究人员主要关注领导方法和风格及其对员工的影响。

该集群中的另一个子类聚焦于员工结果的研究。这些研究将领导力作为

[17] Gui C，Zhang P，Zou R，Ouyang X. Servant leadership in hospitality：A meta- analytic review [J]. Journal of Hospitality Marketing & Management，2020，30（3）：1-21.

[18] Yu D，Xu Z，Martíne L. Visualizing the intellectual structure of the fuzzy linguistic knowledge domain：A bibliometric analysis [J]. International Journal of Fuzzy Systems，2020，22（8）：2397-2413.

[19] Yu Y，Xu S，Li G，Kong H. A systematic review of research on abusive supervision in hospitality and tourism [J]. Journal of Contemporary Hospitality Management，2020，32（7）：2473-2496.

[20] Arici H E，Arici N C，Koseoglu M A，et al. Leadership research in the root of hospitality Scholarship：1960—2020 [J]. International Journal of Hospitality Management，2021.

[21] Chung-Herrera B G，Enz C A，Lankau M J. Grooming future hospitality leaders：A competencies model [J]. Cornell Hotel& Restaurant Administration Quarterly，2003，44（3）：17-25.

不同员工结果的前因。克拉克等人（Clark 等，2009）[22]认为管理层对服务质量的承诺对一线员工的工作结果有显著影响，如对服务质量的承诺、工作满意度、角色清晰度和共同价值观。另一篇被广泛引用的关于员工结果的文章（Asree 等，2010）[23]证明了领导能力和组织文化对于实现响应性、为酒店组织创造财务绩效的重要性。

2. 领导—成员交换理论

领导—成员交换理论集群涉及的文章对与领导者和追随者之间互惠交换关系相关的各种构念之间的假设关系进行了理论化、回顾和实证检验。领导—成员交换理论是这个集群的基本主题。韦恩等人（Wayne 等，1997）[24]关于感知组织支持与领导—成员交换的研究是一篇有影响力的参考文献。这些学者认为，组织中领导者与员工之间的积极交换关系可以增强员工的承诺和组织公民行为，降低员工的离职意向。Li 等人（2012）[25]的实证研究证实了领导—成员交换理论与员工工作绩效之间的关系，提出了一个包括敬业度和人力资源管理一致性的综合框架以澄清假设关系，该一致性被描述为不同的管理意义被认为彼此一致的程度。格雷恩和尤尔—比恩（Graen 和 Uhl-Bien，1995）[26]的概念性研究确定了对领导—成员交换的理解，并为该理论的发展方向提供了新颖的见解。他们还提出了"领导力生产"（leadership making）的概念，并指出了传统的领导力概念化中的挑战。格斯特纳和戴伊（Gerstner 和

[22]　Clark R A，Hartline M D，Jones K C. The effects of leadership style on hotel employees' commitment to service quality[J].Cornell Hospitality Quarterly，2009，50（2）：209-231.

[23]　Asree S，Zain M，Rizal Razalli M. Influence of leadership competency and organizational culture on responsiveness and performance of firms [J]. International Journal of Contemporary Hospitality Management，2010，22（4）：500-516.

[24]　Wayne S J，Shore L M，Liden R C. Perceived organizational support and leader-member exchange：A social exchange perspective [J]. Academy of Management Journal，1997，40（1）：82-111.

[25]　Li X，Sanders K，Frenkel S. How leader-member exchange，work engagement and HRM consistency explain Chinese luxury hotel employees' job performance [J]. International Journal of Hospitality Management，2012，31（4）：1059-1066.

[26]　Graen G B，Uhl-Bien M. Relationship-based approach to leadership：Development of leader-member exchange（LMX）theory of leadership over 25 years：Applying a multi-level multi-domain perspective [J]. Leadership Quarterly，1995，6（2）：219-247.

Day，1997）[27] 使用元分析对领导—成员交换理论文献进行了回顾。他们发现领导—成员交换与工作绩效、对监管的满意度、承诺、角色冲突、角色清晰度、成员胜任力以及离职倾向之间存在显著的关联，领导—成员交换与许多变革型领导相关的实证关联是一致的。另一项由伊利斯等人（Ilies 等，2007）[28] 所进行的元分析研究关注了领导—成员交换的质量与员工公民行为之间的关系，结果发现这两个变量之间存在很强的关系。

塞顿等人（Settoon，1996）[29] 的研究考察了纵向和多层次的方法。作者通过考察员工—组织交换和下属—上司交换指标的相对贡献值来检验社会交换与互惠之间的关系。他们发现，感知组织支持与组织承诺相关，而领导—成员交换则与公民意识和角色内行为相关。同样，Kim 等人（2010）[30] 和彼得等人（2010）研究了不同组织层次的领导—成员交换与离职意向之间的关系，得出非主管类员工的 U 形曲线关系。斯堪杜拉和格雷恩（Scandura 和 Graen，1984）[31] 基于控制条件下的领导—成员交换模型研究了领导力干预，将领导力干预条件与控制条件进行比较，初始低质量领导—成员交换组与初始高质量领导—成员交换组相比，在生产率、工作满意度和主管满意度方面都有显著提高。彼得等人（2010）和 Kim 等人（2010）对领导—成员交换理论和酒店员工组织行为的研究贡献了另一个少见的有影响力的例子。他们发现，在酒店工作环境中，拥有低质量领导—成员交换关联的员工更有可能表现出嫉妒，而高水平的嫉妒会减少员工的组织公民行

[27]　Gerstner C R，Day D V. Meta-analytic review of leader-member exchange theory：Correlates and construct issues [J]. Journal of Applied Psychology，1997，82（6）：827-844.

[28]　Ilies R，Nahrgang J D，Morgeson F P. Leader-member exchange and citizenship behaviors：A metaanalysis [J]. Journal of Applied Psychology，2007（92）：269-277.

[29]　Settoon R P，Bennett N，Liden R C. Social exchange in organizations：perceived organizational support，leader-member exchange，and employee reciprocity [J]. Journal of Applied Psychology，1996，81（3）：219-227.

[30]　Kim B，Lee G，Carlson K D. An examination of the nature of the relationship between leadermember-exchange（LMX）and turnover intent at different organizational levels [J]. International Journal of Hospitality Management，2010，29（4）：591-597.

[31]　Scandura T A，Graen G B.Moderating effects of initial leader-member exchange status on the effects of a leadership intervention [J]. Journal of Applied Psychology，1984，69（3）：428-436.

为。在这个集群中有两个有影响力的研究——创新行为和创造力。达尔（Dhar，2016）[32] 发现领导—成员交换在道德型领导与酒店员工服务创新行为的关系中起中介作用。Wang（2016）[33] 发现领导—成员交换对员工绩效和创造力有显著的正向影响。作者还提出任务动机是领导—成员交换与创造力之间的中介变量。

该集群中有四篇有影响力的文章聚焦于领导—成员交换的后果。这些研究得出了共同的结果，显示了领导—成员交换方法在提高员工积极结果和减少消极结果方面的重要性。Lee 等人（2010）[34] 发现领导—成员交换关系通过分配公平和程序公平的中介作用降低了员工离职意向。杜勒伯恩等人（Dulebohn 等，2012）[35] 的元分析调查了组织中领导—成员交换方法的潜在前因和后果。他们得出结论，追随者特征、领导者特征和人际关系是影响领导—成员交换质量的主要前因，而这些前因又会导致离职意向、组织公民行为、工作绩效、承诺、满意度、感知公平和授权等结果。霍夫曼等人（Hofmann 等，2003）[36] 采用安全氛围构念，发现领导—成员交换与员工安全公民角色定位的关联受到安全氛围的调节。格雷恩等人（Graen 等，1982）[37] 在研究四种处理条件（领导—成员交换、工作设计、领导—成员交换和工作设计组合、安慰剂控制）对

[32]　Dhar R L. Ethical leadership and its impact on service innovative behavior：The role of LMX and job autonomy [J]. Tourism Management，2016（57）：139-148.

[33]　Wang C J.Does leader-member exchange enhance performance in the hospitality industry? The mediating roles of task motivation and creativity [J]. International Journal of Contemporary Hospitality Management，2016，28（5）：969-987.

[34]　Lee H R，Murrmann S K，Murrmann K F，Kim K. Organizational justice as a mediator of the relationships between leader-member exchange and employees' turnover intentions [J]. Journal of Hospitality Marketing & Management，2010，19（2）：97-114.

[35]　Dulebohn J H，Bommer W H，Liden R C，et al. A meta- analysis of antecedents and consequences of leader-member exchange：Integrating the past with an eye toward the future [J]. Journal of Management，2012，38（6）：1715-1759.

[36]　Hofmann D A，Morgeson F P，Gerras S J. Climate as a moderator of the relationship between leadermember exchange and content specific citizenship：Safety climate as an exemplar [J]. Journal of Applied Psychology，2003，88（1）：170-178.

[37]　Graen G，Novak M A，Sommerkamp P. The effects of leader-Member exchange and job design on productivity and satisfaction：Testing a dual attachment model [J]. Organizational Behavior and Human Decision Processes，1982，30（1）：109-131.

满意度和生产力的影响时，包括了来自不同服务公司的106名票据处理员工。他们发现，只有领导—成员交换条件能显著提高满意度和工作效率。

3. 服务型领导

布劳内尔（Brownell，2010）[38]提出，服务型领导在酒店业中很重要，因为酒店业努力开发新的方式来建立一种道德氛围，以应对可能出现的虐待指控及其与腐败的关联。作者指出，服务型领导为酒店组织未来的领导力提供了重要的解决方案。他建议重新考虑以服务型领导为重点的领导力培训，培养必要的理解和技能，以指导未来的酒店业。埃尔哈特（Ehrhart，2004）[39]提出了一个将领导力和程序公平作为员工组织公民行为前因的研究模型。研究发现，服务型领导对单位层级组织公民行为的帮助维度和责任心维度均有显著的正向影响。该研究还发现，程序公平氛围对服务型领导与员工组织公民行为之间的关系具有中介作用。服务型领导被视为一个单位层次的构念，而不是一个个体变量。Wu等人（2013）[40]通过专注于领导—成员交换的干预作用和员工对于他人积极对待的敏感性的调节作用，分析了服务型领导与一线员工组织公民行为的关系。瓦伦姆博瓦等人（Walumbwa等，2010）[41]通过815名员工和123名主管评分的调查，研究了服务型领导对员工态度和组织公民行为的影响。研究发现，主管承诺、自我效能感、公平氛围和服务氛围在服务型领导与员工组织公民行为的关系中起中介作用。与之前的研究一样，该研究将服务型领导视为一个群体层面的构念。

有两篇文章将服务型领导与其他当代领导方式进行了比较。格雷戈里等

[38]　Brownell J. Leadership in the service of hospitality [J]. Cornell Hospitality Quarterly，2010，51（3）：363-378.

[39]　Ehrhart M G. Leadership and procedural justice climate as antecedents of unit-level organizational citizenship behavior [J]. Personnel Psychology，2004，57（1）：61-94.

[40]　Wu L Z，Tse E C，Fu P，et al. The impact of servant leadership on hotel employees' servant behavior [J]. Cornell Hospitality Quarterly，2013，54（4）：383-395.

[41]　Walumbwa F O，Hartnell C A，Oke A. Servant leadership，procedural justice climate，service climate，employee attitudes，and organizational citizenship behavior：A cross-level investigation [J]. Journal of Applied Psychology，2010，95（3）：517-529.

人（Gregory 等，2004）[42] 考察了变革型领导和服务型领导，以确定这两种领导方法之间的异同。他们得出结论，领导者的注意力集中点是主要的区别。变革型领导者的注意力指向组织，支持员工对组织目标的承诺，而服务型领导者的注意力集中在员工身上，公司目标的实现是员工努力工作的一种结果。另外，Ling 等人（2016）[43] 通过分析信任与员工结果（如承诺、工作投入和工作绩效）的关联，以及它们通过信任氛围的影响机制，比较了酒店组织中服务型领导与真实型领导的作用。他们发现，与真实型领导相比，服务型领导在创造信任的工作氛围方面发挥了更重要的作用，并更直接地影响了下属的良好工作结果，包括组织承诺、敬业度和工作绩效。

在这个集群中有五篇高被引和值得注意的文章。科云库等人（Koyuncu 等，2014）[44] 得出结论，组织任期越长的一线员工反馈的服务型领导水平越低，服务型领导显著影响一线员工的服务绩效。范·德伦顿克（van Dierendonck，2011）[45] 开发了一个服务型领导的概念模型。他提出，文化、动机和个人特征是影响服务型领导特征的诱发因素，服务型领导特征包括授权和对人的发展、谦卑、真实性、人际接受、提供方向和管家式管理。根据作者提出的模型，服务型领导导致高质量的领导—追随者关联、信任和公平氛围、员工层面的积极结果，如承诺、满意度和敬业度，以及组织层面的可持续性和企业社会责任。与此同时，利登等人（Liden 等，2014）[46] 的开拓性研究开发并测试了一个模型，该模型提出服务型领导者通过生成服务文化在员工中传播服务型行为。结果表明，服务文化与工作绩

[42]　Gregory Stone A，Russell R F，Patterson K. Transformational versus servant leadership：A difference in leader focus [J]. Leadership and Organization Development Journal，2004，25（4）：349–361.

[43]　Ling Q，Lin M，Wu X. The trickle-down effect of servant leadership on frontline employee service behaviors and performance：A multilevel study of Chinese hotels [J]. Tourism Management，2016（52）：341–368.

[44]　Koyuncu M，Burke J，Astakhova R，et al. Servant leadership and perceptions of service quality provided by front-line service workers in hotels in Turkey：A chieving competitive advantage [J]. International Journal of Contemporary Hospitality Management，2014，26（7）：1083–1099.

[45]　van Dierendonck D. Servant leadership：A review and synthesis [J]. Journal of Management，2011，37（4）：1228–1261.

[46]　Liden R C，Wayne S J，Liao C，Meuser J D. Servant leadership and serving culture：Influence on individual and unit performance [J]. Academy of Management Journal，2014，57（5）：1434–1452.

社会文化、组织管理与酒店业服务创新

效、员工创造力和服务行为正相关，与离职意向负相关，直接或间接地通过追随者认同来实现。Hsiao 等人（2015）[47] 考察了服务型领导通过酒店员工心理资本和服务导向组织公民行为的主要干预作用，对顾客价值共同创造的影响。Zou 等人（2015）[48] 也发现，在酒店组织中，领导—员工交换和团队—成员交换对服务型领导对员工的帮助行为具有中介调节作用。

该集群包括两个量表开发研究。利登等人（Liden 等，2008）[49] 利用 182 名个体的组织样本，通过对服务型领导组成部分的结果进行回归，在多层次分析中控制了变革型领导和领导—成员交换，证实了一个服务型领导的 7 因子 28 题项量表。Ling 等人（2016）开发并分析了酒店行业中中高层的服务型领导量表。其中包括酒店总经理服务型领导实践的 24 个题项和部门经理服务型行为的 27 个题项。有趣的是，这个集群还包括两项关于真诚型领导的研究。克拉普－史密斯等人（Clapp-Smith 等，2009）[50] 研究了真诚型领导与心理资本的关系，瓦伦姆博瓦等人（Walumbwa 等，2008）[51] 开发了一个包含 16 个题项的真诚型领导量表。

4. 滥用监管

滥用监管（abusive supervision）又称虐待性监督、苛责式督导等，这一知识领域借鉴了泰珀（Tepper，2000）[52] 关于滥用监管后果的开创性研究。

[47]　Hsiao C，Lee Y H，Chen W J. The effect of servant leadership on customer value co-creation：A cross-level analysis of key mediating roles [J]. Tourism Management，2015（49）：45-57.

[48]　Zou W C，Tian Q，Liu J. Servant leadership，social exchange relationships，and follower's helping behavior：Positive reciprocity belief matters [J]. International Journal of Hospitality Management，2015（51）：147-156.

[49]　Liden R C，Wayne S J，Zhao H，Henderson D. Servant leadership：Development of a multidimensional measure and multi-level assessment [J]. Leadership Quarterly，2008，19（2）：161-177.

[50]　Clapp-Smith R，Vogelgesang G R，Avey J B. Authentic leadership and positive psychological capital：The mediating role of trust at the group level of analysis [J]. Journal of Leadership and Organizational Studies，2009，15（3）：227-240.

[51]　Walumbwa F O，Avolio B J，Gardner W L，et al. Authentic leadership：Development and validation of a theory-based measure [J]. Journal of Management，2008，34（1）：89-126.

[52]　Tepper B J. Consequences of abusive supervision [J]. Academy of Management Journal，2000，43（2）：178-190.

基于公平理论，作者发现在滥用监管下的员工有更多的离职意向。对于留下来的员工，滥用监管与较低的总体满意度、承诺水平、较高的继续承诺水平、工作—家庭冲突和心理困扰密切相关。Lü 等人（2016b）[53] 利用中国 12 家酒店的时间滞后数据，通过聚焦工作投入的干预作用和敌意归因偏见的调节作用，分析了滥用监管对酒店员工顾客导向组织行为的影响。这一群体中另一篇有影响力的文章将滥用监管概念化为一种攻击（Mitchell 和 Ambrose，2007）[54]。作者假设了滥用监管与员工工作场所偏差之间的联系，包括主管导向偏差、组织偏差和人际偏差。

两篇文章聚焦于员工绩效作为滥用监管的前提。利用社会认同理论，Lü 等人（2016a）[55] 研究了滥用监督对酒店中追随者主动顾客服务绩效的影响。研究发现，滥用监管通过组织认同的中介作用对员工服务绩效产生显著的负向影响，而追随者集体主义价值取向触发了滥用监管与组织认同的负向关联。同样，Jian 等人（2012）[56] 通过组织基础自尊（organization-based self-esteem）的干预作用和关系依赖型自我建构（relational-interdependent self-construal）的调节作用检验了滥用监管与追随者服务绩效的关系。

在这个集群中，泽勒斯等人（Zellars 等，2002）[57] 测试了滥用监管与员工组织公民行为之间的关系。可预见的是，在将组织公民行为描述为角色外行为的员工中，滥用监管与组织公民行为的负相关更强，程序公平在这种调节

[53]　Lü Y, Zhu H, Zhong H J, Hu L. Abusive supervision and customer-oriented organizational citizenship behavior: The roles of hostile attribution bias and work engagement [J]. International Journal of Hospitality Management, 2016（53）: 69-80.

[54]　Mitchell M S, Ambrose M L. Abusive supervision and workplace deviance and the moderating effects of negative reciprocity beliefs [J]. Journal of Applied Psychology, 2007, 92（4）: 1159-1168.

[55]　Lü Y, Zhou X, Li W, et al.The impact of abusive supervision on service employees' proactive customer service performance in the hotel industry [J]. International Journal of Hospitality Management, 2016, 28（9）: 1992-2012.

[56]　Jian Z, Kwan H K, Qiu Q, et al. Abusive supervision and frontline employees' service performance [J]. Service Industries Journal, 2012, 32（5）: 683-698.

[57]　Zellars K L, Tepper B J, Duffy M K. Abusive supervision and subordinates' organizational citizenship behavior [J]. Journal of Applied Psychology, 2002, 87（6）: 1068-1076.

关系中起中介作用。令人惊讶的是，只有一个关于滥用监管的文献回顾研究的例子。泰珀（Tepper，2007）[58] 的综述文章揭示了滥用监管的前因（如心理契约违约、主管专制主义、下属负性情绪）和后果（如攻击性和越轨行为、心理困扰、家庭福祉），并提出了未来的研究议程。作者认为，滥用监管是一个多层次的概念，因此该领域应超越个体层面的研究。

令人惊讶的是，这类文献中其他有影响力的文献与滥用监管没有直接关系。Wu 和 Chen（2015）[59] 研究了酒店工作环境中的心理契约履行。兰克等人（Rank 等，2007）[60] 专注于主动顾客服务绩效。该集群中还包括 Qin 等人（2014）[61] 对中国酒店业道德型领导的研究，以及艾森伯格等人（Eisenberger 等，2010）[62] 对主管组织体现（organizational embodiment）、其与领导—成员交换的关系以及员工承诺的概念化。这一结果可能源于所调查的潜在相似结果，如心理契约履行、主动服务绩效、员工承诺，这些都是滥用监管的潜在后果。最近的一项研究表明，滥用监管与行为结果和心理结果相关，如员工离职意向、工作满意度、服务绩效、组织公民行为、组织承诺和满足顾客的能力以及心理契约违约等（Yu 等，2020a[63]，2020b[64]）。这些研究出现在"滥用监管"

[58]　Tepper B. J. Abusive supervision in work organizations：Review，synthesis，and research agenda [J]. Journal of Management，2007，33（3）：261-289.

[59]　Wu C M，Chen T J. Psychological contract fulfillment in the hotel workplace：Empowering leadership，knowledge exchange，and service performance [J]. International Journal of Hospitality Management，2015（48）：27-38.

[60]　Rank J，Carsten J M，Unger J M，Spector P E. Proactive customer service performance：Relationships with individual，task，and leadership variables [J]. Human Performance，2007，20（4）：363-390.

[61]　Qin Q，Wen B，Ling Q，et al. How and when the effect of ethical leadership occurs? A multilevel analysis in the Chinese hospitality industry [J]. International Journal of Hospitality Management，2014，26（6）：974-1001.

[62]　Eisenberger R，Karagonlar G，Stinglhamber F，et al. Leader-member exchange and affective organizational commitment：The contribution of supervisor's organizational embodiment [J]. Journal of Applied Psychology，2010（95）：1085-1103.

[63]　Yu D，Xu Z，Mart í nez L. Visualizing the intellectual structure of the fuzzy linguistic knowledge domain：A bibliometric analysis [J]. International Journal of Fuzzy Systems，2020，22（8）：2397-2413.

[64]　Yu Y，Xu S，Li G，Kong H. A systematic review of research on abusive supervision in hospitality and tourism [J]. International Journal of Hospitality Management，2020，32（7）：2473-2496.

集群中，可能是因为所研究的结果也可以被列为滥用监管的潜在后果。

5. 授权

布雷默（Brymer，1991）[65] 提出，员工授权是一种全方位的管理理念，允许一线员工有权当场解决客人的问题和投诉。他的结论是，授权始于总经理的运营方式，并向下传播到各个层级。

这一组中的三篇文章为授权型领导（empowering leadership）、客户满意度和员工结果（如创造力、满意度和绩效）之间的相互关系提供了指导。Zhang和Bartol（2010）[66] 尝试了授权型领导与员工创造力之间的实证联系。他们还研究了心理授权（psychological empowerment）、内在动机和创造性过程参与之间的相互关系。纳马锡瓦亚姆等人（Namasivayam 等，2014）[67] 测试了心理授权和员工满意度在领导者授权行为、顾客满意度和员工组织承诺之间关系中的作用。他们的结构方程模型包含了领导者授权行为与组织承诺和顾客满意度之间的中介机制。研究表明，心理授权和员工满意度在领导者授权行为与员工承诺和顾客满意度两个结果变量之间起中介作用。同样，阿赫涅等人（Ahearne 等，2005）[68] 研究了领导者授权行为对顾客满意度和销售绩效的影响。研究发现，领导者授权行为通过自我效能感和适应性（adaptability）的中介作用，间接影响顾客满意度和员工工作绩效。

该集群中的两项研究侧重于变革型领导及其结果——员工建言和授权愿

[65] Brymer R A. Employee empowerment: A guest-driven leadership strategy [J]. Cornell Hotel & Restaurant Administration Quarterly, 1991, 32（1）: 58-68.

[66] Zhang X, Bartol K M. Linking empowering leadership and employee creativity: The influence of psychological empowerment, intrinsic motivation, and creative process engagement [J]. Academy of Management Journal, 2010, 53（1）: 107-128.

[67] Namasivaya K, Guchai P, Le P. The influence of leader empowering behaviors and employee psychological empowerment on customer satisfaction [J]. International Journal of Hospitality Management, 2014, 26（1）: 69-84.

[68] Ahearne M, Mathie J, Rap A. To empower or not to empower your sales force? An empirical examination of the influence of leadership empowerment behavior on customer satisfaction and performance [J]. Journal of Applied Psychology, 2005（90）: 945-955.

望。迪特和贝尔雷斯（Detert 和 Burris，2007）[69] 对 3149 名餐饮业员工和 223 名主管的调查结果表明，领导行为对员工建言行为有显著影响。然而，吉尔等人（Gill 等，2010）[70] 的比较研究表明，在印度和加拿大的酒店业，员工的授权愿望的发展与感知变革型领导实践显著正相关。然而，这两个变量的程度在印度明显低于加拿大。最后，阿诺德等人（Arnold 等，2000）[71] 开发了一种新的有效的测量授权型领导行为的量表。通过对五个组织样本的测量量表进行交叉验证，作者制作了授权型领导问卷，包括 38 个题项，涵盖了 5 个因素（指导、告知、以身作则、关心 / 与团队互动、参与性决策）。

二、领导—成员交换与酒店业服务创新

领导—成员交换（Leader—Member Exchange，LMX）的概念源于丹塞罗等人（Dansereau 等，1975）提出的领导者与成员之间的垂直二元联动（Vertical Dyad Linkage，VDL）概念。与一般的领导风格观点不同，领导—成员交换认为，由于时间和资源的限制，领导者通过不断参与角色互动，与不同的成员发展异质性交换关系。根据社会交换观点的逻辑，与上级有积极且高质量交换关系的员工被认定为"圈内人"，被上级视为站在自己一边。这些交换关系的特点是相互尊重、承诺、信任和义务。在领导—成员交换的发展过程中，主管根据每个员工的可靠性和执行能力来决定他们赋予员工多少权力。感到被授权的员工可能会通过良好的工作表现来回报领导的支持。一方面，领导—成员交换允许管理者与不同的下属发展各种社会交换关系——当管理者和下属建立起一种基于相互信任和承诺的高质量关系时，管理者可以鼓励下属承担更多的

[69] Deter J R，Burri E R. Leadership behavior and employee voice：Is the door really open? [J]. Academy of Management Journal，2007，50（4）：869–884.

[70] Gill A，Fitzgeral S，Bhutan S，et al. The relationship between transformational leadership and employee desire for empowerment [J]. International Journal of Hospitality Management，2010，22（2）：263–273.

[71] Arnold J A，Ara S，Rhoade J A，Drasgow F. The empowering leadership questionnaire：The construction and validation of a new scale for measuring leader behaviors [J]. Journal of Organizational Behavior，2000，21（3）：249–269.

任务和责任，下属在完成任务的同时也可以得到管理者更多的帮助、鼓励和支持。这种高质量的关系可以进一步激发员工完成工作任务的积极性。另一方面，管理者与下属之间高质量的关系和信任也会促使下属参与知识探索或知识分享的学习活动。

施拉格和谢尔曼（Shraga 和 Shirom，2009）在他们的定性研究中认为，对于员工来说，与经理保持积极的互动关系（例如，接受表扬或积极的反馈）是提高员工工作繁荣的主要因素。因此，当工作场所存在高质量的领导—成员交换时，员工会获得关心、支持和授权的积极工作体验。这些积极的工作体验支持员工发展自我效能感，并获得承担工作风险的意愿。

此外，高质量的领导—成员交换的员工在寻求提高绩效时更愿意从事具有挑战性的工作任务。与此相关，奎因（Quinn，2007）断言，两个人之间的关系质量越高，他们就感觉越有活力。阿克金迪兹等人（Akgunduz 等，2022）也表明，高质量的领导—成员交换对员工倡导（employee advocacy）有正向影响。因此，高领导—成员交换的员工通常在工作中感到有动力、充满活力。此外，管理者和员工之间积极的社会互动有助于建立相互尊重和信任的关系，这有助于创造一种工作氛围，促进员工之间的工作繁荣。Wu 等人（2023）认为领导—成员交换对员工的工作活力有重要影响，并证明了领导—成员交换与工作繁荣正相关。他们研究发现，高质量的领导—成员交换关系对提高员工的学习意愿和增强他们的工作场所活力具有相当大的激发作用。

为了利用领导—成员交换对变革导向型组织公民行为的影响，酒店管理者可以努力了解下属的需求和潜力，从而使下属感到受到重视，并更加信任管理者的决策过程，从而建立更紧密的上下级关系。此外，管理者还必须充分认识到专业能力和关怀的关键作用，特别是在获得下属的信任和支持方面。在实践中，领导—成员交换有其优点和缺点。前面我们已经讨论了领导—成员交换的优点。关于缺点，管理者必须小心将特定的注意力或资源分配给特定的个人，这种方式会导致组织内小集团、派系或冲突的发展，由此产生的不良互动也可能导致组织不信任的恶性循环。

三、变革型领导与酒店业服务创新

伯恩斯（Burns，1978）[72] 是最早定义变革型领导（transformational leadership）的人之一。伯恩斯将变革型领导描述为一个通过呼吁更高的理想和道德价值观来激励追随者的过程。变革型领导者能够为他们的组织定义和阐明愿景，并且他们的领导风格能够影响或改变一些个人层面的变量（如增加动机），以及一些组织层面的变量（如调解团体或团队之间的冲突）。随后，巴斯（Bass）和他的同事们（1985[73]，1990[74]；Bass 和 Avolio，1989[75]，1994[76]；Seltzer 和 Bass，1990[77]）将其发展成为一种变革型领导理论。

根据巴斯和阿沃利奥（Bass 和 Avolio，1994），变革型领导由四个主要维度组成。第一个维度是理想化影响力（idealized influence）。理想化影响力被描述为导致追随者钦佩、尊重和信任的行为。理想化影响力包括领导者分担风险，将追随者的需求置于个人需求之上，以及伦理和道德行为。第二个维度是鼓舞性激励（inspirational motivation）。这一维度反映在为下属的工作提供意义和挑战的行为上。它还包括清晰表达期望，展示对整体组织目标的承诺，并通过热情和乐观来激发团队精神等行为。第三个维度是智力刺激（intellectual stimulation）。表现出这种变革型领导力的领导者会从他们的追随者那里征求新的想法和创造性的问题解决方案，并鼓励采用新颖的方法来执行工作。第四个维度是个性化关怀（individualized consideration）。这体现为领导者认真倾听并特别关注下属的成就和成长需求。

[72]　Burns J M. Leadership [M]. New York：Harper & Row，1978.

[73]　Bass B M. Leadership and Performance Beyond Expectations [M]. New York：Free Press，1985.

[74]　Bass B M. From transactional to transformational leadership e learning to share the vision [J]. Organizational Dynamics，1990，18（3）：19–31.

[75]　Bass B M，Avolio B J. Manual for the Multifactor Leadership Questionnaire [M]. Palo Alto：Consulting Psychologists Press，1989.

[76]　Bass B M，Avolio B J. Improving Organizational Effectiveness Through Transformational Leadership [M]. Thousand Oaks：Sage Publications，1994.

[77]　Seltzer J，Bass B M. Transformational leadership：Beyond initiation and structure [J]. Journal of Management，1990（16）：693–704.

巴斯和阿沃利奥（Bass 和 Avolio，1994）认为，变革型领导者通过以下方式获得下属的信任、忠诚和尊重：（1）产生对组织目的和使命的认识和接受；（2）诱导他们为了组织而超越自身利益；（3）激活他们的高阶需求。变革型领导者所提供的清晰愿景，通过赋予下属工作意义，让他们感到自己是企业的一部分，从而激励下属。它帮助人们确定组织中什么是好或坏、重要或不重要，并有助于提高决策的速度和质量，提高主动性，扩大员工的自由裁量权。尤克尔（Yukl，1994）[78] 描述了变革型领导的实践过程，即变革型领导者制定愿景，发展内部和外部利益相关者对愿景的承诺，实施实现愿景的战略，并将自己的价值观融入组织文化中。

变革型领导（transformational leadership）是一种倾向于自上而下的激励、魅力、动机和超出预期的表现的领导风格，包括理想化的影响、激励动机、智力刺激和个人考虑四个维度（Bass，1990）。变革型领导为员工提供动力，为集体发展和个人进步做出额外的努力。变革型领导被广泛认为是酒店业创新或服务创新的先决条件。

许多学者已经意识到在团队和个人层面考察变革型领导的重要性（例如，Dong 等，2017[79]；Wang 和 Howell，2012[80]），并且注意到，将变革型领导厘清为团队层面和个人层面需要区分不同层面的重点、策略、考虑因素和结果（Lorinkova 和 Perry，2019[81]；Rose 等，2011[82]）。为此，一些学者为实现对变革型领导的深入理解，试图将变革型领导厘清为团队和个人两个层

[78]　Yukl G A. Leadership in Organizations [M]. 3nd ed.Engelwood Cliffs：Prentice Hall，1994.

[79]　Dong Y，Bartol K M，Zhang Z X，Li C. Enhancing employee creativity via individual skill development and team knowledge sharing：Influences of dual-focused transformational leadership [J]. Journal of Organizational Behavior，2017，38（3）：439–458.

[80]　Wang X H，Howell J M. A multilevel study of transformational leadership，identification，and follower outcomes [J]. Leadership Quarterly，2012，23（5）：775–790.

[81]　Lorinkova N M，Perry S J. The importance of group-focused transformational leadership and felt obligation for helping and group performance [J]. Journal of Organizational Behavior，2019，40（3）：231–247.

[82]　Rosing K，Frese M，Bausch A. Explaining the heterogeneity of the leadership-innovation relationship：Ambidextrous leadership [J]. Leadership Quarterly，2011，22（5）：956–974.

面，从而获得变革型领导研究方面更可靠的研究结果（如 Cai 等，2017[83]；To 等，2015[84]）。

将变革型领导明确为团队层面和个人层面，有利于酒店团队领导者采用不同的领导策略和行为，分别促进团队成果和个人成果。虽然以前的一些研究已经从团队层面和个人层面对变革型领导进行了调查，但他们的研究背景主要是高科技组织（例如，Cai 等，2017；Dong 等，2017；Jiang 等，2015[85]）和大学（例如，Li 等，2016）[86] 等。在酒店业背景下，分别从团队层面和个人层面对变革型领导的研究很少。

以团队为中心的变革型领导注重的不是去统治团队，而是通过领导者的特质和行为来激励和影响团队，从而增强员工对他们所属团队的集体认同。以团队为中心的变革型领导者倾向于鼓励员工优先考虑集体利益而不是个人利益，以实现团队发展。以团队为中心的变革型领导的结果是集体的结果，如团队创造力。以个人为中心的变革型领导关注的不是去统治员工，而是关注个人的动机和考虑，这意味着使员工的利益个性化。具体而言，以个人为中心的变革型领导强调领导与员工的情感和心理交流，如个人认可，这可以增强员工的额外承诺。因此，以个人为中心的变革型领导的结果可能是个体的结果，如个体创造力。

（一）变革型领导和创造力

创造力意味着产生新想法或有效解决问题的能力，因此，拥有创造性员工的组织可以在动态的商业环境中创造额外价值并保持竞争优势。由于酒店业是劳动密集型行业，因此有必要拥有一支更具创造力的员工队伍，为旅行者提

[83]　Cai Y，Jia L，Li J.Dual-level transformational leadership and team information elaboration：The mediating role of relationship conflict and moderating role of middle way thinking [J]. Asia Pacific Journal of Management，2017，34（2）：399-421.

[84]　To M L，Tse H，Ashkanasy N M. A multilevel model of transformational leadership，affect，and creative process behavior in work teams [J]. Leadership Quarterly，2015，26（4）：543-556.

[85]　Jiang W，Gu Q，Wang G G. To guide or to divide：The dual-side effects of transformational leadership on team innovation [J]. Journal of Business and Psychology，2015，30（4）：677-691.

[86]　Li V，Mitchell R，Boyle B. The divergent effects of transformational leadership on individual and team innovation [J]. Group & Organization Management，2016，41（1）：66-97.

供更好的知识密集型业务服务，并实现高水平的客户满意度。此外，最近的研究表明，工作环境因素，如领导风格，可能会影响员工的创造性行为。变革型领导通过扩大既定目标来影响员工，并帮助他们提高工作信心。巴斯和斯泰德梅尔（Bass 和 Steidlmeier，1999）[87] 认为变革型领导由四种行为组成：理想化影响、励志激励、智力刺激和个性化关怀。理想化的影响力或个人魅力，是指领导者成为员工的魅力榜样，积极影响他们的感知和行为。励志激励是指领导者培养员工合作完成集体目标的愿望。智力刺激是指领导者通过提高员工的求知欲和鼓励采用新颖的方法，鼓励员工对假设提出质疑，重新构建问题，并激发员工。最后，个性化关怀包括理解和欣赏不同员工的发展和需求。

因此，变革型领导风格可以为员工提供有用的反馈，鼓励他们做出额外的努力来实现新的解决方案，并提高他们创造性思维的内在动力。最重要的是，具有变革型领导风格的管理者可以通过更高水平的自我强化来激励员工实现目标，而不是通过与员工建立互惠的交换关系。领导行为是创造力工作环境的一个关键特征，而这些定义意味着变革型领导可以积极影响员工的创造力，因为它促进了员工挑战旧的行事方式的动机。此外，由于酒店行业的公司旨在提高客户满意度，变革型的主管可以鼓励有创造力的人员提供更优质服务的愿望，从而有助于发展和保持竞争优势。许多实证研究已经提供了强有力的证据，证明变革型领导与个人创造力之间存在很强的相关性。

所有的创新都始于创造性的想法，而创造力的成功实施取决于将这些想法发展到超越其原始状态。由于创造力是组织获得和保持竞争优势的一种方式，而工作环境因素，如领导风格，被认为是员工创造性行为的前因，所以从业者有必要更多地了解领导力和员工创造性表现之间可能存在的因果链关系。因此，我们建议酒店企业应该加大对主管的培训力度，鼓励他们改善与员工之间的关系。对这一点有了更深刻的认识，管理者应该能够更好地发现变革型领导在与创造力相关的心理过程中的直接和间接影响。此外，通过培训主管利用变革型领导，酒店行业的公司可以帮助他们的员工通过增加他们从事创造性活动的经验获得创造性技能，以及他们成功完成创造性任务的信心。由于酒

[87] Bass B, Steidlmeier P. Ethics, character, and authentic trans formational leadership behavior [J]. Leadership Quarterly, 1999, 10（2）：181–217.

店业是劳动密集型行业，员工信心和创造力的提高不仅可以提高顾客满意度，还可以促进顾客的忠诚度和重复光顾。

（二）变革型领导和创造性自我效能感

在社会认知理论的基础上，蒂尔尼和法默（Tierney 和 Farmer，2002）[88] 提出了创造性自我效能感（creative self-efficacy）的概念，它指的是个体相信自己有能力产生创造性成果的程度。由于创造性活动中的自我效能感是工作创造性的一个关键属性，因此，当员工对自己的创造性自我效能感感到高度自信时，他们就会增加对创造性行为的投入。先前的研究表明，领导风格可以成为促进创造力活动的情境因素之一。此外，变革型领导采用的方法与社会认知理论一致，并支持自我调节是促进员工特定行为的主要激励因素之一的观点。因此，变革型领导有可能通过提高员工的创造性自我效能感来提高员工的独立思考能力。从这个角度来看，服务组织中具有变革型领导力的管理者可以激发员工的信心，以更具创造性的思维和新颖的方法成功实现知识密集型的商业服务。例如，Hon（2011）[89] 通过对中国大陆酒店业数据的多层次分析，发现变革型领导等社会情境变量与员工创造力自我和谐（self-concordance of creativity）正相关。同样，Gong 等人（2009）[90] 在对 200 名保险代理人的调查中发现，员工学习导向和变革型领导与员工创造性自我效能感正相关。这些结果表明，变革型领导对员工的创造性自我效能感有强烈的正向影响。

（三）创造性角色认同与创造性自我效能感的中介作用

创造性角色认同（creative role identity）是个体作为一个创造性的人的自我认同，并认为这是其工作的核心组成部分。根据法默等人（Farmer 等，

[88]　Tierney P，Farmer S M. Creative self-efficacy：Its potential antecedents and relationship to creative performance [J]. Academy of Management Journal，2002，45（6）：1137-1148.

[89]　Hon A. Enhancing employee creativity in the Chinese context：The mediating role of employee self-concordance [J]. International Journal of Hospitality Management，2011，30（2）：375-384.

[90]　Gong Y，Huang J C，Farh J L. Employee learning orientation，transformational leadership，and employee creativity：The mediating role of employee creative self-efficacy [J]. Academy of Management Journal，2009，52（4）：765-778.

2003）[91] 的研究，具有创造性角色认同的员工在工作中更有创造力，更积极地为他们面临的问题寻找新的解决方案。此外，变革型管理者通过提高员工的求知欲，鼓励员工采用高度自我强化的新方法，而不是外部奖励，来激励员工完成集体目标。因此，人们如何看待自己的能力在一定程度上取决于他们认为自己能多出色地完成某项任务，而变革型领导风格可以通过在组织中支持强烈的自我认同感来鼓励员工，从而促进创造性成果。最重要的是，酒店业的主要焦点是提供卓越的服务，满足客户的期望，作为一个有创造力的员工的认同可以受到一个有魅力的领导者的榜样的积极影响，并使人们能够重新定义问题，并具有开发新想法以服务客户所需的求知欲。许多研究为变革型领导促进创造性角色认同发展的观点提供了实证支持。例如，赫斯特等人（Hirst 等，2009）[92] 基于 115 对员工—领导者样本的评分数据发现，领导者的鼓舞性激励，尤其是变革型领导力，可以促进积极的认同和创造性的努力。保尔森等人（Paulsen 等，2009）[93] 根据对来自 34 个团队的 178 名成员的调查，也报告了更具变革型领导风格的主管可以积极影响员工的认同感。

此外，认同和效能感都是复杂的自我感知和信念，它们与自我调节的社会认知理论中的目标系统相一致。伯克和雷特兹（Burke 和 Reitzes，1981）[94] 认为效能感来源于认同，认同促进效能感的发展。具体来说，创造性角色认同反映了员工是否认为自己是一个有创造力的人，创造性自我效能感反映了员工认为自己有能力产生创造性成果的程度。因此，具有较强的创造性角色认同的个体会更加关注新奇的信息，从而提高他们的自我效能感，因为他们认为自己是创造性的个体，而自我效能感水平高的个体基于他们之前作为创造性员工的成功经验，对自己的创造性表现更有信心。最重要的是，当服务员工具有这种自我认同为创造性的人的个人特征，并且在提供更好的创造性服务方面

[91] Farmer S M, Tierney P, Kung-McIntyre K. Employee creativity in Taiwan: An application of role identity theory [J]. Academy of Management Journal, 2003, 46（5）: 618-630.

[92] Hirst G, Van Dick R, Van Knippenberg D. A social identity perspective on leadership and employee creativity [J]. Journal of Organizational Behavior, 2009, 30（7）: 963-982.

[93] Paulsen N, Maldonado D, Callan V J, Ayoko O. Charismatic leadership, change and innovation in an R&D organization [J]. Journal of Organizational Change Management, 2009, 22（5）: 511-523.

[94] Burke P J, Reitzes D C. The link between identity and role performance [J]. Social Psychology Quarterly, 1981, 44（2）: 83-92.

具有自我强化效能的倾向时，他们可以在工作中利用更多的创造力，从而提高客户满意度。因此，有相当多的证据表明认同会影响自我效能感，一些学者呼吁对可能与自我效能感密切相关的认同行为进行更仔细的研究，它可能会激发更大的创造力。

此外，创造力被视为获得和保持竞争优势的一种方式，创造力的成功实施依赖于超越其原始状态的新想法的发展。因此，具有创造性的员工能够对新产品、新服务和新流程产生新颖的想法，而具有创造性自我效能感的员工对自己调动认知资源的能力更有信心，更有动力执行特定的任务。从社会认知理论的角度来看，员工的创造性自我效能感与工作中的创造性行为正相关。更具体地说，创造性活动中的自我效能感有助于消除创造性参与的固有障碍，具有高水平创造性自我效能感的员工在工作中往往更具创造性，因此具有更高水平的创造性工作投入。因此，创造性自我效能可以激励个人克服他们面临的障碍，并帮助员工寻找创造性的解决方案，以成功地完成他们的任务。最重要的是，由于服务组织的本质是提供高质量的服务来满足客户，员工相信他们能够产生创造性的结果，可以增加他们的创造性表现，从而促进高质量服务的交付，帮助公司保持盈利能力。最近的研究支持了这一观点，研究发现，创造性自我效能感与员工创造力正相关。例如，Liao, Liu 和 Loi（2010）[95] 从116 个团队的 828 名员工的跨级别多源数据样本中发现，创造力与效能感之间存在正相关关系。卡梅利和绍布洛克（Carmeli 和 Schaubroeck, 2007）[96] 也提出了更强的自我效能感对个体创造性工作投入的积极影响。

综合这些研究结果，采用变革型领导风格的主管可以通过其创造性角色认同正向影响员工的创造性自我效能感，并通过其创造性角色认同和创造性自我效能感正向影响员工的创造性。最重要的是，这些早期研究表明，员工创造性角色认同在变革型领导的自变量和员工创造性自我效能感的因变量之间具有中介作用，而员工创造性角色认同和员工创造性自我效能感在变革型领

---

[95]　Liao H, Liu D, Loi R. Looking at both sides of the social exchange coin: A social cognitive perspective on the joint effects of relationship quality and differentiation on creativity [J]. Academy of Management Journal, 2010, 53（5）: 1090–1109.

[96]　Carmeli A, Schaubroeck J. The influence of leaders' and other referents' normative expectations on individual involvement in creative work [J]. Leadership Quarterly, 2007, 18（1）: 35–48.

导和员工创造力之间都具有中介作用。

（四）以团队为中心的变革型领导与团队服务创新

团队是一群相互作用和影响的个体，他们共享团队的愿景和目标，并将自己视为一个社会实体。随着基于团队的职能在组织环境中发挥着越来越重要的作用，越来越多的酒店组织依靠团队作为基本单位来实现更高层次的组织效能和更好的组织管理。团队服务创新是团队成果之一，有助于实现团队服务目标、持续的服务改进和组织成功。尽管现有的一些研究已经关注变革型领导与服务创新的关系，并发现团队服务创新是对跨部门酒店组织中变革型领导的回应，但以团队为中心的变革型领导是否能增强酒店团队的团队服务创新却鲜有研究。所以，进一步探讨以团队为中心的变革型领导与酒店业团队服务创新之间的关系很有意义。

以团队为中心的变革型领导将集体主义和团队利益合法化为优先事项。以团队为中心的变革型领导者倾向于通过公平地安排团队任务、鼓励互动行为和奖励员工对团队成就的贡献来促进团队协作。以团队为中心的变革型领导者关注团队内部的支持和公平。Wang 和 Howell（2010）[97] 证明了以团队为中心的变革型领导者通过促进团队成员之间的协作、解决团队成员之间的冲突，公平地安排团队任务和奖励团队成员之间的团队成就，从而促进团队的发展。根据社会交换理论，支持和公平是社会交换过程中的两个主要因素。在以服务为中心的团队中，当员工得到以团队为中心的变革型领导者的支持和公平时，他们可能会以额外的团队服务创新承诺来回报这些类型的支持，以维持与团队领导者的良好社会交换关系。

首先，由于变革型领导者可能以不同的方式促进团队和个人层面的行为，以团队为中心的变革型领导如何影响团队服务创新仍然存在研究空白。根据社会认知理论，个体的感知和行为在很大程度上受到环境的影响（Bandura，1986）[98]。以团队为中心的变革型领导作为一个情境因素，优先考虑团队利益，

[97] Wang X H, Howell J M. Exploring the dual-level effects of transformational leadership on followers [J]. Journal of Applied Psychology, 2010, 95（6）: 1134-1144.

[98] Bandura A. Social Foundations of Thought and Action: A Social Cognitive Theory [M]. New Jersey: Prentice Hall, 1986.

强调团队协作以促进团队进步，团队成员会受到这一情境因素的影响，产生优先考虑团队利益的观念，因此他们倾向于为团队成长做出更多的团队服务创新努力。因此，从理论角度看，以团队为中心的变革型领导可以促进团队服务创新。对于酒店从业人员来说，了解以团队为中心的变革型领导对团队服务创新的积极影响，并采用以团队为中心的变革型领导行为来实现卓越的团队服务是至关重要的。

其次，以往的研究发现，团队知识共享和对创造力的支持等情境因素中介了变革型领导与团队创新的联系。团队文化，特别是发展型文化，很少被认为是变革型领导与服务创新之间的团队层面的中介因素。团队文化由团队成员之间的共同规范组成，发展型文化的灵活性和支持等规范可以通过以团队为中心的变革型领导来塑造。根据社会认知理论，社会互动和情境影响个体的感知。当团队成员与他们的领导和同事互动时，他们可以从发展型文化的背景下感知灵活性的规范，支持创新和团队成长。因此，他们培养了创新团队服务以促进团队进步的观念，并倾向于在团队服务创新方面做出更多努力。这暗示了发展型文化在以团队为中心的变革型领导与团队服务创新之间的中介机制。酒店经理和团队领导必须认识到，通过采用以团队为中心的变革型领导，在团队之间建立和加强发展型文化规范的重要性，从而有助于团队服务创新，进一步提高客户满意度和团队竞争优势。

最后，已有研究在个体层面上考察了知识共享对变革型领导—创新联系的调节作用（如 Dong 等，2017）[99]，但未在团队层面探索群体多样性和聚合创造性自我效能的调节作用。群体多样性（group diversity）是指不同群体成员之间的个体差异。先前的研究发现，群体外向性多样性（group extraversion diversity）增强了情境因素的有效性，如以多样性为导向的人力资源实践。然而，群体外向性多样性是否会调节以团队为中心的变革型领导与团队服务创新之间的关系，仍需进一步研究。从基于社会认知理论的社会比较角度来看，个体的感知和行为是通过与具有相似情境的其他人进行比较而形成的。在以团队为中心的变革型领导和团队外向性多样性的酒店团队中，不同外向程度

[99]　Dong Y, Bartol K M, Zhang Z X, Li C. Enhancing employee creativity via individual skill development and team knowledge sharing: Influences of dual-focused transformational leadership [J]. Journal of Organizational Behavior, 2017, 38（3）: 439–458.

的团队成员倾向于相互比较他们与以团队为中心的变革型领导者的关系。可以发现,以团队为中心的变革型领导者重视和尊重他们不同程度的外向性,并支持群体外向性多样性。因此,他们更容易受到以团队为中心的革型领导的影响,并更努力地进行团队服务创新。因此,群体外向性多样性可以调节以团队为中心的变革型领导与团队服务创新之间的关系。除了群体多样性,团队层面的创意特征也会影响团队创新。聚合创造性自我效能(aggregated creative self-efficacy)反映了团队层面对创造能力的信心,它是通过将团队成员的个人创造性自我效能聚合到团队层面来估计的。吉思柯和达尔(Jaiswal 和 Dhar,2016)[100] 发现,创造性自我效能感在个体层面上调节了变革型领导与员工创造力之间的关系,而在团队层面上,创造性自我效能感是否会增强以团队为中心的变革型领导对团队服务创新的有效性还有待探讨。根据社会认知理论,情境主要决定个体的感知和行为。在以团队为中心的变革型领导和聚合的创造性自我效能下的酒店团队中,团队成员认为他们的团队具有足够的集体创造能力,并通过集体创造性努力关注团队成长,这与以团队为中心的变革型领导通过集体努力关注团队成长是一致的。因此,团队成员在团队中更倾向于对团队服务创新付出更多的努力。在这种情况下,聚合创造性自我效能可以强化团队导向的变革型领导情境因素与团队服务创新之间的关系。了解群体外向性多样性和聚合创造性自我效能的同步调节作用,为酒店从业人员提供了实际的见解,以最大限度地发挥以团队为中心的变革型领导对团队服务创新的影响,从而提高酒店团队的服务质量。

团队是一群彼此互动和协作的个人,拥有相同的价值观和目标,并将自己视为一个社会实体。酒店业倾向于依靠团队来实现更好的组织效能和运营。许多研究人员已经意识到,在关注团队层面的结果时,必须在团队层面考察变革型领导,并指出从变革型领导的一般概念中澄清以团队为中心的变革型领导需要以团队为中心的策略、考量和重点。以团队为中心的变革型领导并不注重统治团队,而是注重激励团队成员相互协作,并通过团队愿景增强团队成员的集体认同。

[100]　Jaiswal N K, Dhar R L. Fostering employee creativity through transformational leadership: Moderating role of creative self-efficacy [J]. Creativity Research Journal, 2016, 28(3): 367-371.

创新是指为改善工作场所的产品、流程和方法而产生、促进和实施新的想法。在酒店业，服务创新是组织提高服务质量、实现客户满意度和进一步保持竞争优势的关键。越来越多的酒店组织依靠团队来实现高质量的服务创新。根据维特尔等人（Witell 等，2016）[101] 对服务创新的定义，我们将团队服务创新定义为团队为提高团队服务质量而产生、推广和实施新想法。

根据社会认知理论，情境是塑造个体感知和行为的关键因素（Bandura，1999）[102]。以团队为中心的变革型领导作为一个情境因素，侧重于优先考虑团队利益，鼓励团队合作以促进团队成长。在以团队为中心的变革型领导酒店团队中，团队成员受到以团队为中心的变革型领导情境因素的影响，有优先考虑团队利益和相互合作以实现团队成长的观念。因此，具有这种观念的团队成员更倾向于在团队服务创意的产生、推广和实施方面做出集体努力，以促进团队服务的发展。因此，以团队为中心的变革型领导促进了团队服务创新。先前的研究发现，变革型领导可以促进团队创新，部分支持了以团队为中心的变革型领导增强团队服务创新。

（五）发展型文化作为团队层面的中介作用

文化是指组织环境中员工之间的共同规范。发展型文化（developmental culture）聚焦于外部，并得到灵活的组织结构的支持。灵活性对于酒店组织实现更好的组织运营和管理至关重要，因为它可以快速响应客户需求，然后有助于有效调整服务策略，以提高服务质量和客户满意度。Shim 等人（2015）[103] 已经证明，发展型文化是变革型领导和组织承诺之间关系的中介。先前的一些研究已经证明了发展型文化与酒店业创新之间的积极关系。了解发展型文化在以团队为中心的变革型领导与服务创新之间的中介作用，有助于酒店从业者通过建立灵活的、外部关注型的团队文化，有效地将以团队为中心的变革

[101]　Witell L, Snyder H, Gustafsson A, et al. Defining service innovation: A review and synthesis [J]. Journal of Business Research, 2016, 69（8）: 2863–2872.

[102]　Bandura A. A sociocognitive analysis of substance abuse: An agentic perspective [J]. Psychological Science, 1999, 10（3）: 214–217.

[103]　Shim H S, Jo Y, Hoover L T. Police transformational leadership and organizational commitment: Mediating role of organizational culture [J]. Policing, 2015, 38（4）: 754–774.

型领导转化为团队服务创新。

根据社会认知理论，员工的认知受到社会互动和共同目标的影响。通过建立高度的团队愿景和团队认同，并将团队利益和团队效能合法化为优先事项，以团队为中心的变革型领导可以建立团队成长的共同观念，作为员工行为的团队规范，从而促进团队中发展型文化的涌现。发展型文化的价值观包括外部的支持和资源获取，这有助于团队中的知识和资源共享。由于新的服务理念的产生，并确保其成功推广和实施，需要知识和资源共享，所以发展型文化可以通过促进知识和资源共享行为来促进团队服务创新。因此，发展型文化在以团队为中心的变革型领导与团队服务创新之间起中介作用。

文化被视为员工之间共同的价值观、信仰、规范和认知，它指导员工在工作场所的态度和行为。金伯莉和奎因（Kimberly 和 Quinn，1984）[104] 提出的竞争价值观文化框架（CVF）是一个被广泛接受的框架，用于澄清组织设置中的文化类型。CVF 通过两个维度对文化类型进行分类：稳定性和灵活性、内部焦点和外部焦点。发展型文化具有外部焦点，并得到灵活的组织结构的支持。它把资源获取和增长放在最重要的位置，不关注规则，而是关注对变化和适应性的意识形态诉求。在酒店业，发展型文化的灵活性和外部关注促进了对客户不同需求的快速响应，并进一步有利于高质量的服务和客户满意度。

如前所述，团队文化，尤其是发展型文化，很少被研究作为酒店情境中以团队为中心的变革型领导与团队服务创新之间关系的中介。根据社会认知理论，社会互动和共同目标会影响团队成员的感知（Bandura，1999）[105]。以团队为中心的变革型领导注重建立协作、激励和资源共享的共同规范，以促进团队进步，有助于形成注重灵活性和资源获取的发展型文化。由于资源获取是发展型文化的主要关注点之一，发展型文化下的团队成员倾向于有一种相互分享知识和资源的感知，以实现更好的团队绩效。在酒店团队中，分享行为带来更多的服务创新知识，使团队成员相互支持，提高服务创新能力。高水平的服务创新能力促进了高质量的集体新颖服务理念的产生，以及这些理念的成

[104] Kimberly J R, Quinn R E. Managing Organizational Transitions [M]. Homewood：R. D. Irwin，1984.

[105] Bandura A. A sociocognitive analysis of substance abuse：An agentic perspective [J]. Psychological Science，1999，10（3）：214-217.

功推广和实施。先前的研究发现,发展型文化是变革型领导与组织承诺之间联系的中介,它还促进了企业创新绩效,这意味着发展型文化可能是以团队为中心的变革型领导与团队服务创新之间的中介。

(六)以个人为中心的变革型领导和员工服务创新行为

员工创新行为是一种角色外行为,员工在必要工作负荷之外做出额外承诺。员工的服务创新行为是指新的服务理念的产生、推广和实施。由于服务创新的角色外行为促进了服务质量和客户满意度,因此它对酒店或组织保持业务持续增长至关重要。先前的研究发现,员工的创新行为是对变革型领导做出的反应(例如,Aryee 等,2012[106];Ng,2017[107])。在酒店业的背景下,尽管一些现有的研究发现,变革型领导可以预测跨部门酒店组织中的员工创新行为(例如,Gui 等,2020)[108],但以个人为中心的变革型领导是否会促进酒店组织中员工的服务创新行为,却很少有人探讨。我们期望以个人为中心的变革型领导在酒店环境中促进员工的服务创新行为。

以个人为中心的变革型领导者通过设定高期望和目标来激励员工,并通过满足他们的个性化需求来支持他们的发展能力。根据社会交换理论,员工可能会通过角色外行为来回报以个人为中心的变革型领导者的激励和支持,以实现高期望和发展个人能力。在以服务为中心的团队中,高期望和能力发展是服务创意产生、推广和实施的角色外行为的基石。由于以个人为中心的变革型领导对员工绩效提供了个人认可,以服务为中心的团队的员工倾向于为服务创新行为做出额外的努力,以维持领导—成员社会交换关系,并始终如一地获得个人认可。因此,以个人为中心的变革型领导与员工服务创新行为正相关。

[106]　Aryee S, Walumbwa F O, Zhou Q, Hartnell C A. Transformational leadership, innovative behavior, and task performance: Test of mediation and moderation processes [J]. Human Performance, 2012, 25(1): 1–25.

[107]　Ng T. Transformational leadership and performance outcomes: Analyses of multiple mediation pathways [J]. Leadership Quarterly, 2017, 28(3): 385–417.

[108]　Gui C, Luo A, Zhang P, Deng A. A meta–analysis of transformational leadership in hospitality research [J]. International Journal of Hospitality Management, 2020, 32(6): 2137–2154.

（七）创造性自我效能感在个体层面的中介作用

创造性自我效能感（creative self-efficacy）是指个体对实现创造性成果的能力的信心，它来源于外部判断和内部学习导向。创造性自我效能感对于酒店员工产生新颖的服务理念，并成功地推广和实施这些服务理念至关重要。在之前聚焦于酒店和餐饮业的研究（例如，Terje，2014）[109]中，创造性自我效能感已经被证明是变革型领导和员工创造力之间关系的中介。以社会认知理论为基础，我们旨在解释创造性自我效能如何在以个人为中心的变革型领导与员工服务创新行为之间起中介作用。

根据社会认知理论，创造性自我效能感受到社会互动和学习行为的影响。以个人为中心的变革型领导者倾向于通过为员工的成就提供积极的反馈来与员工互动。来自外部的积极评判促进了员工的创造性自我效能感。变革型领导者也倾向于充当激励员工学习的榜样。向以个人为中心的变革型领导者学习有利于员工的能力发展，并从内部培养他们的创造性自我效能感。在以服务为中心的团队中，具有创造性自我效能感的员工在创造性认知过程中学习如何识别与服务相关的问题，并产生新的想法来解决这些问题。因为他们从学习过程中获得了知识和技能，这些员工会自我激励，将新的服务理念转化为服务创新行为，因为他们相信自己有足够的知识和技能来成功地推广和实施新的服务理念。此外，员工倾向于通过创造性努力来维持其创造性自我效能感。因此，他们有动力提出更多新颖的服务理念，并促进和实施这些理念，以不断获得积极的评判，保持他们的创造性自我效能感。总体而言，创造性自我效能感有望中介酒店业中以个人为中心的变革型领导和服务创新行为之间的关系。

（八）群体多样性和群体外向性多样性的调节作用

群体多样性（group diversity）是指不同群体成员之间的个体差异（Kim 等，2017）[110]。群体多样性对于酒店组织在不同层面实现高绩效起着至关重要的

[109]　Terje S. Determinants and effects of employee's creative self-efficacy on innovative activities [J]. International Journal of Quality and Service Sciences，2014，6（4）：326-347.

[110]　Kim A，Kim Y，Han K，et al. Multilevel influences on voluntary workplace green behavior：Individual differences，leader behavior，and coworker advocacy [J]. Journal of Management，2017，43（5）：1335-1358.

作用。开放性（openness）反映了个体具有创造性、胸襟开阔和非常规特征的行为倾向。如果一个团队具有高水平的群体开放性多样性（group openness diversity），那么开放性高的员工更倾向于通过创新来改善当前的工作状况。因此，他们倾向于从发展型文化中获得灵活性和外部支持，作为投资创新的资源。开放性高的员工倾向于关注新颖的想法，但对这些想法的判断能力较弱，这可能导致结果不可预测。同时，团队中开放性低的员工往往比较保守，观点比较传统，可以从开放性高的员工那里学习新颖的想法，从而为创新奠定更坚实的基础。因此，在酒店团队中，高度的群体开放性多样性增强了发展型文化对团队服务创新的有效性。

相反，如果一个团队的群体开放性多样性水平较低，那么员工的开放性程度很可能相似。如果有很多开放性高的员工，很可能会有各种各样的新想法。团队创新需要凝聚力，但来自新想法的差异可能会抑制团队凝聚力。如果大多数员工的开放性低，他们的想法是常规的和传统的，那么发展型文化的灵活性和外部关注性支持将被员工忽视。因此，发展型文化对团队服务创新的影响有限。因此，我们认为，群体开放性多样性对发展型文化与团队服务创新的关系有调节作用，开放性多样性程度越高，发展型文化与团队服务创新的关系越强。

如果一个团队具有高水平的群体开放性多样性，员工会注意到他们的以个人为中心的变革型领导者关注个人能力发展、智力刺激和个人认可，而不管他们的开放程度如何。开放度高的员工更容易得到个人能力的发展和智力的刺激，作为加强他们非常规想法的资源，从而进一步培养他们的创造力和自信。如前所述，开放性程度低的员工可能注意到他们的保守观点可能是相反的观点，从而从开放性程度高的员工那里获取新的想法，并发现以个人为中心的变革型领导者认可他们对新颖想法的贡献，而不管他们的开放性程度低。这有助于他们的独立性和发散性思维以及他们的相互学习行为。因此，他们的创造性自我效能得到加强。

如上所述，高开放性员工的各种想法之间可能存在差异。在这种情况下，员工更倾向于与其他人竞争，使自己的想法在团队中占据主导地位，而不是从以个人为中心的变革型领导中寻求资源来投资于创意，从而导致以个人为中心的变革型领导对创造性自我效能的有效性有限。开放性低的员工更喜欢较少的智力挑战，对变革型领导的回应更少。如果团队中大多数员工的开放性程度较低，那么以个人为中心的变革型领导对员工提高创新能力和激发智力的激励作用就会减弱，从而导致员工的创造性自我效能感较低。总体而言，在开放性多样性较低的团队中，以个人为中心的变革型领导与员工创造性自我效能感的关系不太显著。因此，我们认为，群体开放性多样性调节了以个体为中心的变革型领导与创造性自我效能感之间的关系，当开放性多样性程度越高而不是越低时，这种关系越强。

群体多样性是指不同群体成员之间的个体差异（Kim 等，2017）。个体在表层和深层的个体属性方面可能有所不同。表层多样性（surface-level diversity）是指年龄、性别和种族等外部可见属性的多样性。深层多样性（deep-level diversity）适用于人格、信仰、宗教等内在和无形属性方面的差异。尽管现有研究表明，表层多样性，如年龄和性别会影响组织绩效，但只有少数研究调查了深层多样性，如人格特质对创新的调节作用。由于多样性对酒店经营和管理至关重要，不同的人格特质会导致酒店组织中不同的员工感知和行为，了解人格特质群体多样性对服务创新的调节作用对于酒店从业人员提高服务质量至关重要。

外向性（extraversion）反映了个体健谈、互动、自信和寻求支持等特征的行为倾向。群体外向性多样性（group extraversion diversity）是指不同团队成员在外向性方面的个体差异。如果一个以团队为中心的变革型领导团队具有高水平的群体外向性多样性，因为外向者可能会与他们的团队领导者有更多的互动，他们往往更容易受到以团队为中心的变革型领导所表达的创新、相互支持和团队成长的团队愿景的启发。因此，他们形成了专注于创新和支持其他团队成员以实现团队成长的观念。由于这种认知，外向者可能会从日常服务中激发出一种变异，并鼓励内向者进一步反思这种变异，并产生新的想法。外向者也可能促进内向者参与进一步的讨论和发展服务创新的举措。因此，群体外向性多样性可以加强团队导向型变革型领导与团队服务创新之间的联系。此外，从基于社会认知理论的社会比较角度来看，个体的感知和行为是通过与具有相似情境的其他人进行比较而形成的。在以团队为中心的变革型领导和群体外向性多样性的酒店团队中，由于外向者和内向者都倾向于相互比较他们与以团队为中心的变革型领导者的关系，他们发现，以团队为中心的变革型领导者重视和尊重他们不同的人格特征。因此，外向者和内向者都倾向于与团队领导建立更牢固的关系。因此，团队外向性多样性增强了团队关注型变革型领导对团队服务创新的有效性。

相反，低水平的群体外向性多样性表明团队成员的外向性水平几乎相似。如果大多数团队成员是高外向性的，因为高外向性与主动攻击有关，团队内部可能会发生冲突。在团队导向型变革型领导的影响下，外向者更倾向于竞争以赢得冲突，而不是合作并为团队服务创新做出贡献。如果大多数团队成员是低外向的，那么内向者与其团队领导和其他团队成员的互动就会减少。较少的互动抑制了团队成员对以团队为中心的变革型领导的创新鼓励的良好感知，导致以团队为中心的变革型领导在酒店团队中的团队服务创新效果有限。有学者发现，群体外向性多样性增强了面向多样性的人力资源实践的情境因素对知识共享的有效性，部分支持了上述论点。因此，我们认为，群体外向性多样性调节了团队专注型变革型领导与团队服务创新之间的关系，当群体外向性多样性水平越高而不是越低时，这种关系越强。

考虑到以团队为中心的变革型领导通过发展型文化对团队服务创新的间接影响，可以进一步假设群体外向性多样性调节了团队关注型变革型领导通过发展型文化对团队服务创新的间接影响。群体外向性多样性通过发展型文化调节了团队专注型变革型领导与团队服务创新之间的中介关系，当群体外向性多样性水平越高而不是越低时，这种关系越强。

（九）聚合创造性自我效能的调节作用

创造性自我效能（creative self-efficacy）是指个体对实现创造性成果的能力的信心，它是由社会互动和学习行为塑造的。苏米奇和德劳奇－扎哈维（Somech 和 Drach-Zahavy，2011）[111] 指出，个体的创造特征可以嵌套到团队层面，反映团队的创造性现象，并发现聚合的个体创造个性促进了团队的创造力。先前的研究主要指出了创造性自我效能作为变革型领导—创造力关系的

[111] Somech A, Drach-Zahavy A. Translating team creativity to innovation implementation [J]. Journal of Management, 2011, 39（3）: 684-708.

中介作用，较少的研究发现创造性自我效能对这种联系的调节作用。然而，在团队层面上，聚合创造性自我效能（aggregated creative self-efficacy）是否会调节团队关注型变革型领导与团队服务创新之间的关系尚不清楚。因此，本研究将创造型自我效能聚合到团队层面，并在团队层面上考察其对服务创新联系的调节作用。

聚合创造性自我效能显示了团队成员在团队中的创造性自我效能的平均值，反映了团队层面对创造性能力的信心。根据社会认知理论，情境主要决定个体的感知和行为（Bandura，1999）。以团队为中心的变革型领导情境因素可以影响团队成员，培养团队合作和团队成长的观念。如果一个酒店团队具有较高的聚合创造性自我效能，团队成员更有信心，他们目前的服务创造性能力可以帮助他们通过参与集体服务创新努力实现团队服务愿景，这与以团队为中心的变革型领导通过合作发展团队能力的重点是一致的。因此，团队关注型变革型领导培养的团队成员的协作感知和团队成长感知通过聚合的创造性自我效能感得到强化，从而根据社会认知理论，团队关注型变革型领导对团队服务创新的影响更强。相反，当一个团队的聚合创造性自我效能较低时，团队成员对自己的创造能力缺乏信心，他们不太可能创新，更喜欢常规的任务，以避免任务失败，导致他们受到以团队为中心的变革型领导者对创新的鼓舞的影响较小。因此，在酒店团队中，以团队为中心的变革型领导对团队服务创新的影响有限。综上所述，我们认为，聚合创造性自我效能调节了团队专注型变革型领导与团队服务创新之间的关系，当聚合创造性自我效能水平越高而不是越低时，这种关系越强。

考虑到以团队为中心的变革型领导通过发展型文化对团队服务创新的间接影响，可以进一步认定，聚合创造性自我效能调节了以团队为中心的变革型领导通过发展型文化对团队服务创新的间接影响。聚合创造性自我效能通过发展型文化调节了以团队为中心的变革型领导与团队服务创新之间的中介关系，当聚合创造性自我效能水平越高而不是越低时，这种关系越强。

（十）管理启示

第一，构建一条途径来培养酒店行业团队内的团队服务创新能力。由于团队领导者需要采取不同的行为来分别引出团队和个人的结果，我们建议团队领导者采用以团队为中心的变革型领导行为来提高团队绩效，特别是团队服务创新绩效。具体而言，我们建议团队领导者优先考虑集体任务，并通过鼓励员工将集体利益置于个人利益之上，在员工之间建立合作的观念，解决团队成员之间的摩擦，以实现团队合作。酒店组织的团队领导也可以通过团队会议和团队内部的日常沟通来培养注重协作和优先考虑团队利益的团队价值观，他们还需要奖励和赞扬为团队服务创新做出贡献的团队成员。

第二，发展型文化在以团队为中心的变革型领导与团队服务创新之间起中介作用。由于创新需要灵活和支持性的环境，建议酒店经理和人力资源部门为团队领导者提供培训，以优化以团队为中心的变革型领导行为，建立发展型文化，促进团队服务创新。例如，酒店经理和团队领导可以与团队成员进行沟通，建立敢于冒险创新的团队价值观，并奖励提出新颖服务理念的团队成员。酒店管理机构的经理和团队领导也可以通过在日常工作中为团队成员提供更大的灵活性（如为他们提供灵活安排工作时间的灵活性），向他们的团队灌输发展型文化的价值观。

第三，高群体外向性多样性增强了以团队为中心的变革型领导对酒店组织团队服务创新的有效性。因此，建议管理者和团队领导者通过招聘和选拔，在外向者和内向者之间创造平衡，并将不同外向水平的团队成员安排在同一团队任务中，从而增加团队外向性多样性，有助于促进团队内部的互动，减少外向者之间的冲突。此外，对于酒店经理和团队领导者来说，尊重和重视团队成员不同的性格特征，并根据外向者和内向者对团队的贡献给予同等的奖励，这一点也非常重要。

首先，研究和实践表明，领导力在酒店业创新中扮演着越来越重要的角色。在现代工作场所，团队领导者被期望同时领导团队成员和实现团队目标。研究表明，在团队和个人层面上，变革型领导与服务创新之间同时存在积极的关系，我们建议酒店组织的团队领导者建立双重关注的变革型领导，以分别促进他们的团队和员工，特别是在服务创新方面的表现。由于酒店业是劳动密集型行业，需要员工之间的协作来实现团队卓越服务，以推动团队服务创新，因此本研究建议团队领导者通过培养集体的团队态度和团队精神来建立员工之间的协作，并鼓励员工享受团队精神。例如，餐厅和酒店的团队领导者可以鼓励员工分享服务知识来创新团队服务，并表彰通过知识共享和协作为团队服务创新任务做出贡献的员工。此外，我们敦促团队领导者发挥模范作用，经常与同事合作，创新团队服务。与此同时，由于酒店组织的一线员工是服务的关键，因此酒店团队领导者必须知道如何激励员工参与服务工作。由于团队领导者与员工之间的心理和情感交流会影响员工的创新行为，为了驱动员工的服务创新行为，本研究建议酒店团队领导者表达他们对员工的高绩效期望，并对员工的创造能力表现出信心。此外，酒店团队领导者需要提供个性化的支持，以满足员工对服务创新的不同需求，从而增强员工的服务创新能力。例如，餐厅和酒店的团队领导者可以为那些希望通过在线工具开创新服务的员工提供计算机和网络技能培训。

其次，本研究确定了发展型文化在酒店业团队型变革型领导与团队服务创新之间的中介作用，意味着通过团队型变革型领导建立灵活的、外部关注的发展型文化可以促进团队服务创新。我们建议酒店管理人员向团队领导者和员工强调灵活性的重要性，并为团队绩效寻求外部支持。由于团队文化主要是由团队领导者的行为塑造的，因此酒店组织的人力资源部门也可以为团队领导者提供培训，以优化他们以团队为中心的变革型领导行为，以及增强团队灵活性。例如，酒店的人力资源部门可能会培训团队负责人，为员工提供更灵活的时间安排。

最后，由于研究发现团队开放性多样性增强了发展型文化对团队服务创新的有效性，以及以个人为中心的变革型领导对创造性自我效能的有效性，我们建议餐厅和酒店的团队领导者通过员工招聘和轮岗安排来重视和创造团队开放性多样性。建议团队领导者与酒店组织的人力资源部门合作，招聘不同开放性程度的员工，并相应地安排他们轮岗，以增加团队开放性程度的多样性。

四、服务型领导与酒店业服务创新

服务型领导（servant leadership）是罗伯特·格林利夫（Robert Greenleaf，1977）[112] 提出的一种亲社会领导的特殊形式，其本质是为他人服务，反过来又

---

[112]　Greenleaf R. Servant Leadership [M]. New York：Paulist Press，1977.

被他人服务。在实践中，它以他人为导向，优先考虑追随者的需求和利益高于领导者自己的利益，并使这些追随者在组织和更大的社区中表现出对他人的关切。服务型领导的一个主要独特维度是领导者的他人导向动机，其动机不是领导者的地位，而是追随者的成长。一些研究已经证明，服务型领导是一种适合酒店业的领导风格，因为这种风格促进了服务文化，并对员工的心理资本（psychological capital）和与工作相关的结果（如职业满意度和适应性行为）产生积极影响。

在过去的 20 年里，服务型领导（servant leadership）的概念引起了学者和实践者的极大兴趣。格林利夫（Greenleaf，1970）[113]最初将服务型领导描述为"服务型领导者首先是服务者……始于一种自然的感觉，即一个人想要得到服务，首先要付出服务"。服务型领导者致力于个人和组织的成长，他们承认自己对组织、下属和客户的成功负有道德责任。伊娃等人（Eva 等，2019）[114] 在其综合文献回顾中扩展了这一定义，将服务型领导重新定义为：（1）一种以他人为导向的领导方法；（2）表现为一对一地优先考虑追随者的个人需求和兴趣；（3）将他们对自我的关注向外重新定位为对组织和更大社区内他人的关注。这个定义描述了服务型领导者的动机、模式和心态，使他们区别于其他领导者。他们对动机的描述是一种服务他人的召唤，这与真诚型领导者的自我导向和交易型领导者的互惠交换不同。服务型领导者的服务模式是通过解决追随者的独特需求和目标，以及个人和职业发展，这与专注于与组织目标保持一致的变革型领导者的方法不同。此外，服务型领导者的心态包括促进更大的组织及其利益相关者的利益，这与道德型领导者的预防和合规心态不同。

服务型领导者对他人的积极影响被归因于追随者对积极的社会交流做出同样的反应，以及通过与领导者的互动进行社会学习。此外，通过满足追随者的基本需求，服务型领导者被认为对追随者的社会认同和效能有积极影响，以及通过服务型领导者的发展导向来增强追随者能力。

迄今为止，已经有大量关于服务型领导的研究。最近的一项研究系统回

[113]　Greenleaf R. The Servant as Leader [M]. Indianapolis：Greenleaf Center，1970.

[114]　Eva N，Robin M，Sendjaya S，et al. Servant leadership：A systematic review and call for future research：The leadership quarterly yearly review for 2019 [J]. The Leadership Quarterly，2019，30（1）：111-132.

顾了从1998年到2018年的20年间关于服务型领导的285篇文章（Eva等，2019）。尽管对这种领导方式的可行性和有效性存在一些质疑，但大量实证研究仍然提供了强有力的证据，表明服务型领导与组织公民行为（OCB）、企业社会责任、心理幸福感、组织承诺、客户服务质量和绩效，以及其他有关追随者的结果等正相关。事实上，贝里、帕拉苏拉曼和蔡特哈姆尔（Berry，Parasuraman和Zeithaml，1994）[115]认为，服务型领导是推动组织走向卓越服务的引擎。布劳内尔（Brownell，2010）[116]赞同并扩展了服务型领导范式，认为它尤其适用于酒店业。

服务型领导是一种全面的领导方法，它在多个维度（例如，关系、道德、情感、精神）上吸引追随者，使他们有能力成长为他们想要成为的人。当追随者的幸福感和成长被优先考虑时，他们反过来也会更敬业、更有效地工作。服务型领导者将自己视为组织的管家，他们寻求组织委托给他们的资源、财务以及其他各方面的增长。因此，即使他们关注追随者的个人发展，他们也不会忽视绩效期望。与绩效导向的领导方法不同，而服务型领导专注于长期的可持续绩效。

服务型领导的研究可以分为三个阶段。第一阶段侧重于服务型领导的概念发展，主要关注格林利夫（Greenleaf，1977）和斯皮尔斯（Spears，1996）[117]的研究。第二阶段是测量阶段，研究重点是制定服务型领导的测量方法，并通过横断面研究测试服务型领导与结果之间的关系。我们目前正进入服务型领导研究的第三阶段，这是一个模型开发阶段，在这个阶段，我们正在利用更复杂的研究设计来超越与结果的简单关系，以理解服务型领导的先决条件、中介机制和边界条件。

[115] Berry L L, Parasuraman A, Zeithaml V A. Improving service quality in America: Lessons learned [J]. Academy of Management Perspectives, 1994, 8（2）: 32–45.

[116] Brownell J. Leadership in the service of hospitality [J]. Cornell Hospitality Quarterly, 2010, 51（3）: 363–378.

[117] Spears L. Reflections on Robert K: Greenleaf and servant–leadership [J]. Leadership and Organization Development Journal, 1996（17）: 33–35.

（一）服务型领导的定义

绝大多数服务型领导的研究对服务型领导对待追随者的行为是什么、为什么以及如何进行做了松散的描述。最典型的是格林利夫于 1977 年给出的有关服务型领导的定义，虽然这一定义是有关服务型领导重要且权威的说法，但它并不足以指导服务型领导的实证研究。由于缺乏明确的定义，促使了许多关于服务型领导的概念性论文的出现，其中的定义和指标被引申，以适应每个作者的论点。

试图根据结果（如组织公民行为）、实例（如自我牺牲行为）或较小程度上的前因（如个性）来定义服务型领导，导致解释过于复杂，对学者和实践者都没有用处。考虑到这一点，Eva 等人（2019）提出了服务型领导的新定义：服务型领导是一种以他人为导向的领导方法，表现为一对一地优先考虑追随者的个人需求和兴趣，将他们对自己的关注向外重新定位为对组织和更大社区内他人的关注。

上述定义有三个特征构成了服务型领导的本质，即服务型领导的动机、模式和心态。首先，服务型领导的动机（以他人为导向的领导方法）并非源于领导者自身内部，而是源于领导者外部，正如最初的格林利夫的"服务者优先"所暗示的那样。格林利夫的一个重要而又经常被遗忘的观点是，他给自己的小册子取名为《作为领导者的服务者》（*The Servant as Leader*），而不是《作为服务者的领导者》（*The Leader as Servant*）。因此，服务型领导的一个关键方面，也是它区别于其他领导观点的地方，是承担领导责任的潜在个人动机。这种面向他人的导向反映了领导者的决心、信仰或信念，即领导他人意味着远离自我导向。这与其他注重推行领导人的雄心的领导方式形成鲜明对比，他们为他人服务的决心源于他们作为利他主义者和道德人的自我概念。因此，服务型领导通常需要强烈的自我意识、性格和心理成熟。根据这个定义，那些不愿意为他人服务的人因此不适合做服务型领导。

其次，服务型领导的模式（表现为一对一地优先考虑追随者的个人需求和兴趣）反映了一种认识，即每个追随者都是独一无二的，有不同的需求、兴趣、愿望、目标、优势和局限性。虽然一般的组织政策和系统要确保公平，但每一种领导者—追随者关系可以采取许多不同的形式。服务型领导者有兴趣了解每个追随者的背景、核心价值观、信仰和独特行为，因此职业生活和个人生活之间的界限是模糊的。与其他主要旨在提高组织在财务或非财务方面的收益的领导方法相反，服务型领导侧重于追随者在多个领域的成长，如他们的心理健康、情感成熟和道德智慧。这种聚焦点与管理的概念是一致的，服务型领导者就像管家一样，把追随者当作托付给他们的个人来对待，让他们提升到更好的自我，追随者反过来认为他们是值得信赖的领导者。

最后，服务型领导的心态（将他们对自己的关注向外重新定位为对组织和更大社区内他人的关注）反映了一个受托人的心态。对追随者发展的刻意关注是在对更大社区的关注和对他们的福祉负责的承诺中保持的。服务型领导者将其追随者视为在其照顾下被委托的个体。作为受托人，他们确保他们的追随者和组织内的其他资源都能得到负责任的培养和发展。因此，服务型领导是一种离心力，它将追随者从自我服务导向转向为他人服务导向，使他们能够成为富有成效和亲社会的催化剂，能够对他人的生活产生积极的影响，并改变他们所处的社会世界的破碎结构。

综上所述，定义中的三个特征——动机、模式和心态是准确理解服务型领导的必要条件。然而，需要注意的是，该定义也允许在理解服务型领导的多维度方面存在差异。服务型领导者可以选择强调其中的道德维度、精神维度、团体维度或所有这些维度，只要他们同意上述共同点，即服务型领导是关于领导者本人以外的人或事，领导者与追随者之间的一对一互动，以及对更广泛的组织利益相关者和更大社区的福祉的总体关注。

（二）服务型领导与其他领导类型的区别

交易型领导（transactional leadership）关注管理者和员工之间的交易，关注任务的完成和奖励（Bass，1990）。交易型领导者明确角色和工作任务，监督下属的表现，并在需要时采取纠正措施（Avolio 和 Bass，2004）。从领导者的动机和行为来看，服务型领导与交易型领导有着根本的不同。交易型领导者关注员工绩效，只在出现问题或不符合程序和标准时才进行干预，服务型领导者基于服务至上的愿望，积极支持追随者的个人和职业成长和发展。然而，两种领导风格之间也有一些重叠：都解决角色澄清和追随者问责。

变革型领导者为追随者提供愿景、鼓舞、知识和培训，让他们超越自己的能力。这样的领导者给予下属自主权，并赋予他们在接受适当培训后做出决定的权力。变革型领导与服务型领导有重叠：两种类型的领导都关注追随者的成长，都包含道德。然而，服务型领导的道德是针对追随者的福祉，而变革型领导的道德是针对组织的。森德耶雅和萨罗斯（Sendjaya 和 Sarros，2002）认为，服务型领导者与变革型领导者在两个方面不同：服务型领导者有兴趣为边缘化人群服务，并致力于满足追随者的需求。实验证据表明，这些领导风格的差异会产生经验性的后果。范·蒂伦顿克等人（van Dierendonck 等，2014）指出，与变革型领导相比，服务型领导更关注追随者的心理需求（心理需求满意度），其本身就是目标，而变革型领导将这些需求置于组织目标之后，主要影响对领导者的感知（如感知领导有效性）。虽然服务型领导和变革型领导之间可能有共同的重叠，因为两者都关注追随者的需求，但在为什么要对这种关注进行例证以及它在组织中相对于其他竞争性优先项的位置方面，存在着质的差异。变革型领导者关注追随者需求的动机似乎是为了使他们能够更好地实现组织目标（即达到目的的手段），而服务型领导者关注的是追随者的多维发展（即目的本身）。关于和组织中的其他优先事项的关系，斯通等人（Stone 等，2004）[118] 指出，组织目标仅仅是在长期刻意关注追随者需求的过程中实现的副产品。总而言之，从概念上讲，服务型领导者比变革型领导者更有可能在他们的领导关注点中设定以下优先事项：追随者第一，组织第二，自己最后。

与真诚型领导（authentic leadership）类似，服务型领导也承认在与他人的互动中保持真实和本真的重要性。然而，对于服务型领导者来说，以深刻清晰的自我意识和自我调节来运作的倾向可能源于为他人服务的精神或利他动机，这两者在真诚型领导框架中都是不存在的。也就是说，服务型领导者是真诚的，但不是为了真诚而真诚，而是因为他们受到更高的召唤感或内心信念的驱使，要为他人服务并产生积极的影响。

道德型领导（ethical leadership）被定义为"通过个人行为和人际关系展

[118] Stone G A, Russell R F, Patterson K. Transformational versus servant leadership: A difference in leader focus [J]. Leadership and Organization Development Journal, 2004（25）: 349-361.

示规范适当的行为，并通过双向沟通、强化和决策将这种行为推广给追随者"
（Brown 等，2005）[119]。因此，道德型领导侧重于共同的道德规范，如倾听员工的意见，公平对待员工，并表现出对员工的关心。与服务型领导有相当大的重叠：正直、诚信、关心员工和道德行为也是服务型领导的要素。此外，他们都强调了与追随者双向沟通的重要性。然而，服务型领导是一个更广泛的概念，它不仅仅包括道德行为。服务型领导者主动赋予追随者成长和发展其技能和性格的权力。此外，服务型领导在如何做事情方面提供了更多的自由，而不是专注于践行公认的组织规范。相对于道德型领导，服务型领导更明确地将管理作为有效领导的基本要素，这带来了对考虑到所有利益相关者的长期视角的关注。符合道德型领导理论的领导者行为可能更具规定性，并且与基于先天道德规则的人应该遵循的规则一致，但服务型领导者行为更具灵活性和权变性，更明确地考虑到追随者和组织双方的背景。道德型领导强调关心人、诚实和值得信赖的必要性，然而很少关注真实性和为追随者提供方向。

（三）服务型领导的测度

流行的服务型领导测量包括授权（Liden 等，2015）、帮助下属成长和成功（Liden 等，2008）、谦卑、真诚（van Dierendonck & Nuijten，2011）和道德行为（Liden 等，2015）等维度。

在前人研究的基础上，范·蒂伦顿克（van Dierendonck，2011）[120] 提出了服务型领导的六个关键特征：（1）授权和对人的发展；（2）谦卑：优先考虑他人的利益；（3）真诚性：领导者外在行为和内在感受的一致性；（4）人际接纳：在其他情境中理解他人感受和不表现出负面情绪的能力；（5）提供适当的建议和指引；（6）管理：承担满足和服务下属需求的责任。

服务精神（servanthood）是服务型领导的主要维度，表示首先为追随者服务的内在愿望。服务精神依赖于不期望自我荣耀的自我奉献行为的影响。这

[119]　Brown M E, et al. Ethical leadership: A review and future directions [J]. The Leadership Quarterly, 2006（17）：595–616.

[120]　van Dierendonck D. Servant leadership: A review and synthesis [J]. Journal of Management，2011（37）：1228–1261.

个维度将服务型领导与其他领导风格（如变革型领导）区分开来，因为服务精神强烈地指向追随者，而不是组织或领导者的利益。

授权（empowerment）被视为服务型领导者的承诺，即激励和支持下属发展有效实现其发展目标所需的认知性和操作性技能。

在服务型领导背景下的道德行为（ethical behavior），指的是领导者以诚实、公平和透明的方式行事的能力。领导者的道德行为可以培养道德的工作氛围，这反过来又可以提高组织绩效。

在组织环境中，管理（stewardship）是指员工为组织和社会的共同利益所承担的责任水平。谦逊（humility）是指领导者在多大程度上接受自己的局限性，并承认他人的贡献。真诚（authenticity）是指在领导行为中表达真实的自我，被定义为领导者的行为与其内在价值观之间的一致程度。

据我们所知，现有文献中目前有16种服务型领导的衡量标准（见表5-1）。

表5-1 服务型领导测量

作者（发表年份）	测量名称	题项数
Lytle 等（1998）	SERV*OR（Servant Leadership Subscale）	6
Laub（1999）	Organizational Leadership Assessment	60
Page 和 Wong（2000）	Self-Assessment of Servant Leadership Profile	100
Dennis 和 Winston（2003）	Self-Assessment of Servant Leadership Profile [a short-form of Page and Wong（2000）]	20
Ehrhart（1998，2004）	Servant Leadership	14
Reinke（2004），Reinke 和 Baldwin（2001）	Servant Leadership Inventory	7
Dennis 和 Bocarnea（2005）	Servant Leadership Assessment Instrument	42
Barbuto 和 Wheeler（2002），Barbuto Jr 和 Wheeler（2006）	The Servant Leadership Questionnaire	23

续表

作者（发表年份）	测量名称	题项数
McCuddy 和 Cavin（2008）	Servant Leadership Composite Score	10
Rieke，Hammermeister，Chase（2008）	Revised Servant Leadership Profile for Sport（RSLP-S）	22
Fridell，Newcom Belcher，Messner（2009）	Servant Leadership Styles Inventory	20
Reed，Vidaver-Cohen，Colwell（2011）	Executive Servant Leadership Scale	25
Robinson 和 Williamson（2014）	SERV*OR Short	4
Liden 等（2015，2008）	SL-7；Global Servant Leadership Scale	7/28
Van Dierendonck 等（2017），van Dierendonck 和 Nuijten（2011）	Servant Leadership Survey	18/30
Sendjaya 等（2018，2008）	SLBS-6；Servant Leadership Behavioral Scale（SLBS）	6/35

Eva 等（2019）推荐了三种经过严格构建和验证过程的服务型领导行为测量方法，即利登等人（Liden 等，2015）[121] 的 SL-7，森德雅等人（Sendjaya 等，2018）[122] 的 SLBS-6，以及范·蒂伦顿克和纽伊藤（van Dierendonck 和 Nuijten，2011）[123] 的 SLS。然而，这些心理测量学可靠的测量方法中的每一种在其重点上都是不同的。因此，采用哪种测量最合适取决于研究或计划的具体目的。

首先，利登等人（Liden 等，2015）的服务型领导测量（SL-7）的 7 项组合值得注意，因为它包含了服务型领导者有意识和真心地关注为组织周围的

[121]　Liden R C，Wayne S J，Meuser J D，et al. Servant leadership：Validation of a short form of the SL-28 [J]. The Leadership Quarterly，2015（26）：254-269.

[122]　Sendjaya S，Eva N，Butar-Butar I，et al. SLBS-6：Validation of a short form of the servant leadership behavior scale [J]. Journal of Business Ethics，2018.

[123]　van Dierendonck D，Nuijten I. The servant leadership survey：Development and validation of a multidimensional measure [J]. Journal of Business and Psychology，2011（26）：249-267.

社区创造价值以及鼓励追随者积极参与社区活动。这种以社区为中心的维度反映在这一题项中："我的领导强调回馈社区的重要性。"此外，SL-7 对服务型领导行为的操作化的独特之处在于，除了基于性格的维度外，它还包含了一个基于胜任力的维度（即概念技能）。因此，在与社区相关的结果变量中，或者研究模型包括组织或认知能力方面时，使用这种测量方法是合适的。考虑到题项数量很少（7 个），该服务型领导的全球测量标准与任何研究中的其他测量标准一起使用相当简单和直接，而不会使整个问卷不必要地变长。

推荐的第二种测量方法是森德雅等人（Sendjaya 等，2018）的服务型领导行为量表（SLBS -6）的 6 项组合。最初 SLBS-35 的构念效度研究表明，6 个维度被认为是单一的高阶构念的最好表现。该简式测量（SLBS-6）保持了这个层次模型，初始的因子结构保持不变。SLBS -6 的独特贡献在于它的精神维度，这是一个显著的特征，使服务型领导相对于其他积极的领导方法成为真正的整体领导方法。将精神信仰包含进来，充分反映了格林利夫（Greenleaf，1977）和格雷厄姆（Graham，1991）[124] 的理论，即服务型领导依赖于精神洞察力和谦恭作为其影响力的来源。我们建议在未来的研究中使用这种测量方法来检验与精神性相关的构念。与 SL-7 类似，SLBS-6 是一个由 6 个题项组成的简短测量，因此它的管理一点也不费力。

想要一个简短版本的研究人员应该使用 SL-7 或 SLBS-6。开发自己的简短版本是不合适的，因为当从量表中添加或删除题项时，心理测量学特性会发生变化。SL-7 和 SLBS-6 都进行了必要的心理测量工作，以验证这些简短的版本准确地捕捉了完整版测量的实质。对于利登等人和森德雅等人的量表，其简短版本只推荐用于考察总体 / 全球服务型领导的研究。对服务型领导各维度分别进行测试的研究者应采用完整版量表（SL-28 和 SLBS-35），以估计各维度的信度，从而提高效度。具体来说，使用简短版本中的单个题项进行维度分析是不合适的。维度分析也可以使用范·蒂伦顿克和纽伊藤（van Dierendonck 和 Nuijten，2011）提出的量表。

范·蒂伦顿克和纽伊藤（van Dierendonck 和 Nuijten，2011）的服务型领

[124]　Graham J W. Servant-leadership in organizations：Inspirational and moral [J]. The Leadership Quarterly，1991（2）：105-119.

导调查包括 30 个题项，虽然它比前两个量表复杂，但它也有合理的理论基础，考虑到了服务型领导的"服务者"和"领导者"两个方面的并置。其基本模式强调，服务型领导者注重赋权和人的发展，同时要求人们对自己的工作成果负责；他们以谦虚的态度工作，这反映在开放的学习和承认错误的意愿上，他们愿意坚持自己固有的价值观，他们关注的是整体的利益。后来又引入了一个简短的版本，一个反映跨文化因素稳定性的 18 题项版本。

与一般的领导领域类似，服务型领导的测量具有一个固有的关注点，即领导者—追随者的二元等级关系。然而，一些现代组织正在采用一些新的组织结构，从而产生了非传统的领导者—追随者情况。例如，在一些教育和医疗以及非营利组织和志愿组织中采用了共享领导。最近的研究表明，现有的服务型领导测量可以重新制定，以有效和可靠的方式来反映这种不同的组织形式。对于共享领导的情境，苏萨和范·蒂伦顿克（Sousa 和 Van Dierendonck，2016）[125]基于范·蒂伦顿克和纽伊藤（van Dierendonck 和 Nuijten，2011）的 SLS 构建了一个包含 15 个题项的共享服务型领导测量。该测量将重点从评估领导者转变为评估团队中的其他成员，并且保留的题项是团队成员特定的，而不是领导者—追随者特定的。文献中有很多例子，研究人员将题项的指代对象从经理改为俱乐部主席(志愿者)、校长和护士长。例如，利登等人（Liden 等，2015）的"如果我有个人问题，我会向我的领导寻求帮助"可以改为"如果我有个人问题，我会向我的队友/同事/值班主管/校长/童子军领袖寻求帮助"。

为了准确地捕捉独特的背景或情况（例如，一个特定的样本或非传统的领导形式），研究人员可能会改变服务型领导测量的指代对象。在此过程中，我们建议仔细阅读 Chan（1998）[126]关于指代转移共识模型的研究，并在给定的背景下重新验证服务型领导的测量（探索性和验证性因子分析）。最后，可能需要删除一些与情境无关的题项（例如，"我的领导把我的职业发展放在首位"可能与志愿者组织无关）。在这种情况下，放弃这个题项可能是合适的，但前提是进行了适当的心理测量重新分析。

[125] Sousa M，van Dierendonck D. Introducing a short measure of shared servant leadership impacting team performance through team behavioral integration [J]. Frontiers in Psychology，2016.

[126] Chan D. Functional relations among constructs in the same content domain at different levels of analysis: A typology of composition models [J]. Journal of Applied Psychology，1998（83）：234-246.

（四）服务型领导的前因变量

领导者行为的前因通常包括组织和团队文化、政策、来自上级的影响，以及领导者的个性和人口统计特征。尽管利登等人（Liden 等，2014）和范·蒂伦顿克（van Dierendonck，2011）对服务型领导的前因进行了一些概念研究，他们提出了特定的态度、行为和情境影响可以预测服务型领导，但只有 11 项实证研究测试了这些假设，主要侧重于领导者的个性和性别。

为了分析领导者的性格是否会影响他们的服务型领导行为，研究人员要求领导者表明自己的性格，并要求追随者对他们的服务型领导行为进行评价。研究表明，认同能力高、外向性低、核心自我评价高、正念能力高、自恋程度低的领导者都表现出较高的服务型领导水平。彼得森等人（Peterson 等，2012）[127] 的研究也表明，组织认同与服务型领导行为密切相关。一项研究显示了情商与服务型领导之间的关系，但不存在显著的关系（Barbuto，Gottfredson 和 Searle，2014）[128]。综合这些有限的证据，一个初步的结论是，那些更随和、不那么外向、对自己有强烈信心、对组织有强烈认同感的领导者更有可能成为服务型领导行为的典范。但不可忽视的是，将人格与服务型领导联系起来的研究数量有限，再加上一些根本没有关系的研究，表明领导者的人格与服务型领导行为的关系有限。

在性别方面（以两分法来衡量），两项研究报告称，相对于男性领导者，女性领导者更有可能表现出利他主义召唤、情感治愈和组织管理的行为，并且更倾向于持有服务和利他主义价值观，这两者都与服务型领导相似。同样，女性对展现服务型领导行为的期望也高于男性。很少有研究对服务型领导与领导者的年龄、性别、教育程度和任期之间的相关性做出有意义的解释，因此，我们呼吁未来的研究可以分析这些关系，以构建一个更全面的性别和服务型领导关系的图景。

[127]　Peterson S J, Galvin B M, Lange D. CEO servant leadership: Exploring executive characteristics and firm performance [J]. Personnel Psychology, 2012（65）: 565–596.

[128]　Barbuto J E, Gottfredson R K, Searle T P. An examination of emotional intelligence as an antecedent of servant leadership [J]. Journal of Leadership and Organizational Studies, 2014（21）: 315–323.

（五）服务型领导的结果变量

虽然在确定群体和组织层面的结果方面取得了进展，但大多数关于服务型领导的实证研究都集中在领导者如何影响追随者的结果以及解释这些关系的机制上。

1. 追随者行为结果

服务型领导与组织公民行为的关系是服务型领导理论网络中最常被研究的关系，这包括关注社区、同事和客户的组织公民行为。同样，服务型领导也被发现与帮助行为（helping behavior）、员工之间的合作、员工自评企业社会责任和主动行为正相关。此外，服务型领导被发现与追随者避免承担领导责任负相关，并与较低水平的员工异常行为相关（见表5-2）。鉴于服务型领导倾向于表现出利他主义和自己参与组织公民行为，所以组织公民行为和帮助行为自然是服务型领导的相应结果，这与服务型领导的"严格检验"（Greenleaf，1977）是一致的。服务型领导有可能会产生为组织和周围人服务的追随者。

表5-2　服务型领导与追随者行为结果

分析层面	中介变量	结果变量	文献
个体	领导—成员交换	组织公民行为	Amah（2018）；Wu, Tse, Fu, Kwan, Liu（2013）
个体	对主管的承诺	组织公民行为	Walumbwa 等（2010）
个体	信任	组织公民行为	Shim, Park, Eom（2016）
个体	沟通安排	组织公民行为	Abu Bakar, McCann（2016）
个体	不害怕接近主管	组织公民行为	Zhao 等（2016）
个体	员工自我认同	组织公民行为	Chen 等（2015）
个体	员工自我效能感	组织公民行为	Walumbwa 等（2010）
个体	心理资本	组织公民行为	Bouzari, Karatepe（2017）
个体	员工需求满足	组织公民行为	Chiniara, Bentein（2016）
个体	心理契约满足	组织公民行为	Panaccio, Henderson 等（2015）
个体	员工工作满意度	组织公民行为	Grisaffe 等（2016）；Ozyilmaz, Cicek（2015）
个体	员工工作制作	组织公民行为	Bavik, Bavik, Tang（2017）

续表

分析层面	中介变量	结果变量	文献
个体	积极的组织氛围	组织公民行为	Gotsis, Grimani（2016）；Ozyilmaz 和 Cicek（2015）；Shim 等（2016）
群体	积极的组织氛围	组织公民行为	Hunter 等（2013）；Walumbwa 等（2010）
群体	团队凝聚力	组织公民行为	Chiniara, Bentein（2018）
群体	团队效力	组织公民行为	Hu, Liden（2011）；Liden 等（2015）
个体	领导—成员交换	帮助行为	Zou, Tian, Liu（2015）
个体	团队—成员交换	帮助行为	Zou 等（2015）
个体	促进关注	帮助行为	Neubert 等（2008）
个体	工作满意度	帮助行为	Neubert 等（2016）
个体	追随者自我效能感	主动行为	Bande 等（2016）
个体	追随者内在动机	主动行为	Bande 等（2016）
个体	追随者核心自我评价	规避领导行为	Lacroix，Verdorfer（2017）
个体	领导的情感动机	规避领导行为	Lacroix，Verdorfer（2017）
个体	社会—道德氛围	工作越轨行为	Verdorfer, Steinheider, Burkus（2015）
个体	员工敬业度	工作越轨行为	Sendjaya 等（2018）
个体	员工进言效能	进言行为	Duan, Kwan, Ling（2014）
个体	组织认同	进言行为	Chughtai（2016）
个体	心理安全感	进言行为	Chughtai（2016）
个体	员工承诺	进言行为	Lapointe，Vandenberghe（2018）

2. 追随者态度结果

鉴于服务型领导的整体性和发展性，服务型领导被发现与工作相关的态度结果正相关就不足为奇了。这些结果包括员工敬业度、员工承诺、工作满意度、工作繁荣、离职意愿、心理幸福感等（见表5-3）。研究还表明，服务型领导与情绪耗竭和自我损耗（ego-depletion）、工作玩世不恭、工作厌倦以及离职意向负相关。一项新的研究也表明，服务型领导与员工对工作与生活平衡以及家庭支持的感知，以及减少工作与家庭冲突正相关。

现有的研究结果也指出，有证据表明，如果存在服务型领导，那么员工更有可能积极地看待他们的组织。这包括组织认同水平的提高，感知个人与组织契合度的提高，以及个人与工作契合度的提高。反过来，服务型领导也被发现与变革承诺和组织承诺正相关。

表5-3　服务型领导与追随者态度结果

分析层面	中介变量	结果变量	文献
个体	组织认同	员工敬业度	De Sousa, van Dierendonck（2014）
个体	心理授权	员工敬业度	De Sousa, van Dierendonck（2014）
个体	追随者需求满足	员工敬业度	Van Dierendonck 等（2014）
个体	工作资源	员工敬业度	Coetzer, Bussin, Geldenhuys（2017）
群体	信任氛围	员工敬业度	Ling 等（2017）
个体	员工授权	员工承诺	Schneider, George（2011）
个体	组织公正	工作满意度	Mayer 等（2008）
个体	授权	工作满意度	Schneider, George（2011）
个体	信任	工作满意度	Chan, Mak（2014）
个体	领导—成员交换	工作满意度	Amah（2018）
群体	集体工作繁荣	工作繁荣	Walumbwa 等（2018）
群体	组织承诺	工作繁荣	Walumbwa 等（2018）
个体	主管认同	离职意愿	Zhao 等（2016）
个体	个人—组织契合	离职意愿	Jaramillo, Grisaffe, Chonko, Roberts（2009b）
个体	个人—工作契合	离职意愿	Babakus 等（2010）
个体	组织承诺	离职意愿	Jaramillo 等（2009b）；Yavas, Jha, Babakus（2015）
个体	信任领导	离职意愿	Kashyap, Rangnekar（2016）
群体	服务氛围	离职意愿	Hunter 等（2013）
个体	包容性组织实践	心理幸福感	Gotsis, Grimani（2016）
个体	基于组织的自尊	家庭生活质量	Yang 等（2018）
个体	领导认同	工作—家庭平衡	Wang, Kwan, Zhou（2017）
个体	工作对家庭的正向溢出效应	工作—家庭平衡	Wang 等（2017）

续表

分析层面	中介变量	结果变量	文献
个体	减少情感耗竭	工作—家庭冲突	Zhang 等（2012）
个体	个人学习	工作—家庭冲突	Zhang 等（2012）
个体	员工工作投入	组织认同	Akbari，Kashani，Nikookar，Ghaemi（2014）
个体	包容性组织实践	组织认同	Gotsis，Grimani（2016）
个体	主管特定规避	组织认同	Zhao 等（2016）
个体	追随者需求满意度	组织承诺	Van Dierendonck 等（2014）
个体	情感信任和认知信任	组织承诺	Miao 等（2014）
群体	信任	组织承诺	Ling 等（2017）
个体	社会—道德氛围	组织愤世嫉俗	Verdorfer 等（2015）

3.绩效结果

服务型领导与多层次绩效之间的积极关系已通过员工绩效、团队绩效和组织绩效得到证明，也有越来越多的文献将服务型领导与创新导向的结果、员工之间的知识共享联系起来。此外，服务型领导和以客户为导向的绩效结果的涓滴效应已经得到实证支持，如客户服务质量和绩效、客户满意度、客户价值共同创造以及以客户为导向的亲社会行为（见表5-4）。

表5-4　服务型领导与绩效结果

分析层面	中介变量	结果变量	文献
个体	促进关注	创造性行为	Neubert 等（2008）
个体	创造性自我效能感	创造力	Yang 等（2017）
个体	工作满意感	创造力	Neubert 等（2016）
个体	职场精神境界	创造力	Williams Jr，Brandon，Hayek，Haden，Atinc（2017）
个体	领导者认同	创造力	Yoshida 等（2014）
群体	领导者原型	创造力	Yoshida 等（2014）
群体	团队效能	创造力	Yang 等（2017）
群体	团队效力	创造力	Liden 等（2015）

续表

分析层面	中介变量	结果变量	文献
组织	服务文化	创造力	Liden, Wayne 等（2014）
个体	心理资本	顾客价值共创	Hsiao 等（2015）
个体	员工自我效能感	顾客导向亲社会行为	Chen 等（2015）
个体	团队认同	顾客导向亲社会行为	Chen 等（2015）
个体	服务氛围	顾客服务绩效	Linuesa-Langreo, Ruiz-Palomino, Elche-Hortelano（2017）
群体	合作与竞争冲突	顾客服务绩效	Yang 等（2018）
个体	服务氛围	企业绩效	Huang 等（2016）
个体	组织承诺	企业绩效	Overstreet 等（2014）
个体	运营绩效	企业绩效	Overstreet 等（2014）
群体	群体公民行为	群体社会资本	Linuesa-Langreo, Ruiz-Palomino, Elche-Hortelano（2018）
个体	心理契约满足	创新行为	Panaccio, Henderson 等（2015）
个体	员工敬业度	创新行为	Rasheed, Lodhi, Habiba（2016）
个体	员工授权	创新行为	Krog 和 Govender（2015）
个体	互用性	创新	Oliveira 和 Ferreira（2012）
群体	团队效力	角色内绩效	Liden 等（2015）
个体	公共服务激励	工作绩效	Schwarz 等（2016）
个体	公共服务激励	知识共享	Luu（2016）
个体	护士工作满意感	患者满意度	Neubert 等（2016）
个体	自我效能感	服务绩效	Chen 等（2015）
个体	群体认同	服务绩效	Chen 等（2015）
个体	组织任期	服务质量	Koyuncu, Burke, Astakhova, Eren, Cetin（2014）
个体/群体	组织公民行为	服务质量	Kwak 和 Kim（2015）
个体	追随者帮助行为	店铺业绩	Hunter 等（2013）
组织	服务文化	店铺业绩	Liden, Wayne 等（2014）
个体	需求满足感	任务绩效	Chiniara, Bentein（2016）
个体	情感型信任	团队绩效	Schaubroeck 等（2011）
群体	团队心理安全	团队绩效	Schaubroeck 等（2011）

分析层面	中介变量	结果变量	文献
群体	知识共享氛围	团队绩效	Song 等（2015）
群体	团队效力	团队绩效	Hu，Liden（2011）
个体	领导者认同	团队创新	Yoshida 等（2014）
群体	领导者原型	团队创新	Yoshida 等（2014）

服务型领导可能会对员工的创造力产生强烈而积极的影响。首先，服务型领导可以增强追随者从事创造性任务的内在动机。因为服务型领导者更关注下属的能力和需求，而不是外在的绩效奖励，所以他们的下属在做创造性的任务时感觉更自由、更多授权，也更有可能喜欢这些工作任务。其次，出于类似的原因，服务型领导可能会刺激感知到的自主性。服务型领导者不控制创造过程，而是基于对个人需求和技能的深入洞察赋予员工权力，其结果是一种被赋予自主权的感觉。第三个相关概念是创造性自我效能感（self-efficacy）。自我效能感是指人们对自己能力的信念，高创造性自我效能感意味着员工对自己提供创造性产出的能力有很强的信心。服务型领导可能对创造性自我效能感有积极的影响，主要有三个原因。第一，服务型领导者关注有创造力的人的个人和职业发展。对个人的支持可能会增加追随者对成功的期望。第二，当追随者成功完成创造性任务时，服务型领导者并不邀功，而是积极地将成功归功于追随者的努力。第三，先前的研究表明，服务型领导有助于追随者的心理安全（psychological safety）。服务型领导的两个维度在这里特别相关：宽恕（forgiveness）和人际接受（inter personal acceptance）。

4. 领导者相关结果

研究发现，服务型领导与许多关系结果之间的关系得到了支持，如对领导者的信任感知、感知到的领导者有效性、诚信，以及领导者与追随者之间更高质量的关系。

5. 团队和组织层面的结果

在团队层面，服务型领导与团队层面的组织公民行为、以任务为中心和以个人为中心的组织公民行为、以服务为导向的组织公民行为以及以帮助和尽责为中心的组织公民行为有关。在绩效方面，服务型领导与团队和店铺层面的绩效有关。此外，有关服务型领导团队的研究表明，团队效能、团队心理安全以及团队层面的创造力和创新水平都有所提高。

在组织层面，服务型领导通过服务氛围以及组织承诺和运营绩效与企业绩效正相关。

（六）服务型领导研究中的调节变量

在解开服务型领导运作的边界条件方面，已经取得了一个有希望的开端（概述了在服务型领导研究中使用调节因子的研究），如表 5-5 所示。在组织层面，行业（环境不确定性、竞争强度）、组织结构和员工对整体组织文化的看法（企业社会责任、道德行为）影响服务型领导对组织绩效的有效性，影响追随者的组织认同、创造力、知识共享和工作满意度。在团队层面，我们分析了团队对权力距离和关怀伦理氛围的感知分别作为服务型领导和团队效率与价值提升绩效的调节因子。在分析领导者—成员交换关系、信任和领导者—追随者互动时，领导者—追随者的关系一直是研究人员选择的一个常见调节因素。然而，研究主要集中在追随者的人格（主动性人格、外向性）、信念（理想领导者原型、集体主义）和经验（任期、经验）对一系列追随者行为（如组织公民行为）和态度（如心理契约、满意度）的调节作用上。然而，基于组织和团队的研究结论仍存在较大的局限性，因为绝大多数使用调节变量的研究仍然来自个人对团队或组织氛围感知的评级，而不是客观或多重评级。

有两项研究将服务型领导作为调节因素。胡和利登（Hu 和 Liden，2011）[129]发现服务型领导加强了目标和过程清晰度与团队效力之间的关系，班德等人（Bande 等，2015）[130]证明了服务型领导削弱了情感耗竭与离职之间的关系。

[129]　Hu J, Liden R C. Antecedents of team potency and team effectiveness：An examination of goal and process clarity and servant leadership [J]. Journal of Applied Psychology，2011（96）：851-862.

[130]　Bande B, Fernández-Ferrín P, Varela J A, Jaramillo F. Emotions and salesperson propensity to leave：The effects of emotional intelligence and resilience [J]. Industrial Marketing Management，2015（44）：142-153.

表 5-5　服务型领导的调节变量

分析层面	调节变量	结果变量	文献
追随者行为			
领导者	主管性别	代理问题	Politis, Politis（2018）
领导者	对主管的信任	同伴不道德行为	Jaramillo, Bande, Varela（2015）
领导者	对主管的信任	道德责任与信任	Jaramillo 等（2015）
个体	理想领导者原型	追随者领导回避	Lacroix, Verdorfer（2017）
个体	积极互惠信念	领导—成员交换，团队—成员交换	Zou 等（2015）
个体	对别人优待的敏感性	组织公民行为	Wu 等（2013）
个体	追随者动机取向	组织公民行为	Donia, Raja, Panaccio, Wang（2016）
个体	追随者利他主义	负责行为	Van Dierendonck（2012—2013）
个体	追随者归因	追随者越轨行为	Peng, Jien, Lin（2016）
追随者态度			
组织	组织结构	工作满意度	Neubert 等（2016）
组织	组织文化	职场精神境界	Khan 等（2015）
组织	家庭关切分享氛围	工作—家庭富集	Zhang 等（2012）
组织	家庭关切分享氛围	组织认同	Zhang 等（2012）
组织	追随者组织道德水平感知	个人—组织契合	Jaramillo 等（2009b）
领导者	领导—追随者社会互动与目标一致性	追随者敬业度	De Clercq, Bouckenooghe, Raja, Matsyborska（2014）
领导者	领导者政治技能	职场精神境界	Williams Jr 等（2017）
领导者	领导—成员交换	心理资本	Coggins, Bocarnea（2015）
领导者	领导者的等级权力，行动导向的领导风格	追随者敬业度	Sousa, van Dierendonck（2017）
领导者	基于结果的控制机制	内在激励	Bande 等（2016）
领导者	行为控制系统	追随者服务型领导感知	Jaramillo 等（2015）
个体	追随者任期	信任	Chan, Mak（2014）
个体	追随者外向性	心理契约满足	Panaccio, Henderson 等（2015）
个体	追随者集体主义	心理契约满足	Panaccio, Henderson 等（2015）
个体	追随者主动性人格	心理契约满足	Panaccio, Henderson 等（2015）

续表

分析层面	调节变量	结果变量	文献
个体	追随者主动性人格	领导—成员交换	Newman，Schwarz 等（2017）
个体	追随者主动性人格	有意义的生活	Rodríguez-Carvajal 等（2018）
个体	追随者动机取向	工作满意度	Donia 等（2016）
绩效结果			
组织	竞争强度	组织绩效	Huang 等（2016）
组织	战略与结构	组织绩效	Eva 等（2018）
组织	组织结构	创造性行为	Neubert 等（2016）
组织	企业社会责任感知	知识分享	Luu（2016）
团队	关怀道德氛围	价值增强绩效	Schwepker，Schultz（2015）
团队	团队权力距离	团队效能	Yang 等（2017）
个体	销售人员的经验不足	顾客导向	Jaramillo，Grisaffe，Chonko，Roberts（2009a）

服务型领导的研究变量总结如表5-6所示。

表5-6　服务型领导研究变量

变量分类	变量子分类	具体变量
中介变量	以员工和工作为中心的中介变量	· 授权（+） · 需求满足（+） · 员工个人资源（即自我效能、自尊）（+） · 敬业度、工作繁荣和工作满意度（+） · 人—环境契合（+） · 承诺（+） · 公共服务激励（+） · 积极行为（+） · 工作制作和资源（+） · 情感型信任（+） · 自我认同（+） · 促进关注（+） · 进言效能（+） · 组织认同（+）

续表

变量分类	变量子分类	具体变量
	以团队为中心的中介变量	· 团体认同（+） · 合作和竞争冲突管理（+） · 群体公民行为（+） · 团队心理安全（+）
	以领导者为中心的中介变量	· 信任（+） · 领导—成员交换（+） · 领导者/主管认同（+） · 对主管的承诺（+） · 沟通安排（+） · 领导者原型（+） · 回避领导者（-）
	以氛围和组织为中心的中介变量	· 积极的组织氛围（+） · 社会—道德氛围（+） · 心理安全氛围（+） · 信任氛围（+） · 服务氛围（+） · 包容性的组织实践（+） · 服务文化（+） · 运营绩效（+） · 互用性（+）
调节变量	以员工和工作为中心的调节变量	· 对别人的优待敏感 · 积极互惠信念 · 个人性格（即人格、归因） · 激励导向 · 工作耗竭 · 任期 · 控制机制
	以团队为中心的调节变量	· 团队权力距离

续表

变量分类	变量子分类	具体变量
	以领导者为中心的调节变量	· 性别 · 信任 · 领导—成员交换 · 目标一致性 · 领导者取向
	以组织为中心的调节变量	· 组织结构 · 组织文化 · 竞争强度 · 组织战略 · 组织氛围
结果变量	行为结果	· 员工之间的协作（+） · 员工越轨行为（-） · 组织公民行为（+） · 帮助行为（+） · 自我报告企业社会责任（+） · 团队效能（+） · 进言行为（+）
	态度结果	· 与工作相关的积极结果（敬业、满意度、工作繁荣）（+） · 工作—生活平衡（+） · 承诺（+） · 心理幸福感（+） · 共情（+） · 志愿者和服务动机（+） · 个人—环境契合（+） · 认同（+） · 与工作相关的负面结果(离职倾向、玩世不恭)(-) · 工作—家庭冲突（-）

续表

变量分类	变量子分类	具体变量
	领导者相关结果	· 信任领导者（+） · 感知领导者效能（+） · 感知领导者正直（+） · 领导—成员交换（+）
	绩效结果	· 员工、团队、组织绩效（+） · 创新相关绩效结果（+） · 顾客导向绩效结果（+） · 群体社会资本（+） · 知识分享（+） · 服务质量（+） · 团队效能（+）

（七）管理建议

在个人层面（如个人公民行为、任务绩效、创造力）、团队层面（如团队效力、团队绩效）和组织层面（如客户满意度、投资回报率）上，服务型领导与有价值的结果（即使在控制主导的领导形式，如变革型领导和领导—成员交换的情况下）之间存在一致的正相关关系，为选择和培训领导者实践服务型领导提供了强有力的证据。服务型领导似乎特别适合那些希望长期增长的组织，这些组织旨在使所有利益相关者受益（而不是只关注股东的短期利润）。实践者需要理解服务型领导对组织结果有间接的影响。服务型领导者专注于为追随者提供服务，使他们充分发挥潜力，授权他们处理任务和做决定，并适应社区分享和服务他人的文化。有了这样的文化，员工就会为顾客提供良好的服务。客户满意度以重复购买和促销性进言的形式形成对组织的忠诚，这反过来转化为收入增长和更高的股票价格。

鉴于服务型领导的诸多好处，实践者必须准备在发展服务型领导文化方面付出巨大的努力，从他们自己作为榜样开始。优先考虑追随者的需求在很多方面都违背了人类的生存本能，这种本能是由对自身利益的关注所驱动的。服务型领导者需要通过树立榜样来减少自己的这种本能，并通过鼓励追随者之间的分享和帮助来减少追随者的这种本能。因为服务型领导很难掌握，它需要深思熟虑和持续的实践来保持服务型领导导向。然而，就像其他需要长期遵守的努力一样，这是值得的，因为在领导者和追随者之间建立牢固的相互信任纽带的好处会给组织带来好处。也就是说，追随者希望参与帮助同事、客户和组织的行为。

我们认为，建立服务型领导文化需要甄选亲社会、有责任心的人，并与服务型领导培训相结合。员工甄选很重要，因为培训改变个体稳定人格特征的程度是有限的。例如，不管培训项目的质量如何，我们认为，以自我为中心、教条主义、自恋的人不太可能被训练成以他人为中心、敏感、善解人意、对社会敏感的服务型领导者。正如几乎每一次重大的组织变革一样，将一个组织从命令和控制文化转变为基于服务型领导的文化将需要几年的时间才能完成。因此，试图实施服务型领导文化的组织需要有耐心。

五、悖论型领导与酒店业服务创新

因为酒店业面临着多变的客户需求（如酒店客人既重视个人空间，又重视酒店工作人员的贴心服务）和截然相反的工作要求（如需要在向客户提供标准化服务或定制化服务之间取得平衡），所以在各种领导方法中，悖论型领导（paradoxical leadership）被证明在酒店业是非常有前途的。悖论型领导被定义为"领导者为同时满足结构要求和追随者的需求而采取的看似相互矛盾但又相互关联的行为"（Zhang 等，2015）[131]。在一般管理文献中，以往的研究表明，悖论型领导在促进员工的态度和行为方面发挥着至关重要的作用，如员工的创造力、个人发展和绩效。

（一）悖论型领导对员工的影响

随着竞争环境的日益激烈，领导者在组织中面临越来越多的管理悖论

[131]　Zhang Y, Waldman D A, Han Y L, Li X B. Paradoxical leader behaviors in people management：Antecedents and consequences [J]. Academy of Management Journal, 2015, 58（2）：538-566.

（Knight 和 Paroutis，2017[132]；Lavine，2014[133]；Smith 等，2016[134]），如标准化和个性化、集中化和去中心化。因此，Zhang 等（2015）提出了"悖论型领导"的构念，并将其定义为领导者采取"既……又……"的办法，在行为上建立平衡，整合组织中相互冲突的需求。Zhang 等（2015）进一步用"既……又……"术语描述了五个要素：（1）在保持自我中心（self-centeredness）的同时表现出他者中心（other-centeredness）；（2）在保持等级差别的同时与员工形成亲密的人际关系；（3）在考虑个人因素的同时始终如一地对待员工；（4）在执行工作要求的同时允许灵活性；（5）在允许自治的同时保持决策控制。这五个要素可以组合成一个整体指标，共同代表工作场所的悖论型领导（Zhang 等，2015）。

一些研究人员发现，悖论型领导可以对员工产生积极的影响，如观点采纳（Li 等，2018）[135]、主动行为（Zhang 等，2015）和工作投入（Huertas Valdivia 等，2019）[136]。对这些研究进行扩展，基于社会认同理论，我们推断悖论型领导会通过同时产生对上司的基于角色认同和基于个人认同来刺激酒店员工的领导者认同。一方面，面对客户的不同需求和截然相反的工作场所要求，人们期待占据领导地位的一线服务人员以灵活的方式管理组织矛盾（Ma 等，2019）[137]。正如 Zhang 等人（2015）所建议的那样，悖论型领导者采用"既……又……"的方法来平衡和整合相互冲突的需求，并以整体和动态的

[132]　Knight E，Paroutis S. Becoming salient：The TMT leader's role in shaping the interpretive context of paradoxical tensions [J]. Organization Studies，2017，38（3-4）：403-432.

[133]　Lavine M. Paradoxical leadership and the competing values framework [J]. Journal of Applied Behavioral Science，2014，50（2）：189-205.

[134]　Smith W K，Lewis M W，Tushman M L. "Both/and" leadership [J]. Harvard Business Review，2016，94（5）：62-70.

[135]　Li Q，She Z，Yang B. Promoting innovative performance in multidisciplinary teams：The roles of paradoxical leadership and team perspective taking [J]. Frontiers in Psychology，2018.

[136]　Huertas-Valdivia I，Gallego-Burín A R，Lloréns-Montes F J. Effects of different leadership styles on hospitality workers [J]. Tourism Management，2019（71）：402-420.

[137]　Ma J，Zhou X，Chen R，Dong X. Does ambidextrous leadership motivate work crafting? [J]. International Journal of Hospitality Management，2019（77）：159-168.

方式行事（Smith 和 Lewis，2011[138]；Smith 等，2016[139]）。在这种情况下，他们能够有效地解决矛盾，并引导员工为客户提供优质的服务。因此，悖论型领导者很可能满足员工的角色期望，从而获得员工对其角色认同的积极评价。另一方面，悖论型领导者作为良好的榜样，引导员工也接受和拥抱复杂环境中的各种矛盾（Lewis，2000）[140]。因此，酒店业的员工对变化的抗拒会降低，并且更容易接受外部的不确定性。此外，这些领导者同样鼓励他们的员工接受挑战，更好地识别新出现的工作需求（Detert 和 Burris，2007）[141]。因此，员工可以学习更大的灵活性，以应对不同的客户需求和复杂的任务（Huertas-Valdivia 等，2019）。这种以身作则可以影响员工认为领导者具有异常强烈的积极品质，从而导致他们钦佩领导者，并积极评价他们基于个人的认同（Qu 等，2015）[142]。

（二）领导者认同的中介作用

正如 Sluss 和 Ashforth（2008）所指出的，个体的自我概念，即自我与直接领导之间的关系，在塑造员工的各种态度和行为结果方面起着关键作用。因此，基于社会认同理论（social identity theory）（Tajfel 和 Turner，1979），我们认为领导者认同是悖论型领导影响员工服务绩效的重要途径。社会认同理论认为当员工的基本需求和期望得到领导者的满足时，员工就会认同他们的

[138]　Smith W K, Lewis M W. Toward a theory of paradox: A dynamic equilibrium model of organizing [J]. Academy of Management Review，2011，36（2）：381–403.

[139]　Smith W K，Lewis M W，Tushman M L. "Both/and" leadership [J]. Harvard Business Review，2016，94（5）：62–70.

[140]　Lewis M W. Exploring paradox: Toward a more comprehensive guide [J]. Academy of Management Review，2000，25（4）：760–776.

[141]　Detert J R，Burris E R. Leadership behavior and employee voice: Is the door really open? [J]. Academy of Management Journal，2007，50（4）：869–884.

[142]　Qu R，Janssen O，Shi K. Transformational leadership and follower creativity: The mediating role of follower relational identification and the moderating role of leader creativity expectations [J]. Leadership Quarterly，2015，26（2）：286–299.

领导者（Hogg，2001[143]；van Knippenberg 和 Hogg，2003[144]）。领导者认同（leader identification）被定义为员工在领导—员工关系方面定义自己的程度（Walumbwa 和 Hartnell，2011）。在悖论型领导者的影响下，酒店员工对领导者的认同可能会增强，要么是因为这样的领导者符合酒店员工对领导者角色的期望，要么是因为员工可以从这样的领导者身上学习，从而有效地处理工作场所的紧张或矛盾。领导者认同程度越高，员工的服务绩效越有可能得到提高。

社会认同理论认为，人们倾向于将自己和他人划分为不同的社会群体；这种分类过程使个体能够在社会环境中定位或定义自己（Tajfel 和 Turner，1979）。鉴于领导者对员工的自我概念和这些个体感知他们自己的方式有着深远的影响（Liu 等，2010）[145]，Walumbwa 和 Hartnell（2011）[146]进一步提出，领导者认同是指员工在与领导者的特定关系中定义自己的程度，在将某些领导风格与员工的态度和行为联系起来方面发挥着关键作用。

根据 Sluss 和 Ashforth（2008）[147]的研究，对领导者的认同通常包含两个部分：基于角色的认同（role-based identity）和基于个人的认同（person-based identity）。基于角色的认同是与角色相关的目标、价值观、信仰和规范，而基于个人的认同是角色占有者的个人品质，这些品质与基于角色的认同的设定有关。社会认同理论认为，当领导者在其基于角色的认同和基于个人的认同都得到积极评价时，就会产生领导者认同（Sluss 和 Ashforth，2008）。

[143]   Hogg M A. A social identity theory of leadership [J]. Personality and Social Psychology Review，2001，5（3）：184-200.

[144]   van Knippenberg D，Hogg M A. A social identity model of leadership effectiveness in organizations [J]. Research in Organizational Behavior，2003（25）：243-295.

[145]   Liu W，Zhu R，Yang Y. I warn you because I like you：Voice behavior，employee identifications，and transformational leadership [J]. Leadership Quarterly，2010，21（1）：189-202.

[146]   Walumbwa F O，Hartnell C A. Understanding transformational leadership-employee performance Links：The role of relational identification and self-efficacy [J]. Journal of Occupational and Organizational Psychology，2011，84（1）：153-172.

[147]   Sluss D M，Ashforth B E. How relational and organizational identification con verge：Processes and conditions [J]. Organization Science，2008，19（6）：807-823.

此外，据报道，对领导者的高水平认同与下属态度、工作动机和工作绩效呈正相关（van Knippenberg，2012；Walumbwa 和 Hartnell，2011）。社会认同理论为理解某些领导风格如何通过塑造员工的关系自我认同（relational self-identity）来影响员工的行为提供了一个有用的框架。因此，本研究结合理论与实证，期望悖论型领导能增强酒店员工的领导者认同，进而提升员工的服务绩效。

六、真诚型领导与酒店业服务创新

瓦蓝姆巴瓦等人（Walumbwa 等，2008）[148]明确地将真诚型领导（authentic leadership）概念化为一种高阶构念，并将其定义为"一种利用并促进积极心理能力和积极道德氛围的领导行为模式"，他们还提出了一个更高阶的真诚型领导模型。他们认为，真诚型领导本质上是通过自我意识、平衡处理、内化的道德视角和理性的透明度来表现的。自我意识（self-awareness）是指了解自己的长处和短处以及对他人的社会影响。平衡处理（balanced processing）是指领导者在做出决策时挑战自己根深蒂固的立场，客观地评估所有相关信息。内化道德观视角（internalized moral perspective）是指基于内在道德标准和价值观的自我调节，而不是由外部压力引导的行为。关系透明度（relational transparency）是指领导者向下属公开展示自己的真实自我、真实想法和感受，以促进相互信任的行为。

目前，对真诚型领导已经进行了大量的研究，主要是在西方背景下，研究真诚型领导对几个近端和远端构念的影响，如组织承诺、离职意向、员工满意度、组织公民行为、对领导者的信任、组织绩效等。

真诚型领导在酒店业尤其有前途。与制造业等其他行业相反，酒店业的特点是其员工面临低工资、工作量大、常规和单调的工作以及角色压力。然而，提供优质的服务是酒店业最重要的因素。接触客人的工作性质要求酒店员工乐观、积极和热情，并期望保持这种社交和人际交往技能。酒店员工必须对他们遇到的每一位客人表现出尊重、礼貌和真诚。在大多数情况下，他们需要提

[148] Walumbwa F，Avolio B，Gardner W，et al. Authentic leadership：Development and validation of a theory-based measure [J]. Journal of Management，2008，34（1）：89-126.

供定制的服务，并迅速解决投诉，以获得客户的满意。鉴于酒店业的独特性、情绪劳动和额外的努力要求，在酒店业工作的员工需要在情感上、心理上甚至精神上都很强大。真诚型领导者表现出真诚，能够在员工之间培养尊重、信誉和信任。他们可以专注于积极的心理能力和积极的道德行为，发展和谐的领导—下属关系，促进下属在工作场所的自我发展氛围。因此，真诚型领导符合酒店业的本质。

也可以说，真诚型领导的原则与中国传统文化相一致，并得到了中国传统文化很好的支持。儒家思想作为中国文化的核心，深刻地塑造了中国人的思维和行为，并且在当代中国的管理和领导风格中仍然发挥着重要作用。孔子认为，真诚是一种基本的、首要的美德，表现为自尊和对他人的人性情感。在中国文化中，人们被鼓励关注自己的存在，成为一个真实的人。儒家认为，道德和领导力是相互结合的，因此不能单独分开，符合道德和美德是支配社会价值观和人类信仰的核心原则。人们还被鼓励通过日常检查自己违背道德原则的行为，反思错误，纠正错误行为来获得自我意识。

中国企业的领导人重视合作、关系、人际互动和参与，并且比西方企业的领导人更愿意将自己的目标置于共同目标之下。他们有强大的家庭网络，并与下属保持互惠关系。他们还鼓励人们相互合作，以实现组织的目标。因此，与美国企业的领导人相比，中国企业的领导人往往表现出高度的关系导向和高度的任务导向。怀特海德和布朗（Whitehead 和 Brown，2011）[149] 中肯地指出，当谈到真诚型领导时，中国文化有两个优势。一是集体主义可能有利于具有真诚概念的中国企业领导人，因为真诚需要自我放弃。另一个优势是，中国企业领导人拥有一种对自己的技能和知识既相信又怀疑的能力，这与他们的美国同行不同，有助于形成较低水平的利己主义和谦逊的品质。因此，在工作场所，中国企业领导人比西方企业领导人更有可能表现出真诚型领导行为。

然而，在领导力研究领域，针对中国情境的真诚型领导的实证研究不多，而着重考察中国酒店业环境下真诚型领导的研究则更少。

---

[149] Whitehead G E, Brown M. Authenticity in Chinese leadership: A quantitative study comparing western notions of authentic constructs with Chinese responses to an authenticity instrument [J]. International Journal of Leadership Studies, 2011, 6（2）: 162-188.

（一）真诚型领导与以客户为导向的组织公民行为的关系

组织公民行为被定义为一种个人行为，奥根等人（Organ，Podsakoff，MacKenzie，2005）[150] 认为，这种行为是"自由裁量的，不直接或明确地得到正式奖励制度的认可，总的来说促进了组织的高效和有效运作"。组织公民行为是一个如此宽泛的构念，以至于不可能涉及不同类型的组织和职位之间的所有细微差别。鉴于服务业对客户服务的维度有特殊要求，一些研究人员建议将组织公民行为的重点扩展到客户接触员工的以客户为导向的公民行为。以顾客为导向的公民组织行为是指员工在组织内部对顾客做出的超越工作职责范围的自愿承诺，是员工个人选择的结果。以顾客为导向的组织公民行为与一般组织公民行为的不同之处在于，前者是后者的一种特殊类型，特别关注与顾客接触的员工，因此更适合于酒店业。这些行为包括当客户意外遇到个人困难时，用创造性的方法帮助客户解决某些问题。例如，精通技术的楼层服务员在客人急需解决电脑问题时帮助客人解决问题。或者，当客户在会议上介绍公司提案时，酒店员工会陪客户的孩子一起玩耍。这些行为并不是官方强制的，但会带来客户满意度和忠诚度。

真诚型领导者促进下属的组织公民行为的原因如下：首先，真诚型领导者以身作则，因为他们在工作场所表现出信心、希望和乐观。这些积极的态度和情绪可能会传染，并通过组织产生积极的涓滴效应，促进其追随者积极的情绪和认知发展，从而产生更多的公民行为。其次，真诚型领导者在做决策时客观地评估所有相关信息，他们在工作场所创造一个公平和开放的环境。在这样的工作场所，员工更加意识到帮助他人的重要性，并被鼓励去这样做，因此他们倾向于从事有利于组织、客户和组织中其他成员的行为。最后，真诚型领导者具有很高的内在道德标准和价值观，他们代表着榜样，为追随者提供行为线索和指导，让他们效仿。在领导力文献中，一些学术研究发现，在不同文化和不同部门中，真诚型领导与组织公民行为之间存在正相关关系。

---

[150]　Organ D W, Podsakoff P M, MacKenzie S B. Organizational Citizenship Behavior: Its Nature, Antecedents, and Consequences [M]. London: Sage Publications, 2005.

例如，东金（Tonkin，2013）[151] 在美国的一家软件公司进行了一项研究。该研究以工作满意度为中介，发现真诚型领导四个维度与组织公民行为均存在正相关关系。研究结果表明，领导行为对员工公民行为和满意度等下属特征有正向影响。埃杜等人（Edú 等，2012）[152] 调查了来自西班牙 22 家不同公司的 227 名员工，并提出当透明度和道德行为指向组织时，真诚型领导可以更好地预测员工的组织公民行为。耶斯卡亚和艾丁（Yesilkaya 和 Aydin，2016）[153] 也发现，在土耳其公共部门中，感知到的真诚型领导与组织公民行为之间存在着积极而显著的关系。班克斯等人（Banks 等，2016）[154] 在一项元分析文献综述中比较了真诚型领导和变革型领导，得出的结论是真诚型领导与员工组织公民行为的关系更强。Wei 等人（2018）[155] 在中国一家大型公司进行了一项研究，指出了真诚型领导对组织公民行为的显著预测。根据以上文献，真诚型领导对中国酒店业以顾客为导向的组织公民行为有积极影响。

（二）组织公民行为与员工服务质量的关系

酒店业面临的最大挑战之一是在所有部门保持相同的服务质量水平。客户服务决定了任何服务提供商的成功。顾客的购买行为是基于他们对服务提供者提供的服务的满意度，顾客的满意度和忠诚度与酒店服务质量高度相关。服务质量被定义为顾客对服务的感知期望与感知绩效的比较。根据帕拉苏拉

[151]　Tonkin T H. Authentic versus transformational leadership: Assessing their effectiveness on organizational citizenship behavior of followers [J]. International Journal of Business and Public Administration, 2013, 10（1）: 40–61.

[152]　Edú S, Moriano J A, Molero J, Topa G. Authentic leadership and its effect on employees' organizational citizenship behaviours [J]. Psicothema, 2012, 24（4）: 561–566.

[153]　Yesilkaya M, Aydin P. Do employees'perceptions on authentic leadership affect the organizational citizenship behavior? Turkish context [J]. Journal of International Economic Law, 2016, 6（1）: 1–13.

[154]　Banks G C, McCauley K D, Gardner W L, Guler C E. A meta-analytic review of authentic and transformational leadership: A test for redundancy [J]. The Leadership Quarterly, 2016, 27（4）: 634–652.

[155]　Wei F, Li Y, Zhang Y, Liu S. The interactive effect of authentic leadership and leader competency on followers' job performance: The mediating role of work engagement [J]. Journal of Business Ethics, 2018, 153（3）: 763–773.

曼等人（Parasuraman，Zeithaml，Berry，1988）[156] 的研究，有五个维度影响顾客对服务质量的感知：可靠性、保证、有形、移情和响应。然而，员工的服务质量是员工可靠而准确地履行所承诺的服务的能力，他们愿意帮助客户并提供及时的服务，他们对客户的知识和礼貌，以及他们培养客户信任和信心的能力。服务质量是顾客对服务的感知期望与体验的比较，而员工的服务质量是员工在提供服务的组织中表现出来的行为。员工服务质量的例子可能包括及时上菜，避免无缘无故让顾客等待，礼貌并尊重顾客，保持酒店房间干净整洁等。

研究表明，忠于职守的一线员工提供出色的服务质量。酒店业是一个竞争非常激烈的行业，服务质量是酒店的关键竞争优势，因为竞争似乎更多地取决于非价格因素。在酒店业进行的研究提供的证据支持组织公民行为与服务质量之间的直接和积极的联系。例如，比恩斯托克和德莫安维勒兹（Bienstock和 Demoanvillez，2006）[157] 对美国一家快餐特许经营的研究表明，餐厅员工中越高的组织公民行为水平与顾客对服务质量的感知水平越高有关。同样，Wu和 Liao（2016）[158] 在一家酒店公司的研究表明，以服务为导向的组织公民行为对感知服务质量有积极影响。Kwak 和 Kim（2015）[159] 在酒店行业进行的另一项研究发现，顾客对服务质量的感知与员工组织公民行为在个人和群体层面上都呈显著正相关关系。以顾客为导向的组织公民行为正向影响中国酒店业员工的服务质量。

[156]　Parasuraman A，Zeithaml V A，Berry L L. Servqual：A multiple-item scale for measuring consumer perceptions of service quality [J]. Journal of Retailing，1988（64）：12-40.

[157]　Bienstock C C，Demoranvillez C W. Using manager reports of employee behavior to investigate the relationship between organizational citizenship behaviors and customers' perceptions of service quality [J]. Services Marketing Quarterly，2006，28（1）：103-118.

[158]　Wu P H，Liao J F. Service-oriented organizational citizenship behavior，perceived service quality and customer satisfaction in hospitality industry [J]. Journal of Applied Sciences，2016，16（1）：18-24.

[159]　Kwak W J，Kim H K. Servant leadership and customer service quality at Korean hotels：Multilevel organizational citizenship behavior as a mediator [J]. Social Behavior and Personality：An International Journal，2015，43（8）：1287-1298.

（三）真诚型领导和对领导者的信任之间的关系

"信任是对另一个人的言语、承诺或陈述可以信赖的一种期望"（Poon，2006）[160]。信任也被定义为一种心理状态，是个人愿意对他人的意图做出积极的预测。加德纳等人（Gardner，Avolio，Walumbwa，2005）[161]认为，真诚型领导"关注的是领导者和追随者之间以信任和正直为特征的真诚关系的形成"。追随者对领导者的信任可以被认为是影响领导有效性的最重要因素之一。真诚型领导者知道自己的优点和缺点，并公开地向下属展示真实自我、真实的想法和感受，以促进工作场所的相互信任。此外，真诚型领导者的价值观建立在高尚的道德原则和伦理标准之上，他们会公开分享信息。真诚型领导者也关心他们的追随者，具有高度的正直和可信度。所有这些属性和行为都可以帮助真诚型领导者建立追随者的信任。事实上，大量的实证研究已经调查了真诚型领导对员工信任的影响，并发现两者之间存在正相关关系。

克拉普－史密斯等人（Clapp-Smith 等，2009）[162]定义了领导者的可信任行为，发现开放的沟通和对员工的关心会影响追随者对领导者的信任。伊利斯等人（Ilies，Morgeson，Nahrgang，2005）[163]认为领导者开放和真诚的互动创造了追随者的无条件信任。真诚型领导者能够在意识到下属的时候获得下属的信任。此外，当真诚型领导者做出公平和合乎道德的决策时，他们的追随者会对领导者未来的行动更加信任。Jeong、Lee 和 Kim（2017）[164]研究了真诚型领导的四个维度（自我意识、关系透明度、信息平衡处理和内化道德视

[160]　Poon J M. Trust-in-supervisor and helping coworkers: Moderating effect of perceived politics [J]. Journal of Managerial Psychology, 2006, 21（6）: 518-532.

[161]　Gardner W L, Avolio B J, Luthans, F, et al. "Can you see the real me?" A self-based model of authentic leader and follower development [J]. The Leadership Quarterly, 2005（16）: 343-372.

[162]　Clapp-Smith R, Vogelgesang G R, Avey J B. Authentic leadership and positive psychological capital: The mediating role of trust at the group level of analysis [J]. Journal of Leadership & Organizational Studies, 2009（15）: 227-240.

[163]　Ilies R, Morgeson F P, Nahrgang J D. Authentic leadership and eudaimonic well-being: Understanding leader-follower outcomes [J]. The Leadership Quarterly, 2005（16）: 373-394.

[164]　Jeong Y K, Lee Y K, Kim S. To be true or not to be true: Authentic leadership and its effect on travel agents [J]. Asia Pacific Journal of Tourism Research, 2017, 22（8）: 819-833.

角）对酒店业两种信任（对主管的信任和对组织的信任）的影响。结果发现，真诚型领导的三个维度对领导者的信任有影响，关系透明度对主管的信任没有影响。中国酒店业真诚型领导对领导者的信任有积极的影响。

（四）对领导者的信任与组织公民行为的关系

不同行业的研究都证实了对领导者的信任对组织公民行为的积极影响。德克斯和费林（Dirks 和 Ferrin，2002）[165] 的元分析研究表明，对领导者的信任对员工承诺和组织公民行为都有积极的影响。这些作者断言，领导者的行为和特征会影响追随者建立对领导者信任的方式。很明显，信任领导者的追随者会寻求与他们建立高质量的关系。因此，追随者会通过在日常工作之外执行额外的任务来回报这份人情。Liu 等人（Liu 等，2013）对台湾酒店业进行了研究，发现组织信任与组织公民行为之间存在显著的正相关关系。因此，在中国酒店业中，对领导者的信任对以顾客为导向的组织公民行为有积极的影响。

（五）对领导者的信任对真诚型领导与组织公民行为的中介作用

波德萨科夫等人（Podsakoff 等，1990）[166] 最早提出领导者行为对组织公民行为的影响是间接的，这种关系是通过追随者对领导者的信任来调节的。在随后的研究中，信任作为领导风格和组织公民行为之间的中介的重要作用已被证明。在现有文献中，有两项研究专门研究了真诚型领导和对领导者的信任对组织公民行为的影响。考克森等人（Coxen 等，2016）[167] 对南非 633 名公共卫生保健员工进行了调查，结果表明，对组织的信任和对同事的信任都部分地中介了真诚型领导与组织公民行为之间的关系，而对领导者的信任并没有

[165]　Dirks K T，Ferrin D L. Trust in leadership：Meta-analytic findings and implications for research and practice [J]. Journal of Applied Psychology，2002，87（4）：611-628.

[166]　Podsakoff P M，MacKenzie S B，Moorman R H，Fetter R. Transformational leader behaviors and their effects on followers'trust in leader，satisfaction，and organizational citizenship behaviors [J]. The Leadership Quarterly，1990，1（2）：107-142.

[167]　Coxen L，Vaart L，Stander M W. Authentic leadership and organisational citizenship behaviour in the public health care sector：The role of workplace trust [J]. SA Journal of Industrial Psychology，2016，42（1）：1-13.

显著地间接影响组织公民行为。Min 和 Ko（2016）[168] 对韩国一家航空公司的210 名空乘人员和地勤人员进行了研究，虽然他们没有确定对领导者的信任具有全部或部分中介作用，但他们的研究清楚地表明，真诚型领导对下属对领导者的信任有显著影响，而对领导者的信任反过来又影响员工的组织公民行为。所以，可以认为，在中国酒店业中，对领导者的信任在真诚型领导与以顾客为导向的组织公民行为之间起中介作用。

Qiu 等人（2019）的研究结果表明，真诚型领导会影响追随者对领导者的信任。真诚型领导者表现出的关系真实性和透明度产生了高水平的员工信任。在中国的环境中，被认为信念和行为真实、透明和一致的领导者更有可能获得员工的信任和支持。可以直观地认为，其基本原理是，真诚型领导者被认为是值得信赖的、真心的和可靠的。研究还表明，对领导者的信任与以客户为导向的组织公民行为有关。如果追随者信任他们的领导者，他们就不太可能怀疑领导者的意图和行为。当下属被要求执行超出自己职责范围的特定任务时，他们往往会更加努力，毫不犹豫地为客户服务，或者他们可以在没有上级命令的情况下自愿做额外的工作来帮助和满足客人。大多数酒店的工作本质上是难以监控的，而用心承担任务的意愿对酒店的客户服务至关重要。

进一步发现，真诚型领导不仅通过下属对领导者的信任对顾客导向的组织公民行为产生显著的间接影响，而且直接影响顾客导向的组织公民行为。然而，这两种影响在考虑组织公民行为的方差时没有相同的权重。尽管这两种影响在统计上都很显著，但大多数差异是通过对领导者的信任来解释的。也就是说，真诚型领导影响组织公民行为，是因为追随者信任他们的主管。如果追随者的信任出现偏差，真诚型领导的效果将大大降低。员工对领导者真诚可靠的感知有助于他们对领导者的信任，将促使他们付出额外的努力来服务客户。这一发现并不令人惊讶。根据社会交换理论，互惠是一种规范，双方倾向于从事互利行为，以换取提供给他们的资源和支持。真诚型领导者总是倾听下属的意见，在处理信息和做决定之前分享信息。同样，服务型领导者建立了一种组织文化，让追随者感到被信任。追随者会对他们的领导表现出信任，并在不

[168] Min P J, Ko S H. The structural relationship among authentic leadership, trust in supervisor, innovative behavior and organizational citizenship behavior [J]. Indian Journal of Science and Technology, 2016, 9（26）: 1–8.

期望任何回报的情况下，加倍努力地为客户服务。研究表明，真诚型领导对组织公民行为的直接影响虽小，但仍具有统计学意义。

最后，研究结果表明，员工以顾客为导向的组织公民行为对其服务质量有更强的影响。如果员工愿意加倍努力帮助客户，那么感知到的服务质量就会提高。可能的解释是，当员工努力为客人做额外的工作时，他们的行为会从身体和心理上得到上司和顾客的奖励，从而获得积极的自我形象，并进一步认识到自己的最佳工作表现。或者，为客户做额外的工作，可以增强追随者的服务技能和信心，从而提高服务质量。

管理者在企业中表现出的领导行为越真实，员工对其的信任水平就越高，下属越有可能表现出为客户服务的组织公民行为，这种自愿行为最终会提高客户服务水平。因此，鼓励酒店组织强调其领导者的真诚型领导行为的重要性，以便追随者愿意做更多的自愿任务来服务，以实现组织目标。对领导者的信任在真诚型领导者与组织公民行为之间起中介作用。真诚型领导者通过信任来逐步渗透他们的影响力，从而实现高水平的组织公民行为和提高客户服务水平。追随者对领导者的信任是建立在一些可变条件的基础上的。如果由于某些原因，追随者不信任他们的领导者，那么真诚型领导者的努力就会失败。因此，酒店企业在注重真实性的同时，获得员工信任的重要性也不容忽视，应予以强调。

七、创业型领导与酒店业服务创新

确定培养员工创造力的方法是当代组织的优先事项。事实上，组织的竞争优势和商业机会来源于新的想法、产品和服务。无论行业类型如何，产品和服务的创新都可以极大地刺激长期经营绩效。由于创新的持续重要性，创新能力差的商业组织可能无法生存，特别是在发展中经济体中。因此，创新和创造力已成为满足日益激烈的全球商业动态环境需求的关键工具。

在旅游和酒店环境中，由于员工接触到大量面对面的服务，因此创造性的表现可以提高服务质量和客户满意度。相对于刚性和标准化类型的服务，灵活和定制类型的服务往往是通过员工和客户之间的互动共同创造的，共同创造在服务行业的重要性已经得到强调。从这个意义上说，客户满意度主要可以通过员工的创造性服务而不是标准化服务来促进。

根据这一推理，在回顾创造力文献时，员工创造力的前因被归因于个体因素，即主动性人格和工作创造力要求、挑战性压力、障碍性压力、任务反馈、创造性角色认同与工作复杂性等，以及情境因素，即创新氛围、领导能力等。在这方面，要培养创造力，不仅需要识别具有创造潜力的员工，还需要细致地了解工作环境是如何影响与创造力相关的个体差异的。一些重要的文献强调了个人与工作环境之间相互作用的重要性，领导力被认为是通过鼓舞、激励和指导员工、塑造工作环境和分配资源来培养员工创造性行为的关键情境因素。

最近的文献表明，领导者或管理者可以刺激员工的创造性行为，也可能会阻碍员工的创造性行为。从这个意义上说，应该注意理解各种领导风格对个人创造力的影响。许多文献研究过诸如变革型领导、服务型领导等领导风格与创造力之间的关系。当前组织中管理者的领导风格正在日益变化，出现了一些新型领导风格，如创业型领导（entrepreneurial leadership）。从目前关于领导力和创业的文献来看，创业型领导被认为是一种新的领导风格，可以解决当代组织面临的新挑战。事实上，创业型领导反映了领导风格的演变是情境特定的。在当前的创业环境中，组织和创业的成功主要依赖于具有强烈创业倾向的领导者。与其他类型的领导风格不同，创业型领导特别强调对机会的识别和利用，并将其作为重要的组织目标，旨在鼓励追随者以创新的方式去思考和行动。然而，关于创业型领导如何培养员工创造力的现有文献还存在知识缺口。

尽管一系列研究已经检验了创业型领导和创造力之间的关系，但这些研究主要关注的是宏观层面的创造力，未能充分揭示创业型领导在追随者创造性反应方面的特殊性和有效性。事实上，领导者的行为可以培养个人创造力，这在工作环境中起着关键作用。此外，创造力文献指出，领导者可以对个人产生创造性结果的反应施加实质性的情境影响。而且，最近对多层次方法的研究表明，个人层面的创造力归因于群体层面的因素（情境变量），如领导风格、对创新的支持和创新氛围，这表明将领导力视为一种多层次现象很重要。

（一）创业型领导和员工创造力

作为创造力不同层次的类型之一（例如，员工层面和团队或群体层面），员工创造力是在员工产生新颖有用的想法、产品和工作流程时表现出来的。组织通过各种方式来放大个人的创造力，因此，通过工作场所的创造力可以促进组织更具创新性和取得成功。

考虑到工作场所创造力在维持组织生存和提高核心竞争力方面发挥着重要作用，一部分研究探索了领导风格对工作场所创造力结果的影响。然而，目前的研究主要关注那些确立已久的领导风格，如变革型领导和魅力型领导等，随后未能详细了解员工创造力在对机会的识别和利用方面的演变。研究领导风格与创造力之间的联系产生了复杂的结果，例如，不同的领导风格对创造力可能有鼓励或抑制作用，这表明在动态的商业环境中，在对机会的识别和利用方面，某种特定的领导风格对培养创造力更有效。

创业型领导是通过整合领导力和企业家精神的含义而被概念化的。领导力和管理文献对创业型领导给予了大量关注。根据伦科等人（Renko 等，2015）[169] 的说法，创业型领导是指"影响和指导团队成员的绩效，以实现组织目标，其中包括对创业机会的识别和利用"。

具有强烈创业倾向的领导者可以指导其下属以更具创造性的方式去思考和行动，从而促进组织的成功。从这个意义上说，与其他领导风格相比，在机会驱动的行为方面，创业型领导主要强调机会识别和机会利用是实质性的组织目标，特别是在动荡的以创新为导向的环境中。按照这个逻辑，具有创业型领导风格的领导者可以动员追随者以新的方式识别和开发新的机会，从而使对创新和创造力感兴趣的组织受益。事实上，创业型领导可以培养员工对与创造相关的潜力的信心并产生创造性成果。

在领导力研究领域，以往的研究大多集中在领导者的企业家特质在履行领导职能中的作用，在定义创业型领导的概念时忽略了具体的机会导向特征。根据伦科等人（Renko 等，2015）的观点，创业型领导可以通过识别和利用

---

[169]　Renko M，Tarabishy A，Carsrud A，Brännback M. Understanding and measuring entrepreneurial leadership style [J]. Journal of Small Business Management，2015，53（1）：54-74.

商业机会，以新的产品、服务和工作流程的形式产生创造性成果。具有企业家素质的领导者可以激励追随者加入与机会相关的过程，并参与识别和利用新的商业机会。通过这种方式，与创造力相关的行为在追随者之间被激励，追随者的创造潜力被利用，关于创造性努力的责任和义务被建立和加强。随后，创业型领导旨在激励和塑造追随者在认识和利用机会使组织受益方面的以创造力为导向的态度和行为。

考虑到创业型领导，为了追求创新和创造力，可以创造一个具有挑战性的愿景，并刺激追随者参与创造力，具有创业型领导风格的领导者是追随者的具体榜样。创业型领导可以激励员工将创造性工作投入的愿望内化。由于其创造价值的目的，创业型领导激励员工参与或产生与创造力相关的反应。此外，创业型领导还可以支持员工在创造价值的过程中保持创造性，例如，通过设计和采用具有挑战性的目标以及提供和产生各种观点的形式。

Hou 等人（Hou 等，2024）[170] 考察了中国背景下旅游酒店业团队层面的创业型领导如何通过级联作用促进个体层面的员工创造力，并探讨了领导风格与员工创造行为相关的多层次机制。他们的研究结果为"创造力和企业家精神是不可分割的"（Gilad，1984）[171] 这一概念提供了可信的经验证据。从相容性原则出发，创业型领导通过激励员工与其领导者和组织目标更一致来影响员工创造力。学者们指出，在产生理想的创造性成果方面，传统的领导风格可能会被新兴的领导风格所超越。

（二）创业型领导和员工情绪劳动

根据情感事件理论（affective events theory，AET）（Weiss 和 Cropanzano，1996）[172]，员工在工作场所的积极和消极情绪源于领导者与员工互动中表现

[170]　Hou F, Su Y, Qi M D, et al. A multilevel investigation of the cascading effect of entrepreneurial leadership on employee creativity: Evidence from Chinese hospitality and tourism firms [J]. Tourism Management, 2024.

[171]　Gilad B. Entrepreneurship: The issue of creativity in the marketplace [J]. Journal of Creative Behavior, 1984, 18（3）: 151-161.

[172]　Weiss H M, Cropanzano R. Affective events theory: A theoretical discussion of the structure, causes and consequences of affective experiences at work [J]. Research in Organizational Behavior: An Annual Series of Analytical Essays and Critical Reviews, 1996（18）: 1-74.

出的某些领导行为。事实上，领导力文献表明，员工的情绪水平可以被领导风格唤醒和影响，因此，员工的绩效可能会受到情绪的影响。根据 Lam 和 Chen （2012）[173] 的观点，情绪劳动（emotional labor）是指对情绪和感受的管理和控制，以满足组织需求，它是以表层扮演（Surface Acting，SA）和深层扮演（Deep Acting，DA）等方式进行的。考虑到酒店业的一线员工在经常面对各种不可预测的、情绪化的客户时，特别普遍的是通过表层扮演来隐藏自己的情绪，因此我们主要关注表层扮演，而不是深层扮演。

乎尔谢盖和舍韦（Hülsheger 和 Schewe，2011）[174] 对表层扮演文献的元分析表明，情绪工作可能会影响员工进入工作流状态（Work-related Flow，WF）的程度，而工作流状态反过来又可能影响随后的创造性行为。心流（flow）指的是意识状态，被定义为"员工完全专注于他们的工作，享受他们的工作，受到内在激励"的状态（Maqbool，Cerne，Bortoluzzi，2019）[175]。应用到工作环境中，这种意识状态被认为是工作流。作为个人工作投入的关键指标，工作流可能会将情绪工作的结果传递到随后的创造性结果。

传统上，领导力研究学者主要从认知和行为两个角度来研究领导行为。然而，最近的研究注意力已经从认知和行为过程转移到情绪，这方面曾经被大多数领导力研究所忽视（Dasborough，2006[176]；Humphrey，2002[177]）。Ashkanasy 和 Tse（2000）[178] 是最早强调情绪对提高领导有效性的作用的研究

[173]　Lam W, Chen Z. When I put on my service mask: Determinants and outcomes of emotional labor among hotel service providers according to affective event theory [J]. International Journal of Hospitality Management, 2012, 31（1）: 3-11.

[174]　Hülsheger U R, Anderson N. Team-level predictors of innovation at work: A comprehensive meta-analysis spanning three decades of research [J]. Journal of Applied Psychology, 2009, 94（5）: 1128-1145.

[175]　Maqbool S, Cerne M, Bortoluzzi G. Micro-foundations for innovation policy [J]. European Journal of Innovation Management, 2019, 22（1）: 125-145.

[176]　Dasborough M T. Cognitive asymmetry in employee emotional reactions to leadership behaviors [J]. The Leadership Quarterly, 2006, 17（2）: 163-178.

[177]　Humphrey R H. The many faces of emotional leadership [J]. The Leadership Quarterly, 2002, 13（5）: 493-504.

[178]　Ashkanasy N M, Tse B. Transformational leadership as management of emotion: A conceptual review [M]//Ashkanasy, Härtel, Zerbe .Emotions in the Workplace: Research, Theory, and Practice. Westport: Quorum Books, 2000: 221-235.

者之一。情商在领导力中的重要性也在其他领导力研究中得到了强调（例如，George，2000）。在这个领域，情绪而不是心情一直是焦点，因为情绪被认为更强烈，更受原因诱发，它们也有认知内容（Cropanzano，Weiss，Hale，Reb，2003[179]；Dasborough，2006）。因此，领导行为可以通过领导与员工的互动影响员工的情绪反应。

根据情感事件理论，情感事件可以由组织因素产生。作为关键的情境因素，领导者可以塑造员工接触到的工作场所的情感事件。在这种情况下，员工的情绪可能会被领导者的行为所激发，如分配下属的工作量，为员工提供绩效反馈，以及展示自己的情绪等。因此，在面对面的互动中，员工对领导者行为的这些情绪反应可能会影响随后的态度和行为结果。

工作场所的情绪一直是管理文献中的热门话题，被认为是影响管理实践的关键因素。个人情绪在工作场所是不可避免的，因此被认为是组织情境的一个固有方面。更重要的是，有研究表明，情绪可能会阻碍客观和理性的行为，从而导致工作场所的功能障碍。特别是，工作场所的人际关系和互动在本质上是内在的情感。在这方面，领导力被认为是一个内在的充满情绪的过程，在这个过程中，情绪会随着面对面的互动而波动（George，2000）[180]。

工作场所情绪在20世纪80年代成为人们关注的焦点，因为管理和领导力文献传统上都将理性和认知过程作为探索的基础。魅力型领导是研究领导者行为情感方面的早期方法之一。鉴于员工的情绪状态可以直接影响他们的行为和绩效，有必要进一步探讨领导力是如何影响员工情绪的。

虽然学者们开始关注领导者行为对员工情绪的影响，但很少研究不同领导风格，尤其是创业型领导与情绪劳动（表层扮演）之间的关系。表层扮演是指个人在工作场所的人际交往中，通过改变自己的外表来创造出理想形象的一种戏剧表演。在表层扮演的过程中，个体在不改变其内在情绪的情况下塑造了外在的行为表现。在服务部门，一线员工在与顾客互动时，经常以调整、假

[179]　Cropanzano R，Weiss H M，Hale J M，Reb J. The structure of affect：Reconsidering the relationship between negative and positive affectivity [J]. Journal of Management，2003，29（6）：831-857.

[180]　George J M. Emotions and leadership：The role of emotional intelligence [J]. Human Relations，2000，53（8）：1027-1055.

装或抑制感觉、情绪和表情的形式进行表层扮演，以满足组织行为表现规则。

　　资源保护理论经常被用来解释和检验员工情绪劳动是如何通过相应的心理和生理资源影响工作绩效的。根据资源保护理论，个体有保留、保护和建立资源的动机，对他们构成威胁的是这些有价值的资源的潜在或实际损失。根据这一逻辑，在表层扮演过程中，需要很大的心理努力，这些心理资源会被一线员工的不真实表达和情绪压抑所消耗和耗尽。表层扮演可能会危及他们的自尊和自我效能感，甚至最终导致情感资源的枯竭。此外，表层扮演可能会产生一种压力诱发的角色冲突，因为在真实的内心感受和外在表现之间存在情感上的不协调。因此，表层扮演更有可能被认为是一线员工非主动的工作体验，可能会产生他们对组织的负面态度。

　　虽然创业型领导与表层扮演之间的联系很少被探索，但有两个原因可以解释为什么创业型领导可能与表层扮演负相关。首先，创业型领导可以通过增强一线员工的心理资源（如自尊、自我效能感）来激励他们将自己的表现与组织目标相一致。作为管理文献领域的一种特定的领导风格，创业型领导风格被描述为一种以创造性为导向的领导风格，它以引导和帮助追随者通过对机会的识别和利用来实现组织目标的形式对追随者产生刺激影响。创业型领导者具有创造性，并从事创造性活动，以实现创业任务，这些任务涉及根据自己的能力去识别和利用机会。创业型领导者可以作为榜样，与这些领导者一起工作不仅可以推动追随者追求创造性目标，还可以促进自我效能感和冒险能力的发展。此外，以机会为导向的创业型领导者可以激励追随者创造性地发起创新的努力和实践，如创造新的选择、主张和利益，从而识别和实施实现组织愿景的机会。通过领导与员工的互动，创业型领导者强调这些活动有利于部门和组织的整体成功，这间接地向员工传达了他们的努力是有意义的。在这个过程中，员工被灌输一种感觉，即他们的工作为组织增加了价值，增强了他们的自尊。

　　与此推理一致，创业型领导可以作为一种缓冲机制，增强一线员工的心理资源（如自尊、自我效能），缓解其自我调节资源的枯竭。在这种情况下，一线员工将被激励专注于合理的解决方案，接受具有挑战性的工作，并通过加强他们的心理资源使他们的表现与组织目标保持一致。以服务行业为例，创业型领导者领导下的一线员工通过表层扮演，可以激发员工表现出更多真实的积极情绪，减少虚假情绪，从而实现最优的服务绩效和组织目标。

创业型领导有助于促进一线员工对组织和组织目标的信任和好感。领导者可以为员工提供有吸引力和可信的榜样，因此，员工对组织和组织目标的积极看法将通过广泛的领导—成员互动受到影响和发展。创业型领导下的一线员工更容易信任他们的领导和组织，从而通过内化工作规则对组织和组织目标表现出积极的态度。因此，由于对组织目标的理解和认可，一线员工在与客户互动时需要管理和控制自己的情绪时，就会减少在工作场所的表层扮演。

就其他主要类型的领导风格（如变革型领导、交易型领导和服务型领导）而言，变革型领导者与下属分享未来的愿景，通过智力刺激来鼓励下属的成长；交易型领导者依靠可变性奖励作为激励的工具，以奖励交换绩效；服务型领导以关系为导向，侧重于发展良好的领导者与追随者之间的联系。从这些得到充分研究的领导方法来看，这些类型的领导风格可能具有一定的功能，可以提高一线员工的心理资源（如自尊、自我效能），以减少员工的表层扮演行为。同时，与这些领导类型相比，创业型领导者由于自身在识别和利用机会方面的能力，更具有创造性，并直接从事创造性活动来完成创业任务。因此，创业型领导者可以作为更有力的榜样，通过增加员工的心理资源，更有助于减少员工的表层扮演行为。

（三）表层扮演、工作流与员工创造力

根据资源保护理论，个人有动机去努力获取、保留、保护和建立资源。获得资源的个人更倾向于通过再投资这些资源来寻求额外的更大价值，而遭受资源损失的人将参与资源保护机制，他们更有可能减少对资源的未来再投资。根据这一逻辑，由于表层扮演，心理资源枯竭的一线员工不太可能在自由裁量行动上付出额外的努力，如建言献策、出勤率和创造力等。因此，表层扮演可能会对员工的创造性反应产生负向影响。

但是，将创业型领导文献与资源保护理论相结合，就会发现创业型领导水平越高，员工参与表层扮演的自我调节资源消耗越低，员工创造力水平越高。当员工感受到更高水平的创业型领导风格时，他们可能会获得更多的心理资

源（即来自领导者更多的互动、支持和指导），从而减少表层扮演，获得更好的创造性成果。在这些理论基础上，可以得出表层扮演在创业型领导与员工创造力之间起中介作用。

根据契克森米哈伊（Csikszentmihalyi，1975）[181] 的观点，许多活动与心流体验的产生有关。巴克（Bakker，2008）[182] 提出了工作流的概念，从工作活动的三个维度出发，包括快乐、内在动机和沉迷。阿马比尔等人（Amabile 等，2005）[183] 指出，内在动机的个体更有可能是学习导向的，认知灵活的，敢于冒险的，这表明心流可能是有益的，并为创造力增加价值。事实上，马克布勒等人（Maqbool 等，2019）认为，工作流可以通过增加内在动机、享受和沉迷来促进创造力，创造新想法可能对员工有益。德莫罗蒂等人（Demerouti 等，2011）[184] 进一步回应了员工通过工作流可以快速恢复能量，因为较高水平的工作流可能有助于产生较高的能量。事实上，将工作流视为一种积极的心理状态，当员工沉浸在工作中时，他们倾向于享受自己的工作，表现出外向行为，并愿意为组织增加价值。考虑到工作流具有内在动机，具有内在动机的员工在面对机会、障碍和挑战时往往具有好奇心、坚韧性和冒险性，因此，工作流可能会促进工作场所的创造性反应。

除了工作流对创造力的直接影响外，领导风格还可能通过工作流对创造力产生间接影响。经验证据表明，领导风格与工作流正相关。创业型领导能够激励员工的工作投入，并培养随后的创造性成果。在这种情况下，创业型领导风格下的员工的内在工作动机（即心流的一个维度）可能会得到增强，从而产生创造性的反应。伦科等人（Renko 等，2015）指出，由创业型领导者领导的员工会受到激励、指导和支持，通过识别和利用机会来承担风险并从事

[181] Csikszentmihalyi M. Beyond Boredom and Anxiety: Experiencing Flow in Work and Play [M]. San Francisco: Jossey-Bass, 1975.

[182] Bakker A B. The work-related flow inventory: Construction and initial validation of the WOLF [J]. Journal of Vocational Behavior, 2008, 72（3）: 400-414.

[183] Amabile T M, Barsade S G, Mueller J S, et al. Affect and creativity at work [J]. Administrative Science Quarterly, 2005（50）: 367-403.

[184] Demerouti E, Bakker A B, Sonnentag S, Fullagar C J. Work-related flow and energy at work and at home: A study on the role of daily recovery [J]. Journal of Organizational Behavior, 2011, 33（2）: 276-295.

创造性行动。因此，由创业型领导者诱导的这种创造性工作投入可能使员工体验到工作自主性、工作丰富性等。因此，与创造性导向的领导者互动可能会赋予员工工作场所的权力。根据彼得斯等人（Peters等，2014）[185] 的研究，当员工感受到组织领导者的授权时，他们更有可能体验到更高水平的工作流。赋予员工权力可能传递出被管理层信任和被重视的信号。因此，员工感知的授权可以增强他们积极的工作态度（例如，内在动机和工作投入）。员工授权可能会导致工作流，被视为一种与工作相关的态度。

事实上，员工的内在动机（即工作流的一个维度）可能会受到授权体验的刺激，从而增强创造力。员工在自己的能力和偏好方面发挥作用的程度取决于心流水平。在服务业环境中，由于较少参与监督和控制，员工往往有义务根据自己的自主能力来完成工作。因此，当员工能够更自主地完成任务时，他们就可以获得更高水平的工作流。工作流在创业型领导与员工创造力之间起中介作用。

此外，员工在工作场所的越轨行为可能会沉淀，因为表层扮演可以产生心理资源的收益。而且，表层扮演导致员工认知能力和意志的降低，会对员工的工作绩效产生负面影响。根据这一推理，表层扮演可能会影响员工进入工作流状态的程度。间接的经验证据表明，表层扮演显著地引发了不良的工作结果，如情绪衰竭增加、组织承诺减少和工作绩效差等。但是，如前所述，创业型领导可能会影响表层扮演，随后影响工作流，这反过来又会影响员工创造力。因此，从这些影响的链条可以看出，表层扮演和工作流依次中介创业型领导与员工创造力的跨层次关系。

部分研究领导力的学者支持从跨层次的角度来研究职场中领导者行为的动态相互作用，并提出这种相互作用会在组织层面上传递。Hou等人（Hou等，2024）通过建立一个多层次模型来揭示创业型领导作为一个情境因素，是如何激发个人层面创造力的。他们的研究结果表明，创业型领导对工作场所创造力具有显著的跨层次影响，这证实了关于领导力—创造力联系的文献中对于识别创业型领导的价值，并且通过考察情境因素如何激发个人层面的创造力，

[185]　Peters P, Poutsma E, Van Der Heijden, et al. Enjoying new ways to work: An HRM-process approach to study flow [J]. Human Resource Management, 2014, 53（2）: 271-290.

扩展了以往关于创业型领导培养下属创造性行为的跨层面机制的研究。

（四）管理启示

首先，对于组织来说，通过选择具有创业特质（例如，识别和利用商业机会）的领导者，识别创业型领导风格在复杂动态商业环境中的价值是很重要的。在这样做的过程中，鼓励员工挑战现状，产生创造性的想法。在这种情况下，应该灌输创业的概念，以培养管理人员或主管人员的创业相关技能。更重要的是，组织应该提供制定动态的和可接受的目标的培训，以提高领导者在产生理想的企业家行为和产生有意识的认知方面的技能，从而培养创业型领导的风格。例如，根据韦基奥（Vecchio，2003）[186] 的建议，管理者（领导者）需要发展创业型领导风格。根据这个例子，我们强烈建议大家以企业家的方式去思考、行动和工作。鼓励管理者（领导者）通过提供实用技术，例如建立创造性愿景和组织人力资本，来展示创业型领导导向的行为。通过这样做，工作场所创造力的发展可能会受益。此外，应采取措施帮助管理人员（领导者）应用和发展创业型领导风格。因此，他们需要识别、构建和评估与创业相关的机会。在这个过程中，我们也非常鼓励提供激励和奖励，以有效地促进创业型领导相关能力的发展。

其次，研究结果表明，领导者应该积极调节下属的情绪工作，特别是对于那些需要与其他工作团队成员合作并具有创造性潜力的人。根据斯科特和巴尔内斯（Scott 和 Barnes，2011）[187] 的建议，领导者应该通过提供培训计划，让员工意识到表层扮演的潜在负面结果。在情感表达方面培养真诚的团队氛围是领导者减轻表层扮演对员工创造性行为影响的另一种方式。有人强调，社交活动、体育活动和员工午餐等组织活动会有助于形成这种真诚的氛围。

具体而言，部门领导或主管可以发挥关键作用，营造真诚的氛围，帮助一线服务型员工在遇到社交活动时调节情绪。建议制订一个包含部门或部门具体特征的自我意识培训计划。这类培训项目可以采取角色扮演（如处理愤怒

[186]　Vecchio R P. Entrepreneurship and leadership: Common trends and common threads [J]. Human Resource Management Review, 2003, 13（2）: 303–327.

[187]　Scott B A, Barnes C M. A multilevel field investigation of emotional labor, affect, work withdrawal, and gender [J]. Academy of Management Journal, 2011, 54（1）: 116–136.

的客户投诉）、工作组讨论（如分享真实观点或承认错误）和实践练习（如生态疗法）等形式，增强一线员工的自我意识。在这样的项目中，每个部门的员工都会被要求参加工作前和工作后的室内活动。例如，工作前活动可以采取在日常工作简报中讨论每个成员的意见、感受和理想想法的形式。工作后活动是指与工作团队成员分享情绪，并在下班后向直接领导传达他们的感受。综上所述，这些培训计划和室内活动有利于在团队层面营造真诚的氛围，从而提高员工的人际交往能力，建立工作团队的信任，减少进行表层扮演的动机，从而激发员工投入更多的心理资源，使其更有创造力。

此外，根据组织心理学家的建议，为旅游业和酒店业量身定制的一个潜在解决方案是提供应对机制和深层扮演技巧的培训项目。第一个建议认为，高级培训项目应包括应对机制（应对效果的培训）。例如，可以为员工提供客户投诉脚本。此外，更为有用的是员工有能力调节自己的工作状况，从而减轻工作压力。第二个建议提出，员工对工作压力的反应不太积极，当他们面对特定的情况时，应基于客户的角度采取行动。第三个建议描述了可视化训练的建议，在这种情况下，员工可以想象积极的事件并描绘积极的情绪（深层扮演）。

最后，研究结果表明，领导风格可以通过提高工作流水平来激发员工的创造性行为。领导者的创业性行为通过培养员工的授权来产生员工的心流体验。例如，作为心流刺激因素，这些领导者的创业性行为包括为组织制定愿景，对未来表现出乐观态度，专注于识别和利用机会，帮助提高下属的技能，表达对工作的信心，以及充当教练等。

考虑到工作流作为促进员工创造性行为的决定因素所发挥的作用，这表明除了领导风格之外，还应考虑人力资源管理方面的其他干预措施，这可能会导致工作流水平的放大。根据 Lü 等人（2016）[188] 的建议，让员工沉浸在工作中的一个有效方法是员工福利计划，特别是医疗保健计划。通过这样做，这些福利计划可以向员工传递一个信号，即企业将他们视为资产而不是成本。在工作场所增加乐趣，包括常见的人力资源策略，如工作重新设计、工作成就庆

[188]　Lü Y, Zhu H, Zhong H J, Hu L. Abusive supervision and customer-oriented organizational citizenship behavior: The roles of hostile attribution bias and work engagement [J]. International Journal of Hospitality Management, 2016（53）: 69-80.

祝和生产力竞赛，也可以提高员工的心流。激发员工内在动机的另一个有效方法是提供职业发展机会，帮助员工提高技能，实现职业目标。通过在职业生涯中取得专业进步，员工可以从工作中获得更多意义。

第六章

顾客在酒店业服务创新中的作用

生产者和消费者之间的相互作用是服务创新的一个基本的和重要的特征因素。这种互动使得消费者本身成为创新来源的重要因素之一。顾客不仅推动了创新的出现,并作为"合作生产者"对创新结果产生重要影响。在顾客参与服务生产和传递过程中,顾客与服务提供者之间更直接的信息沟通促进了服务提供者对顾客知识的获取和经验积累,也促进了服务价值的共同生产和服务创新的发生。

阿拉姆（Alam, 2002）[1] 认为在服务业竞争日益激烈的背景下,服务企业要更多关注顾客参与,才能更好地了解顾客,提高市场应变能力。恩纽和宾克斯（Ennew 和 Binks, 1999）[2] 将顾客参与划分为信息分享、责任行为和人际互动三个维度。朗尼克－霍尔（Lengnick-Hall, 1996）[3] 认为顾客在创新过程

[1] Alam I. An exploratory investigation of user involvement in new service development [J]. Journal of the Academy of Marketing Science, 2002, 30（3）: 250–261.

[2] Christine T. Ennew, Martin R. Binks. Impact of participative service relationship on quality, satisfaction and retention: An exploratory study [J]. Journal of Business Research, 1999, 46（2）: 121–132.

[3] Lengnick–Hall. Customer Contributions to Quality: A Different View of the Customer–Oriented Firm [J]. Academy of Management Review, 1996, 7（21）: 791–824.

中扮演了资源提供者、共同生产者、购买者及其使用者四种角色。纳姆布利山姆（Namblisam，2002）[4]认为在顾客参与的服务创新过程中，顾客承担了资源投入者、价值创造者和产品使用者三种角色。杨崇美和陈雪琼（2015）[5]证明顾客参与酒店服务创新的不同维度对顾客价值创造有着显著的影响。周冬梅、鲁若愚（2009）[6]基于前人的研究提出，顾客参与可以提升服务的新颖性和创新的效率。

卡博内尔等人（Carbonell等，2009）[7]将服务创新中的客户参与定义为"服务生产者在新服务开发过程的不同阶段与一个或多个客户的当前（或潜在）代表互动的程度"。与客户的密切互动使公司能够从他们那里收集异质性知识。这种异质性知识是一种重要的资源，可以帮助企业丰富自身知识的多样性，并发现新的服务理念。此外，良好的客户参与使企业能够更好地了解客户需求，从而提高解决方案对现有客户流程的适应性，使企业能够超越没有这种客户投入的情况下所能做的事情。因此，顾客参与服务创新已成为企业提高服务创新绩效的关键技术。

一、价值共同创造

根据服务主导逻辑，创造价值的资源不仅由企业持有，而且由顾客持有，顾客在服务过程中充当价值共同创造者。顾客价值创造行为是顾客参与价值共同创造过程的行为，如顾客参与行为和顾客公民行为。在酒店环境中，顾客对于共同创造服务体验至关重要。服务过程可以创造独特而难忘的体验，并强烈影响顾客的感知价值。顾客价值共同创造可以增强顾客对价值、满意度和

[4]　Namblisam Satish. Designing virtual customer environment for new product development：Toward a theory [J]. Academy of Management Review，2002，27（3）：392–413.

[5]　杨崇美，陈雪琼. 顾客参与星级酒店服务创新对顾客价值创造的影响研究 [J]. 乐山师范学院学报，2015，30（7）：68–74.

[6]　周冬梅，鲁若愚. 服务创新中顾客参与的研究探讨：基本问题、研究内容、研究整合 [J]. 电子科技大学学报（社会科学版），2009，11（3）：26–31.

[7]　Carbonell P，Rodríguez-Escudero A I，Pujari D. Customer involvement in new service development：An examination of antecedents and outcomes [J]. Journal of Product Innovation Management，2009，26（5）：536–550.

忠诚度的感知，提高员工绩效和满意度，从而构成企业差异化战略。因此，鼓励顾客价值创造行为对于酒店业获得竞争优势和确保可持续运营至关重要。

自 2004 年普拉哈拉德和拉马斯瓦米（Prahalad 和 Ramaswamy，2004）[8]引入价值共同创造（value co-creation）概念以来，价值共同创造在包括旅游和酒店在内的各个管理领域得到了广泛的研究，涉及不同业务利益相关者之间的合作。Yi 和 Gong（2013）[9] 从顾客的角度定义价值共同创造，将价值共同创造分为两类行为：（1）顾客参与行为（customer participation behavior），即为实现价值共同创造而进行的角色内行为；（2）顾客公民行为（customer citizenship behavior），它代表自发的角色外行为，为组织增加价值。顾客参与行为涉及以下几个维度：（1）信息寻求（information seeking）：顾客收集数据以澄清服务要求和减少环境不确定性。（2）信息共享（information sharing）：顾客愿意向员工提供个人信息，以确保顾客期望的服务能够满足其个人需求。（3）负责任的行为（responsible behavior）：顾客意识到自己的责任，愿意配合，遵守规则，接受员工的指导。（4）个人互动（personal interaction）：顾客与员工之间的人际关系。顾客公民行为涉及以下几个维度：（1）反馈（feedback）：顾客主动向员工提供建议，这有利于改善服务流程。（2）拥护（advocacy）：顾客主动向组织外的人宣传组织和员工，这有利于提高组织的声誉或对产品和服务的评价。（3）助人（helping）：顾客主动帮助其他顾客。（4）容忍（tolerance）：顾客愿意容忍员工提供的服务未能满足其期望的情况（如延误或资源短缺）。

最近，里贝罗等人（Ribeiro 等，2023）[10] 将价值共同创造定义为一个积极主动的、创造性的和社会性的过程，在这个过程中，企业及其利益相关者相互合作，为所有参与者创造利益和价值。这个过程需要用户与产品或服务的积极互动，促进共同创造过程，提高参与度，并在每个阶段加强对话。在旅游

[8]　Prahalad C K, Ramaswamy V. Co-creation experiences: The next practice in value creation [J]. Journal of Interactive Marketing, 2004, 18（3）: 5-14.

[9]　Yi Y, Gong T. Customer value co-creation behavior: Scale development and validation [J]. Journal of Business Research, 2013, 66（9）: 1279-1284.

[10]　Ribeiro T, et al. Value co-creation in tourism and hospitality: A systematic literature review [J]. European Management Journal, 2023, 41（6）: 985-999.

领域，价值共同创造是指游客和不同的旅游服务提供者之间的合作和参与，从而导致旅游产品的开发。了解游客和服务提供者如何协同创造价值，才能设计出符合顾客需求和偏好的服务。满意的顾客更有可能成为忠诚和回头客，有助于旅游业和酒店业的可持续发展和成功。此外，价值共同创造使旅游和酒店供应商能够从竞争对手中脱颖而出。通过让顾客参与服务创建过程并根据他们的需求定制体验，企业可以提供独特而有吸引力的服务主张，从而在市场中获得竞争优势。价值共同创造通过鼓励服务提供商和顾客之间的协作和想法共享来促进创新。旅游和酒店企业可以利用顾客洞察力和创造力来开发新服务，改进现有产品，并保持领先于市场趋势。

（一）价值共同创造概念的演变

价值共同创造已经成为当前研究中的一个流行概念，它代表了将价值视为完全由服务提供者创造的传统观点的转变。这种转变承认顾客在价值创造过程中的积极作用，并强调价值形成的协作性质。旅游价值共同创造的起源可以追溯到经济思想和营销范式的演变。植根于商品主导逻辑的传统经济模型，将价值描绘为嵌入产品和服务中的，生产者是主要的价值创造者。然而，瓦戈和勒斯克（Vargo 和 Lusch，2004）[11] 在 21 世纪初提出的服务主导逻辑对这一观点提出了挑战，他们认为主要关注点应该放在行动者之间的服务交换上，强调协作和互动在价值创造中的作用。在旅游和酒店业的背景下，这种概念转变得到了关注，因为学者们认识到旅游酒店服务的独特性，即服务通常是无形的、体验的、共同生产的。游客积极参与塑造他们的体验并为整体价值主张做出贡献的想法成为一个关键主题。旅游酒店业的价值共同创造符合生产性消费（prosumption）原则，游客不仅是消费者，而且通过积极参与创造过程，成为价值的生产者。

普拉哈拉德和拉马斯瓦米在各种营销文献中引入了价值共同创造的概念，特别是通过他们有影响力的作品，突出了客户在价值共同创造过程中作为积

[11]　Vargo S L, Lusch R F. Evolving to a new dominant logic for marketing [J]. Journal of Marketing, 2004, 68（1）: 1–17.

极参与者的作用（Prahalad 和 Ramaswamy，2004a[12]；2004b）。普拉哈拉德和拉马斯瓦米（Prahalad 和 Ramaswamy，2004）将顾客价值共同创造定义为"公司和顾客共同创造价值"，而且只有通过建立一个体验环境，促进消费者之间的积极对话，才能实现共同创造个性化体验。价值共同创造理论的关键原则集中在顾客—供应商互动的四个组成部分，包括透明度、对话、访问和风险收益。在旅游业的背景下，价值共同创造理论帮助研究人员考察了价值产生和交换过程中的利益相关者（包括企业、游客、雇员、公众和政府）所感知的旅游体验的本质。价值共同创造理论是一个强调合作和互动过程的概念，通过这个过程，价值在交换中产生。根据两位作者的观点，价值共同创造涉及建立一个体验环境，让消费者参与积极的对话，并共同塑造个性化的体验。在旅游的背景下，游客通过他们在旅行前、停留期间和旅行后与服务提供者的多样化互动，对难忘的旅游体验的发展做出了重大贡献。

早期关于关系营销范式的研究在价值共同创造的演变中也起着至关重要的作用，因为它强调企业和客户之间长期的、互动的和互惠互利的关系。关系营销（relationship marketing）作为对交易营销（transactional marketing）局限性的回应而出现，将关注点从一次性交易转移到持久关系的发展上。有关文献表明，有效的沟通是关系营销的基石，因此在旅游酒店业的价值共同创造过程中非常重要。旅游酒店业本质上是关系型的，涉及顾客、服务提供者、当地社区和其他利益相关者之间的互动。旅游酒店服务提供者和顾客之间定期和开放的沟通为参与奠定了基础。在价值共同创造中，这种持续的参与使思想交流、体验共同设计和价值的协同开发成为可能。

此外，与旅游体验理论（tourist experience theory）（Pine 和 Gilmore，1998）[13] 相关的学术著作也在理解价值如何通过难忘和沉浸式体验共同创造方面发挥了重要作用。旅游体验理论强调，旅游价值不仅来自产品或服务的消费，而且与整体旅游体验的质量和独特性密切相关。这一理论强调了游客通过参与和投入作为体验的共同创造者的作用。

[12]　Prahalad C K, Ramaswamy V. Co-creating unique value with customers [J]. Strategy & Leadership, 2004, 32（3）: 4-9.

[13]　Pine B J, Gilmore J H. Welcome to the experience economy [J]. Harvard Business Review, 1998, 76（4）: 97-105.

最近的研究采用了许多理论和模型来考察旅游酒店业价值共同创造行为的各个方面。虽然早期的研究集中于发展对价值共同创造的概念理解，但最近的研究从顾客和服务提供商两个角度深入探讨了旅游酒店业中价值共同创造的先决条件和结果。例如，期望理论（expectancy theory）的应用证明了为什么消费者参与和重复参与旅游和酒店业的价值共同创造实践。根据消费者—客体关系理论（consumer-object relationship theory）（Shimp 和 Madden，1988）[14] 的理论基础，朱奈德等人（Junaid 等，2020）[15] 研究发现，品牌挚爱、感知价值和幸福感是用餐者共同创造行为的关键结果。基于自我决定理论（self-determination theory）的基础，研究人员认为，与其他游客和服务提供者的亲密感、控制感和游客参与显著影响了体验共同创造中的游客与游客互动。由于互动被视为价值共同创造的基石，许多相关理论，如 DART 模型和 Kano 客户满意度模型，越来越多地被研究人员用于研究游客—服务提供者互动对品牌资产和顾客满意度的影响。采用 DART 模型有助于服务提供商加强与游客的合作实践，从而影响其公司的整体绩效。

（二）当前价值共同创造文献中的研究主题

当前旅游酒店业价值共同创造研究主要有四个主题。

主题 1 关注旅游价值共同创造活动的消费者行为维度。与此主题相关的文章主要探讨服务管理概念，如服务设计和服务质量，以及它们对消费者行为的影响，包括顾客满意度和忠诚度。例如，Shen 等人（Shen 等，2020）[16] 的研究调查了在线互动和信任对中国在线旅游社区价值共同创造行为的影响。研究讨论了有效的在线社区和互动论坛在顾客价值共同创造实践中的作用，如参与、个性化和对服务提供商的依赖。此外，德克西里和哈利姆（Dekhili 和

[14]　Shimp T A, Madden T J. Consumer-object relations: A conceptual framework based analogously on Sternberg's triangular theory of love [J]. Advances in Consumer Research, 1988, 15（1）: 163-168.

[15]　Junaid M, Hussain K, Asghar M M, et al. An investigation of the diners' brand love in the value co-creation process [J]. Journal of Hospitality and Tourism Management, 2020（45）: 172-181.

[16]　Shen H, Wu L, Yi S, Xue L. The effect of online interaction and trust on consumers' value co-creation behavior in the online travel community [J]. Journal of Travel & Tourism Marketing, 2020, 37（4）: 418-428.

Hallem，2020）[17] 研究了共同创造体验导致的法国游客的幸福感和忠诚度，而卡姆波耶和古普塔（Kamboj 和 Gupta，2020）[18] 研究了顾客满意度和智能手机应用程序的采用意图，以提高酒店服务质量。

主题 2 围绕共同创造活动和参与而产生的游客的整体旅行和娱乐体验。这一主题的研究主要集中在利益相关者之间共同创造的作用及其对旅游体验和感知价值的影响。例如，拉查奥等人（Racho 等，2021）[19] 研究了美食和葡萄酒旅游中体验共同创造的关键驱动因素，发现游客与其他利益相关者（包括其他游客、居民和一线旅游员工）的互动显著影响了他们对共同创造体验的感知价值。这些发现与该领域卢戈西等人（Lugosi 等，2020）[20] 的类似研究相一致。

主题 3 是围绕旅游和酒店供应商与价值共同创造概念相一致的目的地营销策略。本主题的研究主要调查旅游供应商的客户关系管理实践，如利益相关者的参与方法、互动和参与策略，以及它们对游客体验价值的影响。如林德伯格等人（Lindberg 等，2020）[21] 研究了瑞典推动北极城市的共同创造创新过程。通过三个共同创造创新过程的案例研究，作者揭示了管理较小城市和遗产目的地的新方法。此外，安东等人（Antón 等，2018）[22] 和埃尔哈特等人（Erhardt 等，2019）[23] 考察了共同创造带来的游客体验价值。

[17]　Dekhili S，Hallem Y. An examination of the relationship between co-creation and well-being：An application in the case of tourism [J]. Journal of Travel & Tourism Marketing，2020，37（1）：33-47.

[18]　Kamboj S，Gupta S. Use of smart phone apps in co-creative hotel service innovation：An evidence from India [J]. Current Issues in Tourism，2020，23（3）：323-344.

[19]　Racho S，Breda Z，Fernandes C，et al. Drivers of experience co-creation in food-and-wine tourism：An exploratory quantitative analysis [J]. Tourism Management Perspectives，2000.

[20]　Lugosi P，Robinson R，Walters G，Donaghy S. Managing experience co-creation practices：Direct and indirect inducement in pop-up food tourism events [J]. Tourism Management Perspectives，2000.

[21]　Lindberg M，Wikberg Nilsson Å，Segerstedt E，et al. Co-creative place innovation in an arctic town [J]. Journal of Place Management and Development，2020，13（4）：447-463.

[22]　Antón C，Camarero C，Garrido M J. Exploring the experience value of museum visitors as a co-creation process [J]. Current Issues in Tourism，2018，21（12）：1406-1425.

[23]　Erhardt N，Martin-Rios C，Chan E. Value co-creation in sport entertainment between internal and external stakeholders [J]. International Journal of Contemporary Hospitality Management，2019，31（11）：4192-4210.

主题 4 是酒店领域的价值共同创造实践。这一主题的研究主要是调查游客在社交和私人互动以及与主人的其他共同创造实践中对接待的感知价值。例如，在爱彼迎（Airbnb）酒店的背景下，斯特哈皮特等人（Sthapit 等，2022）[24] 研究了英国爱彼迎酒店服务中价值共同创造的关键驱动因素。他们的研究结果表明，酒店供应商的整体行为和客户服务显著影响顾客感知的价值共同创造。这项研究为房东和客人在整个住宿期间的合作提供了有价值的见解，特别是在服务失败的情况下。总而言之，从这一类文献研究中获得的关键见解证实了酒店供应商，特别是共享住宿的主人，实施关系营销实践的重要性，如卡塞斯等人（Casais 等，2020）[25]、库哈扎蒂等人（Kuhzady 等，2020）[26] 的研究。

（三）价值共同创造充当不同的研究变量

　　本节简要介绍旅游酒店领域中与价值共同创造实践相关的前因、中介、调节因素和结果。

1. 价值共同创造作为前因变量

　　表 6-1 展示了将价值共同创造作为前因构念的研究。这些研究认为价值共同创造是旅游酒店业成功的先决条件，特别是从游客的角度来看。研究结果表明，游客在参与旅游活动过程中所获得的共同创造体验会影响游客的整体满意度、幸福感、享受感和旅游服务支付意愿。

[24]　Sthapit E，Stone M J，Björk P. Sources of value co-creation，co-destruction and co-recovery at Airbnb in the context of the COVID-19 pandemic [J]. International Journal of Hospitality & Tourism Administration，2022，25（2）：249-276.

[25]　Casais B，Fernandes J，Sarmento M. Tourism innovation through relationship marketing and value co-creation：A study on peer-to-peer online platforms for sharing accommodation [J]. Journal of Hospitality and Tourism Management，2020（42）：51-57.

[26]　Kuhzady S，Olya H，Mohajer B，et al. Couchsurfing involvement in non-profit peer-to-peer accommodations and its impact on destination image，familiarity，and behavioral intentions [J]. Journal of Hospitality and Tourism Management，2020（44）：131-142.

表6-1 将共同创造作为前因构念的研究

文献示例	自变量	因变量
Assiouras 等（2023）	共同生产，使用价值	客人享受感
Pham 等（2022）	价值共同创造	目的地品牌资产
Junaid 等（2020）	食客参与共同创造	食客幸福感
Xie 等（2020）	游客身体共同创造	满意度
Dekhili 和 Hallem（2020）	共同创造程度	幸福感、忠诚度
González-Mansilla 等（2019）	顾客参与，价值共同创造感知	顾客满意度
Chiu，Won，sup（2019）	价值共同创造行为	重复购买意向
Tu，Neuhofer，Viglia（2018）	共同创造旅游体验	支付意愿
Campos，Mendes，Valle，Scott（2017）	共同创造旅游体验	难忘性
Prebensen 和 Xie（2017）	共同创造（身体参与），共同创造（精神参与），掌握	满意度
Hazée，Van Vaerenbergh，Armirotto（2017）	服务恢复共同创造	服务恢复顾客满意度，重复购买意向
Johnson 和 Neuhofer（2017）	价值共创资源（运营资源）	感言、个人推荐、回访意向
Suntikul 和 Jachna（2016）	共同创造体验（参与、共同生产、个性化）	地方依赖

2. 价值共同创造作为结果变量

根据现有文献，旅游和酒店内部的价值共同创造过程是通过整合不同的组织因素、情境因素及个人因素和构念而出现的。例如，查特豪斯等人（Chathoth 等，2020）[27] 提出，酒店环境中的价值共同创造主要受组织因素的影响，包括服务设计和服务交付。此外，情境因素（如理解顾客需求、互动和参与程度）以及个人因素（如个性、同理心、技能和经验）也起着至关重要的作用。这些发现与罗斯和萨克塞纳（Ross 和 Saxena，2019）[28] 的研究一致，他们得出的

[27] Chathoth P K，Harrington R J，Chan E S，et al. Situational and personal factors influencing hospitality employee engagement in value co-creation [J]. International Journal of Hospitality Management，2020.

[28] Ross D，Saxena G. Participative co-creation of archaeological heritage：Case insights on creative tourism in Alentejo，Portugal [J]. Annals of Tourism Research，2019.

结论是，考古遗产目的地的参与式共同创造取决于与旅游提供者和游客相关的各种因素，如旅游提供者方面的因素包括创造性技能和解释策略，游客方面的因素包括先验知识、信仰和动机。研究结果进一步表明，旅游部门利益相关者之间参与、互动和其他社会实践水平的提高与更高水平的价值共同创造有关。表6-2列出了以共同创造作为旅游和酒店管理结果变量的主要研究。

表6-2　以共同创造作为旅游和酒店管理结果变量的主要研究

文献示例	自变量	因变量
Sthapit 等（2022）	顾客服务，主人行为	价值共创、价值共毁、价值共获
Racho 等（2021）	游客经营资源，游客对美食和葡萄酒体验的满意度，美食和葡萄酒体验消费，游客与他人的互动	旅游共创体验
Chathoth 等（2020）	组织因素，情境因素，个人因素	价值共同创造
Kallmuenzer, Peters, Buhalis（2019）	信任，关系承诺，社会互动	价值共同创造
Shen 等（2020）	互动性	价值共同创造实践（参与、个性化、依赖）
Wei 等（2020）	游客互动	共同创造意向
Erhardt 等（2019）	体验价值(情感价值和象征价值)	共同创造
Prebensen 和 Foss（2011）	应对	共同创造
Camilleri 和 Neuhofer（2017）	社会实践	价值形成
Navarro, Andreu, Cervera（2014）	供应商价值创造流程	顾客价值创造过程

3. 价值共同创造作为中介和调节变量

分析表明，价值共同创造对各构念之间的关系具有显著的调节和中介作用。值得注意的是，艾斯奥拉斯等人（Assiouras 等，2023）[29]最近的一项研究发现，价值共同创造是影响酒店客人共同生产、使用价值和整体享受之间关系的关键中介因素。根据约翰逊和诺伊霍费尔（Johnson 和 Neuhofer，2017）[30]的

[29]　Assiouras I, Skourtis G, Giannopoulos A, et al. Testing the relationship between value co-creation, perceived justice and guests' enjoyment [J]. Current Issues in Tourism, 2023, 26（4）: 587-602.

[30]　Johnson A G, Neuhofer B. Airbnb—An exploration of value co-creation experiences in Jamaica [J]. International Journal of Contemporary Hospitality Management, 2017, 29（9）: 2361-2376.

研究，主人—客人价值共同创造实践作为中介机制，影响主人的经营资源对价值共同创造结果的影响，包括满意度、忠诚度和重复访问意愿。之前的一些研究已经认识到共同创造是他们概念框架中的调节变量。例如，苏嘉特汗和兰詹（Sugathan 和 Ranjan，2019）[31] 证明了价值共同创造在游客感知体验与他们再次访问目的地意愿之间关系中的调节作用。这些发现与普雷本森等人（Prebensen 等，2016）[32] 的研究一致，表明游客共同创造体验的程度在旅游体验的感知价值与他们对度假体验的总体满意度之间的关系中起着积极的调节作用。表 6-3 给出了旅游酒店研究中价值共同创造的中介和调节作用。

表 6-3　旅游酒店研究中价值共同创造的中介和调节作用

文献示例	自变量	中介变量	调节变量	因变量
Yurcu 等（2023）	激励	共同创造	跨文化差	心理幸福感
Assiouras 等（2023）	共同生产，使用价值	价值共同创造	—	客人享受感
Kim 等（2022）	旅游体验	感知价值（情感价值、功能价值）	共同创造体验	志愿者满意度
Shulga, Busser, and Chang（2022）	顾客和员工，关系能量	共同创造的价值	—	竞争优势
Xie 等（2020）	游客身体共同创造（个人互动、负责任行为、反馈、宽容、帮助）	感知价值、员工积极的共同创造、游客的心理共同创造	—	满意度
Reichenberger 和 Smith（2020）	参与程度（身体、社会和组织）	积极参与、互动	—	粉丝的心理状态和过程（感觉、感知、思想、感受、形象、注意力、情绪、参与）
Kamboj 和 Gupta（2020）	游客创新	参与、互动、共同创造的程度	—	采用意向、游客满意度

[31]　Sugathan P, Ranjan K. Co-creating the tourism experience [J]. Journal of Business Research, 2019（100）: 207-217.

[32]　Prebensen N K, Kim H, et al. Cocreation as moderator between the experience value and satisfaction relationship [J]. Journal of Travel Research, 2016, 55（7）: 934-945.

续表

文献示例	自变量	中介变量	调节变量	因变量
Lei，Wang，Law（2022）	人类意向性，技术重要性	共同创造战略和支持要素、基于移动的服务、共同创造的能力	—	价值主张
Kim，Tang，Bosselman（2019）	感知到的创新性	顾客参与行为、顾客公民行为（反馈、倡导、帮助、宽容）	—	顾客满意、顾客忠诚
Buonincontri 等（2017）	互动、参与、旅游经验分享	共同创造体验	—	游客满意度
Ma，Gu，Wang，Hampson（2017）	顾客参与	共同创造情境（前台因素、后台因素）	—	结果（关系质量、协调成本）
Johnson 和 Neuhofer（2017）	价值共创资源（经营资源）	价值共同创造实践	—	价值共创结果（感言、个人推荐、回访意向）
Jeon 等（2016）	背景音乐的一致性	感知到的情绪	—	咖啡店顾客的接近行为
Morosan 和 DeFranco（2016）	追求新奇和习惯	感知到的价值	共同创造程度	感知价值、留下来的意愿
Grissemann 和 Stokburger-Sauer（2012）	公司支持	共同创造程度	顾客满意度	顾客服务支出、顾客忠诚度
Sugathan 和 Ranjan（2019）	顾客体验	高/低语境情境	共同创造	顾客重访意向

（四）顾客价值创造行为

酒店领域的顾客价值共同创造已被广泛研究。根据格罗鲁斯（Grönroos，2012）[33] 的研究，顾客价值创造行为与顾客通过参与服务过程来提高产品价值的过程有关。顾客在价值共同创造过程中表现出来的行为主要包括顾客参与行为和顾客公民行为。

[33] Grönroos C. Conceptualising value co-creation：A journey to the 1970s and back to the future [J]. Journal of Marketing Management，2012，28（13–14）：1520–1534.

沙米姆和加扎利（Shamim 和 Ghazali，2014）[34] 指出，顾客参与行为是指顾客参与服务交付过程，是价值共同创造所需的角色内行为。顾客参与行为涉及信息共享、信息寻求、负责任行为和人际互动。顾客参与行为的例子包括顾客主动向酒店业主询问他们的服务，向其他顾客提问，在接受服务的同时向员工提供相关信息，以确保其需求得到满足，以及通过遵守酒店企业制定的规则和指示，表现出合作的态度。此外，顾客与员工互动以保持积极的关系。

顾客公民行为指的是顾客为企业提供改善服务的建议，传播积极的口碑，帮助其他顾客。它是一种促进价值创造的自愿和角色外行为。雷维利亚－卡马乔等人（Revilla-Camacho 等，2015）[35] 认为，顾客公民行为包括反馈、帮助、倡导和容忍行为。例如，顾客可能会将餐厅的问题通知工作人员或对其服务进行反馈，在获得满意的服务体验后主动向家人和朋友推荐餐厅，在遇到与服务相关的问题时向其他顾客提供帮助或建议，并愿意在服务延迟时耐心等待。

巴特和沙玛（Bhat 和 Sharma，2022）[36] 指出，在酒店环境中，顾客价值创造行为促进了技术创新并提高了绩效。博阿迪等人（Boadi 等，2022）[37] 指出，顾客参与顾客价值创造行为活动可以减少酒店一线员工基于恐惧的沉默。克劳斯等人（Clauss 等，2019）[38] 发现，顾客感知的创新性可以提高顾客的热情和动机，鼓励顾客价值创造行为，改善服务体验。根据朱奈德等人（Junaid 等，2020）[39] 的研究，餐厅的顾客价值创造行为增强了顾客对品牌价值和品牌喜爱

[34] Shamim A，Ghazali Z. A conceptual model for developing customer value co-creation behaviour in retailing [J]. Global Business Management Research，2014，6（3）：185-196.

[35] Angeles Revilla-Camacho M，Vega-Vazquez M，et al. Customer participation and citizenship behavior effects on turnover intention [J]. Journal of Business Research，2015，68（7）：1607-1611.

[36] Bhat D，Sharma V. Enabling service innovation and firm performance：The role of co-creation and technological innovation in the hospitality industry [J]. Technology Analysis & Strategic Management，2022，34（7）：774-786.

[37] Boadi E A，He Z，Antwi C O，et al. Value cocreation and employee service behaviours：The moderating role of trust in employee-hotel relationship [J]. Journal of Retailing and Consumer Services，2022.

[38] Clauss T，Kesting T，Naskrent J. A rolling stone gathers no moss：the effect of customers' perceived business model innovativeness on customer value co-creation behavior and customer satisfaction in the service sector [J]. R&D Management，2019，49（2）：180-203.

[39] Junaid M，Hussain K，Asghar M，et al. An investigation of the diners' brand love in the value co-creation process [J]. Journal of Hospitality and Tourism Management，2020（45）：172-181.

的感知，从而为他们提供了一种幸福感。罗伊等人（Roy 等，2020）[40] 认为，酒店的顾客价值创造行为增加了顾客的主观幸福感和对酒店的尊重。阿西奥拉斯等人（Assiouras 等，2023）[41] 发现顾客价值创造行为增加了酒店公司的分配和互动公平，从而提高了顾客的满意度。卡尔姆泽等人（Kallmuenzer 等，2020）[42] 提出，顾客与酒店企业之间的互动关系可以促进信息交流、服务共同创造和价值创造。因此，企业与顾客之间的社会互动是社会资本的重要来源，它使顾客能够共同创造服务，从而使企业和顾客都受益。

（五）价值共同创造的影响因素

1. 价值共同创造的前因

价值共同创造的主要前因分为三类：顾客特征、服务提供者特征和环境特征。

（1）顾客特征。

顾客的各种个人特征和社会特征会影响价值共同创造实践的结果。这些因素包括他们之前与旅游提供者和特定目的地的经验，对旅游活动和机会的了解，对旅游提供者和目的地的依恋，以及对吸引和参与其他参与者的态度。梅利斯等人（Melis 等，2023）[43] 认为，顾客对旅游中其他参与者合作的态度，以及他们从这些相互互动和参与中学习的意愿，有助于在目的地参与者之间建立富有成效的关系，从而带来积极的市场表现。先前的研究表明，顾客对共同创造旅游体验的感知价值和由此带来的享受取决于他们的知识、公平、互动质量以及与参与共同创造过程的其他行为者的关系等特征。

[40]　Roy S K，Balaji M S，Soutar G，et al. The antecedents and consequences of value co-creation behaviors in a hotel setting：A two-country study [J]. Cornell Hospitality Quarterly，2020，61（3）：353-368.

[41]　Assiouras I，Skourtis G，Giannopoulos A，et al. Testing the relationship between value co-creation，perceived justice and guests' enjoyment [J]. Current Issues in Tourism，2023，26（4）：587-602.

[42]　Kallmuenzer A，Peters M，Buhalis D. The role of family firm image perception in host-guest value cocreation of hospitality firms [J]. Current Issues in Tourism，2020，23（19）：2410-2427.

[43]　Melis G，McCabe S，Atzeni M，et al. Collaboration and learning processes in value Cocreation：A destination perspective [J]. Journal of Travel Research，2023，62（3）：699-716.

动机和兴趣。顾客的动机和兴趣对旅游产业的价值共同创造起着举足轻重的作用。了解顾客的旅游动机和他们的具体兴趣，有助于旅游利益相关者设计符合这些动机的体验，从而产生更有意义、更令人满意的共同创造价值。顾客的动机往往源于他们对独特和个性化体验的渴望。旅游供应商可以根据这些动机量身定制产品，共同创造价值。例如，寻求冒险的顾客可能看重共同创造刺激肾上腺素的活动，而文化爱好者可能更喜欢共同创造游览当地地标的导游旅行。一些顾客的动机是想要积极地融入目的地，他们寻求身临其境的体验，并愿意参与共同创造的活动，如社区参与项目、研讨会或志愿者机会。旅游利益相关者可以让这些顾客参与有意义的活动，为目的地的福祉做出贡献，丰富旅游体验。寻求放松和健康的顾客是出于恢复活力和减压的愿望。这部分的价值共同创造可能包括共同创造水疗套餐、健康疗养或以放松为重点的活动，这些活动有助于顾客的整体健康。

参与和投入。顾客的积极参与和投入是成功的旅游价值共同创造的基础。例如，顾客积极参与共同创造活动，有助于设计和定制他们的旅行体验。顾客积极参与价值共同创造，扩大了他们在塑造和个性化旅游体验方面的作用。顾客通过积极参与共同创造计划，有助于调整产品以符合他们的个人偏好，从而提高整体旅游体验。顾客参与到共同创造的努力中，有助于产生关于他们的期望、喜好和建议的宝贵见解和建设性反馈。这种反馈对旅游供应商至关重要，使他们能够改进他们的产品，提高客户满意度。

个性。顾客的个性（personality）显著影响旅游价值共同创造的过程，影响他们如何参与和贡献他们的旅游体验，具有外向型和主动性人格特征的顾客更有可能积极参与共同创造活动。外向的人倾向于寻求社会互动，公开分享他们的想法，热情地参与，从而促进有效的共同创造和合作。研究表明，顾客的个性特征会影响他们对特定共同创造活动的偏好。对体验高度开放的顾客倾向于接受新奇、创造性和非传统的想法，他们探索新视角和参与独特体验的意愿有助于旅游业内创新性共同创造举措。了解这些偏好对于定制符合顾客个性特征的共同创造产品至关重要，从而提高满意度和参与度。简而言之，顾客的人格特质对其在旅游领域内共同创造活动中的积极参与、偏好和投入有实质性的影响。通过认识和理解这些特征，旅游利益相关者可以设计与顾客产生共鸣的共同创造举措，促进有意义的参与，并最终提高旅游体验的价值。

创新性。创新性（innovativeness）的概念来源于罗杰斯（Rogers，2010）[44]提出的创新扩散理论，该理论描述了个人和群体如何接受新思想。根据创新扩散理论，个体对创新理念、产品和服务的反应不同，是因为他们对创新的认知和使用创新产品的倾向不同。创新接受度高的消费者往往使用企业开发的创新产品或服务；当他们觉得特定的服务或产品具有创新性时，他们使用它的意愿会增加。此外，当这些消费者确定新服务或产品是独一无二的，并且优于其他服务或产品时，他们获取与服务相关信息、参与公司活动以及与服务提供者互动的意愿会增加。因此，这些消费者非常愿意实践顾客价值创造行为。消费者创新性是指消费者使用新产品或新服务的倾向，是消费者接受新奇物品所反映的一种内在特征。消费者创新性可以解释消费者使用创新产品、服务和技术的意愿。消费者的创新性是影响消费者接受新产品的关键因素。在市场营销领域，消费者创新性是指消费者倾向于购买新产品或新品牌的程度。萨玛等人（Sarmah等，2017）[45]研究了酒店的移动应用程序，并指出消费者的创新性对顾客参与和共同创造体验的意愿有积极影响。Zhang等人（2019）[46]发现消费者的创新性正向影响消费者对酒店移动技术服务的态度。奥库马斯等人（Okumus等，2018）[47]对美国367家餐馆的顾客进行了调查，发现消费者的个人创新性影响了他们使用基于智能手机的点餐服务的意愿。萨玛等人（Sarmah等，2021）[48]指出，创新性强的消费者更愿意使用酒店提供的社交网络服务智能手机应用程序，从

[44] Rogers E M. Diffusion of Innovations[M]. 4nd ed.New York：Free Press，2010.

[45] Sarmah B，Kamboj S，Rahman Z. Co-creation in hotel service innovation using smart phone apps：An empirical study [J]. International Journal of Contemporary Hospitality Management，2017，29（10）：2647-2667.

[46] Zhang T，Seo S，Ahn J A. Why hotel guests go mobile? Examining motives of business and leisure travelers [J]. Journal of Hospitality Marketing & Management，2019，28（5）：621-644.

[47] Okumus B，Ali F，Bilgihan A，et al. Psychological factors influencing customers' acceptance of smartphone diet apps when ordering food at restaurants [J]. International Journal of Hospitality Management，2018（72）：67-77.

[48] Sarmah B，Shukla Y，Chatterjee R，et al. Customer participation in service innovation using SNS smartphone apps：An investigation of the Indian hotel service industry [J]. International Journal of Emerging Markets，2021.

而表现出更具参与性的服务创新行为。Wu 等人（2021）[49] 探讨了消费者创新倾向对餐馆和旅游公司服务合作生产的影响，并确定在技术支持的远程合作生产环境中，创新性高的消费者愿意花更多的钱与机器人进行服务合作生产。维米伦等人（Vermehren 等，2022）[50] 提出，消费者的先天创新性反映了他们对创新产品的偏好，并积极影响他们共同创造的意愿，消费者投入个人资源以进一步实现他们对独特价值的兴趣。综上所述，消费者的创新性是消费者是否愿意参与价值共同创造行为的重要前提。

旅游经验。先前的旅游经验和知识对旅游业内价值共同创造的影响是显著的，并已在学术研究中得到承认。例如，有旅游经验的顾客拥有丰富的关于他们对旅游服务的偏好和期望的知识（Eletxigerra 等，2021）[51]，这种情况下有助于其在价值共同创造过程中做出明智的决策。此外，之前的旅行经历使顾客能够在价值共同创造过程中有效地表达他们的偏好和期望，促进更清晰的沟通，并与旅游服务提供商进行更有意义的接触。从以前的旅行中获得的经验和知识增强了顾客的文化敏感性和意识，这种类型的顾客有助于尊重和吸引不同受众的共同创造倡议，承认文化差异。

（2）服务提供者特征。

服务提供者特征是指旅游提供者从事价值共同创造实践的资源和准备情况。这些特征包括创新性、服务设计和交付，以及满足顾客需求的技能、资源和能力。由于共同创造涉及顾客和其他参与者之间的许多相互关联的互动和活动，特别是在旅行前、旅行（停留）期间和旅行后，服务提供商有责任提供适当的资源，使顾客能够参与各种价值共同创造实践。

资源和能力。旅游服务提供商拥有各种各样的产品专业知识，使他们能够提供不同的体验。他们的知识和技能使他们能够与顾客共同创造量身定制的

[49] Wu L, Fan A, He Z, Her E.To partner with human or robot? Designing service coproduction processes for willingness to pay more [J]. Journal of Hospitality and Tourism Research, 2021.

[50] Vermehren P D, Burmeister-Lamp K, Heidenreich S. I am. Therefore, I will? Predicting customers' willingness to co-create using five-factor theory [J]. Journal of Service Management, 2023, 34（3）: 341-367.

[51] Eletxigerra A, Barrutia J M, Echebarria C. Tourist expertise and pre-travel value cocreation: Task-related processes and beyond [J]. Tourism Management Perspectives, 2021.

体验，使产品符合个人偏好和需求。服务提供商为客户提供足够的资源和机会，使客户通过互动产生自己的旅游体验的能力，在共同创造实践中提供了更高的客户满意度和价值。服务提供商对先进技术的集成增强了共同创造的过程。利用数字平台、移动应用程序和虚拟现实工具可以实现交互式协作、反馈收集和实时修改，从而增强共同创造的整体体验。例如，人工智能（AI）、增强现实（AR）、虚拟现实（VR）等新兴技术以及其他信息和通信工具，在提高旅游行业客户和员工的参与度和共同创造水平方面发挥了促进作用。此外，服务提供商可以利用数据分析来深入了解顾客的偏好和行为。分析这些数据可以更深入地了解顾客的需求，帮助定制产品和共同创造符合他们期望的体验。建立有效的沟通渠道，如专门的客户支持、在线门户和社交媒体参与，促进与顾客的无缝互动。清晰的沟通和响应对于了解顾客的偏好和共同创造符合他们期望的价值至关重要。

服务质量。旅游提供者提供的服务质量在促进和增强旅游业价值共同创造过程中起着重要的作用。高质量的服务促进积极的互动，鼓励合作，并最终创造有意义和令人满意的体验。在旅游业中提供高质量服务的根本要求是采用以客户为中心的方法。通过将客户置于价值创造过程的核心，旅游供应商优先考虑理解和满足个人需求和偏好。这种方法包括积极地与顾客接触，了解他们的愿望和期望，允许定制体验。目前的文献表明，旅游提供者之间的有效沟通是服务质量的另一个关键组成部分。来自服务提供者的清晰和透明的沟通有助于顾客了解产品、共同创造的可能性，以及他们的投入如何有助于塑造他们的体验。换句话说，优质服务正向影响顾客对其所获得的价值的感知。当顾客感知到高服务质量时，他们更倾向于参与价值共同创造，认识到提高其体验整体价值的潜力。

创新性。服务提供商的创新性（innovativeness）通过促进与不断变化的消费者偏好相一致的、独特和吸引人的产品的开发，显著提高了旅游价值的创造。服务提供商的创新性是指服务提供商比竞争对手更早地开发和推出新技术、新概念或新工艺并将独特的服务商业化。创新是一个多阶段的过程，在这个过程中，公司将想法转化为新产品，从而使自己与竞争对手区分开来。创新性是酒店业成功的关键。企业的创新性向消费者发出信号，表明企业具有创造性，并主动采用进步的观点。消费者创新性是鼓励顾客价值创造行为的内在动机或资源，而企业创新性是这种行为的外在动机。创新性驱动顾客和服务提供商之间的信息交换，从而促进价值共同创造。海登里希和昂德里克（Heidenreich 和 Handrich，2015）[52] 发现，企业的创新特征强烈影响顾客价值创造行为。克劳斯等人（Clauss 等，2019）[53] 对德国多家餐厅的顾客进行了访谈，发现顾客感知的创新性激发了顾客的动机和激情，促使他们参与顾客价值创造行为。金姆等人（Kim 等，2019）[54] 对15家连锁餐厅的休闲用餐顾客进行了一项研究，并指出，顾客对餐厅创新性的感知会积极影响他们参与顾客参与行为和顾客公民行为的可能性。因此，消费者和企业创新性是顾客共同创造服务体验意愿的重要前提，表明消费者和企业创新性与顾客价值创造行为之间存在正相关关系。服务、流程和技术方面的创新提高了顾客的整体体验，从而提高了满意度和忠诚度。酒店企业可以通过提出创新的服务理念、改进服务提供系统、引入新的服务技术和促进互动技术服务来展示创新性。例如，集成虚拟现实等先进技术或利用元宇宙等协作平台进行共同创造，可以形成交互式和吸引人的体验。创新性服务提供商通过创造新颖和独特的体验，抓住顾客的想象力，引入创造性的活动、住宿或技术，以及提供不同的和令人兴奋的项目来增加价值。简化的预订系统、数字化的入住登记和基于偏好的个性化推荐优化了客户体验，通过节省时间和无缝体验创造价值。

（3）环境特征。

环境因素是指在旅游业中直接影响共同创造实践价值的情境因素。环境因素对价值共同创造的影响可以在物理、社交或组织环境中进行检验。旅游环境的这三个维度影响着顾客在价值共同创造过程中与其他行为者的互动方式。

[52]　Heidenreich S, Handrich M. Adoption of technology-based services: The role of customers' willingness to co-create [J]. Journal of Service Management, 2015, 26（1）: 44-71.

[53]　Clauss T, Kesting T, Naskrent J. A rolling stone gathers no moss: the effect of customers' perceived business model innovativeness on customer value co-creation behavior and customer satisfaction in the service sector [J]. R&D Management, 2019, 49（2）: 180-203.

[54]　Kim E, Tang L, Bosselman R. Customer perceptions of innovativeness: An accelerator for value cocreation [J]. Journal of Hospitality and Tourism Research, 2019, 43（6）: 807-838.

物理环境。酒店和旅游提供者的物理环境在促进和加强顾客的价值共同创造过程中起着至关重要的作用。在酒店和旅游业的背景下，物理环境包括服务的有形方面，包括设施、设计、布局、氛围和便利设施。创造一个愉快和欢迎的氛围为积极的互动和体验奠定了基础。例如，咖啡馆舒适温馨的氛围可以鼓励顾客花更多的时间，与员工互动，并有助于创造理想的体验。提供维护良好的设施和便利设施，以满足顾客的需求和喜好，提高他们对价值共创的参与。互动展示、公共空间或自助服务站等设施鼓励顾客积极参与，分享见解，共同创造他们的体验。例如，一家提供公共厨房空间的酒店鼓励客人分享食谱或烹饪经验，为他们的暂住增加价值。此外，利用创新性设计并将技术整合到物理环境中可以增强整体的共同创造体验。利用增强现实（AR）、虚拟现实（VR）或交互式展示可以为顾客提供与环境互动的新方式，并通过个性化体验来共同创造价值。

　　社交环境。服务提供者的社交环境显著影响顾客价值共同创造的过程。在酒店和旅游的背景下，社交环境包括与服务人员的互动、与其他顾客的互动、参与当地社区以及目的地的整体社会文化背景。与工作人员的互动，包括接待员、导游和服务员，在塑造顾客对整体体验的感知方面是至关重要的。积极和引人入胜的互动可以提供有价值的信息、推荐建议和个性化服务，让顾客根据自己的喜好和兴趣共同创造自己的旅程。顾客与同伴之间的社交互动可以丰富他们的体验，促进价值的共同创造。团体活动、公共餐饮空间或有导游的游览鼓励顾客分享经验、建议和观点，从而共同塑造他们的旅程。通过这些互动，顾客可以合作、相互学习，共同创造独特而难忘的旅游体验。让顾客参与到与当地社区的互动中，可以加深对目的地及其文化的理解。文化旅游、寄宿家庭或志愿者活动等活动使顾客能够通过沉浸在当地的生活方式中，积极参与、学习和共同创造体验。这种参与有助于获得更真实、更有价值的体验。通过促进与服务人员的积极互动，促进与其他顾客和当地社区的互动，促进跨文化理解，并利用数字社区，服务提供者可以加强价值共同创造，为顾客提供更丰富和满意的体验。

　　组织环境。服务提供者的组织环境显著影响旅游体验价值的共同创造。在酒店和旅游业的背景下，组织环境包括公司的文化、流程、结构和战略等方面，这些都会影响服务的设计、交付和顾客的服务感知。根据卡瓦略和阿尔维斯（Carvalho 和 Alves，2023）[55] 的研究，组织因素包括员工姿态、员工激励、员工心理资本、服务创新性和旅游供应商的企业社会责任。把旅游者的需求和偏好作为决策优先考虑项的、以客户为中心的组织文化，促进了价值共同创造。鼓励员工优先考虑客户满意度和参与度的组织文化使他们能够积极地让顾客参与塑造自己的体验。组织价值观和客户期望之间的这种一致性是成功的价值共同创造的基础。组织内有效的沟通和信息共享对于协调共同创造价值至关重要，跨职能协作、开放的沟通渠道以及各部门之间的观点和知识共享使组织更具有凝聚力。

总之，旅游和酒店服务提供商的各种环境特征为顾客提供了与其他顾客、当地人、酒店工作人员和其他娱乐提供商联系的各种机会，帮助顾客在身体和情感上参与。换句话说，旅游环境的物理方面（如景观、设施的清洁度等）、旅游环境的社会方面（如员工服务、社交的机会），以及旅游环境的组织方面（如技术进步、功能质量）影响顾客对整体旅游体验的感受，进而影响他们的价值共同创造实践。

2. 价值共同创造过程的中介

影响价值共同创造过程的主要中介因素分为三类：个人驱动因素、组织驱动因素和情境驱动因素。

（1）个人驱动因素。

个人驱动因素是指旅游者在旅游活动中积极参与价值共同创造过程的个体特征和属性，这些属性包括个性、同理心、技能、动机、情绪、态度和感知价值。以往的研究已经确立了这些构念在价值共同创造过程中的中介作用。例如，在一项探索咖啡馆共同创作背景音乐的可能性研究中，研究人员发现，顾客的感知情绪在一致的音乐（congruent music）对顾客的趋向行为（approach behavior）的影响中起着中介作用（Jeon 等，2016）[56]。普雷本森和谢（Prebensen

[55]　Carvalho P，Alves H. Customer value co-creation in the hospitality and tourism industry: A systematic literature review [J]. International Journal of Contemporary Hospitality Management，2023，35（1）：250-273.

[56]　Jeon S，Park C，Yi Y. Co-creation of background music: A key to innovating coffee shop management [J]. International Journal of Hospitality Management，2016（58）：56-65.

和 Xie，2017）[57] 指出，探险游客的价值感知在他们的身心参与和整体满意度之间起着中介作用。这些发现强调了了解游客的个性和其他个人属性以及他们如何促进参与共同创造活动的重要性。

（2）组织驱动因素。

由于价值共同创造来自顾客和旅游服务提供商之间的互动和参与，因此提供商本身的特征在这一过程中起着重要作用。企业层面的因素，如标准化和个性化能力、价值主张、体验管理、资源（经营性和被经营性）和服务创新，在价值共同创造实践中起着重要的中介作用。例如，在酒店价值共同创造的背景下，研究人员证实了服务提供者的价值主张和服务创新在满足餐厅中行动不便顾客需求方面的中介作用。结果表明，服务提供商对有形和无形资源的投资，如用户友好的餐厅应用程序和餐厅的品牌形象，显著提高了餐厅顾客的整体用餐体验和满意度。

（3）情境驱动因素。

情境因素包括旅游者参与价值共同创造过程的一系列情况。这些因素可以是物理的（如餐厅的室内设计），社会的（如独自或团体旅游经历），或瞬间的情绪（如焦虑或兴奋）。例如，根据纳瓦罗等人（Navarro 等，2014）[58] 的一项研究，酒店供应商和残疾客户之间的价值共同创造，以及客人的满意度和忠诚度，取决于各种情境因素，如客人的到达和登记时间，一楼无障碍客房的提供，入住期间发生的任何事件，以及结账时工作人员的友好程度和效率。同样，扎托雷（Zátori，2016）[59] 观察到，旅游供应商采用的价值共同创造策略和服务交付设计根据到达特定目的地的旅游团的规模而有所不同。根据情况（如游客人数），旅行社采用不同的策略来吸引游客的注意力，让顾客感知自己的旅游体验。

[57] Prebensen N K，Xie J. Efficacy of co-creation and mastering on perceived value and satisfaction in tourists'consumption [J]. Tourism Management，2017（60）：166-176.

[58] Navarro S，Andreu L，Cervera A. Value co-creation among hotels and disabled customers：An exploratory study [J]. Journal of Business Research，2014，67（5）：813-818.

[59] Zátori A. Exploring the value co-creation process on guided tours（the "AIM-model"）and the experience-centric management approach [J]. International Journal of Culture，Tourism and Hospitality Research，2016，10（4）：377-395.

3. 价值共创的主要结果

旅游情境下价值共同创造的主要结果包括认知结果、情感结果和行为结果。

（1）认知结果。

认知结果与客户通过参与价值共同创造过程而增加的对价值、授权、自主权、情感联系和觉悟等的意识、知识、感知有关。旅游中的价值共同创造可以增强游客的价值感知。当游客积极参与设计他们的旅游体验，并与服务提供者和其他游客互动时，他们对体验有一种主人翁和个人投资意识。这种积极的参与放大了他们对所接受的价值的感知，因为这些与他们的偏好和欲望更紧密地联系在一起。旅游本身就是学习和获取关于不同文化、环境和活动的新知识。价值共创让游客有机会参与有意义的互动，向当地人、其他游客和服务提供商学习，并了解目的地的独特属性。这种知识的丰富增强了游客对旅游体验的认知结果。认知结果的例子包括游客对其旅行和酒店体验的总体评价以及服务提供者的品牌形象。

根据珐姆等人（Pham 等，2022）[60] 的研究，游客感知到的目的地品牌资产也是价值共同创造活动的结果。作者认为，游客对目的地的了解源于他们与旅游服务提供商的对话和深入接触。通过与现有和潜在游客的信息交流和互动，服务提供商获得了对客户需求、要求和行为的宝贵见解，这反过来又有助于他们提高旅游体验和品牌资产。价值共同创造允许游客根据自己的喜好和需求共同设计和定制自己的体验，从而赋予他们权力。这种授权培养了他们对旅行体验的自主性和控制感，从而产生积极的认知结果。当游客能够主动塑造他们的体验时，他们会感到更加满意和满足，从而有助于对所接收到的价值的整体积极感知。价值共同创造实践的另一个显著认知结果是游客记忆和回忆的增强。在旅行中参与价值共同创造的体验，可以增强记忆的形成，更好地回忆旅行经历。当游客积极参与塑造他们的经历时，与这些经历相关的记忆往往更加生动和持久。这种丰富的记忆和回忆有助于长期的积极的认知结果，会影响他们未来的旅行决策和建议。

[60] Pham L H, Woyo E, Pham T, Dao T. Value co-creation and destination brand equity：Understanding the role of social commerce information sharing [J]. Journal of Hospitality and Tourism Insights，2022.

（2）情感结果。

游客价值共同创造的情感结果显著，并有助于整体满意度和旅游体验的享受。价值共同创造涉及游客与各种利益相关者（包括服务提供商、同行游客和当地人）之间的积极参与和协作。这种参与引发了一系列的情感，塑造了游客对目的地和整体旅游体验的感知、记忆和态度。情感成果是指游客在参与价值共创活动过程中所产生的情感和良好的心理状态。例如，让游客参与价值共同创造通常会带来积极的情感体验，如兴奋、快乐和冒险感。积极参与规划和定制活动，使游客能够将他们的体验与个人偏好结合起来，创造一种赋权感和热情。

参与价值共同创造的游客往往对自己的旅行体验感到更满意和更满足。共同创造价值使他们能够定制他们的旅程，确保满足他们的期望和愿望。这种期望和实际体验之间的一致性培养了一种成就感和满足感。参与共同创造价值通常涉及与当地人和其他游客的互动。这种互动产生了对目的地及其文化的归属感和联系感。建立人际关系可以培养积极的情绪，比如温暖、接纳和被欢迎的感觉。在共同创造的过程中，游客通常会对即将到来的体验进行预测和计划。这种期待和计划唤起了兴奋和渴望的感觉，甚至在实际体验发生之前就增强了他们的整体情绪状态。共同创造还可以减少游客的焦虑和压力水平。通过积极参与规划过程并考虑他们的偏好，游客可以更好地掌控自己的旅行经历，减轻与不确定性相关的潜在压力和焦虑。

（3）行为结果。

行为结果包括参与价值共同创造过程的个人和群体所表现出的具体行为或行为意图。价值共同创造包括让游客与各种利益相关者（如服务提供商、同行旅行者和当地社区）合作，设计、定制和塑造他们自己的体验，这些互动和合作影响着游客在整个旅程中的后续行动和行为。本研究中确定的价值共同创造的关键行为结果包括增加投入和参与，重复访问或重复访问意图，积极的口碑和宣传，社区参与，与其他利益相关者的合作，以及提高满意度和幸福感。

积极参与价值共同创造的游客更有可能在他们的旅游体验中投入和参与。他们提供想法、偏好和反馈，积极参与活动、旅游和事件。这种高度的参与增强了他们的整体旅行体验，并鼓励他们完全沉浸在目的地。让游客参与到共同创造价值的过程中，可以提高重复访问的可能性，提高对目的地的忠诚度。当游客在塑造自己的体验方面有发言权，并且这些体验符合他们的偏好时，他们更有可能再次访问目的地，随着时间的推移建立一种忠诚感。对价值共同创造的满意参与往往促使游客与他人分享他们的积极体验，他们成为目的地和价值共同创造过程的倡导者，鼓励其他人访问和参与类似的活动。积极的口碑会显著影响目的地的声誉，吸引更多的游客。共同创造通常涉及与当地社区的互动，游客可能会参与支持当地企业、工匠或文化体验的活动。这种参与促进了游客和当地社区之间的合作，鼓励负责任的旅游和可持续发展。积极参与价值共创，有助于提高游客在旅游过程中的整体满意度和幸福感。考虑到他们的需求和偏好，并将其融入体验中，会带来更高的满意度，从而对目的地产生积极的整体印象。

总之，旅游活动中的价值共同创造通过提高参与度、鼓励重复访问和忠诚度、促进积极的口碑、实现行程定制、促进社区合作、帮助知情决策，最终有助于提高满意度和幸福感，从而影响游客的行为。旅游利益相关者可以利用这些行为结果为游客设计更个性化、更吸引人、更充实的体验，推动旅游业的可持续发展。

二、价值共同创造导向对突破性服务创新的影响

越来越多的服务创新研究强调，与服务相关的知识路径不同于与商品相关的知识路径。事实上，服务类企业的渐进式创新很容易被竞争对手模仿，因此他们需要不断开发突破性的新服务来保持竞争优势。因此，迫切需要了解组织中突破性服务创新的驱动机制。研究人员发现，价值共同创造是突破性服务创新的一个特别重要的驱动力。因此，有必要对其影响机制进行进一步的实证研究。从服务主导逻辑（Service-Dominant Logic，SDL）的角度，我们认为价值共同创造导向是一种战略导向，它代表了企业关注多个参与者（焦点企业、客户、供应商和其他商业伙伴）之间互利互动和双赢合作的信念，从而为客户提供卓越的服务价值，这被视为服务创新的核心。

现有的文献很少有研究对价值共同创造与突破性服务创新之间复杂关系的机制和途径进行研究。从不同来源获取异质性知识是突破性服务创新的第一步,它可以通过强调网络中多个参与者的价值共同创造导向来指导。正如Zhou 和 Li（2012）[61] 所认为的那样,企业必须满足两个要求才能发展突破性创新:产生突破性的想法,使企业能够发现隐藏在混杂信息中的新兴技术和真正的机会,并通过资源综合和利用将突破性的想法应用到商业技术中。因此,应将异质性知识资源动态地整合到组织学习过程中,以解决复杂问题或开发新的解决方案。我们认为,价值共同创造导向作为一种战略,可以决定服务公司如何获取和整合异质性知识资源,并指导其在动态变化的环境中创造整合能力。在此背景下,知识整合能力可能在价值共同创造导向与突破性服务创新的关系中起中介作用。

此外,虽然文献表明知识整合能力作为一种动态能力,是一个多维度的概念,一些研究澄清了内部和外部知识整合能力之间的区别,但是仍然很少有实证研究来调查整合能力的两个维度及其在服务环境中的关系。内部整合能力使企业能够将活动、资源、能力和目标与合作伙伴结合起来,这意味着内部知识整合能力具有增强外部知识整合能力的潜力。事实上,突破性创新的高信息处理需求需要内部和外部知识整合能力协同工作。因此,应更多地关注内部和外部知识集成能力在推动服务环境中的突破性创新中的不同作用。

（一）理论背景

1. 价值共创导向

要成功开发一种全新的服务,首先需要从不同来源收集大量异质性知识,这可以通过强调网络中多个参与者的价值共同创造导向来指导。文献还认为价值共同创造是一种企业战略,通过这种战略,企业可以从与客户和商业伙伴管理共同创造的过程中受益。

[61]　Zhou K Z, Li C B. How knowledge affects radical innovation: Knowledge base, market knowledge acquisition, and internal knowledge sharing [J]. Strategic Management Journal, 2012, 33（9）: 1090-1102.

虽然价值共同创造已经获得了研究者的高度关注，但还需要进一步的研究。首先，虽然许多实证研究都考察了 B2C 环境下的客户价值共同创造行为，但很少有人关注 B2B 环境下网络视角的价值共同创造管理。具体来说，从顾客的角度来看，大多数研究关注的是顾客参与价值共同创造活动时的动机和结果。客户视角确定了价值共同创造的两个维度，即共同生产和使用价值。我们的研究侧重于合作生产，这与 B2B 背景下价值共同创造的概念化更相关。近年来，信息和通信技术极大地改变了价值的创造方式，价值链范式已经逐渐转向协同创造价值的网络范式。越来越多的服务创新也被视为企业间以网络形式合作的结果。服务主导逻辑表明，所有网络参与者（焦点公司、供应商、客户和其他商业伙伴）都是服务创新价值的潜在共同创造者，并强调了运营资源（如知识）的作用。该网络为焦点企业提供了多样化的知识，这对于在复杂和动态的市场环境中开展突破性的服务创新至关重要。从网络的角度来看，最近的价值共同创造文献表明，企业的价值创造往往需要来自客户、供应商和其他网络合作伙伴的资源。因此，需要对价值共同创造导向进行更广泛的概念化。

其次，虽然价值共同创造被认为是突破性服务创新的一个来源，但其潜在机制尚不清楚。先前的研究指出，与客户、商业伙伴和员工的价值共同创造为焦点企业带来了更多异质性知识，这是突破性创新的根源，并强调价值共同创造战略使企业能够在快速变化的环境中创造知识交换和组合的能力，并增加新服务开发（NSD）流程的流程复杂性。服务主导逻辑指出，所有网络参与者都是资源整合者，这也意味着资源整合过程在价值共同创造中的重要性。因此，我们认为，强调焦点企业与网络伙伴之间相互作用的价值共同创造导向会带来异质性知识，这就触发了在内部和外部层面建立知识整合机制的需要，塑造内部和外部知识整合能力，这对突破性创新服务的开发至关重要。

2. 内部和外部知识整合能力

正如维罗纳和拉瓦西（Verona 和 Ravasi，2003）[62] 所指出的，"尽管知识

[62]　Verona G, Ravasi D. Unbundling dynamic capabilities: An exploratory study of continuous product innovation [J]. Industrial and Corporate Change, 2003, 12（3）: 577-606.

的创造和吸收是创新的先决条件，但触发持续创新的动态过程的是整合分散在公司中的专业知识的能力"。因此，重要的不仅是知识，还有综合一系列知识并将其转化为创新的能力，这种能力在动态能力文献中被概念化为整合能力（Sirmon 和 Hitt，2009）[63]。动态能力指的是企业整合、构建和重新配置内部和外部能力以应对快速变化的环境的能力（Teece 等，1997）[64]。由于服务环境的高度不确定性，动态能力被认为是服务创新的关键（Lütjen 等，2019）[65]。

动态能力的有形性取决于潜在的知识整合过程，该过程使企业能够灵活有效地理解和组合内部和外部知识资源（Helfat 和 Raubitschek，2018）[66]。因此，动态能力观点认为知识整合能力是动态能力的基础（Pavlou 和 Sawy，2011）[67]。我们将知识整合能力定义为通过创建集体理解来应对快速变化的环境，解码和重新编码不同知识链之间的新联系的能力（Helfat 和 Raubitschek，2018）。这些能力可以细分为内部和外部知识整合能力（Verona，1999）[68]。内部整合能力强调通过既定流程和惯例传播和综合来自各职能领域的知识（Helfat 和 Campo-Rembado，2016）[69]。外部整合能力侧重于理解和组合来自外部市场来源的知识（Helfat 和 Raubitschek，2018）。这种整合能力创造了突破性服务创新所需的新知识，以在不断变化的环境中保持竞争优势。以往关于知识整合能力的研究概况如表 6-4 所示。虽然一些理论研究已经厘清了内部和外部知识整合能力的区别（Grant，

[63]　Sirmon D G, Hitt M A. Contingencies within dynamic managerial capabilities: Interdependent effects of resource investment and deployment on firm performance [J]. Strategic Management Journal, 2009, 30 (13): 1375–1394.

[64]　Teece D J, Pisano G, Shuen A. Dynamic capabilities and strategic management [J]. Strategic Management Journal, 1997, 18 (7): 509–533.

[65]　Lütjen H, Schultz C, Tietze F, Urmetzer F. Managing ecosystems for service innovation: A dynamic capability view [J]. Journal of Business Research, 2019 (104): 506–519.

[66]　Helfat C E, Raubitschek R S. Dynamic and integrative capabilities for profiting from innovation in digital platform-based ecosystems [J]. Research Policy, 2018, 47 (8): 1391–1399.

[67]　Pavlou P A, Sawy O A. Understanding the elusive black box of dynamic capabilities [J]. Decision Sciences Journal, 2011, 42 (1): 239–273.

[68]　Verona G. A resource-based view of product development [J]. Academy of Management Review, 1999, 24 (1): 132–142.

[69]　Helfat C E, Campo-Rembado M A. Integrative capabilities, vertical integration, and innovation over successive technology lifecycles [J]. Organization Science, 2016, 27 (2): 249–264.

1996[70]；Helfat 和 Raubitschek，2018；Verona，1999），但是关于内部和外部知识整合能力如何以不同的方式推动创新以及它们在服务环境中的关系的实证研究仍然很少（Siaw 和 Sarpong，2021）[71]。

表 6-4　知识整合能力研究概况

关键研究	研究类型	知识整合能力的维度
Grant（1996）	理论研究	内部和外部知识整合能力
Verona（1999）	理论研究	内部和外部知识整合能力
Mitchell（2006）	实证研究	内部和外部知识整合能力
Kim 等（2012）	实证研究	学习型文化，知识管理流程能力，IT 能力
Gardner 等（2012）	实证研究	内部知识整合能力
Wang 等（2018）	实证研究	外部知识整合能力
Helfat 和 Raubitschek（2018）	理论研究	内部和外部整合能力
Salunke 等（2019）	实证研究	内部知识整合能力
Yang 等（2019）	实证研究	利益相关者知识整合能力
Xi 等（2020）	实证研究	外部知识整合能力
Guo 等（2021）	实证研究	外部知识整合能力
Liu（2021）	实证研究	外部知识整合能力
Yang 等（2021）	实证研究	外部知识整合能力

（二）突破性服务创新

突破性的服务创新是指开发全新的服务，带来根本性和革命性的变化，并要求在经营资源（如知识或能力）的应用方面发生重大变化（Ordanini 和

[70]　Grant R M. Prospering in dynamically-competitive environments：Organizational capability as knowledge integration [J]. Organization Science，1996，7（4）：375-387.

[71]　Siaw C A，Sarpong D. Dynamic exchange capabilities for value co-creation in ecosystems [J]. Journal of Business Research，2021（134）：493-506.

Parasuraman，2011）[72]。以往的研究已经确定了企业利用内部和外部知识来提高创新效果的三种底层机制：知识共享、知识吸收和知识整合。然而，这些研究也强调了三个值得进一步探索的含义。一是知识共享本身是不够的，企业需要将这些知识转化为有用的想法或应用（Gardner 等，2012）[73]。根据这种逻辑，有必要建立知识整合能力，通过新颖的组合有助于知识的配置和创造（Zahra 等，2020）[74]。二是知识吸收是一种外部知识获取机制，它与内部知识创造过程是分开的，但跨职能单位的隐性知识和复杂知识的交流增强了企业将思想商业化为具有高水平突破性的实质性创新的能力（Slater 等，2014）[75]。三是服务创新是对各种知识进行重新捆绑以创造新知识，因此知识整合是服务企业创新的根本方式（Lusch 和 Nambisan，2015）[76]。正如蒂斯（Teece，2007）[77]所指出的，为了保持盈利增长，企业必须在内部和外部进行"特定有形和无形资产的持续调整和重新调整"。尽管服务创新研究越来越多地表明，与服务相关的知识过程不同于与商品相关的知识过程（Schaarschmidt 等，2018[78]；Storey 等，2016[79]），但之前的研究提供的关于将这种差异考虑到突

[72]　Ordanini A，Parasuraman A. Service innovation viewed through a service-dominant logic lens：A conceptual framework and empirical analysis [J]. Journal of Service Research，2011，14（1）：3-23.

[73]　Gardner H K，Gino F，Staats B R. Dynamically integrating knowledge in teams：Transforming resources into performance [J]. Academy of Management Journal，2012，55（4）：998-1022.

[74]　Zahra S A，Neubaum D O，Hayton J. What do we know about knowledge integration：Fusing micro- and macro-organizational perspectives [J]. Academy of Management Annals，2020，14（1）：160-194.

[75]　Slater S F，Mohr J J，Sengupta S. Radical product innovation capability：Literature review, synthesis, and illustrative research propositions [J]. Journal of Product Innovation Management，2014，31（3）：552-566.

[76]　Lusch R F，Nambisan S. Service Innovation：A service-dominant logic perspective [J]. Management Information Systems Quarterly，2015，39（1）：155-176.

[77]　Teece D J. Explicating dynamic capabilities：The nature and microfoundations of（sustainable）enterprise performance [J]. Strategic Management Journal，2007，28（13）：1319-1350.

[78]　Schaarschmidt M，Walsh G，Evanschitzky H. Customer interaction and innovation in hybrid offerings：Investigating moderation and mediation effects for goods and services innovation [J]. Journal of Service Research，2018，21（1）：119-134.

[79]　Storey C，Cankurtaran P，Papastathopoulou P，Hultink E J. Success factors for service innovation：A meta-analysis [J]. Journal of Product Innovation Management，2016，33（5）：527-548.

破性的服务创新之中的知识非常有限（Melton 和 Hartline，2015[80]；Myhren 等，2018[81]）。因此，研究内部整合能力和外部整合能力在服务企业突破性创新发展过程中的中介作用是十分必要的。

切斯布鲁夫（Chesbrough，2011）[82]的开放式服务创新模型暗示了服务创新中内部知识和外部知识的互补性。最近的研究表明，内部沟通团队和开放式创新团队通过整合资源，可以极大地促进突破性服务创新（例如，Myhren 等，2018）。然而，不太清楚的是，不同的知识整合能力是如何互补运作的。因此，通过探索内部和外部知识整合能力之间可能存在的联系，我们建议在突破性服务创新开发过程中将两种能力放在一起考虑。

价值共同创造导向下开展突破性服务创新有三种途径。第一，内部知识整合能力有助于突破性服务创新，因为价值共同创造导向刺激了跨职能协调的需求，进而塑造了内部知识整合能力（Foss 等，2011[83]；Myhren 等，2018）。这种能力使企业能够更深入地接触特定行业领域的知识，以解决复杂的任务，进一步促进突破性创新（Laursen 和 Salter，2006）[84]。第二，外部知识整合能力促进突破性服务创新。价值共同创造战略的实施通过提供共享的价值主张来触发客户和业务伙伴的参与，从而通过互惠合作培养外部知识整合能力（Li 等，2010）[85]。通过整合来自广泛来源的异质但互补的知识，外部知识整合能力能够为突破性的服务创新产生关键见解。第三，内部知识整合能力通过明确捕捉外部知识的适用性和局限性来促进外部知识整合能力（Helfat 和 Raubitschek，2018），从而共同促进突破性服务创新。

[80] Melton H, Hartline M D. Customer and employee co-creation of radical service innovations [J]. Journal of Services Marketing, 2015, 29（2）: 112-123.

[81] Myhren P, Witell L, Gustafsson A, Gebauer H. Incremental and radical open service innovation [J]. Journal of Services Marketing, 2018, 32（2）: 101-112.

[82] Chesbrough H W. Bringing open innovation to services [J]. MIT Sloan Management Review, 2011, 52（2）: 85-90.

[83] Foss N J, Laursen K, Pedersen T. Linking customer interaction and innovation: The mediating role of new organizational practices [J]. Organization Science, 2011, 22（4）: 980-999.

[84] Laursen K, Salter A. Open for innovation: The role of openness in explaining innovation performance among UK manufacturing firms [J]. Strategic Management Journal, 2006, 27（2）: 131-150.

[85] Li J J, Poppo L, Zhou K Z. Relational mechanisms, formal contracts, and local knowledge acquisition by international subsidiaries [J]. Strategic Management Journal, 2010, 31（4）: 349-370.

（三）顾客授权行为

顾客授权行为（customer empowering behaviors）是指在服务接触的过程中，顾客创造某些条件或场景对员工产生激励，使员工感到有动力和信心通过自主决策来满足顾客预期的行为（郭功星和程豹，2021[86]；Dong 等，2015[87]）。作为一种来自组织外部的特殊授权方式，顾客授权行为具有独特的内涵：（1）顾客授权行为不是正式的权力交接，而是在服务接触中顾客有意或无意地提供给员工一系列友善的条件或场景，从而使其能够自主进行服务任务的调整和决策；（2）顾客授权行为本质上是一种善意的授权行为，它不是简单的放权与推卸决策责任，而是顾客在服务接触中通过给予员工信任和支持，使员工可以自由参与服务过程甚至做出最终的服务决策；（3）顾客授权行为不是单个顾客的短暂授权行为，而是在一段时间内员工所接触到的来自顾客端整体的授权行为感知（Dong 等，2015）[88]。

邓昕才等人（2022）[89]的研究发现，顾客授权行为对酒店服务业一线员工的服务创新具有显著的正向影响。这一结论与 Dong 等人（Dong 等，2015）[90]提出的"组织外部的授权行为不仅影响顾客的满意度，还影响着员工的服务创新"的研究结果一致。

在酒店服务业中，顾客作为一线服务员工的服务内容接受方和服务效果

[86]　郭功星，程豹. 顾客授权行为对员工职业成长的影响：自我决定理论视角 [J]. 心理学报，2021，53（2）：215-228.

[87]　Dong Y, Liao H, Chuang A, et al. Fostering employee service creativity: Joint effects of customer empowering behaviors and supervisory empowering leadership [J]. Journal of Applied Psychology，2015，100（5）：1364-1380.

[88]　Dong Y, Liao H, Chuang A, et al. Fostering employee service creativity: Joint effects of customer empowering behaviors and supervisory empowering leadership [J]. Journal of Applied Psychology，2015，100（5）：1364-1380.

[89]　邓昕才，韩月，李成雪，等. 顾客授权行为对酒店员工服务创新的影响及作用机制 [J]. 旅游学刊，2022，37（11）：116-129.

[90]　Dong Y, Liao H, Chuang A, et al. Fostering employee service creativity: Joint effects of customer empowering behaviors and supervisory empowering leadership [J]. Journal of Applied Psychology，2015，100（5）：1364-1380.

评价方，对激发和推动员工服务创新具有重要作用（徐虹等，2017）[91]。在服务接触的过程中，顾客的授权行为可以为员工提供友善的场景和条件，使其能够自主参与决策以满足顾客需求（郭功星和程豹，2021）[92]。这种顾客向员工的授权为一线服务员工的自主决策创造了条件，有利于员工掌握改善服务体验的异质性知识和信息，而这些来自组织外部的关键性资源是员工服务创新的直接来源（Li 和 Hsu，2018）[93]。员工通过这种授权情境下的频繁互动能够更加深入了解顾客的真实需求，并提出更符合顾客期望的创新构想，激发其服务改进和创新。

依据资源保护理论，个体具有努力保持现有资源以及充分利用现有资源存量进行投资以获取更多未来资源增量的行为倾向，资源丰盈的个体更容易表现出积极的工作态度与工作行为（Hobfoll，2011）[94]。顾客授权行为从组织外部为一线服务员工提供了信任与支持、外部异质性信息、高频高质量互动与交流等资源，这种来自组织外部的资源累积会促使员工充满活力，并呈现出不断学习的积极心理状态，这一状态即工作繁荣（thriving at work）（Spreitzer 等，2005）[95]，而工作繁荣中所包含的积极工作状态和渴望获得进步与发展的学习认知体验，会进一步促使员工产生并应用更多的创新性想法来优化服务流程、提高服务质量，进行更多的服务创新（Carmellia 和 Spreitzer，2009）[96]。

[91]　徐虹，刘宇青，梁佳 . 顾客感知酒店服务创新的构成和影响研究——基于来自经济型酒店的数据 [J]. 旅游学刊，2017，32（3）：61-73.

[92]　郭功星，程豹 . 顾客授权行为对员工职业成长的影响：自我决定理论视角 [J]. 心理学报，2021，53（2）：215-228.

[93]　Li M，Hsu C. Customer participation in services and employee innovative behavior：The mediating role of interpersonal trust [J]. International Journal of Contemporary Hospitality Management，2018，30（4）：2112-2131.

[94]　Hobfoll S E. Conservation of resource caravans and engaged settings [J]. Journal of Occupational and Organizational Psychology，2011，84（1）：116-122.

[95]　Spreitzer G，Sutcliffe K，Dutton J，et al. A socially embedded model of thriving at work[J]. Organization Science，2005，16（5）：537-549.

[96]　Carmellia，Spreitzer G M. Trust，connectivity，and thriving：Implications for innovative behaviors at work [J]. The Journal of Creative Behavior，2009，43（3）：169-191.

进一步地，依据资源保存理论，顾客授权行为作为一种顾客权利的让渡，在给员工带来资源获得感的同时，也可能带来潜在的资源损失感，而个体特质和外部情境因素会在一定程度上决定个体到底是倾向于产生获得感还是损失感（Hobfoll，1989）[97]。作为影响一线员工服务创新的重要情境条件（Storey等，2016）[98]，组织支持感是指员工在主观上感知到的组织（领导或同事）对自身工作以及利益的重视和关心程度，是员工对自身在工作过程中获得组织内部资源支持程度的总体感知（Eisenberger 等，1986）[99]。与低组织支持感的员工相比，高组织支持感的员工会感受到更强烈的来自组织的情感支持以及资源供给（Odoardi 等，2015）[100]。因此，面对同等程度的顾客授权行为，高组织支持感带来的内部资源充裕感知会使员工更有信心与能力将顾客授权所带来的外部资源加以运用（Mokhber 等，2018）[101]，他们会更倾向把顾客授权行为视为一种积极的工作体验和进一步获取资源的机会，更愿意以充满活力的积极工作状态投入学习和工作，由此更容易产生源源不断的新服务构想以践行服务创新（Abid 等，2015）[102]。因此，本研究延续资源保存理论逻辑，认为顾客授权行为对员工工作繁荣和服务创新的影响强度在不同水平的组织支持感下会存在差异。

服务创新意为员工在服务过程中通过提出或应用新的想法和技能来提

[97]　Hobfoll S E. Conservation of resources: A new attempt at conceptualizing stress [J]. American Psychologist, 1989, 44（3）: 513-524.

[98]　Storey C, Cankurtaran P, Papastathopoulou P, et al. Success factors for service innovation: A meta-analysis[J]. Journal of Product Innovation Management, 2016, 33（5）: 527-548.

[99]　Eisenberger R, Huntington R, Hutchison S, et al. Perceived organizational support [J]. Journal of Applied Psychology, 1986, 71（3）: 500-507.

[100]　Odoardi C, Montani F, Boudrias J S, et al. Linking managerial practices and leadership style to innovative work behavior: The role of group and psychological processes[J]. Leadership & Organization Development Journal, 2015, 36（5）: 545-569.

[101]　Mokhber M, Khairuzzaman W, Vakilbashi A. Leadership and innovation: The moderator role of organization support for innovative behaviors [J]. Journal of Management & Organization, 2018, 24（1）: 108-128.

[102]　Abid G, Zahra I, Ahmed A. Mediated mechanism of thriving at work between perceived organization support, innovative work behavior and turnover intention [J]. Pakistan Journal of Commerce and Social Sciences, 2015, 9（3）: 982-998.

高服务质量以满足顾客需求的行为表现（Carlborg 等，2014）[103]。由于服务创新是超越组织常规以及工作惯例的挑战性行为，因此，这种创新的实施就需要员工进行额外的资源投入（Storey 等，2016）[104]。而顾客授权行为可以从组织外部为员工提供服务创新所需的必要资源（如心理资源、信息资源及关系资源等），使其能够突破实施服务创新的资源瓶颈，为员工有针对性地改进和创新服务流程与服务方式提供坚实保障。在心理资源方面，顾客授权行为给予员工充分的授权感知以及信任、尊重、理解和支持等一系列积极的心理资源，提高了员工的工作积极性与业务领域的胜任能力，促使其更加积极主动地通过调整与变革服务流程、提升工作技巧和工作能力等方式进行资源投资以获取资源增值，具体表现为实施更多服务创新（Amabile 和 Pratt，2016）[105]。在信息资源方面，顾客授权行为从组织外部为员工改善服务流程或服务方式提供具有一定异质性的信息，包含了顾客的服务反馈和改进建议等宝贵的信息资源，员工可以据此进一步整合、内化组织的信息资源，纠正现有知识偏差、打破因固化服务章程所形成的思维定式，从而激发自身服务创新潜能，提升服务创新能力（余传鹏等，2020）[106]。在关系资源方面，顾客授权行为可以通过员工与顾客之间高频互动让员工获得来自顾客的支持、信任、反馈等一系列关系资源，以此加强顾客与员工之间的联系，并建立良好的客户关系，进而在一定程度上降低员工实施服务创新的顾虑，增强其实施服务创新的意愿（郭功星和程豹，2021）[107]。

服务型企业尤其是酒店企业的管理者应充分认识到来自顾客端的授权行

[103]　Carlborg P, Kindstroem D, Kowalkowski C. The evolution of service innovation research: A critical review and synthesis [J]. The Service Industries Journal, 2014, 34（5）: 373-398.

[104]　Storey C, Cankurtaran P, Papastathopoulou P, et al. Success factors for service innovation: A meta-analysis[J]. Journal of Product Innovation Management, 2016, 33（5）: 527-548.

[105]　Amabile T M, Pratt M G. The dynamic componential model of creativity and innovation in organizations: Making progress, making meaning [J]. Research in Organizational Behavior, 2016（36）: 157-183.

[106]　余传鹏, 叶宝升, 朱靓怡. 知识交换能否提升旅游企业员工的服务创新行为? [J]. 旅游学刊, 2020, 35（12）: 92-108.

[107]　郭功星, 程豹. 顾客授权行为对员工职业成长的影响: 自我决定理论视角 [J]. 心理学报, 2021, 53（2）: 215-228.

为对员工服务创新的重要驱动作用。一方面，企业管理者应当鼓励员工并为员工提供相关资源的支持，使其在面对顾客授权行为时能具有良好的承接能力，为员工服务创新的触发提供内部支持；另一方面，企业还需要充分认识到顾客作为组织外部资源和信息的重要提供者，是员工服务创新的重要触发因素。因此，企业应设计相应机制，鼓励顾客在服务接触过程中以合适的方式授予员工更多自由决策权和参与度，尽可能为员工服务创新提供所需的关键信息和适宜的接触场景。

酒店企业的管理者还应当正确认识顾客教育的效果和价值，加大对顾客教育的资源投入。顾客教育能让顾客掌握更多有关服务内容与流程的信息和技能，促使顾客与员工在服务过程中产生更多交流互动，从而实现顾客与员工之间的信息与知识互补（赵晓煜等，2013）[108]。而员工整合来自顾客的异质性信息有利于其转变原有的思维模式，迅速洞察顾客的真实需求并提供相应的创新性服务。企业管理者可以通过加大对顾客教育的资源投入，如举办会员沙龙、联谊等一系列顾客管理活动，促进员工与顾客之间的良性互动和深度沟通，这有利于员工准确把握顾客真实需求，提升顾客对企业的满意度、信任感与忠诚度。在此基础之上，顾客能够在服务接触的过程中更加积极和充分地与员工进行互动，以更加合适的方式授予员工更多自由决策权，以促进员工服务创新的产生。

三、顾客教育对服务创新满意度的影响

菲奥娜和海伦（Fiona 和 Helen，2004）[109] 提出在进行服务创新时，有些企业是通过对顾客进行引导来实现创新的。为了让顾客更好地与企业共同创造价值，企业需要有意识、有目的地对顾客进行引导和教育，顾客也需要了解相关知识并学习新的创新能力。有时，在企业投入了一定的资源和精力的情

[108]　赵晓煜，曹忠鹏，刘汝萍.服务企业的顾客教育对顾客参与行为的影响研究 [J]. 管理学报，2013，10（11）：1648-1656.

[109]　Fiona S, Helen P. New service development：A network perspective [J]. Journal of Service Marketing, 2004, 18（11）：255-266.

况下，顾客可能仍然对服务创新不满意，甚至不恰当的顾客教育也会给企业带来风险。

为了能让顾客更好地参与服务创新并提高服务创新的绩效，我们以社会交换理论为理论基础，引入顾客参与作为中介变量，探讨顾客教育对服务创新满意度的影响。教育活动中的顾客参与本质上是一个社会交换过程，交换的效果深刻影响着顾客教育活动的有效性。为了突破顾客教育活动在现实中实施困难的问题，解决顾客参与水平低、总体效率低等问题，我们从社会交换的角度对顾客参与的中介机制进行分析，并探讨如何通过这一机制促进顾客教育活动的持续改进。旨在消除服务创新扩散的障碍，促进顾客参与服务创新，提高服务创新满意度，为企业开展顾客教育活动提供有价值的管理启示。

（一）顾客教育

麦克尼尔（Mcneal，1978）[110] 最早对顾客教育下了定义，指出企业实施顾客教育的目的是更好地推销自己的产品和服务，获得更大的利益，因此企业应承担教育顾客的责任。特别是对于需要高度顾客参与的复杂服务，顾客教育比普通的营销传播策略（如广告、促销等）更有效。此外，也不同于常规的客户沟通方式，如现场介绍。顾客教育是有计划的、有组织的、互动的。米尔（Meer，1984）[111] 提出，顾客教育是企业为向消费者传授知识和技能而开展的有价值的、持续的、有组织的学习活动。

顾客教育的作用可以从公司和顾客两个角度来衡量。对于顾客来说，他们可以学习更多的知识和技能，更好地了解创新的过程和内容，降低感知风险等。顾客教育帮助消费者正确有效地使用产品和体验服务，充分挖掘其中蕴含的价值，更好地满足自身需求（Zhao，2013）。对于企业来说，通过顾客教育活动，可以让更多的顾客知道自己的服务创新，显著减少消费者对产品或服务的错用和投诉，降低技术支持和售后服务的成本，增强顾客对企业的信任，提高感知服务质量，与顾客建立良好的关系。

在对以往文献进行分析和总结的基础上，将顾客教育分为知识教育和技

[110]　Mcneal J. Consumer education as a competitive strategy [J]. Business Horizons，1978，21（1）：50-56.

[111]　Meer C. Customer Education [M]. Chicago：Nelson-Hall，1984.

能教育两个维度。知识本身是一个复杂的多维概念，一般是指储存在大脑中的内容和结构。市场营销中的知识管理涉及一部分知识，如消费知识、产品知识、使用知识等。与知识教育相比，技能在市场营销领域很少被提及。切冯纳亚（Chervonnaya，2003）[112] 将技能教育定义为顾客在服务中履行其角色的能力，并将知识转化为如何履行其角色的理解，同时倾向于在实践中更有效地应用知识。

目前，顾客教育策略已应用于许多服务行业。证券公司和银行等金融机构开展顾客教育的目的是提高顾客的金融素养和服务价值。在医疗服务方面，讨论了术前顾客教育的积极作用。在网络零售中，顾客教育用于更复杂的产品和服务，以减少顾客的不确定性风险。在服务创新的研究中，顾客教育显得尤为重要。服务创新的无形性、新颖性、可比性和复杂性会影响顾客的接受程度，这就需要通过顾客教育来增强服务创新的扩散。

（二）服务创新满意度

服务创新满意度是服务创新的产物。服务创新作为创新理论研究的一个新分支，它不仅基于技术突破，而且包含了更广阔的视角。它可以通过引入新流程、营销策略为利益相关者创造价值，并通过新的或改进的服务为利益相关者创造价值，本质上是为了满足顾客的需求。换句话说，服务创新不仅对企业和顾客产生经济效应，而且旨在达到顾客满意的效果。一般来说，服务创新的结果取决于顾客满意度。

奥利弗（Oliver，1980）[113] 提出了"期望不一致"（expectation inconsistency）理论，这是顾客满意度研究的基础，然后他提出顾客满意不应该局限于顾客满意或一个过程（Oliver，1997）。顾客满意是从顾客满意的情感层面来定义的，即顾客在使用或体验的过程中，因满足顾客的需求而产生的一种愉悦的心理状态。满意度不仅可以促进顾客的再购买行为，研究还证实了服务创新满意度可以促进酒店行业顾客的口碑行为。此外，满意度可以形成强大的

[112]　Chervonnaya. Customer role and skill trajectories in services [J]. International Journal of Service Industry Management，2003，14（3）：347–363.

[113]　Oliver R L. Satisfaction：A Behavioral Perspective on the Consumer [M]. New York：Irwin，1999.

竞争优势，增加市场份额。因此，我们用满意度来衡量服务创新交付阶段的绩效水平。服务创新满意度是认知与情感相结合的综合考虑结果，是顾客在服务创新交付阶段对服务创新使用或体验的情感反应，是个体对产品或服务的期望与实际感受对比的结果。

（三）顾客教育与服务创新满意度

由于服务的生产和消费是同时发生的，在服务创新的整个交付过程中，顾客可能会不断遇到障碍，例如，顾客对服务流程和服务规范缺乏了解，往往不知道自己在服务中应该承担什么角色，如何参与服务创新，这将导致不确定性规避。它可能导致顾客对服务创新的不满。知识教育使顾客更准确地理解服务创新并明确自己在服务创新中的角色，技能教育使顾客更顺利地参与服务创新。两者的结合可以更好地保证有效减少不确定性规避、投诉和参与服务创新的负面情绪，然后他们可能会对服务创新有一个更积极和满意的态度。

由于创新的特征有时是不可观察的，顾客可能会从刻板印象、谣言或其他间接的、非经验的暗示中获得他们对创新的感知，而不准确的感知可能会阻碍他们对创新的满意度。因此，顾客必须系统地学习，形成更准确的认知，更好地感知服务创新，从而提高顾客对服务创新的满意度。因此，知识教育和技能教育都正向影响服务创新满意度。

（四）基于社会交换理论的顾客参与

顾客参与的研究始于 20 世纪后期，其概念最初被视为一种生产概念，被认为是提高服务生产过程效率的重要来源之一。企业应鼓励顾客更多地参与生产过程，以提高生产率，但这个理论完全建立在生产的角度上。随着服务主导和价值共同创造逻辑的转换，研究开始考虑顾客参与的心理和行为特征。目前，对于顾客参与的定义已经基本达成共识。从顾客的角度来看，顾客参与是指顾客在服务接触中从心理、智力、身体和情感等方面为帮助创造服务价值而付出的努力和投入。

对顾客参与维度的研究也从单一维度转变为多维度。凯洛格等人（Kellogg 等，

1997）[114] 用"关键事件分析法"总结了顾客参与的四个阶段：准备、建立关系、信息交换行为和干预行为。随着价值共同创造理论的出现，Fang（2008）[115] 将顾客参与划分为信息资源或共同开发者。同样，Dong（2015）[116] 进一步将顾客参与划分为生产者或设计者。可见，除了信息交流之外，双方的互动也至关重要。在此基础上，恩纽和宾克斯（Ennew 和 Binks，1999）[117] 验证了顾客参与的三维划分：信息共享（服务提供者与顾客之间的双向信息交换）、合作行为（顾客作为"员工的一部分"，在与服务提供者的互动过程中，明确自己的角色并正确履行自己的职责）和个人互动（在服务接触中，顾客与员工或其他顾客之间的互动）。

社会交换理论出现于 20 世纪 60 年代的美国。从社会学的角度，探讨个体之间由于社会奖励的吸引而进行交往的社会过程。霍曼斯（Homans，1961）认为人类个体之间的互动可以归结为被情感、奖励或资源介导的交换过程。爱默生（Emerson，1976）运用数学模型和网络分析来解释社会交换的基本动机和社会交换制度化的过程。布劳（Blau，1964）在微观层面描述的基础上指出，人类的行为是由能够带来回报的交换活动主导的，人们所进行的一切社会活动都可以归结为交换关系。社会交换的实现有两个前提条件：一是行为的最终目的必须通过与他人的互动来实现，二是行为所采取的手段必须有助于达到目的。社会交换的过程是这样的：在期望回报的基础上，社会吸引（与他人交流的倾向）就产生了。当他人做出回报性回应时，社会交换得以实现；当其他人不再做出回报性回应时，交换行为就停止了。在这个过程中，双方都得到了自己的社会回报，双方都将从这种稳定的交换关系中获益。

服务和消费的不可分割性决定了顾客参与是服务生产不可或缺的，并且

[114]　Kellogg D L, Youngdahl W E, Bowen. On the relationship between customer participation and satisfaction: Two frameworks [J]. International Journal of Service Industry Management, 1997, 8（3）: 206-219.

[115]　Fang E, Palmatier R W, Evans K R. Influence of customer participation on creating and sharing of new product value [J]. Journal of the Academy of Marketing Science, 2008, 36（3）: 322-336.

[116]　Dong B. How a customer participates matters: "I am producing" versus "I am designing" [J]. Journal of Services Marketing, 2015, 29（6-7）: 498-510.

[117]　Ennew C T, Binks M R. Impact of participative service relationships on quality, satisfaction and retention: An exploratory study [J]. Journal of Business Research, 1999, 46（2）: 121-132.

与企业有很多互动。从社会交换理论的角度来看，服务企业需要顾客的参与才能成功地提供服务；参与对顾客来说同样重要，因为它增加了满足其特定需求的可能性。在顾客参与的过程中，企业通过教育活动提高顾客的知识和技能，并通过沟通的方式付出一定的资源或精力，从而增强顾客对服务创新的理解和认知，增强对企业服务创新的信任和满意度。同时，客户在参与的过程中感受到企业的努力和关注，从而容易产生责任感，愿意分享和合作。因此，在教育活动中，顾客的参与本质上是一种社会交流过程，而交换的效果对顾客教育活动的有效性有着深远的影响。

1. 顾客教育、信息共享与服务创新满意度

信息共享是指服务提供者与顾客在服务接触过程中的双向信息交换。顾客教育是一种规范化的营销活动。企业通过制定一系列策略，将服务创新的知识或技能传递给顾客。首先，顾客教育不是一个单边信息传递的过程，而是一个双方沟通的过程。在服务提供者与顾客通过顾客教育进行面对面沟通的过程中，当顾客遇到问题时，会依次向员工提问。服务提供者可以根据顾客遇到的问题重新调整顾客教育计划。其次，顾客教育可以让顾客感受到企业的重视和善意，从而愿意使用服务创新，并将感受和反馈分享给服务提供者。这有助于企业收集顾客需求，并更好地改进以满足顾客需求。

顾客与企业之间的信息共享将进一步影响顾客对服务创新的态度。通过信息共享，员工可以直接、有针对性地解决顾客在使用创新服务过程中遇到的问题。企业可以根据需求和反馈信息为顾客提供更优质的服务。因此，服务提供者实施服务创新的顾客教育过程中，可以激发顾客的信息反馈，从而获得顾客知识。它可以使顾客获得良好的体验，从而通过服务创新提高顾客的满意度。因此，信息共享在知识教育、技能教育与服务创新满意度的关系中起中介作用。知识教育、技能教育对信息共享有正向影响，而信息共享对服务创新满意度有正向影响。

2. 顾客教育、合作行为与服务创新满意度

服务企业的主要特征之一是赋权顾客扮演积极的角色。顾客教育的目的

是向顾客传授有关使用创新服务的知识和技能，从而提高顾客的能力，降低感知风险，使他们愿意参与到服务创新中来。此外，顾客越了解他们所获得的机会，他们就越愿意参与服务创新活动。例如，餐厅引入朋友点赞进行服务创新。员工将消费者使用的方法、顾客能获得的利益等信息传递给顾客，使顾客更清楚地了解自己的角色和利益，并愿意实施服务创新的合作行为。

合作行为是一种较高程度的参与，顾客积极参与服务的生产，成为组织的"员工"，或参与设计，或完成服务交付的部分功能。顾客参与合作生产的程度越高，他们越有可能相信自己的努力将有助于提高服务质量、自我价值和满意度，特别是当顾客看到他们可以通过合作生产带来更多的利益时。例如，顾客在使用餐厅的创新服务时，从网上预订、自助点单到自助结账、自助开票等，参与的合作越多，就越能感受到服务创新带来的便利，也越有利于顾客对服务创新持积极态度。因此，从顾客感知服务价值的角度来看，当顾客积极参与企业的服务创新时，他们会对企业提供的创新服务有更好的理解。因此，顾客对服务感知质量的期望与实际感受之间的差距会越来越小，顾客会越来越满意。因此，合作行为在知识教育、技能教育与服务创新满意度之间起中介作用。知识教育、技能教育对合作行为有正向影响，而合作行为对服务创新满意度有正向影响。

3. 顾客教育、人际互动与服务创新满意度

顾客教育不同于传统营销，它是一种服务提供者与顾客面对面交流的方式，可以增加顾客与员工之间的深层次互动。顾客教育实际上增加了与顾客的互动，顾客会感受到来自企业的善意和支持，这为提高顾客参与服务创新提供了便利条件。根据社会交换理论，伙伴之间存在承诺和超越角色的义务。一旦个人接受了他人的好处，他们就有义务回报对方。因此，在顾客教育活动中，顾客从企业获得的支持（教育）越多，他们就越有可能对企业产生一种责任感，并愿意进行深入的沟通与合作。在这个过程中，双方都获得了各自的社会回报，双方都将从这种稳定的交换关系中获益。

凯利等人（Kelley 等，1990）用"顾客功能质量"（customer function quality）一词来指代顾客与员工之间的互动，包括礼貌、友好和尊重。在环境

中，顾客越有可能参与环境并创造社会价值。因此，顾客教育不仅可以增加顾客的知识和技能，更好地发挥其在服务创新中的作用，而且可以使顾客意识到企业的重要性，并更愿意与企业互动和分享。因此，人际互动在知识教育、技能教育与服务创新满意度的关系中起中介作用。知识教育、技能教育对人际互动有正向影响，而人际互动对服务创新满意度有正向影响。

（五）管理启示

顾客教育对顾客参与服务创新有显著的正向影响。在激烈的市场竞争中，企业通过服务创新增强竞争优势。同时，顾客愿意尽可能地收集、接受或交换相关信息，以增强其对参与服务创新的控制感。因此，服务企业开展知识和技能教育，是为了有效地将知识传递给顾客，有利于降低顾客的不确定风险。这让顾客更有信心挑战和参与服务创新。其中，知识教育对信息共享的影响最为显著，技能教育对合作行为和人际互动的影响比对信息共享的影响更为显著。可以看出，知识教育更多的是一种信息的双向互动，而技能教育更倾向于顾客与企业之间的沟通和互动。在开展顾客教育活动时，可根据知识教育与技能教育的不同进行具体设计。

顾客教育和顾客参与对服务创新满意度均有显著的正向影响。服务创新满意度的提升需要企业和顾客的共同努力。通过企业对顾客进行服务创新知识和技能的教育，顾客明确了自己应该扮演的角色，减少了不确定性规避。因此，他们对服务创新的态度更加积极和满意。当顾客努力参与服务创新时，他们可以有效地理解服务创新，并增加自己感知的控制性和便利性。因此，他们会对服务创新更满意。

在服务创新中，顾客参与在顾客教育与顾客满意之间起着显著的中介作用。本研究基于社会交换理论，研究顾客参与在顾客教育与服务创新满意度之间的中介作用。在顾客教育过程中，可以增加顾客对服务创新的认识和理解，明确其在服务创新中的作用，降低不确定性的风险。顾客愿意参与服务创新，感受服务创新带来的便利，以服务创新进一步提升顾客满意度。根据社会交换理论，顾客教育是企业与顾客之间进行深入沟通和交流的过程。双方都需要以积极友好的态度，给予更多的理解和支持，通过双方的良性互动获得最佳效果。在这个过程中，双方都能获得他们所需的社会回报，都将从这种稳定的交换关系中获益。

顾客教育可以促进顾客参与服务创新，提高满意度，这是企业和顾客双赢的局面。因此，了解企业如何利用它们的好处是非常重要的。

为使顾客教育达到最佳效果，企业应开展多种形式的顾客教育活动。旨在向消费者传授企业开展服务创新的相关专业知识和技能，从而提高顾客参与度，提高服务创新满意度。但是很多顾客教育只是形式上的，所以效果并不理想。为了使效果最大化，除了最常用的面对面沟通方式外，企业还可以采用多种形式和手段：文字（宣传单、客户手册、公众号文章等纸质材料）、短视频、电话、公益讲座、联谊活动等。企业可以将上述活动形式科学合理地结合起来，充分利用线上和线下渠道，利用各种媒体的特点和优势，达到最佳效果。同时，顾客更加注重沉浸式体验。基于此，企业在实施服务创新的顾客教育活动时，既要强化理论知识，又要提供实际的服务体验环境。这样，顾客就可以通过学习和模仿，迅速掌握参与技巧。"用中学"的方式可以显著提高教育效果，增强顾客的参与意愿，进而提高服务创新的满意度。

企业应把顾客教育作为顾客管理的重要战略工具之一。在服务创新中，顾客教育是企业与顾客进行深入沟通和互动的过程。这也是企业进行关系营销的好机会。在顾客教育的过程中，企业可以增加与顾客的信息交流与合作，了解顾客的需求，有机会与顾客建立良好的关系，并有可能促进顾客的口碑行为。同时，在与客户的深入沟通和互动过程中，它有助于企业识别领先顾客。领先的顾客往往更有创造力，更愿意尝试，他们的选择和发展需要大量的财政和能源投资。因此，将顾客教育作为顾客管理的重要工具之一，对企业的服务创新和可持续发展具有重要的战略意义。

企业应注重提高顾客参与服务创新活动的深度和广度。根据社会交换理论，当个人感受到企业的重要性时，顾客会更乐意参与和反馈。顾客参与是影响服务创新满意度的直接因素，企业不仅可以开展顾客教育活动，还可以实施其他策略来促进顾客参与的深度和广度。例如，作为一项新技术，网络直播（视频直播）不仅是网红的工具，也是企业营销的平台。与传统媒体相比，网络直播中"弹幕评论"信息的反馈实现了即时性。顾客可以根据主播（企业员工）

传递的信息进行相关服务创新活动的实时沟通和交流。同时，主播可以满足顾客的实时需求，让顾客感受到企业对他们的重视，从而扩大他们的参与范围。此外，更深层次的顾客参与需要更灵活、更有能力和反应灵敏的员工，他们能够应对顾客额外参与服务创新增加的不确定性，让顾客感受到来自企业的温暖和关注。因此，企业可以培训员工提高他们的社交能力和解决问题的能力，以促进人际关系。

企业在服务创新的应用阶段，而不仅仅是在发展阶段，就应该重视顾客的教育和参与。已有的研究较多地探讨了服务创新开发阶段的顾客参与，强调在顾客参与过程中的服务创新开发。企业可以根据顾客的需求进行动态调整，但这需要花费大量的时间、精力和成本，并且会造成协调复杂性，最终可能导致失败。例如，在 IBM 的一个项目开发中，顾客的参与导致了混乱，最终导致了项目的失败。而更多的服务创新没有足够的条件让顾客参与到服务创新的开发中来。然而，服务创新的扩散和应用大多需要顾客体验的参与，这是服务创新的最后一步和必要步骤。这将确保服务创新的成功实施。根据本书的研究结果，企业可以通过开展顾客教育和提高顾客参与度来关注服务创新的应用阶段，从而为企业创造更大的创新绩效。

四、酒店雇主、员工和顾客三位一体协同服务创新

在服务营销领域，格罗鲁斯（Grönroos，2000）提出了服务营销三角，指出组织、员工和顾客之间合作的价值，强调组织的营销活动必须涉及员工和顾客。尽管很少有实证研究系统地整合这些因素对价值共同创造的影响，但从组织、员工和顾客三个层面讨论服务组织对顾客的影响是很有必要的。

唐海霞（2022）[118]结合服务剧场和社会交换理论，遵循"互动—创新—结果"的研究路径，以一线员工创新行为作为中介变量构建主客互动与服务创新绩效的研究模型，分析了酒店主客互动对员工服务创新绩效的影响。研究结果表明：（1）主客互动的互动质量和互动频率均对服务创新绩效有显

[118] 唐海霞. 酒店主客互动对员工服务创新绩效的影响研究 [J]. 市场周刊，2022，35（13）：182-186.

著促进作用，按降序依次为互动质量、互动频率；（2）主客互动既能直接影响服务创新绩效，又能通过一线员工创新行为间接影响服务创新绩效。

顾客有时会作为兼职雇员参与服务的生产和交付过程。顾客需求既是服务创新的出发点，也是服务创新的终点。因此，一些研究人员断言，顾客应该参与创新活动。

服务主导逻辑和价值共同创造提出，价值创造是行为者在服务生态系统中利用其知识、技能和资源共同行动的结果。参与者包括服务提供者、顾客和其他利益相关者。也就是说，相关文献表明服务创新是由服务企业的管理层、服务人员、顾客和其他利益相关者共同努力的结果。然而，许多服务创新研究倾向于要么强调企业/员工的作用，如组织能力、资源、信息处理行为、文化、知识整合机制和知识管理策略、服务创新氛围和员工个性的重要性，要么强调顾客参与在新服务开发中的作用。除了 Chen 等人（2017）[119] 指出共同创造对服务创新具有显著的正向影响外，很少有基于协同创新视角的研究。

在竞争日益激烈的市场中，酒店管理者意识到协同创新的重要性。如何促进协同创新，特别是整合组织的内外部资源，成为一个重要的问题。基于服务主导逻辑和价值共同创造的视角，我们试图构建一个三位一体的协同创新模型。具体而言，在了解顾客需求的基础上，考察雇主顾客导向、员工适应能力和顾客参与对服务创新的三重影响。

（一）相关概念

创新被定义为资源或知识的组合或重组。基于服务主导逻辑，服务创新可以被定义为"在给定环境中创造对某些参与者有益的新资源（即价值体验）的多种资源的重新捆绑"（Lusch 和 Nambisan，2015）[120]。

企业顾客导向是一种将顾客视为企业核心的组织文化或价值观形式

[119] Chen J, Kerr D, Chou C, et al. Business co-creation for service innovation in the hospitality and tourism industry [J]. International Journal of Contemporary Hospitality Management，2017，29（6）：1522-1540.

[120] Lusch R F，Nambisan S. Service innovation：A service-dominant logic perspective [J]. MIS Quarterly，2015，39（1）：155-175.

（Narver 和 Slater，1990）[121]。顾客导向不是基于销售业绩的目标，而是取决于他们是否能够满足顾客的需求，并与顾客建立健康的关系。它强调企业的决策和管理行为应以顾客的需求和利益为主导，即企业应关注顾客的动态变化，灵活调整经营战略以满足顾客的需求。顾客导向水平越高，对顾客需求的考虑就越多。

员工适应性（Employee Adaptability，EA）指一线服务人员在与顾客的互动过程中，基于实时需求识别动态调整服务行为的综合能力（Hartline 和 Ferrell，1996）[122]。该概念的理论根源可追溯至适应性销售理论——在市场营销研究中，其最初定义为销售人员通过信息感知主动调整行为策略以提升交易效率。随着服务管理理论的发展，学者将这一概念引入服务场景，并进一步拓展为涵盖服务全流程、强调共创价值的适应性行为体系。正如哈特兰和费雷尔（Hartline 和 Ferrell，1996）所指出的，员工的适应性存在于互动情境中，是根据情境调整自己行为的能力。

顾客参与（Customer Participation，CP）可以定义为顾客在服务企业中举止得体的倾向（Zeithaml，Berry，Parasuraman，1996）[123]，它描述了顾客在服务生产和交付过程中的参与程度。根据顾客参与程度的不同，服务生产可以分为三种类型：公司生产、合作生产和顾客生产，其中客户可以被视为信息来源，成为共同开发者或成为创新者。我们采用Chan 等人（2010）[124]的定义，顾客参与是一个行为构念，衡量客户在服务共同创造和交付过程中提供或共享信息、提出建议和参与决策的程度。顾客参与在产品开发和服务创新中发挥着重要作用，他们可以以各种方式参与价值创造，成为价值共创者。

[121]　Narver J C，Slater S F. The effect of a market orientation on business profitability [J]. Journal of Marketing，1990，54（4）：20–35.

[122]　Hartline M D，Ferrell O C. The management of customer–contact service employees：An empirical investigation [J]. Journal of Marketing，1996，60（4）：52–70.

[123]　Zeithaml V A，Berry L L，Parasuraman A. The behavioral consequences of service quality [J]. Journal of Marketing，1996，60（2）：31–46.

[124]　Chan K W，Yim C K，Lam S. Is customer participation in value creation a double–edged sword? Evidence from professional financial services across cultures [J]. Journal of Marketing，2010，74（3）：48–64.

顾客需求知识（CNK）是由霍姆伯格等人（Homburg，Wieseke，Bornemann，2009）[125]提出的，它被定义为"一线员工能够准确识别特定顾客的需求层次的程度"。顾客需求知识与在交互界面上实施营销有关，文献还将其与一线服务员工在提供服务时认识和理解每个顾客需求的要求联系起来。顾客需求知识（CNK）作为一个变量，不同于顾客需求和顾客知识。顾客需求知识是一个与员工—顾客界面相关的变量，它指的是企业客户层面的顾客需求。换句话说，这里使用的顾客需求知识涉及的是员工，而不是公司收集的客户信息等事项。作为一个变量，拥有良好的顾客需求知识，涉及服务员工对所服务的每个顾客的需求有准确的认识。

（二）模型开发

学者们认为服务主导逻辑和价值共同创造的观点为服务创新研究提供了新的视角。第一个见解是，由于价值创造是行为者通过在服务生态系统中应用他们的知识、技能和资源进行组合活动的结果，服务创新受益于不同实体（例如，服务业雇主、服务业员工和顾客）的合作。第二个见解是，由于服务是通过行为、过程和表现，为另一个实体或该实体本身的利益而提供的专业能力（知识和技能）的应用，因此服务创新的知识属于经营性资源。因此，我们的重点是构建一个企业、员工和顾客三方协同模型，通过顾客需求知识推动服务创新。

1. 企业顾客导向和顾客需求知识

顾客导向可以通过两种方式影响员工的顾客需求知识水平。第一种是自上而下（企业—员工）的知识转移，第二种是通过个体之间的横向知识转移。

自上而下的顾客导向强调企业与顾客之间的互动。在这种情况下，顾客导向包括鼓励顾客表达他们的问题，以便企业能够更好地了解他们的需求并为他们提供帮助。与顾客建立良好的关系对企业是有益的，因此顾客愿意与企业分享他们的信息。为了更好地满足顾客的需求，企业可以与一线员工分

[125]　Homburg C，Wieseke J，Bornemann T. Implementing the marketing concept at the employee-customer interface：The role of customer need knowledge [J]. Journal of Marketing，2009，73（4）：64-81.

享顾客的需求，提高一线员工的顾客知识水平。

在以顾客为中心的氛围中，个体与个体之间的信息传递会导致员工想要了解顾客的需求。根据霍姆伯格等人（Homburg，Wieseke，Bornemann，2009）的研究，员工必须获得顾客需求知识来满足他们的需求。当员工努力帮助顾客清楚地表达他们对服务或产品的需求，或者对目前的服务提出想法和建议时，这种信息传递就会发生，这反过来又会增加员工的顾客需求知识。

现有研究表明，顾客导向有利于知识的形成。顾客导向要求企业设计良好的信息共享系统。因此，企业顾客导向正向影响顾客需求知识。

2. 员工适应性和顾客需求知识

我们将员工适应性（EA）作为顾客需求知识（CNK）的能力相关预测因子。一方面，人们发现员工的适应性越高，员工获取顾客偏好和要求的信息，并为不同的顾客提供个性化服务的主动性行为水平就越高。另一方面，员工适应性使员工与顾客之间的人际互动更加顺畅。简而言之，当顾客认为员工是灵活的，善于识别自己的需求时，他们就很乐意与员工分享自己的观点和信息，有助于丰富员工的知识。

虽然，员工适应性和顾客需求知识之间的关系尚未得到结论性的实证检验，但一些研究人员发现适应性可能有利于绩效。斯比罗和维特兹（Spiro 和 Weitz，1990）[126] 指出，销售人员可以根据具体情况调整自己的销售行为，使销售过程更有效。卡拉等人（Kara 等，2013）[127] 发现，员工适应能力越强，顾客感知到的服务质量越好，顾客满意度越高。员工的适应性也可以提升定制的服务绩效（Gwinner 等，2005）[128] 和良好的工作成果（Sony 和 Mekoth，

[126]　Spiro R L，Weitz B A. Adaptive selling: Conceptualization，measurement，and nomological validity [J]. Journal of Marketing Research，1990，27（1）：61-69.

[127]　Kara A，Andaleeb S，Turan M，Cabuk S. An examination of the effects of adaptive selling behavior and customer orientation on performance of pharmaceutical salespeople in an emerging market [J]. Journal of Medical Marketing: Device，Diagnostic and Pharmaceutical Marketing，2013，13（2）：102-114.

[128]　Gwinner K P，Bitner M J，Brown S W，Kumar A. Service customization through employee adaptiveness [J]. Journal of Service Research，2005，8（2）：131-148.

2017）[129]。此外，员工的适应性可以更清晰地感知顾客的期望（Bettencourt 和 Gwinner，1996）[130]。也就是说，员工的适应性越强，就越能准确地判断顾客的需求。因此，员工适应性（EA）正向影响顾客需求知识。

3. 顾客参与和顾客需求知识

理论家和实践者已经意识到顾客参与（CP）在创造企业竞争优势方面的重要作用。在参与过程中，顾客可以承担两个不同的角色，这有助于丰富员工的知识。一个角色是信息提供者，这个角色与顾客在信息方面的投资有关。与员工共享信息是最常见的行为之一。另一个角色是联合开发者，在这个角色中，顾客和员工合作完成商品生产和服务交付的任务。此外，在新产品或服务开发过程中，顾客可以通过参与设计自己的产品或服务而成为创新者。

顾客对服务过程的积极参与为员工创造了更多与顾客沟通互动的机会，更多互动的结果是员工对顾客的需求有了更好的理解。在这方面，有关研究表明，愿意参与价值共同创造的顾客更愿意与员工分享他们的想法。鉴于顾客参与有利于建立顾客与服务企业之间的关系，所以，顾客参与正向影响顾客需求知识（CNK）。

4. 服务创新和顾客需求知识

知识是创新的源泉，没有知识，创新就像无源之水、无本之木。一些学者认为知识促进创新，另一些学者则将创新（如新产品开发）视为知识管理的过程，并将其视为顾客信息与企业技术知识相结合的结果。此外，服务主导逻辑的基本前提强调企业应该建立有效的知识管理机制，知识作为一种运营资源，应该不断更新。具体来说，应该向一线员工提供最新的顾客需求知识，以便他们吸收和使用它。因此，顾客需求知识正向影响服务创新。

---

[129]　Sony M, Mekoth N. The mediation role of frontline employee adaptability between service orientation and job outcomes：Evidence from Indian power sector [J]. International Journal of Business Excellence，2017，11（3）：357–380.

[130]　Bettencourt L, Gwinner K. Customization of the service experience：The role of the frontline employee [J]. International Journal of Service Industry Management，1996，7（2）：3–20.

5. 模型构建

过去,对服务创新的研究要么关注其对服务企业绩效的影响,要么强调过程。现有的服务创新研究表明了合作对于创新的重要性。然而,很少有学者整合不同角色的观点或从"服务三角"战略框架的角度来研究服务创新。因此,我们试图在总结其他学者研究的基础上建立一个新的模型,如图6-1所示。

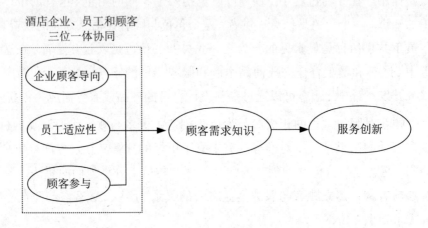

图6-1 企业、员工和顾客三位一体协同服务创新概念模型

采取综合视角需要考虑服务主导逻辑和它的基本前提。考虑价值共同创造,需要突出顾客的积极主动性。最后,必须考虑服务三角的战略框架。这意味着至少要认识到服务提供过程中的三个关键角色,即企业、雇员和顾客。本质上,服务主导逻辑延伸了价值共同创造的概念。它还包含了服务三角,因为它模糊了企业和顾客之间的界限,并探讨了服务生态系统中所有参与者的价值共同创造过程。此外,服务主导逻辑有利于不同服务创新学派的整合。

三位一体协同服务创新模型的逻辑是,顾客需求知识(CNK)的获取是员工、雇主和顾客共同努力的结果,顾客需求知识(CNK)可以促进服务创新。具体而言,知识是竞争优势的根本来源,并有利于创新。以往的研究发现,任务知识确实有助于促进创新。因此,我们引入霍姆伯格等人(Homburg,Wieseke, Bornemann, 2009)提出的顾客需求知识概念,探讨顾客需求知识对服务创新的积极影响。

（三）管理建议

1. 积极的顾客导向有助于更好地了解顾客

企业顾客导向正向影响顾客需求知识，所以企业应该有一个以顾客为导向的经营理念。引用的文献发现，满足顾客需求的企业将拥有竞争优势。满足顾客需求的支撑是员工对顾客需求的高度认识，员工对顾客需求的高度认识是建立在企业顾客导向基础上的。现在，一些企业可能基于直觉或其他原因，擅长以顾客为导向，这可能来自对员工的良好培训。例如，酒店可以定期进行顾客调查，建立顾客数据库。过去顾客的信息可以随时获得，员工应接受培训，以便在提供服务时使用这些信息。在另一个层面，企业可以对消费进行跟踪并采取行动，向顾客表明他们密切关注顾客的需求，并准备为每位顾客提供定制服务。

2. 积极的员工适应能力有助于更好地了解顾客

员工适应性（EA）正向影响顾客需求知识，有关研究已证明培养员工在服务互动中的适应性的价值。实际上，在酒店等高顾客接触服务行业的背景下，员工调整与顾客的沟通方式是有价值的。了解每个顾客的需求并努力帮助顾客解决他们的问题是有可衡量的价值的。对于本研究而言，关键词是可衡量的。

在前文中，本研究将员工适应能力作为影响顾客需求知识的三位一体的一部分进行了讨论，并提供了权重，将员工适应能力与其他三位一体成员结合在一起。如前所述，根据权重和来自酒店自己客户的数据，酒店可以进行定量分析，在条目层面上给出一个想法，即在哪里投入资源以获得最大的 CNK 回报。

本研究的调查条目不仅对进行新的调查有价值，EA 量表中的条目还可以用于酒店员工的自我评估。无论是在正式的培训课程中还是在非正式的培训课程中，管理人员（主管）都可以提出与条目相关的问题供讨论。例如，"我觉得每个顾客都需要一个独特的方法"可以成为员工会议的主题，员工可以通过提出自己的想法来互相帮助。

3.积极的客户参与有助于更好地了解顾客

顾客参与可能是许多酒店没有意识到的一个薄弱环节，在本研究中，五星级酒店的 CP 量表分值范围很广。无论如何，酒店需要看看其在顾客参与方面做得如何，这是决定如何使用资源的一部分。对于一个条目来说，长尾的负面影响可能表明，在这个领域，有限的工作可以消除那些"给顾客留下不好印象"的行为。模型关注的是数据汇总，但这并不意味着具有成本效益的纠正措施应该基于量表分值甚至量表条目的均值。对于顾客参与，考察顾客参与的条目回答模式对于理解正在发生的事情及其影响是有价值的。在房间布局、菜品更新、娱乐项目等方面获得更多的顾客投入，可能是一种很好的资源利用，也可能是一种糟糕的资源利用。如前所述，酒店可以建立顾客知识管理系统，并建立知识整合机制。然而，除非顾客感到他们的意见被倾听，并且从制度上促进和支持员工认识到特定顾客的需求，否则量表的分值对企业的价值可能很低。

4.变化世界中的三位一体与创新

当开始这项研究时，本研究关注的是作为竞争优势的创新，这就是提出图6-1 模型的原因。展示顾客需求知识和创新之间的联系是很重要的，然而，顾客需求知识（CNK）正向影响服务创新（SI）对理论的贡献大于对实践的贡献。

为什么顾客需求知识（CNK）正向影响服务创新（SI）更多的是对理论的贡献？回顾过去，本研究引用了关于顾客需求知识影响企业利润的文献，影响企业利润是考虑提高顾客需求知识（CNK）的基础。然而，实际应用中需要的知识是增加顾客需求知识（CNK）或影响企业利润的创新。

正为了使顾客需求知识（CNK）正向影响服务创新（SI）具有更大的实用价值，新的研究必须解决影响企业利润的创新问题。目前的研究表明，顾客需求知识（CNK）的增加会影响创新，但利用这一结果来决定如何利用企业资源影响创新的思路并不完善。虽然承认创新是可取的，可以给企业带来竞争优势，但需要更多的研究来制定针对创新的良好决策，使企业真正在利润方面受益。

第七章

数智时代酒店业服务创新挑战与能力框架

　　技术变革作为创新的关键驱动力,影响着经济增长、产业结构和竞争战略。作为第四次工业革命的关键力量之一,数字化和人工智能(AI)通过重新配置服务创新带来了重大的技术变革。随着大数据、物联网、区块链、云平台和强大的处理能力的出现,数字化和人工智能驱动的服务创新支撑着众多技术变革,并正在改变一系列行业,如银行和保险、营销、医疗保健、教育、旅游和酒店等。数字化和人工智能应用软件具有不同程度的学习能力、连通性和适应性,预计数字化和人工智能驱动的服务创新将重新配置服务创新流程、服务生态系统、采用和扩散,以及最重要的资源和能力。

　　数字技术(DT)是信息、计算、通信和连接技术的组合,包括社交、移动、分析、云计算、物联网、人工智能和区块链技术。随着数字技术呈指数级发展,包括酒店和旅游组织在内的所有组织都必须适应由此产生的变化,从数码化到数字化,再到数字化转型。数码化(digitization)需要将信息转换为数码格式,以便可以存储、处理和传输。相比之下,数字化(digitalization)要求酒店和旅游组织使用数字技术和数字化数据来转换角色、流程和工作流,从而简化既定的工作方式并提高效率。在此基础上,数字化转型(digital transformation)或数字化业务转型要求酒店和旅游组织从头到尾重新审视和设计自身的业务，以提供更好的客户体验，并最大限度地降低战略风险。为了有效地实现数字化转型，需要增强组织能力（organization capabilities），如数字创新、数字客户参与、数字客户体验管理等。在这里，能力（capability）是指组织的常规活动、结构和过程，它们结合在一起，使组织能够重复和可靠地做特定的事情或实现特定的结果。

酒店和旅游组织响应数字化转型所需的新功能或增强功能对所需的酒店管理能力或酒店管理胜任力（competencies）具有重要影响。例如，由于酒店管理者必须在变革的努力中发挥关键的领导和管理作用，以建立和维持这些能力，因此他们需要相应的新的胜任力。在提到胜任力（competencies）时，这里指的是管理者有效地完成管理工作所需的知识、技能、能力和其他特征。长期以来，酒店管理研究一直关注的是保持未来劳动力的胜任力与不断变化的行业胜任力。但是，面对数字技术进步指数级的发展速度，现有的酒店管理数字技术胜任力要求可能需要扩展。

这些理解和能力上的差距的潜在影响是一个行业没有能力有效适应数字化颠覆（digital disruption），未能有效适应数字化颠覆的后果是无法抓住数字技术进步带来的改变游戏规则的机会。数字化颠覆是指数字技术引起的变化，这些变化阻止了组织继续像往常一样运作。酒店和旅游行业已经经历了重大的数字化颠覆，并继续在经历。

一、酒店管理胜任力

早在 20 世纪 20 年代初，酒店管理研究人员就对未来管理人员的胜任力要求进行了调查。为此，研究人员从酒店和旅游企业招聘经理的角度，从酒店和旅游管理专业学生的角度，以及从酒店和旅游管理学者的角度调查了未来的劳动力胜任力要求。一些研究人员也将他们的调查集中在酒店和旅游行业的特定部门的胜任力要求是否不同，以及它们是否在酒店和旅游价值链的特定部分有所不同。也许由于这些不同的焦点，学者们已经确定并讨论了大量所需的胜任力，这些胜任力随着时间的推移而演变。随着它们的发展，所需胜任力的数量不断增加，研究人员试图将它们分类为有意义的相关胜任力群组，以便更好地指导教育和实践，如桑德威斯（Sandwith，1993）[1] 的管理胜任力领域模型（managerial competency domains model），Chung（2000）[2] 的酒店员工胜任力类别（competency categories for hotel employees），以及 Chung-Herrera 等人（2003）[3] 的领导胜任力模型（leadership competency model）。其他的例子还包括泰松和里奇（Tesone 和 Ricci，2005）[4] 对酒店管理专业毕业生的从业者胜任力期望，以及西森和亚当斯（Sisson 和 Adams，2013）[5] 对各种学者将胜任力分为硬胜任力和软胜任力类别的讨论。

（一）酒店管理数字技术胜任力

在大多数早期的酒店管理胜任力要求的研究中，数字技术胜任力要么被忽视，没有包括在所需的酒店管理胜任力清单中，要么虽然被包括在内了，但被认为不那么重要。约翰逊等人（Johanson 等，2011）[6] 注意到，在讨论这些胜任力时，重点主要放在了文字处理、电子表格和演示软件等技能上。但随着时间的推移，学者们开始考虑不同的数字技术进步对行业的意义、影响和好处。也许是在这些调查的推动下，学者们开始探索酒店管理者所需的数字技术胜任力。在回顾讨论所需数字技术胜任力的文献时，我们发现学者们用于描述数字技术胜任力的术语各不相同（见表 7-1 的第二列，用于指代数字技术胜任力的术语随时间而变化）。尽管使用的指代术语有所不同，但学者们开始确

[1]　Sandwith P. A hierarchy of management training requirements: The competency domain model [J]. Public Personnel Management, 1993, 22（1）: 43-62.

[2]　Chung K Y. Hotel management curriculum reform based on required competencies of hotel employees and career success in the hotel industry [J]. Tourism Management, 2000, 21（5）: 473-487.

[3]　Chung-Herrera B G, Enz C A, Lankau M J.Grooming future hospitality leaders: A competencies model [J]. Cornell Hotel and Restaurant Administration Quarterly, 2003, 44（3）: 17-45.

[4]　Tesone D V, Ricci P. Attributes of entry-level employees: Hospitality and tourism managers seeking more than knowledge and skills [J]. Journal of Applied Management and Entrepreneurship, 2005, 10（2）: 3-12.

[5]　Sisson L G, Adams A R. Essential hospitality management competencies: The importance of soft skills [J]. Journal of Hospitality and Tourism Education, 2013, 25（3）: 131-145.

[6]　Johanson M, Ghiselli R, Shea L, Roberts C. Changing competencies of hospitality leaders: A 25-year review [J]. Journal of Hospitality and Tourism Education, 2011, 23（3）: 43-47.

定酒店管理人员所需的大量具体的数字技术胜任力。就像前面讨论的广义的酒店管理胜任力的演变一样，随着所需的数字技术胜任力的数量的增长，学者们试图将它们组织成有意义的类别，以指导教育和实践（见表7-1的第三列）。

表7-1　酒店管理文献中确定的数字技术胜任力类别

文献	用以指代数字技术胜任力的术语	确定的数字技术胜任力类型
Su 等（1997）	管理信息系统（management information systems）	· 管理信息系统
Cho 和 Connolly（1999）	IT 胜任力（IT competencies）	· 应用程序使用熟练度 · 行为和分析能力
Breiter 和 Hoart（2000）	IT 胜任力（IT competencies）	——
Mandabach 等（2001）	技术技能（technology skills）	· 一般软件应用 · 工业软件应用
Gursoy 和 Swanger（2004）	计算机 / 信息技术（computer/information technology）	——
Kay 和 Moncarz（2004）	IT KSAs（知识、技能、能力）	——
Lowry 和 Flohr（2005）	技术技能（technological skills）	——
Dopson（2005）	电子商务胜任力（e-commerce competencies）	· 技术分析与应用 · 信息架构管理与设计 · 交易相关活动 · 网站增强 · 技术的一般应用
Raybould 和 Wilkins（2005）	信息技术应用（information technology usage）	——
Johanson 等（2011）	计算机相关技能（computer related skills）	——
Sisson 和 Adams（2013）	有效使用电脑（using computers effectively）	——
Bilgihan 等（2014）	信息技术技能（information technology skills）	· 终端用户应用 · 行业特定应用 · 概念性 / 战略性应用

资料来源：改编自 Busulwa 等人（2020）[7].

[7]　Busulwa R, Pickering M, Mao I. Digital transformation and hospitality management competencies: Toward an integrative framework [J]. International Journal of Hospitality Management, 2022.

（二）数字化颠覆和数字化转型对酒店管理数字技术胜任力的影响

酒店管理、信息系统和管理研究人员已经确定，持续的数字技术进步正在引发数字化颠覆。在组织层面，这种数字化颠覆表现为客户期望和行为的颠覆，竞争格局和竞争基础的颠覆，以及数据可用性的颠覆。在客户期望和行为的颠覆方面，客户越来越意识到数字技术进步在简单性、便利性和价值方面的突破。因此，他们希望他们购买的产品或服务反映出这种简单、方便和价值。随后，他们改变自己的行为或惯例，以便从这种简单、方便和价值中受益。在竞争格局和竞争基础的颠覆方面，引入新的数字技术或改进现有的数字技术可以降低进入酒店和旅游行业的壁垒，允许不同行业的初创企业或现有组织进入该行业。在数据可用性的颠覆方面，竞争对手和消费者都可以使用海量的数据。消费者可以使用这些数据来更好地评估产品和服务，竞争对手可以通过复杂的数据分析获得新的竞争优势（例如，卓越的客户吸引力、卓越的客户体验、卓越的产品创新）。表7-2提供了酒店和旅游行业中数字化颠覆的例子。由数字技术进步引起的这些数字化颠覆给酒店和旅游组织带来了生存威胁。也就是说，如果酒店和旅游组织继续像原来那样运作，不适应改变了的客户期望和行为，不适应改变了的竞争格局和竞争基础，不适应改变了的数据可利用性，就有可能被竞争对手取代。

但是，除了给酒店和旅游组织带来生存威胁外，数字化颠覆还带来了酒店和旅游组织可以抓住的改变游戏规则的机会。例如，提供新的颠覆性产品和服务，绕过中介直接与消费者或其他利益相关者互动，并加强价值链中战略合作伙伴之间的协作与协调。创建和管理基于生态系统的商业模式，如Airbnb，显著增强酒店和旅游组织的适应性、敏捷性和双元性。表7-2显示了酒店和旅游组织内部抓住这些机会的例子。酒店和旅游组织为了适应数字化颠覆，并抓住数字技术进步带来的改变游戏规则的机会，需要成为数字化企业并展开有效竞争。数字化企业是指利用数字技术创建、促进或显著增强商业模式、业务流程、产品和服务、资产、竞争优势等的企业。对于酒店和旅游组织来说，要成为数字化企业，必须进行数字化转型，这被定义为成为数字化企业所必需的变革过程，也是酒店与旅游组织的激进式创新。这种创新变革过程需要组织结构、文化、能力、胜任力和基础设施等方面的变革，旨在交付必要的数字化商业模式、业务流程、产品、服务和资产。作为数字化企业,进行有效竞争要求酒店和旅游组织优化数字化商业模式、流程、产品、服务和资产,以最大限度地提高竞争优势和企业寿命效益。

　　信息系统和管理学者已经确定了酒店和旅游组织需要的一系列新的或数字化增强的组织能力,以有效地进行数字化转型,并作为数字化企业有效地竞争(例如,Warner 和 Wäger,2019[8];Matt 等,2015[9])。新的能力是指引入一组全新的组织例程/活动的能力。而数字化增强的能力是指在能力中添加新的数字化相关活动或增强现有例程/活动,从而显著转换该能力的能力。酒店管理人员很可能需要在数字化转型和数字化业务相关能力的建设和维持中发挥关键作用。因此,识别和更具体地理解这些能力以及与之相关的管理角色,可以推断出相关的管理数字化转型和数字化企业相关的能力。反过来,对这些能力的推断可能能够解决迄今为止在酒店管理文献中确定的酒店管理数字技术胜任力、数字化转型和数字化企业竞争力所需的组织能力以及建立和维持这些能力所需的管理胜任力之间的脱节。

表 7-2　数字化颠覆在酒店和旅游行业中引发的生存威胁和改变游戏规则的机会示例

生存威胁或改变游戏规则的机会	数字化颠覆或改变游戏规则的机会类型	酒店和旅游业的示例
生存威胁	客户期望和行为的颠覆	• 人们对高度个性化、意外体验、热情好客和社区意识的期望越来越高——Airbnb 等竞争对手正在通过技术实现这些 • 消费者越来越多地根据在线评论或社交媒体信息来做出购买决定 • 消费者越来越多地通过 Kayak TripAdvisor 和 HotelsCombined 等聚合平台进行购买

[8]　Warner K S,Wäger M. Building dynamic capabilities for digital transformation:An ongoing process of strategic renewal [J]. Long Range Planning,2019,52(3):326-349.

[9]　Matt C,Hess T,Benlian A. Digital transformation strategies [J]. Business Information Systems Engineering,2015,57(5):339-343.

续表

生存威胁或改变游戏规则的机会	数字化颠覆或改变游戏规则的机会类型	酒店和旅游业的示例
	竞争格局和竞争基础的颠覆	• 房屋共享平台的引进和发展（如 Airbnb、Vrbo、FlipKey） • 在线旅行社（如 Trivago、Expedia）的引进和发展 • 对竞争基础的控制的侵蚀，如设定服务标准和价格、管理端到端客户体验、塑造感知客户价值和塑造品牌形象 • 新的竞争基础的出现，如数据收集、分析，平台和工作流集成、自动化，数字化转型、数字化业务战略
	数据可用性的颠覆	• 适用于酒店和旅游业的数据量、种类、速度、准确性呈指数级增长 • 大数据平台或服务商进入酒店和旅游业（如 Duetto） • 扩大在线酒店和旅游评论数据的可用性和可比性（例如，TripAdvisor、Googlereviews、Facebook） • 提供先进的酒店和旅游数据分析工具，用于客户定位、客户体验优化、品牌推广和定价、收益优化
改变游戏规则的机会	提供增强的甚至是全新的颠覆性的产品和服务	• 迪拜亚特兰蒂斯（Atlantis Dubai）的虚拟旅游、Amadeus 的虚拟预订流程、The Hub Hotel 的互动酒店客房、Pokémon Go 风格的游戏化酒店/旅游娱乐体验、Best Western Kelowna 的增强现实探索 • 希尔顿的机器人门房"康妮"（Connie），TravelMate Robotics 的机器人行李箱，Timbre 和 Yotel 的无人机服务员 • ChefJet 和 Foodini 的 3D 打印烹饪设计

续表

生存威胁或改变游戏规则的机会	数字化颠覆或改变游戏规则的机会类型	酒店和旅游业的示例
		• 使用 Trippki 等区块链平台来管理客人身份和忠诚度
	绕过中介直接与消费者或其他利益相关者互动	• Airbnb 绕过在线旅行社和其他中介，为房东提供了直接与房客沟通和交易的平台 • 北欧之选酒店（Nordic Choice Hotels）和阿提哈德航空（Etihad）与 Winding Tree 合作，利用区块链技术绕过第三方，直接分销产品和服务
	加强战略伙伴之间的协作和协调	• 雅高（Accor）利用其 MAX 和 WeMAX 生态系统来加强与酒店业主之间的合作 • Airbnb 利用数据分析和数据科学来加强客人、房东和其他生态系统利益相关者之间的合作
	创建和管理基于生态系统的商业模式	酒店业拥有越来越多的多样化生态系统和组织，它们扮演着生态系统编排者、协调者或创造者的角色（例如，Airbnb、TripAdvisor、Open Table、Accor）
	增强组织的适应性、敏捷性和双元性	一些酒店组织正在使用大数据和搜索引擎数据来预测和更好地应对突发事件、客户行为的变化（例如，客户期望和客户旅程的变化）以及竞争对手活动的变化

资料来源：改编自 Busulwa 等（2020）.

二、酒店业数字化转型管理胜任力框架

（一）数字化转型和数字化业务能力

在对相关研究进行分析、评估、综合和概念化的基础上，我们确定的新的或增强的数字化转型和数字业务能力，以及它们的定义和相关微观能力的示例如表 7-3 所示。关于网络安全管理和企业架构管理这两种能力，尽管它们对大多数酒店和旅游组织来说不是新的能力，但数字化转型和数字化业务对它们提出了更高的要求。因此，我们将其称为数字增强能力，因为它们需要更加复杂的实践，才能在数字化转型和数字化业务工作的成功中发挥关键支持作用。尽管表 7-3 中的这些能力并没有得到明确的确定，但酒店和旅游管理的文献已经讨论了其中一些能力。例如，酒店和旅游管理文献讨论了诸如数字化转型战略（例如，Lam 和 Law，2019[10]；Alrawadieh 等，2021[11]；Farías 和 Cancino，2021[12]），数字企业战略（例如，Perelygina 等，2021）[13]，数据分析和数据科学（例如，Stylos 等，2021）[14]，数字领导力（例如，Pesonen，2020）[15]，数字技术采纳和使用（例如，Filimonau 和 Naumova，2020 [16]；Gretzel 等，2016[17]；Ruel 和 Njoku，2021[18]），以及适应性、敏捷性、双元性（例如，Stylos 等，2021）等各个方面的能力。我们认为，在确定这些必要能力和微观能力的文献中有一个隐含的假设，即酒店管理人员负责确保这些

[10]　Lam C，Law R. Readiness of upscale and luxury-branded hotels for digital transformation [J]. International Journal of Contemporary Hospitality Management，2019（79）：60-69.

[11]　Alrawadieh Z，Alrawadieh Z，Cetin G. Digital transformation and revenue management：Evidence from the hotel industry [J]. Tourism Economics，2021，27（2）：328-345.

[12]　Farías A，Cancino C A. Digital transformation in the Chilean lodging sector：Opportunities for sustainable businesses [J]. Sustainability，2021.

[13]　Perelygina M，Kucukusta D，Law R. Digital business model configurations in the travel industry [J]. Tourism Management，2021.

[14]　Stylos N，Zwiegelaar J，Buhalis D. Big data empowered agility for dynamic，volatile，and time-sensitive service industries：The case of tourism sector [J]. International Journal of Contemporary Hospitality Management，2021，33（3）：1015-1036.

[15]　Pesonen J. Management and leadership for digital transformation in tourism[M]//Xiang Z，Fuchs M，Gretzel U，Höpken W. Handbook of E-Tourism，Springer，2020.

[16]　Filimonau V，Naumova E. The blockchain technology and the scope of its application in hospitality operations [J]. International Journal of Hospitality Management，2020.

[17]　Gretzel U，Zhong L，Koo C. Application of smart tourism to cities [J]. International Journal of Tourism Cities，2016，2（2）：216-233.

[18]　Ruel H，Njoku E. AI redefining the hospitality industry [J]. Journal of Tourism Futures，2021，7（1）：53-66.

能力的建立和维持。尽管酒店管理人员和职能或技术专家（如网络安全专家、企业架构师、数字战略家、IT 经理）可能会分担这些管理职责或角色。

表 7-3　确定的数字化转型和数字业务能力及其定义和微观能力示例

数字化转型和数字化业务能力	定义	微观能力示例（例程或活动群组）
数字化转型战略	侧重于如何最好地承担成为数字化企业所必需的变革过程的战略（例如，Vial, 2019; Hess 等, 2016; Matt 等, 2015）	改编自 Warner 和 Wäger（2019）： • 建立 / 利用数字化转型的内部因素 • 克服数字化转型的内部障碍 • 重新设计内部结构以支持数字化转型 • 塑造 / 影响数字化文化的数字化思维
数字化企业战略	指 "……通过利用数字资源创造差异化价值而制定和执行的组织战略"（例如，Bharadwaj 等, 2013）	改编自 Warner 和 Wäger（2019）： • 对机会和威胁或战略和实践进行数字化侦察 • 数字场景规划 • 平衡数字投资组合 • 构建和优化数字资产和商业模式
数字化创新	指 "……（在分层模块化架构中）实现数字和物理组件的新组合，以生产新产品"（Yoo 等, 2010）；文献中讨论了商业模式、运营模式、流程和其他形式的新价值创造的数字化创新（Warner 和 Wäger, 2019）	• 创建数字的 / 物理的，可编程的 / 可重新编程的，连接的 / 智能的产品（Warner 和 Wäger, 2019） • 对分布式创新、开放式创新、以网络为中心的创新、共享认知和联合意义建构创新方法等的管理 / 贡献 / 使用（例如，Yoo 等, 2010） • 对创新集体的管理 / 贡献 / 使用（Nambisan 等, 2017） • 对众包、众筹、数字创客空间和其他数字创新平台的管理 / 贡献 / 使用（Nambisan 等, 2017） • 利用快速原型制作方法（Warner 和 Wäger, 2019）
数据分析和数据科学	数据分析指的是 "为组织决策而检查和分析原始数据，以获得它们所含有信息的趋势的过程"	• 数据管理能力的构建和维护（Aiken 等, 2007） • 优化大数据分析的使用和价值（Mikalef 等, 2018; Gupta, George, 2016）

续表

数字化转型和数字化业务能力	定义	微观能力示例（例程或活动群组）
	（Koohang 和 Nord，2021）。数据科学是一个旨在将数据转化为真正价值的跨学科领域。它可以利用数学、统计学、计算机科学和信息科学的手段、方法、技术和理论，以预测、自动决策、从数据中学习的决策模型或数据见解的可视化的形式提供价值（Van Der Aalst，2016）	• 数据科学使用 / 应用管理（Kordon，2020；Mazzei 和 Noble，2017；Provost 和 Fawcett，2013） • 数据治理实践管理（Abraham 等，2019）
数字伦理	指数字技术使用对政治、经济、社会、环境和法律实体、动态、政策、规则和期望的现有和潜在影响的伦理性（例如，Mahieu 等，2018；Floridi 等，2019）	• 信息隐私管理（例如，Hajli 等，2020；Bélanger 和 Crossler，2011） • 培养数字伦理文化（例如，Bélanger 和 Crossler，2011；Vial，2019） • 数字伦理治理（例如，Vial，2019） • 数字伦理风险管理（例如，Vial，2019） • 数字伦理领导力（例如，Vial，2019；Cortellazzo 等，2019）
数字领导力	指的是"……先进信息技术（AIT）介导的社会影响过程，以产生对个人、群体或组织的态度、感受、思维、行为或绩效的改变"（Avolio 等，2014；Cortellazzo 等，2019）	改编自 Cortellazzo 等（2019）： • 通过数字媒体进行有效沟通 • 管理颠覆性变革 • 管理连接性 • 确保领导团队熟练使用相关数字工具 • 领导虚拟团队
数字化客户体验管理	指所有客户通过数字渠道 / 接口 / 设备（如网络、智能手机、平板电脑、平台、应用程序）接触到公司的产品、服务和	• 创建和实施数字化客户体验战略（例如，Tivasuradej 和 Pham，2019） • 获取和使用数字化客户体验技术（例如，Holmlund 等，2020；Zaki，2019；Borowski，2015）

数字化转型和数字化业务能力	定义	微观能力示例（例程或活动群组）
	品牌的情况（例如，Holmlund 等，2020；Zaki，2019；Borowski，2015）	• 数字化客户旅程管理（例如，Holmlund 等，2020；Zaki，2019；Borowski，2015） • 数字化客户体验数据管理（例如，Holmlund 等，2020） • 优化数字化客户体验分析的价值（Holmlund 等，2020）
数字化客户参与	指"……消费者可观察到的、不仅仅是购买行为的品牌参与的数字表现"（Eigenraam 等，2018）	改编自 Eigenraam 等（2018）： • 利用数字化管理的忠诚度计划 • 建立和管理在线品牌社区 • 利用数字化客户参与平台 • 利用客户共同创造实践 • 利用消费者生成的品牌故事 • 利用消费者在社交媒体上的参与 • 利用消费者评论
数字化学习	通常是自发和无意识地使用技术，而没有任何事先规定的学习成果目标的学习，但它也可以通过利用技术和具有特定学习材料、活动和评估方法的结构化过程得以实现（Sousa 和 Rocha，2018）	改编自 Sousa 和 Rocha（2018）： • 利用 LMS/MOOCs/ 其他学习平台 • 利用数字讲故事、技术集成教学、教育游戏和其他学习过程 • 利用游戏化、模拟、叙述定格动画和其他形式的学习促进技术 • 利用社会学习、微学习和自助学习 • 利用学习分析 • 利用个性化学习 • 利用协作学习、合作学习、协作社区、网络和其他形式的学习相关参与
劳动力数字成熟度或劳动力数字胜任力或劳动力数字素养	指员工所拥有或需要的数字技术胜任力的性质和程度，以便能够有效地利用数字技术来高效和成功地完成组织工作（例如，Oberländer 等，2020；Warner 和 Wäger，2019）	改编自 Warner 等（2019）： • 识别 / 衡量数字劳动力成熟度 • 外部招聘数字人才 • 开发现有员工的数字胜任力 • 最大限度地利用公司内部的数字知识 • 让"数字原生代"参与能力建设

续表

数字化转型和数字化业务能力	定义	微观能力示例（例程或活动群组）
数字文化	指对数字化环境下组织运作的共同假设、理解和态度，通常在其支持或阻碍数字化转型的程度的背景下讨论（例如，Martínez-Caro 等，2020）	改编自 Warner 和 Wäger（2019）： • 倡导数字化思维 • 培养创业思维
数字技术的采纳和使用	指企业在其战略和运营活动中利用数字技术的程度和有效性（例如，Bharadwaj 等，2013；Vial，2019）	• 数字技术采购（例如，Rothaermel 和 Alexandre，2009） • 采纳和使用人工智能进行智能过程自动化（例如，Bricher 和 Müller，2020；Zhang，2019） • 采纳和使用数据分析技术进行实时过程监控（例如，Nica 等，2020） • 采纳和使用大数据技术进行战略感知（Warner 和 Wäger，2019）
数字治理	指制定和实施正确使用数字技术和管理与之相关的独特问题/风险的政策、程序和标准的做法和结果（例如，Almeida 等，2020；Floridi 等，2019）	• 为数字技术的使用建立和维护有效的指导方针（例如，Floridi 等，2019） • 利用数字技术促进治理活动（例如，Vial，2019）
适应性、敏捷性和双元性	适应性是指"一个组织改变其战略、结构、程序或其他核心属性，以预测或响应其环境的变化，包括与其他组织关系的变化的内在能力"（Hodgson 等，2017）；敏捷性是指"发现创新机会并通过聚集必要的资产、知识和关系，迅速而令人惊奇地	改编自 Warner 和 Wäger（2019）： • 扫描技术趋势 • 感知以客户为中心的趋势 • 分析市场信号 • 解读数字化未来场景 • 快速重新分配资源 • 调整战略响应速度 • 加快决策过程 • 实现更快更灵活的战略制定

数字化转型和数字化业务能力	定义	微观能力示例（例程或活动群组）
	抓住这些竞争市场机会的能力"（Sambamurthy 等，2003）。双元性被定义为"组织一致并高效地在管理当今业务需求的同时能够适应环境变化的能力"（Raisch 和 Birkinshaw，2008）	
企业架构管理（EAM）	指组织的不同要素或资产（如硬件、软件、网络、数据、业务流程）的设计或配置的建立和持续发展，以便在追求其使命时优化组织的效率、有效性和寿命（例如，Lange 等，2016）	改编自 Lange 等（2016）： • EAM 组织锚定 • 建立或改进 EAM 服务 • 建立或改进 EAM 基础设施 • 建立或改进 EAM 产品 改编自 Kudryavtsev 等（2018）： • 设计企业架构（EA） • 构建 EA 利益相关者的理解和参与 • 参与 EA 实施 • 参与 EA 治理
网络安全管理	网络安全是企业为保护其网络资产而采用的人员、政策、流程和技术的组合（Gartner）或网络安全是指保护网络领域中任何事物并从网络攻击中恢复的状态或流程（Busulwa 等，2020）	• 领导或支持网络安全治理（例如，Liu 等，2020；Dutta 和 McCrohan，2002） • 领导或支持网络风险管理（例如，Paté-Cornell 等，2018） 改编自 NIST（2018）： • 领导或支持访问控制管理 • 领导或支持恢复计划管理 • 领导或支持网络安全风险缓解 • 领导或支持安全持续监控

（二）管理者数字化转型和数字化业务胜任力

在某种程度上，酒店管理者对表 7-3 中的数字化胜任力的建立和维持负有责任，他们需要相应的数字技术胜任力，使他们能够管理、领导、监督并为这些能力的发展和维持做出贡献。因此，建议将表 7-3 中的 16 项数字化转型和数字化业务能力转化为 16 项相应的管理者数字化转型和数字化业务胜任力。这些胜任力是从酒店管理者通常在组织能力中扮演的直线管理、领导、监督或其他工作流程优化角色中推断出的，因此，在能力后面加上"管理"或"培养"来创建一个胜任力名称，有助于对酒店管理人员在该能力中的角色相关的知识、技能和能力进行概念化。例如，"数字道德管理"这一管理者胜任力指的是酒店管理者需要的知识、技能和能力，以便有效地管理、领导、监督或促进其直接下属和更广泛组织中的员工道德地使用数字技术。

在表 7-4 中，使用了两个能力示例来显示推断能力的逻辑，以及与这些能力相关的所需知识、技能和能力的一些示例。也就是说，使酒店管理人员能够完成直线管理、领导、监督或他们在建立和维持这两种能力中可能扮演的其他贡献角色的知识、技能和能力。表 7-4 中提供的示例可以适用于表 7-3 中确定的其他数字化转型和数字化业务能力。根据克拉斯沃（Krathwohl，2002）[19] 对 Bloom 分类法的修订，构建了示例的知识、技能和能力。的确，有些能力可能由具有相关技术背景的专业人员直接管理（例如，网络安全管理能力和企业架构管理能力）。然而，即使在酒店管理者对这些能力没有直接管理责任的情况下，他们通常仍然需要参与到与该能力有关的监督、领导或贡献角色中去。例如，在战略领导层面，酒店管理者可能负责监督网络安全管理能力。在所有管理层级，他可能负责领导和管理直接下属遵守网络安全政策和程序，以及为网络安全相关的战略举措做出贡献。与已确定的数字化转型和数字化业务能力相对应的 16 项数字技术胜任力，将增加并扩展现有的酒店管理数字技术胜任力清单，以反映酒店管理人员能够启用或支持其组织数字化转型和数字化业务能力的建立和维持的需求。

[19]　Krathwohl D R. A revision of Bloom's taxonomy: An overview [J]. Theory Into Practice，2002，41（4）：212-218.

表7-4　两个数字化转型和数字化业务胜任力的例子，以及与每种胜任力相关的相应知识、技能、能力

数字化转型或数字化业务胜任力	相应的管理者数字技术胜任力	相应的知识、技能和能力举例
数字创新	数字创新管理	<ul><li>理解数字创新的概念、流程、工具、目标</li><li>应用数字创新概念和实践知识来获取或发展数字创新劳动力胜任力（例如，见 Nylén 和 Holmström，2015）</li><li>理解、评估并跟上数字设备、分销渠道和用户行为的演变（Nylén 和 Holmström，2015）</li><li>理解、应用和评估分布式创新、开放式创新、以网络为中心的创新、共享认知和创新的共同意义建构方法（例如，Yoo 等，2010）</li><li>理解和应用创新集体的概念和实践来管理/帮助/使用创新集体（例如，Nambisan 等，2017）</li><li>理解和应用众包、众筹和数字创客空间的概念和实践，以管理用户或使用相关平台（例如，Nambisan 等，2017）</li><li>分析和评估数字化组合，以便能够制定或支持数字组合配置决策（例如，Warner 和 Wäger，2019）</li><li>理解并应用快速原型概念和实践的知识，以管理、促进和支持快速原型实践（例如，Warner 和 Wäger，2019）</li><li>创建和评估数字创新战略</li></ul>
数字化伦理	数字化伦理管理	<ul><li>理解数字化伦理的概念、流程、工具和目标</li><li>应用数字化伦理概念和实践来促进有效的信息隐私政策、程序、实践的开发和优化（例如，Hajli 等，2020；Bélanger 和 Crossler，2011）</li><li>运用有效的策略、态度和行为来培养数字化伦理文化（例如，Bélanger 和 Crossler，2011；Vial，2019）</li><li>应用数字化伦理概念和实践，以确保员工遵守数字化伦理政策、程序和期望</li><li>分析和评估数字化伦理风险的治理（例如，Vial，2019）</li></ul>

（三）综合框架

本研究构建了一个酒店业数字化转型管理胜任力的综合框架，如图 7-1 所示。与比尔吉汗等人（Bilgihan 等，2014）[20] 的研究结果一致，它表明酒店管理数字技术胜任力可以分为技术性数字技术胜任力和战略性数字技术胜任力。技术性数字技术胜任力是能够使用数字技术工具、方法和技术来执行日常运营管理工作所需的胜任力。例如，一位经理可能需要知道如何使用餐饮软件，以及电子表格软件，以便对餐饮人员进行绩效监控和管理。比尔吉汗等人（Bilgihan 等，2014）将这些胜任力称为"操作性"胜任力，而本研究使用的术语是"技术性"胜任力，因为战略性胜任力也可以具有不是操作性的技术性胜任力要素（例如，理解特定的数字技术如何工作可以是技术性胜任力，也是战略性胜任力——作为理解该数字技术战略意义的先决条件）。

与技术性数字技术胜任力相比，战略性数字技术胜任力是管理者理解和管理战略性技术问题所需的数字技术胜任力，以及能够利用数字技术改变组织在其外部环境中的位置或延长其寿命的能力。例如，像战略信息系统和数字创新管理这样的能力都是战略性数字技术胜任力。技术性数字技术胜任力和战略性数字技术胜任力都可以进一步分为通用的数字技术胜任力和行业特定的数字技术胜任力。这与比尔吉汗等人（Bilgihan 等，2014）的建议一致，即对 IT 应用的关注应该包括通用型应用和行业特定应用。通用型数字技术胜任力是几乎所有行业都需要或使用的管理者数字技术胜任力，也是酒店管理者所需要的。例如，酒店管理者需要精通促进一般管理工作的软件应用程序（例如，像 Microsoft Outlook 这样的电子邮件应用程序）——这是各行各业大多数管理者所必需的通用型胜任力。行业特定的数字技术胜任力是酒店和旅游行业独有的管理者数字技术胜任力（例如，使用 MARSHA 和 Amadeus 等预订系统的能力）。技术性、战略性、通用型和行业特定的数字技术胜任力并置导致了四个独特的胜任力象限（象限 [5]、[6]、[7] 和 [8]）。线条 [9] 描述了胜任力可以在象限 [5] 和 [7] 之间或在象限 [6] 和 [8] 之间存在一个连续统一体中，这样一

[20] Bilgihan A, Berezina K, Cobanoglu C, Okumus F. The information technology（IT）skills of hospitality school graduates as perceived by hospitality professionals [J]. Journal of Teaching in Travel & Tourism, 2014, 14（4）: 321–342.

些胜任力可能会随着时间的推移从一个象限转移到另一个象限，或者在一个象限和另一个象限中都有某些方面的体现。同样，线条[10]描述了胜任力可以在象限[5]和[6]之间或象限[7]和[8]之间存在于一个连续统一体中。胜任力可能会随着技术、行业或一般业务的发展而沿着一个连续统一体不断变化。

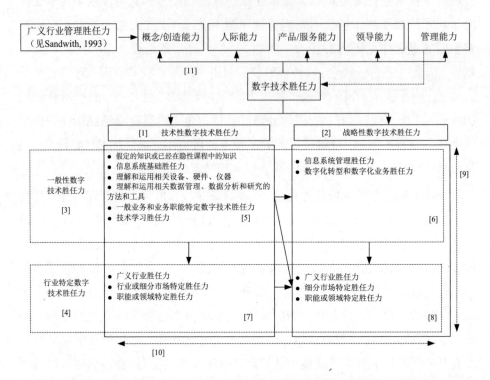

图7-1　酒店业数字化转型管理胜任力的综合框架

象限[5]包含通用型技术性数字技术胜任力的子组，例如信息系统基础胜任力，以及理解和使用相关设备/硬件/装置的胜任力。该象限还包括一般业务和业务职能特定的数字技术胜任力，以及理解和使用数据管理/数据分析/研究方法和工具的胜任力。同时，它包括技术学习胜任力。由于这些技术性胜任力是通用型的，因此可以根据正在进行的管理教育或实践的水平来假设它们的某一方面。例如，酒店管理研究生现在可以被认为已经精通通用的文字处理、电子表格和演示软件，而在进行早期行业数字技术胜任力研究时，情况可能并非如此。然而，即使学生还没有精通这些应用程序，他们也可能因为完成课程必须使用它们而暗暗地成为精通者——曼德巴奇等人（Mandabach等，

2001）[21] 将其称之为"隐性的 IT 课程"。这些类型的胜任力包括在"假定的知识或隐性的课程"的子组中。

象限 [7] 包含行业特定的技术性数字技术胜任力。这些胜任力可能与行业中的大多数部门相关（如子类别"广泛的行业胜任力"所描述的），或仅与行业中的特定部门相关（如"特定部门"子类别所描述的），或仅与特定的酒店和旅游组织职能或领域相关（如"特定职能或领域"子类别所描述的）。这里使用术语"职能"和"领域"来指代专业的酒店和旅游组织部门（单位）或价值创造领域，这些职能或领域的例子包括食品和饮料、客户服务、客房部门、游戏和收入管理等。因此，就职能或领域特定胜任力而言，食品和饮料经理可能需要精通营养分析和配方管理软件——这是食品和饮料领域独有的。而客户服务经理可能需要精通酒店前台软件——这在该领域是独有的。对于不直接管理这些职能或领域的酒店经理来说，职能或领域的特定胜任力仍然是很重要的，尽管有时某些胜任力的优先级可能较低。相反，相关部门之外的经理不太可能需要特定部门的胜任力。象限 [6] 包含通用型战略性数字技术胜任力，其中包括信息系统管理和数字转型以及数字业务胜任力等子组。象限 [8] 包含行业独有的战略性数字技术胜任力。这些可能与整个行业相关，可能仅与特定部门相关，或可能仅与特定功能或领域相关。广泛的行业、特定的部门、特定的职能或领域等胜任力组别，能够对管理酒店和旅游服务或活动的全部多样性所需的独特的数字技术胜任力进行阐明和区分。总共有 22 个不同的胜任力类别（两列胜任力，加上两行胜任力，加上 4 个胜任力象限，加上代表每个象限内胜任力子组的 14 个项目点）。

线条 [11] 将数字技术胜任力与桑德威斯（Sandwith，1993）的管理领域框架中讨论的更广泛的酒店管理胜任力之间的关系概念化。指向每个领域的线条描绘了数字技术胜任力是培养和有效实践更广泛的酒店管理胜任力的催化剂。例如，数字技术胜任力增强了学习和实践领导胜任力和人际关系胜任力的能力。而且，由于数字技术越来越多地成为概念 / 创意产品 / 服务交付和促进管理领域工作流的工具，因此数字技术胜任力对于增强这些领域的胜任力

[21]　Mandabach K H，VanLeeuwen D，Bloomquist P. Hospitality technology education：Student successes in mastering the hidden curriculum [J]. Journal of Hospitality & Tourism Education，2001，13（1）：49-56.

至关重要。桑德威斯（Sandwith，1993）的"行政管理"胜任力的虚线描述了数字技术胜任力可以被视为 Sandwith 行政管理胜任力的一个子集。

表 7-5 显示了现有的和新的数字技术胜任力如何适应集成的数字技术胜任力框架。数字技术胜任力的构成包括来自数码化、数字化和数字化转型演变的一些胜任力。因此，存在一些胜任力重叠。例如，删除病毒和间谍软件与网络安全管理胜任力重叠。本研究认为这些重叠是可以接受的，因为组织在从数码化到数字化再到数字化转型的进化连续体中处于不同的位置。因此，在这些不同的点上，酒店管理人员在组织中有效工作所需的胜任力可能有所不同。例如，在仍处于数码化阶段的企业中，删除病毒和间谍软件可能仍然是经理所需要的胜任力，而在数字化成熟的企业中，经理则需要网络安全管理胜任力。

表 7-5　现有的和新的酒店管理数字技术胜任力如何适应整合的数字技术胜任力框架

	技术性数字技术胜任力	战略性数字技术胜任力
通用型数字技术胜任力	假定知识或隐藏课程中已经存在的知识（引自 Bilgihan 等，2014）：	信息系统管理胜任力
	•解释为什么计算机程序不工作 •使用电子邮件系统（如 Outlook Gmail） •使用文字处理程序（如 Microsoft Word） •使用电子表格程序（如 Microsoft Excel） •使用演示程序（例如，Microsoft PowerPoint） •使用数据库程序（如 Microsoft Access） •承接桌面出版业务 •删除病毒和间谍软件 •在网上购物 •安装计算机软件 •使用网页浏览器（Breiter 和 Hoart，2000） •信息素养（Lowry 和 Flohr，2005）	•理解和应用技术采购和供应商管理概念和最佳实践（例如，Dopson，2005；Rothaermel 和 Alexandre，2009） •理解并应用系统开发生命周期概念和实践（例如，Bilgihan 等，2014；Dopson，2005） •理解、设计、分析和评估战略信息系统 •运用 IT 项目管理知识和最佳实践在 IT 项目团队中有效工作（Dopson，2005）
	信息系统基础胜任力	数字化转型和数字化业务胜任力（对于以下每一项，管理者都应该理解相关概念，并能够应用、分析或评估实践）

续表

技术性数字技术胜任力	战略性数字技术胜任力
认识和理解： 信息系统的目的和设计 信息系统的组件和类型 硬件类型和组件 软件类型（例如，操作和应用软件） 网络类型（例如，Dopson，2005） 系统安全和系统连续性（例如，Dopson，2005） EA基础（例如，Dopson，2005） 新兴技术概念和功能（例如，区块链、边缘计算）	• 数字创新管理 • 数字业务转型战略管理 • 数字业务战略管理 • 数字治理管理 • 数字客户体验管理 • 数字客户参与管理 • 培养适应性/敏捷性/双元性 • 数据分析和数据科学使用管理 • 数字化领导和培养数字化领导力 • 数字技术采用管理 • 企业架构管理 • 网络安全管理 • 数字化伦理管理 • 培育数字文化 • 员工数字化学习管理 • 员工数字化胜任力管
了解和使用相关的设备、硬件和装置	
• 使用通信设备（Breiter和Hoart，2000） • 使用复印设备（Breiter和Hoart，2000）	
一般业务和业务功能特定的数字技术胜任力	
• 一般业务数字技术胜任力，如： 创建、维护或使用不同类型的计算机网络（例如，Bilgihan等，2014） 管理内联网和外联网的使用（Dopson，2005） 有效地使用网站安全和加密（Dopson，2005） 使用相关的工作流管理/共享/协作系统和平台（Dopson，2005） 使用项目管理软件（例如，Microsoft Project）（Bilgihan等，2014）	

续表

技术性数字技术胜任力	战略性数字技术胜任力
使用设计和发布软件（例如，Microsoft Publisher）（Bilgihan 等，2014）	
使用视频录制和编辑工具（Bilgihan 等，2014）	
使用图形绘图程序（例如，Photoshop）（Bilgihan 等，2014）	
• 业务功能特定的数字技术胜任力，如： 开发和更新网站（Dopson，2005；Bilgihan 等，2014）	
通过使用 HTML、Java 脚本、Web 开发软件等设计网页（Dopson，2005）	
使用社交网络工具（例如，博客、维基、Facebook）（Bilgihan 等，2014）	
使用在线营销工具（Bilgihan 等，2014）	
开发程序和机制，在互联网上推出新业务（Dopson，2005）	
管理信息技术，建立市场和客户关系（Dopson，2005，2014）	
分析电子营销方法和影响（Dopson，2005）	
拥有电子商务知识（Kay 和 Moncarz，2004）	
使用基本会计软件（Breiter 和 Hoart，2000）	
使用工资软件（Breiter 和 Hoart，2000）	
理解和使用相关的数据管理、数据分析、研究相关的方法和工具	
• 用计算机分析数值数据（Bilgihan 等，2014）	
• 使用商业智能软件（例如，Cognos、Mirus）（Bilgihan 等，2014）	
• 以有效的方式呈现数据（Bilgihan 等，2014）	
• 进行一般编程（Breiter 和 Hoart，2000）	

续表

	技术性数字技术胜任力	战略性数字技术胜任力
	• 使用互联网获取资源和进行研究（Kay 和 Moncarz，2004） • 报告生成和分析（Mandabach 等，2001） • 应用研究方法和评估工具（Lowry 和 Flohr，2005）	
	技术学习	
	• 应用技术学习策略、工具和实践（Rong 和 Grover，2009） • 应用策略和实践来处理数字技术相关的过载和压倒（例如，Saxena 和 Lamest，2018） • 培养有效的技术学习信念、态度、特征（Rong 和 Grover，2009）	
行业特定的数字技术胜任力	广泛的行业胜任力	广泛的行业胜任力
	• 了解或有能力管理或使用行业、企业管理系统和跨部门通用的 ERP 系统或模块（例如，酒店 Oracle Cloud ERP，Infor 酒店管理解决方案）（Bilgihan 等，2014；Dopson，2005；Kay 和 Moncarz，2004） • 理解或有能力管理或使用系统 / 软件、平台 / 生态系统、硬件 / 设备，这些既是酒店和旅游独有的，又在各个行业广泛使用，例如： 酒店成本控制 / 库存软件（Bilgihan 等，2014） 酒店调度软件（Breiter 和 Hoart，2000） 酒店采购软件（Breiter 和 Hoart，2000） 酒店电子采购系统（Bilgihan 等，2014） 酒店电子分销系统（例如，管理分销成本、旅行社佣金、GDS 费用）（Dopson，2005）	• 了解并评估数字化技术在行业中不断发展的角色 / 用途（例如，Bilgihan 等，2014） • 了解并评估行业中最新的数字化技术趋势（例如，Bilgihan 等，2014） • 了解并评估关键数字化技术问题的行业特定含义（例如，伦理、隐私、网络安全） • 了解并应用不断发展的行业数字化转型 / 数字化业务能力最佳实践

续表

技术性数字技术胜任力	战略性数字技术胜任力
酒店销售点技术（例如，Simphony POS，Flipdish） 酒店物业管理系统（例如，OPERA Cloud PMS） 酒店收益管理系统（例如，IDeaS 和 Infor EzRMS） 酒店分析和报告系统（例如，Oracle 酒店报告和分析）	
部门或细分市场特定胜任力	部门或细分市场特定胜任力
了解并能够管理或使用特定行业或细分市场特有的系统 / 软件、平台 / 生态系统和硬件 / 设备（例如，用于旅游和旅游业的 Rezdy/ Travelfy /Oracle Hospitality Cruise Fleet Management 系统，用于住宿业的 Hotelogix/ MARSHA / Amadeus 系统）	• 评估数字技术在部门或细分市场中的作用（例如，Bilgihan 等，2014） • 了解部门或细分市场中最新的数字技术趋势（例如，Bilgihan 等，2014） • 在部门或细分市场中跟上数字化转型 / 数字化业务胜任力的最佳实践
职能或领域特定胜任力	职能或领域特定胜任力
• 理解并能够使用行业内特定领域独有的系统/软件、平台/生态系统和硬件/设备，例如： 酒店前台应用程序（Mandabach 等，2001） 营养分析软件（Bilgihan 等，2014） 配方应用程序（Mandabach 等，2001） 食品和饮料管理系统 赌场管理系统	• 了解职能 / 领域中最新的数字技术应用（例如，Bilgihan 等，2014） • 了解特定职能 / 领域的数字化转型和数字业务胜任力的含义（例如，客人服务的个性化、客户参与、忠诚度） • 跟上并将最新的数字技术应用于相关职能 / 领域（例如，将 3D 打印应用于食品和饮料以提高甜点制作；使用人工智能来优化客人的舒适度，或者使用虚拟 / 增强现实来进行主要目的地的虚拟旅游）

三、人工智能驱动的服务创新

关于服务创新能力的人工智能研究尚处于萌芽阶段，分散在多个领域，缺乏清晰的概念框架。本书以动态能力观（DCV）为基础，介绍了人工智能驱动的服务创新能力的跨学科观点，将人工智能和服务创新管理研究联系起来，为人工智能驱动的服务创新研究做出贡献。

虽然早期研究人工智能的学者将人工智能定义为制造智能机器的科学和工程，但现代研究人员强调具有程序、算法和系统的智能机器，或者使用算法模仿人类智能的机器，如有监督的、无监督的或强化的机器学习（ML），自然语言处理（NLP），深度学习，机器人流程自动化和基于规则的专家系统。换句话说，机器已经被训练来分析文本、数字、图像、语音和人脸，以实现任务自动化或情境感知的服务解决方案。如今，人工智能指的是经过训练的机器，它们像人类一样收集、分析和处理大量结构化和非结构化数据，以便识别模式、推荐决策和规定场景，而无须事先进行编程。马里亚尼和博尔吉（Mariani 和 Borghi，2023）[22] 利用三因素理论来捕捉人工智能支持的服务运营对客户整体满意度的影响。此外，马里亚尼等人（Mariani 等，2022[23]，2023[24]）提出，人工智能的采用取决于各种经济、技术和社会的驱动因素，并模拟它们对产品、流程、商业模式和社会创新的影响。通常，人工智能的能力依赖于有形（数据、技术）、人力（技术和业务技能）和无形（部门间协调、组织变革能力、风险倾向）资源。然而，学者们主张更大的细微差别，并引入人工智能驱动的服务创新能力更细化的方面，重点关注市场采用、决策制定和成本效益。

人工智能驱动的服务创新不同于一般的信息技术（IT）创新，因为智能机器可以学习、适应和连接以提供服务解决方案。例如，OpenAI 的 ChatGPT 是面向公众的先进的聊天机器人之一，拥有超过 3000 万用户，目前每天的访问

[22]　Mariani M M, Borghi M. Artificial intelligence in service industries：Customers' assessment of service production and resilient service operations [J]. International Journal of Production Research，2023：1-17.

[23]　Mariani M M, Machado I, Magrelli V, Dwivedi Y K. Artificial intelligence in innovation research：A systematic review，conceptual framework，and future research directions[J]. Technovation，2022.

[24]　Mariani M M, Machado I, Nambisan S. Types of innovation and artificial intelligence：A systematic quantitative literature review and research agenda[J]. Journal of Business Research，2023.

量约为 500 万次。这种生成式人工智能提供广泛的服务，包括研究成果汇编、编写代码、头脑风暴、起草营销内容、提供售后服务、自动化销售流程、提供定制服务以及提高客户参与度等。同样，亚马逊 Alexa 是一种人工智能驱动的服务创新，可以使用各种数据输入和 ML 算法进行自我学习，以适应不断变化的客户需求。这种自我学习是由人工智能驱动的服务通过物联网（IoT）与其他对象和各方的连接以及使用社会—网络—物理生态系统共享数据流刺激的。亚马逊仓库中的服务机器人、微软 Azure 的分析解决方案、Salesforce Einstein 的销售解决方案、Oracle 的交易处理和数据仓库服务、IBM Interact 的业务流程服务、H&R Block 的税务准备或 Replika 为客户提供的情感服务都是利用可以学习、连接和适应的人工智能进行服务创新的例子。

人工智能驱动的服务创新主要分为三种类型：机械、思维和感觉人工智能。机械人工智能（mechanical AI）为重复性、标准化和简单的服务解决方案执行常规任务，而思维人工智能（thinking AI）为基于规则的任务提供复杂的解决方案，而感觉人工智能（feeling AI）则满足具有社交和情感成分的交互式服务需求。Huang 和 Rust（2021）[25]认为，"机械人工智能是服务标准化的理想选择，思维人工智能是服务个性化的理想选择，感觉人工智能是服务关系化（个性化关系）的理想选择"。而使用机械人工智能的服务创新只是学习和适应标准化过程，如快餐订购和配送；思维人工智能从数据挖掘和文本挖掘中学习，以识别有意义的模式，如推荐引擎或服务个性化；感觉人工智能从经验中学习，以理解人类情感，并提供关怀和同理心的解决方案。服务创新可以发生在服务蓝图的各个子过程中，包括服务交付、服务创建和服务交互。例如，服务交付过程可以通过机械人工智能加速完成（例如，麦当劳的用户机器人提供食品），思维人工智能用于模式识别（例如，Netflix 或亚马逊的推荐引擎），思维人工智能使用聊天机器人进行服务交互（例如，Alexa, Cortana 或 Siri），这些不同类型的服务创新可以同时发生。根据市场需求，组织可以在服务蓝图中选择特定阶段，引入人工智能驱动的创新，以创造、沟通、传递价值和建立关系。综合各种类型的人工智能，本研究将人工智能驱动的服务创新

[25] Huang M H, Rust R T. Engaged to a robot? The role of AI in service [J]. Journal of Service Research, 2021, 24（1）：30-41.

定义为能够通过机器、人、对象和数据连接的互联网生态系统自我学习、改进和适应以满足客户需求的技术。很明显人工智能将改变服务创新的格局,但迄今为止的学术研究缺乏对人工智能驱动的服务创新能力的战略管理视角的细致指导,这些能力有助于组织的敏捷性和可持续的竞争优势。

(一)创新研究中的动态能力观

动态能力观(DCV)旨在解释在可能导致外部商业环境动态的波动性、不确定性、复杂性和模糊性的背景下竞争优势的产生和维持。激烈的竞争、快速的技术变革、技术动荡、客户偏好的变化或监管变化是导致需要成功创新的环境动态的关键因素。与临时解决问题所引发的变化相反,动态能力以重复性、常规化和可靠的方式转变组织资源和运营能力,遵循进化或创业方法,以响应环境动态改变公司的价值创造机制。最值得注意的是,为了从创新中获得可持续的竞争优势,蒂斯(Teece,2009)[26]强调了管理者采取创业行动的必要性,并建议抓住和转化组织资源,以发现和利用商业机会来获得竞争优势。这与艾森哈特和马丁(Eisenhardt 和 Martin,2000)[27]的观点是一致的,他们强调了在市场动态过程中竞争优势的脆弱性,并因此规定以一种进化的方式重新配置组织的资源基础,以产生一系列暂时的竞争优势。然而,佐罗和温特(Zollo 和 Winter,2002)[28]坚持在操作例程中学习能力的重要性,并主张在环境动态性中重新配置学习模式。动态能力观已被创新研究领域的学者广泛采用。

学者们将动态能力观(DCV)应用于开放式创新、协作、联盟、价值网络和内部开发背景下的技术创新和研发(R&D)、产品创新和开发、流程创新以及服务创新等研究中。组织创新是一个适应不断变化的商业环境的进化

[26] Teece D J. Dynamic Capabilities and Strategic Management:Organizing for Innovation and Growth [M]. Oxford University Press,2009.

[27] Eisenhardt K M,Martin J A. Dynamic capabilities:What are they? [J]. Strategic Management Journal,2000,21(10–11):1105–1121.

[28] Zollo M,Winter S G. Deliberate learning and the evolution of dynamic capabilities [J]. Organization Science,2002,13(3):339–351.

过程。根据动态能力观，研究人员研究了固特异轮胎公司从传统轮胎到子午线轮胎成功演变的产品创新（Smith 和 Tushman，2005）[29]、IBM 从一家领先的计算机制造商成功转型为一家服务公司（Charles 和 Tushman，2008）[30]，以及一家占主导地位的打字机公司 Smith Corona 因其管理者缺乏资源认知而未能解决技术变革（Danneels，2011）[31]。为了通过服务创新来利用竞争优势，组织学习在技术知识库的创造性实施中起着至关重要的作用。此外，企业获取、综合利用知识密集型商业实践的能力，以及开发和应用开发知识资源的有效工具的能力，对于成功的创新至关重要。

　　在日益以服务为中心的经济中，服务创新在保持企业竞争优势方面发挥着关键作用。通过调查一家全球物流公司（DHL）的服务创新过程，普兰格等人（Prange 等，2018）[32] 得出结论，动态能力是随着组织中部署的一系列常规而建立和发展的，并在执行服务创新中发挥关键作用。学者们在新服务开发过程中通过客户参与和共同创造发现了创新的经验证据。哈科萨等人（Khaksar 等，2017）[33] 采用动态能力观对养老服务行业进行了调查，强调了辅助技术在采用以客户为导向的战略开发优质服务中的作用。学者们在新服务开发过程中反复发现了通过客户参与和共同创造来实现创新的经验证据。产品公司或服务导向型公司的服务创新都可能受益于动态能力观的理论基础。然而，在现有文献中，动态能力观似乎缺乏涵盖客户、基础设施和管理能力的视角，以提供机械、思维和感觉人工智能驱动的服务创新。基于动态能力观（DCV）的一些开创性研究如表 7-6 所示。

[29]　Smith W K, Tushman M L. Managing strategic contradictions: A top management model for managing innovation streams [J]. Organization Science, 2005, 16（5）: 522–536.

[30]　Charles A, Tushman M L. Ambidexterity as a dynamic capability: Resolving the innovator's dilemma [J]. Research in Organizational Behavior, 2008（28）: 185–206.

[31]　Danneels E. Trying to become a different type of company: Dynamic capability at Smith Corona [J]. Strategic Management Journal, 2011, 32（1）: 1–31.

[32]　Prange C, Bruyaka O, Marmenout K. Investigating the transformation and transition processes between dynamic capabilities: Evidence from DHL [J]. Organization Science, 2018, 39（11）: 1547–1573.

[33]　Khaksar S, Shahmehr F S, Khosla R, Chu M T. Dynamic capabilities in aged care service innovation: The role of social assistive technologies and consumer-directed care strategy [J]. Journal of Service Marketing, 2017, 31（7）: 745–759.

表 7-6 基于 DCV 的一些开创性研究

研究焦点	研究学者	主要发现
服务创新中的动态能力	Khaksar 等（2017）	提供了一个概念模型，阐明了辅助技术在促进服务创新过程中的作用，在老年护理服务组织中采用以客户为导向的护理策略原则
数字平台生态系统创新	Helfat 和 Raubitschek（2018）	动态能力，如感知能力、环境扫描和创新能力，对于平台通过生态系统编排获取价值的综合能力是必要的
产品和流程创新	Hullova 等（2019）	作者为新产品和流程开发项目组合的有效管理确定了产品和流程创新的关键交织能力和相关活动
服务创新对新产品开发的影响	Chen 等（2016）	基于服务导向型组织的经验证据，该文章得出了高市场动荡和高市场连接能力的结合可以提高新产品开发绩效的结论
技术和业务领域的能力	Chatterjee（2017）	作者发现，在技术和业务领域的人力资本投资有助于企业在全球软件服务行业中建立卓越的能力并保持较高的利润
数字服务化的敏捷共同创造过程	Sjödin 等（2020）	该研究建议采用敏捷方法进行微服务创新，以管理数字服务化中的价值共同创造
数据分析能力和敏捷性	Ghasemaghaei 等（2017）	作者发现，使用数据分析可以完善决策制定，从而提高敏捷性。基于从 IT 专业人员那里收集的数据，作者将数据分析确定为一种低阶动态能力
感知机会的信息系统	Roberts 等（2016）	作者发现，创新而非常规地使用信息系统与创新思想的数量和多样性有关，这种关系受组织自主性和创新性的调节
组织敏捷性的解释和预测模型	Felipe 等（2016）	本研究认为信息系统能力（ISC）是组织敏捷性的前提，而吸收能力是组织敏捷性的中介，组织敏捷性被认为是一种关键的动态能力
在生态系统中保持卓越绩效	Kapoor 和 Agarwal（2017）	利用 iOS 和 Android 智能手机软件开发者的证据，该理论框架解释了生态系统的结构特征和进化特征对维持卓越绩效的影响

资料来源：Akter 等（2023）[34].

[34] Shahriar Akter, Md Afnan Hossain, Shahriar Sajib, et al. A framework for AI-powered service innovation capability: Review and agenda for future research [J]. Technovation, 2023.

（二）人工智能驱动的服务创新和动态能力观的应用

在环境动态性的背景下，新服务开发或服务创新包括知识密集型的、技术驱动的、通过客户参与共同创造的价值创造过程。在当前数据驱动的商业环境中，人工智能、大数据和物联网等创新技术在促进服务创新和敏捷性方面具有巨大潜力。人工智能应用程序具有解释从外部环境获得的数据的能力，并可以通过从数据中学习来适应。学者们强调了人工智能技术的创新和变革潜力，从根本上改变制造公司服务化工作中的创造、交付和价值获取过程，改变新产品和商业模式开发过程，丰富决策过程和使用数字平台的人类互动，并通过使用服务机器人进行人工智能驱动的服务创新，提高生产率和销售增长率，降低成本。

Chen 等人（2016）[35] 发现，在市场动荡期间，高市场连接能力和服务创新正向影响新产品开发能力，从而产生卓越的响应能力。来自软件行业的实证研究结果表明，为了获得更高的利润，要有目的地投资于技术和业务领域能力范围内的人力资本，以获取更好的收益（Chatterjee，2017）[36]。在当前的商业环境中，人工智能在商业实践中的快速采用有力支持了班陶和雷伯恩（Bantau 和 Rayburn，2016）[37] 的研究发现，即先进的信息技术可以在服务的研究、开发、设计和创新中发挥有价值的作用。班陶和雷伯恩（Bantau 和 Rayburn，2016）展示了技术在一线服务创新中的促进和变革作用，这在酒店业采用人工智能服务机器人中是显而易见的。百兰什等人（Belanche 等，2020）[38] 进一步确定了机器人设计、客户特征和服务遭遇特征是服务机器人被客户采用的关键因素。事实上，管理者需要认真考虑人工智能驱动的服务

[35]　Chen K H, Wang C H, Huang S Z, Shen G C. Service innovation and new product performance: The influence of market-linking capabilities and market turbulence [J]. International Journal of Production Economics, 2016（172）: 54-64.

[36]　Chatterjee J. Strategy, human capital investments, business-domain capabilities, and performance: A study in the global software services industry [J]. Strategic Management Journal, 2017, 38（3）: 588-608.

[37]　Bantau G, Rayburn S W. Advanced information technology: Transforming service innovation and design [J]. Service Industries Journal, 2016, 36（13-14）: 699-720.

[38]　Belanche D, Casaló L V, Flavian C, et al.Service robot implementation: A theoretical framework and research agenda[J].Service Industries Journal, 2020, 40（3-4）: 203-225.

创新,因为博尔吉和马里亚尼(Borghi 和 Mariani,2021)[39]发现,与人类相比,与服务机器人互动时,客户参与度和满意度都有所提高。此外,皮莱等人(Pillai等,2021)[40]解释了采用人工智能工业机器人的关键预测因素,如感知利益、感知兼容性、外部压力和供应商支持。人工智能驱动的服务创新通过提高大数据分析、机器学习、自然语言处理等技术所促进的组织敏捷性,以及产生竞争优势的市场联系和管理能力,从而产生积极的绩效结果。数据分析和敏捷性之间的积极联系得到了很好的证明,因为数据分析增强了决策,这与费利佩等人(Felipe等,2016)[41]的研究发现相一致,他们得出结论,信息系统能力(ISC)是组织敏捷性的关键先决条件。亚伯朗斯基(Yablonsky,2020)[42]提出了人工智能成熟度模型框架,认为人工智能、大数据和人机关系的结合提高了人工智能的成熟度,并纳入了人工智能驱动平台的概念,以支持创新价值链。

蒂斯(Teece,2014)[43]建议数据驱动型组织发展动态能力,在动荡的市场中适应和创新。先前的研究提供了经验证据,证明动态组织能力对成功的大数据计划有积极影响,这些计划能够创造与业务相关的知识,为业务生态系统增加价值、提高绩效,从而在动态市场中保持竞争优势。然而,尽管企业越来越多地采用人工智能驱动的服务,但现有文献很少为有效的人工智能驱动的服务创新提供理论基础,人工智能驱动的创新管理的系统过程需要学术关注。

斯约丁等人(Sjödin等,2020)[44]强调了制造业组织在其商业模式中有效吸收和扩展人工智能能力所面临的挑战。此外,尽管人们普遍认可商业智

[39] Borghi M, Mariani M M.Service robots in online reviews: Online robotic discourse[J].Annals of Tourism Research, 2021.

[40] Pillai R, Sivathanu B, Mariani M, et al. Adoption of AI-empowered industrial robots in auto component manufacturing companies [J]. Production Planning & Control, 2021, 33(16): 1517-1533.

[41] Felipe C M, Roldan J L, Leal-Rodriguez A L.An explanatory and predictive model for organizational agility[J].Journal of Business Research, 2016, 69(10): 4624-4631.

[42] Yablonsky S A. AI-driven digital platform innovation [J]. Technology Innovation Management Review, 2020, 10(10): 4-15.

[43] Teece D J. The foundations of enterprise performance: Dynamic and ordinary capabilities in an (economic) theory of firms [J]. Academy of Management Perspectives, 2014, 28(4): 328-352.

[44] Sjödin D, Parida V, Kohtamäki M, et al. An agile co-creation process for digital servitization: A micro-service innovation approach [J]. Journal of Business Research, 2020(112): 478-491.

能数据分析带来的商业机会，但利用这些机会的有效方法需要进一步探究。同样，百兰什等人（Belanche 等，2020）阐明了实施服务机器人的优势，强调了对人工智能支持的一线服务创新研究的稀缺性。班陶和雷伯恩（Bantau 和 Rayburn，2016）也注意到缺乏对技术在一线服务设计和创新中的应用的研究，并主张未来的研究调查先进技术在服务创新举措中的使用。人工智能驱动的一些开创性研究如表 7-7 所示。

表 7-7　人工智能驱动的一些开创性研究

研究焦点	研究	主要发现
人工智能驱动的数字平台技术栈（technology stack）	Yablonsky（2020）	通过人工智能、大数据和数据驱动的人机关系相结合，为创新价值链和提高人工智能成熟度提供多维人工智能平台框架
数字服务化中的人工智能	Sjödin 等（2020）	作者对 6 家领先制造商的人工智能实践进行了实证分析，并揭示了人工智能民主化、数据管道、算法开发等重要的人工智能能力
服务机器人和人工智能	Belanche 等（2020）	一个由机器人设计、客户特征和服务遭遇特征组成的三部分框架，指定了每个类别中需要一起分析的因素，以确定它们的最佳适应性
在线评论中的服务机器人	Borghi 和 Mariani（2021）	作者调查了服务机器人在酒店业的使用情况，揭示了有关服务机器人的评论包含独有的特征
服务创新与设计前端	Bantau 和 Rayburn（2016）	本文构建了研究命题，以揭示技术如何促进和转化服务创新和设计
市场营销中人工智能的系统文献综述	Mariani 等（2021）	在系统文献回顾的基础上，作者阐述了计算逻辑、神经网络、机器学习、语言分析、大数据和机器人是市场营销中人工智能研究的重要主题
汽车行业中人工智能驱动的工业机器人的采用	Pillai 等（2021）	研究结果调查了人工智能工业机器人（InRos）的采用情况，并发现感知兼容性、感知收益、外部压力和供应商支持是采用 InRos 意图的关键预测因素
人工智能驱动的创新	Dennehy 等（2022）	作者强调了设计和开发人工智能驱动的创新的挑战，因为在解决具有挑战性的社会问题时，在以人为中心和以机器为中心的活动之间建立一个有效的桥梁是很复杂的

资料来源：Akter 等（2023）.

四、人工智能驱动的服务创新能力框架

基于现有文献，本研究提出一个人工智能驱动的服务创新能力框架，包括人工智能市场能力、人工智能基础设施能力、人工智能管理能力三个维度。

（一）人工智能市场能力

人工智能驱动的市场能力包括使用不同的人工智能方法，如客户导向、行业导向和跨职能整合，以便更好地了解消费者，并将这些方法应用于公司的营销应用。由于计算能力的提高、计算成本的降低、大数据分析的使用以及机器学习算法的应用，人工智能正变得越来越重要，这些算法有助于更深入理解市场和战略营销能力。在人工智能作为竞争优势推动者的背景下，研究市场适应性的三个主要组成部分，即客户导向、行业导向和跨职能整合之间的关系。

1. 顾客导向

在人工智能营销能力的背景下，以客户为导向意味着更好地了解消费者的需求和使用人工智能流程的期望，并将其应用于营销计划和业务流程。了解客户需求对企业成功和保持竞争优势至关重要。人工智能在解决营销问题、理解客户心理反应以及解决管理和战略问题方面的重要性正在迅速提高。当基于人工智能的解决方案在设计时考虑到客户的需求，结果是创造出卓越的产品和服务。例如，正是以客户为导向的方法推动了人工智能客户服务的发展，比如社交机器人的问候，以及提供聊天机器人等客户服务的会话人工智能。为了支持这一观点，CXPA（2018）[45] 的一篇论文断言，当 AI 嵌入整个客户旅程之中时，实施组织可以获得显著的收益。它包括使用预测分析，帮助设计目标客户期望的产品和服务。人工智能对客户导向的关注也有助于利用重要数据，为客户提供了解不同产品的机会，并与竞争对手的产品进行比较，以促进更好的决策。以客户为导向方法的另一个意义是，人工智能设计有助于跟踪客户不满的迹象，从而开发个性化的客户服务。它还规定通过启用业务系统

[45]　CXPA. Artificial intelligence（AI）an introduction: What every customer experience professional should know [EB/OL].https: //www.cxpa.org/HigherLogic/System/DownloadDocumentFile.ashx?DocumentFile Key =f6cc83e5–67f9–ec0 7–450c–e336cf8e1a76.

来建立适当的客户支持，具体目标是提高客户满意度。只有当组织在设计人工智能市场能力时采取以客户为导向的方法，这些能力才有可能实现，从而获得竞争优势。人工智能中客户导向的另一个例子可以在社交媒体平台中找到，其中自动提取和分析 Twitter 等社交媒体平台上的数据和信息，以确定客户需求并有效地为他们提供服务。因此，可以得出结论，当企业在设计人工智能功能时如果能够嵌入以客户为导向的方法，他们可以更好地了解客户的需求，从而获得竞争优势。

2. 行业导向

人工智能在增强竞争优势方面可以强调的另一个变量是行业导向。人工智能的行业导向是指人工智能在行业解决方案、技术和功能中的应用，从而使整个行业价值链变得智能化。这推动了创造性行业应用的发展，从而提高了行业的财务指标和可持续性。通过专注于面向行业的解决方案，人工智能有能力提高关键绩效指标，如资产效率、流程和产出质量、新产品开发和创新，以及提高员工生产力。面向行业的人工智能能力的一个例子是预测性维护的使用，其中基于制造和组件的监控被设计用于跟踪和分析基础资产的绩效，以及机械的健康和状态。行业导向方法中部署的人工智能技术包括语音识别、自然语言处理、群体智能、跨媒体智能、大数据能力等。通过在不同的行业应用中实施这些能力，不仅可以增强产业价值链，还可以增强自我感知、决策、组织、自治和控制等方面的优势。所有这些功能都有助于企业实施人工智能流程，以了解行业需求，获得竞争优势，并实现可持续增长和发展。例如，印度一家食品科技公司利用行业导向的人工智能开发了一款机器人制茶机 Arya，它可以使用人工智能和物联网定制茶叶。同样，亚马逊推出了 Prime Air 服务，以实现服务和交付流程的自动化，这有助于满足行业的独特需求，并保持公司的竞争优势。因此，保持行业需求和最前沿的解决方案，人工智能的利用有能力支撑突破性的创新、产品和服务，这不仅增强了现有的营销能力，实现了竞争优势，还带来了行业的革命。

3. 跨职能整合

跨职能整合意味着在人工智能的帮助下,来自业务中不同职能和学科的人员之间的协作,以提供卓越的营销成果。传统上,数据管理系统不是为跨职能使用而设计的,因为它们基于特定的过时的流程和可能过时的员工技能,并且没有规划用于在集成的工作环境中操作。然而,人工智能加速了利用跨职能团队的可能性,因为可以整合不同的技能和观点来开发和实施解决方案。这种协调和协作成为竞争优势的来源,因为它们促进了不同组织部门之间的卓越协调,从而提高了组织的整体效率。在业务中使用人工智能,运营和分析团队可以协同工作,以符合组织的优先级。随着人工智能的广泛采用,整个组织的员工可以享受更强的判断力和直觉力,智能地利用算法的建议来实现更好、更快的决策,这是人类或机器孤立工作所无法做到的。

医疗保健行业提供了使用人工智能增强跨职能网络和集成的优秀示例。通过利用人工智能技术的能力,医疗卫生服务可以实现增强的联网、临床服务的互操作性、实验室功能,从而提高公共卫生系统的效率,并最终实现对患者的有效护理。

人工智能有能力将不同的数据汇集在一起,并为跨职能团队创建用户友好且高度可用的可视化,从而实现战略工作和高效决策。此外,由人工智能驱动的跨职能集成可以促进整个组织的可用和负担得起的扩展,以增强竞争优势。跨职能整合中的人工智能目前被不同行业部门的许多组织使用,以获得关键优势。例如,The Center For Creative Leadership 使用数据来识别在领导力发展活动中与种族、性别等相关的偏见(Crunchbase News,2021)[46]。通过利用这些数据,可以缓解社会不平等等问题,从而提高组织的声誉,最终获得竞争优势。同样,通过实施人工智能来促进跨职能可以在许多工业和非工业领域实现,以提高性能和市场竞争定位。

命题1:由客户导向、行业导向和跨职能整合组成的人工智能市场能力将极有可能影响人工智能驱动的服务创新能力。

---

[46]　Crunchbase News. AI gives cross-functional teams the insight to excel[EB/OL].https: //news.crunchbase. com/news/ai-cross-functional-teams-mark-tice-sy mphonyai/.

（二）人工智能基础设施能力

人工智能基础设施能力是指确保稳健可靠流程的组织能力，以利用数据、模型开发和人工智能生态系统能力，在社会技术空间内实现人工智能驱动的服务交付。

1.数据能力

在当前数据驱动的商业环境中，数据是成功的人工智能服务创新的关键因素，因此与数据相关的能力具有非常重要的意义。斯约丁等人（Sjödin等，2020）基于领先制造企业人工智能驱动的服务化计划的经验证据，将数据能力以及算法开发和人工智能民主化确定为关键的人工智能能力。制造和服务组织在大数据环境中采用预测信息学以促进决策支持系统的适应能力对于开发创新性服务产品至关重要。斯通和王（Stone和Wang，2014）[47]强调利用任何类型的数据，通过数据驱动的创新来促进价值创造的重要性。

为了便于获取大容量数据，莱寇等人（Lyko等，2016）[48]建议安装由高效数据仓库工具支持的数据处理管道来处理低价值数据，并避免在整个过程中丢失任何数据。由于数据的多样性本质，公司的大数据平台应该吸引所有可能的数据源，而不需要评估数据质量。因此，大数据环境允许从任何来源获取数据，从完全非结构化的来源，如博客、社交媒体、视频数据等，到完全结构化的来源，如交易、人口统计数据或机器数据。阿克托尔等人（Akter等，2020）[49]指出，公司已经在使用数据导向技术从客户那里访问和获取数据，并且物联网（IoT）具有基于下一代技术获取细粒度数据的卓越能力。通过部署传感和监控能力，物联网可以从网络中连接的众多设备或对象中捕获大量异构和多样化的数据。在如此大量数据的情况下，机器学习技术可以在促进数据驱动型创新方面发挥关键作用。组织应保持数据获取的开放性，并考虑数据获

[47] Stone D, Wang R. Deciding with Data-How Data-Driven Innovation Is Fuelling Australia's Economic Growth, 2014.

[48] Lyko K, Nitzschke M, Ngomo A. Big data acquisition [M]//New Horizons for a Data-Driven Economy. Springer, 2016.

[49] Akter S, Michael K, Uddin M R, et al. Transforming business using digital innovations: The application of AI, blockchain, cloud and data analytics [J]. Annals of Operations Research, 2020.

取和聚合来源以及与其功能和商业模式相一致的相关技术。最后，服务组织需要密切关注新兴的数据科学，以发展支持人工智能服务创新所需的人才库。

2. 模型开发能力

机器学习（ML）这个术语是由 Arthur Lee Samuel 于 1995 年提出的，用来设想计算机应用程序可以在没有明确编程的情况下执行任务。ML 是开发基于 AI 的工具和应用程序的关键方法。利用强大的算法（如强化学习）、数学模型（如支持向量或贝叶斯网络）、统计学原理和规则来创建跨训练数据集的变量或特征与结果之间的关联，ML 模型可以按照有监督或无监督学习模型执行任务。机器学习技术可以应用于大数据，以发现精确的市场细分。目前，基于机器学习的应用已经发展到深度学习和实时机器学习，具有卓越的分类和构建客户档案的能力，可以为最终客户提供重要的价值。例如，普利司通（Bridgestone）提供了一种数据驱动的方法，通过将汽车制造商和驾驶员的数据与他们自己的数据相结合，来预测客户车辆维修或保养的精确时间。这种预防性方法激励车主以积极主动的方式访问店面，从而为客户和公司带来卓越的价值。机器学习技术的多样性有助于技术人员和科学家应对广泛的社会经济挑战。

机器学习方法大致分为监督学习和无监督学习。建立统计模型并应用逻辑回归、线性回归和神经网络等算法，监督学习可用于估计或预测一个或多个输入后的输出。机器学习方法可以将监督学习模型应用于大数据以及许多创新性的基于人工智能的服务的分析应用，包括语音识别、网络搜索、推荐引擎等。在无监督机器学习中，机器可以通过处理未标记的数据来学习，以发现没有明确定义的输出变量的数据的潜在结构。机器学习的利用需要拥有大量的数据，这些数据由卓越的计算能力支持，以提供预期的结果。

为了利用机器学习的优势，与传统模型相比，由于可解释性的变化，管理人员需要小心处理采用机器学习应用程序的潜在挑战。ML 模型有可能对受保护和未受保护的群体造成不利结果，因为输入变量和输出特征之间缺少关联会导致有偏差的结果，没能在群体层面产生平等的结果或由于相关性学习不足（例如，推荐引擎）而导致两极分化。尽管学习了大部分数据点，但在 ML 模型性能不足的情况下，ML 模型会表现出差异。此外，由于反事实数据和潜在盲点导致的强化学习背景下的公平性问题会对项目发现产生负面影响。管理人员应该意识到偏差和负面结果的可能性，并应仔细执行方差和偏差权衡，以优化机器学习模型的性能，并在错误分析后修改机器学习模型架构和输入特征。

3. 人工智能生态系统能力

人工智能生态系统包括必要的网络物理基础设施，由高速计算能力、强大的硬件和应用程序推动，以有效利用大数据和机器学习模型。在大数据生态系统中，存储和检索为数据管理平台提供了必要的基础设施，该平台允许高级分析工具在大数据环境中运行，能够适应和集成未纯化数据的变化速度、多样化和大容量。数据存储策略应与数据创新的感知商业价值保持一致，并根据合规性要求进行规划。云计算提供了一个强大的架构，是一个使用户能够访问云资源和部署并行数据处理支持的应用程序。通过集成计算实用程序及一套全面的计算、存储和基础设施，云服务为创新提供了一个有吸引力的环境。

为了加速对大容量数据的处理，可以利用地图约简（map reduction）等科学计算模型，并通过跨服务器集群的并行化来实现。由 Hadoop 分布式文件系统或数据湖等尖端技术支持的统一开源环境有助于简化大型和多样化数据集的管理，以应对数据分析技术的发展。强大的人工智能生态系统支持云数据驱动的智能自助服务系统，并为服务创新提供系统框架，例如，为数字零售客户创造卓越的虚拟购物体验。最后，赫尔法特和罗比斯切克（Helfat 和 Raubitschek，2018）[50] 强调了数字平台的平台领导力和综合能力，通过必要的动态能力（如传感和创新能力）来协调生态系统，以获取价值。在人工智能驱动的服务创新背景下，生态系统能力促进了成功的协同进化，从而实现了卓越的敏捷性。

命题 2：由数据、模型和生态系统组成的人工智能基础设施能力将极有可能影响人工智能驱动的服务创新能力。

---

[50]　Helfat C E, Raubitschek R S. Dynamic and integrative capabilities for profiting from innovation in digital platform-based ecosystems [J]. Research Policy，2018，47（8）：1391-1399.

（三）人工智能管理能力

1. 人工智能伦理

尽管人工智能被认为是未来的潮流，因为它有可能对社会产生重大影响，但这些影响是积极的还是消极的，存在很大的不确定性。考虑到人工智能的应用与伦理实践之间的重要联系，许多组织现在都在提出促进对社会有益的人工智能的伦理原则。虽然这些关于人工智能伦理的单独法律和原则的倡议得到了监管组织的赞赏，但有人担心这些原则可能是模糊和肤浅的（Hagendorff，2020）[51]。此外，许多拟议的原则令人困惑，因为各部门和地区之间存在重大差异。同时，"伦理"概念涵盖了社会和政治两个层面，因此，人工智能伦理包括人工智能的心理、社会、环境和政治影响。然而，由于人工智能伦理原则主要以行业为中心，相对于更广泛的社区，一般的伦理，特别是人工智能伦理，没有机制来支撑自己的规范性主张。事实上，大多数原则不足以对抗有关人工智能对人类的潜在威胁。根据卡洛（Calo，2017）[52] 的说法，没有为人工智能行业制定有效的跨部门伦理准则是一个严重的疏忽。另一个问题是声称或相信科学和工业的内部自治有能力处理为广泛的企业和行业提供服务的人工智能系统。现有文献中讨论了在信息系统研究中实践伦理的一系列方法，如伦理学方法、价值敏感设计（VSD）方法、ETICA 方法、话语伦理学方法、披露伦理学方法、伦理影响评估方法、人类驱动设计或检查表方法。然而，这些框架并不直接适用于人工智能，因为人工智能不同于一般的信息系统，因为它具有学习、连接和适应的能力。同时，这些方法的应用受到用户视角的显著影响。从恶意使用的角度来看，人工智能的主要用户之一是军队，特别是在网络战和管理无人机方面。除军事外，政府还在各种活动中使用人工智能设施，包括自动宣传、侦察、身份识别和强化审讯等。由于人工智能系统与人类的关系密切，因此需要更仔细地考虑制定有效的人工智能伦理原则。在这方面，弗洛里迪和考尔斯（Floridi 和 Cowls，2019）提出了人工智能伦理的五项核心原则，重点

[51]　Hagendorff T. The ethics of AI ethics: An evaluation of guidelines [J]. Minds and Machines, 2020, 30（1）: 99-120.

[52]　Calo R. Artificial Intelligence policy: A primer and roadmap [J]. University of California, Davis Law Review, 2017（51）: 399.

是善行（人的尊严、福祉和保护地球）、非恶意（信息隐私和安全）、自主性（决策权）、公平（避免不公平和促进繁荣的无偏见人工智能）和可解释性（透明度和问责制）。尽管这些原则似乎具有广泛的适用性，但组织应该纳入"地理上、文化上和社会上更加多样化的观点"（Floridi 和 Cowls，2019）[53]，接受伦理对人工智能驱动的服务创新的影响。毫无疑问，在缺乏任何有意义的道德框架的情况下，对此类创新的道德监管对于保护利益相关者至关重要。在此背景下，道德型领导和负责任的人工智能管理可以在培育人工智能服务创新的成长和发展中发挥重要作用。

2. 人工智能方向

管理人员需要能够根据市场需求适当地部署人工智能。尽管人们普遍认为约翰·麦卡锡（John McCarthy）在 1955 年引入了"人工智能"一词，但随着强大的计算技术的出现，它在商界和学术界的吸引力、应用近年来迅速提高。人工智能工具的市场导向已被证明能够为企业产生卓越的绩效。人工智能是分析的高级版本，可以增强公司以市场为导向的分析能力和绩效。今天的商业环境比以前更为动态，客户需要实时的解决方案。因此，通过渐进式分析或人工智能指导，公司可以更快地确定客户可能会购买什么，并实时向买家部署个性化促销。AI 的未来方向可以基于两个参数：机器学习和深度学习。如前所述，机器学习与传统软件的不同之处在于，它从示例中学习，而不是针对特定结果进行明确修改。推动这种成功的算法依赖于利用神经系统的深度学习。深度学习过程比机器学习具有显著优势，它利用了更丰富的信息索引。亚马逊的 Alexa 对话使用了一种深度学习方法，从对话的方向预测潜在的客户目标。另一个例子是在线时尚零售商 ASOS，它使用机器学习系统来学习购物者过去的购买行为和退货行为。

3. 组织学习

创新和学习之间有着密切的联系，组织学习被认为是通过认知、行为和文化观点等不同方法获得竞争优势的重要因素。尽管存在差异，但大多数研究

---

[53]　Floridi L，Cowls J. A unified framework of five principles for AI in society [J]. Harvard Data Science Review, 2019, 1（1）: 1-15.

强调组织学习是一个知识发展的过程。例如，Tsang（1997）[54] 和 Patky（2020）[55] 将组织学习定义为"通过过去的行动、这些行动的影响和未来的行动之间的联系来发展组织知识基础和见解的过程"。由于适应先进的技术，包括人工智能和机器人技术，需要更高的能力，从最高管理层以下，管理者需要为每个人提供更好的组织学习设施。考虑到这种持续的需求，现在有各种基于工作的学习课程可供选择，包括在线和面对面甚至混合学习平台。另外，大学也聘请外部专家为这些学习设施开发模块内容。这些举措正在从管理和学术的角度重塑学习设施，包括组织和个人学习者使用分析法来跟踪他们的进步的能力。在这种新的学习环境中，先进的技术正在支持这些技术的发展。例如，人工智能现在正在助力企业和学术机构的教育。同时，其他设施也可以帮助人工智能产生更有效的结果，如专家的可用性和更高质量的数据存储。定期为这些先进技术部署组织学习平台，而不是作为临时计划，也是至关重要的。因此，组织的学习环境应该有一种测试中学习（test-and-learn）的思维方式，员工甚至可以从自己的失败中学习。这也会给组织带来一些间接的好处，因为这样的错误将被视为学习的来源，对失败的恐惧将大大降低，从而培养一种有利于创新的组织氛围。此外，组织学习环境在与跨职能团队一起使用时更有效："人工智能在由跨职能团队开发时具有最大的影响，这些团队具有多种技能和观点"（Fountaine 等，2019）[56]。跨职能方法也将确保组织从人工智能创新中获得最佳收益。在这种学习环境中，运营人员将能够识别现有的挑战和未来的需求，而创新人员将能够专注于解决方案和创新。这需要一系列可能失败的实验，然而，从早期试验中获得经验几乎肯定会为该组织未来的效率做好准备。因此，为了从人工智能创新中获得最大的收益，创造一个高效、积极的组织学习环境是非常重要的。

命题3：由人工智能伦理、人工智能导向和组织学习组成的人工智能管理

[54]　Tsang E. Organizational learning and the learning organization：A dichotomy between descriptive and prescriptive research [J]. Human Relations，1997，50（1）：73–89.

[55]　Patky J. The influence of organizational learning on performance and innovation：A literature review [J]. Journal of Workplace Learning，2020，32（3）：229–242.

[56]　Fountaine T，McCarthy B，Saleh T. Building the AI-powered organization [J]. Harvard Data Science Review，2019，97（4）：62–73.

能力将极有可能影响人工智能驱动的服务创新能力。

总体而言,有助于形成人工智能服务创新能力的组成部分可能会增强企业的持续敏捷性和竞争优势。基于人工智能的分析应用使企业能够对客户购买行为进行实时预测,并自动向目标客户发送数字报价。大型企业已经在部署高级分析,以获得对预测、检测和解决方法的卓越见解,以追求创新和竞争优势。人工智能和数据分析由一组工具和技术组成,通过定量分析来解释、提取和思考信息,以帮助商业决策、解决业务问题、创造商业机会。因此,为了产生敏捷性和竞争优势,企业应该通过应用人工智能驱动的创新能力来提高绩效。

五、意义和启示

(一)酒店业数字化转型管理胜任力综合框架的意义与启示

本研究整合了来自三个不同研究学科(酒店和旅游、信息系统和管理)的相关发现,以扩大行业所需的管理者数字技术胜任力的组成,即通过增加数字化转型/数字业务相关数字技术学习相关的胜任力。这种数字技术胜任力的扩展解决了酒店管理数字技术胜任力与数字化颠覆所需要的数字化转型和数字化业务胜任力之间的一些令人担忧的脱节。如果不加以解决,这种脱节可能会阻碍关键的酒店管理数字技术胜任力文献的进展,从而有可能会限制该行业有效应对数字颠覆的能力。本研究开发了一个更广泛、更细化的框架来指导管理者所需的数字技术胜任力的解释和使用,该框架由足够多的类别和子类别组成,以匹配所有现有的胜任力以及新的胜任力(参见表7-5)。同时,该框架提出了数字技术胜任力内部的相互关系,以及数字技术胜任力与更广泛的酒店管理胜任力之间的相互关系。例如,该框架显示了有助于培养所有其他数字技术胜任力的通用型技术性胜任力,以及帮助培养广泛的行业,部门、领域或职能特定的战略性数字技术胜任力的通用型战略性数字技术胜任力。了解这些相互关系对安排和搭建学习活动具有重要意义。

该管理者数字技术胜任力框架可以在两个方面对课程设计有益。首先,它阐明了所需的数字化转型和数字化业务胜任力。这使课程设计者能够考虑哪些胜任力已经在课程中反映出来或者还需要在课程中反映出来，这对于确保课程为数字化业务转型做好准备至关重要。其次，该框架通过将所需的数字技术胜任力整合到一个框架中，提供了所需数字技术胜任力的集成视图。在这样做的过程中，它为理解未来确定的数字技术胜任力的适合性和重要性提供了一个灵活的视角。通过澄清哪些数字技术胜任力可以被认为是假定的知识，或者已经隐含在隐藏的课程中，该框架可以帮助决策制定哪些胜任力需要精心设计到课程中，哪些不需要。通过在技术性胜任力和战略性胜任力之间进行划分，该框架为设计特定的数字技术胜任力提供了指导（例如，它意味着战略性胜任力应该设计到研究生课程或单元中，并且它们可以包括在信息系统管理课程或战略管理课程中）。该框架还可以更容易地确定课程中胜任力先决条件以及与胜任力相关概念的顺序（例如，在涵盖行业特定的战略性数字技术胜任力之前，学生可能需要了解通用型战略管理的概念和通用型战略性数字技术胜任力概念）。

通过对通用型胜任力、行业特定胜任力、部门胜任力以及职能或领域特定胜任力进行划分，该框架使教育工作者能够灵活地选择课程授课人员（例如，通用型胜任力可以整理成由不具备行业知识的教师讲授的课程）。最后，通过将所有新的和现有的胜任力分类为 22 个不同的组，该框架使课程设计者能够更好地在学位或课程中进行有针对性的培养或强调特定组别的胜任力（例如，为特定行业部门培养毕业生的学位 / 课程可能侧重于强调该部门特定的数字技术胜任力，而培养总经理或行业顾问的课程可能会强调战略性胜任力）。综上所述，这些好处为课程设计者提供了一个扩展的、综合的和更具体的理解，即如何将数字技术胜任力纳入课程，在哪里纳入这些胜任力，以及如何利用它们来加强更广泛的酒店管理胜任力的发展。

对于管理实践，该框架可以评估所有层级的管理团队之间的数字技术胜任力分布（例如，它可以用来检查所有层级是否有足够的数字化转型和数字化业务数字技术胜任力）。缺乏特定胜任力或缺乏足够的特定胜任力可能会限制管理团队的绩效。该框架在招聘和选拔过程中也可能有用（例如，该框架可以潜在地对评估候选人所拥有的管理者数字技术胜任力的类型、广度和深度提供指导）。最后，绩效开发人员可能能够使用该框架有针对性地发展管理者数字技术胜任力（例如，该框架可用于评估管理者对所有数字技术胜任力的熟练程度，以及可以成为目标胜任力发展工作重点的薄弱领域）。管理人员个体也可以使用该框架有针对性地发展自己的胜任力（例如，管理人员可能会查看该框架，并发现他们对数字领导力的理解有限，从而激励他们将自我导向的学习努力定位于该方面的胜任力）。

（二）人工智能驱动的服务创新能力框架的意义与启示

对人工智能驱动的服务创新的概念化显著推进了人工智能和数据分析驱动的服务创新的研究，通过整合市场导向和人工智能管理能力以及人工智能基础设施能力，展示了在人工智能背景下追求服务创新的全面和系统的方法。虽然马里亚尼等人（Mariani 等，2022，2023）发现经济、技术和社会驱动因素是采用人工智能的必要条件，但本研究与此不同，主要关注人工智能驱动的服务创新能力的微观基础，并将其与组织敏捷性和可持续竞争优势联系起来。通过开发人工智能背景下的服务创新模型，本研究推进了最近在运营和信息系统管理中人工智能驱动的服务创新研究。

人工智能的出现引起了学术界对整合人工智能能力以进行创新和保持敏捷性的极大兴趣。例如，亚马逊基于人工智能的招聘应用程序的失败，澳大利亚 Robodebt 计划的人工智能债务通知，都凸显了对利用人工智能能力的服务创新理解不足可能产生重大不利后果。人工智能应用程序的不当实施可能会削弱最终用户对人工智能技术的信任，并可能阻碍用户对人工智能的接受和采用。为了应对这一挑战，本研究通过阐明其三个相互关联的维度，并确定它们对敏捷性产生竞争优势的潜在影响，特别在三个方面做出了贡献。首先，研究结果通过对每个维度在实现成功的人工智能驱动的服务创新中独特和有价值的作用的详细见解，为人工智能驱动的服务创新的三个维度的至关重要性提供了强有力的支持。研究结果与动态能力观的观点一致。其次，本研究有助于对敏捷性的研究，说明了人工智能驱动的服务创新如何通过提高对客户的响应能力和大数据时代的竞争来积极影响敏捷性。关于人工智能驱动的服务创新的新理论整合及其对敏捷性的积极影响的研究结果与现有的服务创新中与人工智能和分析相关的敏捷性研究一致。最后，通过阐明人工智能驱动的服务创新和敏捷性如何影响可持续竞争优势，本研究扩展了敏捷性研究。这一发现扩展了之前的人工智能、分析和服务创新研究，对成功的人工智能驱动的服务创新的必要能力提供了见解。

在实践中，通过引入人工智能驱动的服务创新能力组件，组织可能能够获得组织敏捷性和可持续的竞争优势。组织敏捷性是指企业理解和应对市场突然变化的能力。在当前的商业环境中，企业需要比以往任何时候都更加敏捷。然而，企业在成本上并不总是灵活的，因此有必要提高管理能力，实现成本效益和效率的敏捷性。由于灵活性和效率之间的紧张关系将一直存在，增强的管理能力将使企业了解何时牺牲效率以获得敏捷性，以及如何解决风险和不确定性的管理问题。在过去的几十年里，信息技术和运营能力使组织能够实现适应性、敏捷性，通过替代方法鼓励可持续的竞争优势。例如，人工智能驱动的服务创新通过感知、获取和重新配置来影响组织的敏捷性。通过感知机制，人工智能服务创新可以增强组织识别新机会的能力。人工智能可以通过扫描、塑造和重新配置机会，有效地支持与客户密切相关的感知活动。另外，人工智能驱动的服务创新可以通过有效实施新发现的机会来促进企业发展。最后，组织重新配置的能力取决于重组现有资源的效率，以便高效利用新发现的机会。为了有效地应用这三种动态能力，人工智能可以发挥非常重要的作用，通过预测客户需求，以尽可能高的效率设计、加工、制造和交付产品或服务。这就是为什么人工智能被认为是实现竞争性可持续发展的游戏规则改变者。尽管人工智能对敏捷性的影响得到了广泛认可，但人工智能影响敏捷性的方式并不完全清楚。因此，商业领袖意识到投资人工智能能力开发的重要性，但仍然不确定人工智能如何为业务流程带来敏捷性。同样值得注意的是，大量关于人工智能相关问题的研究忽视了敏捷性作为获得竞争优势的主要因素。因此，有必要深入分析人工智能驱动的服务创新能力对组织敏捷性的影响。

敏捷性在人工智能驱动的服务创新和可持续竞争优势之间的中介作用，为动态能力对企业绩效的影响提供了一个合理的解释，这可以预测企业在环境动态性下基于服务创新的响应质量。在疫情期间，微软、惠普、Facebook 和亚马逊等公司专注于人工智能驱动的服务创新能力，为员工提供了变得敏捷和远程授权的机会，以支持客户并提高公司绩效。Facebook 首席执行官马克·扎克伯格（Mark Zuckerberg）评论说，离开办公室的可能性使他在工作中更舒适、更有效，并使他有更多的自由进行长期思考。

此外，本研究首次将包括人工智能伦理的人工智能治理纳入动态能力框架和服务创新流程中。强大的人工智能治理，当反映在人工智能驱动的服务创新中时，将增强信任，从而更快地被采用，提高客户满意度和增强社区接受度。这表明，如果没有全面的能力建设方法，部署人工智能工具和技术可能不会对组织的敏捷性做出贡献，实际上可能会导致竞争优势的削弱。因此，本研究挑战了当前管理层对人工智能驱动的服务创新的看法，以及人工智能在提供更快、更有效的服务创新以保持敏捷性和保持竞争优势方面的重要作用。